小林　岳　著

後漢書劉昭注李賢注の研究

汲古書院

後漢書劉昭注李賢注の研究　目次

第二部　章懷太子李賢と『後漢書注』

凡　例

一、本論文は、史料や篇目には「　」、書名には『　』を用いた。また著作巻數や西暦年號などは、巻一二三や一一二三年などと表記した。

一、本文・注釋ともに主として正字體（舊字體）を用いることとした。そのばあい煩雜化を避けるために、新體字や簡體字を用いて發表された著書・論文などの引用に際して同樣の處置をほどこした。

一、書き下し文を示すばあいには現代假名遣いを使用し、その際、主語・述語の關係を明瞭に示すために、ときに「は」・「が」などの助詞を多用した。

一、『史記』・『漢書』・『後漢書』（『續漢書』八志をのぞく）などを引用するばあいは、原則として通巻を用いた。

一、『續漢書』八志を引用するばあい、本來の通巻巻數が不明であるため巻數の提示はせず、「律暦志上中下」や「五行志一二三四五」のごとく示した。

一、漢文史料の引用に際して、とくにそれが長文にわたるばあいは、史料の解讀に便宜を供するため必要に應じて①②や（イ）（ロ）などを挾入した。また注釋に引用した一文とその出典となるものの比較をおこなうばあいは、必要に應じて史料の右側に強調記號として「。」を附した。

後漢書劉昭注李賢注の研究

序言

中國の歴代王朝において私撰および官撰をまじえて編纂が繼續され、のちに二十四史と總稱される正史のなかでもとくに前四史と稱される司馬遷『史記』・班固『漢書』・范曄『後漢書』・陳壽『三國志』の四書には、後漢時代の延篤『史記音義』一卷、服虔『漢書音訓』一卷、應劭『集解漢書』などを嚆矢として古來より實に多くの注釋書が作成されてきたが、そのうち唐の玄宗朝までに撰述され、散逸を免れてまとまった形として今日にまで傳わるものはわずかに裴駰『史記集解』〔南朝宋文帝元嘉年間（四二四～四五三）に完成〕、司馬貞『史記索隱』〔唐玄宗開元年間（七一三～七四一）に完成〕、張守節『史記正義』〔開元二十四年（七三六）に完成〕をはじめとして顏師古『漢書注』〔唐太宗貞觀十五年（六四一）に完成〕、劉昭『續漢書八志注』〔南朝梁武帝天監年間（五〇二～五一九）に完成〕、章懷太子李賢『後漢書紀傳部注』〔唐高宗儀鳳元年（六七六）に完成〕、裴松之『三國志注』〔南朝宋文帝元嘉六年（四二九）に完成〕の七篇を數えるにすぎない。これらの注釋はいずれも中國古代史の根本史料である前四史の解讀に必須であるのみならず、その注文そのものが中國古代社會の諸相を今に傳える貴重な史料群にほかならないのである。

さて、このうち『史記』・『漢書』・『三國志』の注釋については現今までにさまざまな考察がなされているが、『後漢書』の注釋にかぎると、劉昭と李賢という二人の代表的な注釋者とその注釋書について部分的、副次的に言及した考察を確認するのみで、その人物像や注釋の內容を眞正面から研究對象に据えて、その包括的な究明を試みた著作については日本はもとより中國においても一篇も存在しないといっても過言ではないのである。これまでに私は、梁の劉昭が選述した范曄『後漢書』の注釋書である『集注後漢』と唐の李賢による同書の注釋書である『後漢書注』を研究對象として拙い試論を重ねてきたが、今回それらを整理改稿して、この二人の人物像と注釋書について再檢討を加えるとともに、李賢注に見える劉昭注など先行注釋書の影響について新たな論證を試みた。それは後漢王朝とその前後の時代を考究する上で不可欠の指針であると廣く認められながら、その撰著者と注釋内容の全體像について考察されてこなかった劉昭と李賢およびその注釋書について、なかんづくこの二書閒に見られる注釋觀の繼承などの問題について明らかにして中國史學史研究における空隙を埋めようと考えたからにほかならない。

本書は、序言に加えて第一部全五章、第二部全五章および二つの補篇によって構成される。第一部は劉昭と『集注後漢』について論ずるもので、撰著者范曄の刑死によって未完におわった十志が完全に失われ、本紀と列傳のみが傳來していた『後漢書』に對して、梁の劉昭が司馬彪『續漢書』の八志を斷裁して補綴し、その補成『後漢書』の紀傳と八志の全篇にわたってみずからの注釋を挾入して完成させた『集注後漢』について、撰著者劉昭の人物像とその書の全容を明らかにしようとするものである。以下、本書の構成にしたがってその概要を述べることにしたい。

第一部第一章「平原高唐の劉氏と劉昭」は、劉昭が屬する平原高唐劉氏の系譜とそこに名を列ねる門族およびその通婚者らの事績を論じて劉昭の人物像にいたり、さらに劉昭の二子・二孫の事績を明らかにしたものである。すなわちここでは、まず後漢章帝の子濟北惠王劉壽の後裔たる晉の大尉劉寔を族祖とする平原高唐の劉氏について論じ、ついで劉寔の六世の孫にあたる劉昭の曾祖父およびその子劉伯龍（劉昭の祖父）らは晩渡北來の寒門として東晉末の京口に居住して劉裕麾下の武人となり、宋の建國に功績をあげたと考えられること。さらに齊梁二朝において活躍した劉昭の父劉彪の事績を述べ、最後に梁の武帝および臨川王蕭宏のもとで能吏として活躍した劉昭の實像に加えて武帝朝末から元帝朝にかけて通儒・文人として世に知られた劉昭の二子（劉縚と劉緩）および二孫（劉民英と劉民譽）の事績を明らかにした。

第二章「劉昭の『集注後漢』撰述と奉呈について」は、『集注後漢』の撰述過程とそれが梁武帝に奉呈されたことを論證したものである。すなわちはじめに『集注後漢』という書名について考察したのち、前章で明らかにした劉昭の官歴と『集注後漢』の注釋内容を對照させることによって、その書は武帝の天監十年（五一一）から十七年（五一八）ごろに完成したと推測されることを論證した。またこれに加えて注釋中に見える武帝（蕭衍）や臨川王（蕭宏）などに對する避諱字の事例を檢討することによって、その書は武帝の叡覽に備えて撰述されたことを明らかにし、完成とともに奉呈され、そののち改訂されることはなかったことを論じた。

第三章「劉昭の『後漢書』補志について――『後漢書』補成考――」は、劉昭がみずから補志の顚末を記して『集注後漢』に附載した「後漢書注補志序」の分析を通して劉昭の『後漢書』補志に關する包括的な論證をおこなうとともに、劉昭の歴史書觀についても考察を進め、志部こそが正史の要諦であるとするその認識を明らかにするものである。すなわちここでは、劉昭は全諸家後漢書類中で最高の內容とする范曄『後漢書』が志部を缺落させることに憂慮し、『史記』および『漢書』が補成された前例にならって志部の補成をめざした。本來ならばみずから志部を著述して補うべきであるが、力量不足でなし得ぬために實見し得るすべての諸家後漢書類志部のなかから范曄が稱揚し、かつその十志が準據しようとした司馬彪『續漢書』の八志を選定し、それを『後漢書』紀傳部に補綴することによって斷代史として編纂されながら志部を缺く『後漢書』の構造的缺陷を正して、その書をして名實ともに後漢時代を綜述する當代隨一の歴史書に再生させたことを論じた。またその補志と注釋挾入の具體的な方法について、劉昭は『後漢書』紀傳部および『續漢書』八志の本文を「大字」で筆寫し、そこに「細字」をもちいてみずからの注釋を書き入れたこと。また八志を置く部位は、『後漢書』を本來の形に修正しようとする劉昭の意圖によって帝后紀・列傳・八志とする順次で配列したと推測されることを明らかにした。

第四章「劉昭の『後漢書』注について――『集注後漢』の內容をめぐって――」は、『集注後漢』の注釋內容を總合的に考察するものである。ここでは紀傳注と八志注からなる劉昭注のうちで現存する八志注を分析することによって、はじめに『後漢書』紀傳部と『續漢書』八志部を合綴した『集注後漢』においてその二部は對等の篇部として一書を構成したこと、すなわち補成された八志は『後漢書』に吸收されてその一部を構成し、もとの『續漢書』紀傳部とは完全に別個の書と認識されたことを明らかにした。つづいて紀傳注と八志注には注釋內容に粗密の差があり、八志注は紀傳注に比べてかなり詳密な注記が施されたと考えられること。また劉昭注の基本方針は本文の異聞や異事の集錄をめざすもので、本文中の語句や事柄の解釋を中核に据えるものではなかったこと。さらに劉昭注には江南の注釋學の傳統が反映されているが、その特徵とされる自己の該博を誇示する例はほとんど見られず、むしろ劉昭は時代的な隔たりや自己の能力不足によって結論が下せぬ事柄に對しては臆することなく「未詳」・「不知」と明記して異說の收集に專心し、その判斷は後學・讀者に委ねていることを明らかにした。すなわちそこに見られる劉昭の姿勢はその注釋觀を體現するもので、その眞摯・着實な姿勢は補志に際して司馬彪八志を補綴した劉昭の見解と一致すること、すなわち劉昭は范曄十志につぐ八志を補うことによって范曄『後漢書』を當代隨一の正史として再生し、さらにその補成『後漢書』に異聞や異事の收錄に徹する注釋を重ねることによって後漢王朝史を綜述する當代隨一の歷史書として、また一大史料集成として『集注後漢』を撰述し、史料の散佚を防ぐとともに後世に寄與することをめざしたことを論證した。

第五章「劉昭「後漢書注補志序」の譯注および解說」は、劉昭が『集注後漢』に附した「後漢書注補志序」を總合的に解釋するために「原文」・「訓讀」・「語釋」・「通釋」からなる譯注を施すとともに、この一文に込めた劉昭の意圖について考察するものである。すなわち注釋においては謙讓に徹する劉昭ではあるが、ここでは『史記』八書から『漢書』十志および諸家後漢書類の志部を經て范曄『後漢書』十志にいたる志部撰述の系譜を示すなかに自身がおこなった補志の意義を重ねることによって歷朝の錚々たる學者にみずからを伍し、その殿軍をもって任ずることを論じて『集注後漢』に對して劉昭が懷く並々ならぬ自信と矜持とを明らかにした。

第二部は唐の章懷太子李賢と『後漢書注』について論ずるもので、李賢の人物像とその『後漢書注』の全容を把握するとともに李賢注に見える劉昭『集注後漢』など先行注釋の影響を明らかにすることを目的とするものである。

第二部第六章「唐高宗の八子三女と章懷太子李賢」は、從來專門に論ぜられることが少なかった唐の章懷太子李賢の人物像を、その兄弟姊妹の事績とあわせて考察するものである。すなわちここでは、はじめに李賢の幼少期に施された過酷な帝王教育および李賢の皇太子册立と廢位をめぐる問題を二人の兄（李忠と李弘）の事例と比較することによって明らかにした。またこれに加えて李賢の履歷と二つの納妃および『後漢書注』において實母の則天武后や武氏一派を指彈したことによって武后との確執が顯在化し、やがて太子を廢されて巴州に謫徙され、自殺に追い込まれたことについて考察した。

第七章「李賢の妃嬪・三子と章懷太子追謚について――主として「張氏神道碑」と「雍王」・「章懷」二墓誌による――」は、兩『唐書』・『資治通鑑』などの歷史書に加えて『文苑英華』所收の「章懷太子良娣張氏神道碑」および章懷太子李賢墓から出土した「大唐故雍王墓誌」（「雍王墓誌」）・「大唐故章懷太子并妃清河房氏墓誌」（「章懷墓誌」）の分析を通じて李賢の良娣南陽張氏および正妃清河房氏の人物像を論ずるとともに、李賢の三子（光順・守禮・守義）の事績について論及した。とくに第二子守禮は則天武后によって睿宗の五子とともに十數年にわたって洛陽宮閣中に幽閉されたことから従兄弟の李隆基（玄宗）らと血盟をむすび、それによって中宗朝末期から睿宗・玄宗兩朝にかけて朝廷および李氏一門中に重要な位置を占めたことを明らかにした。また、これに加えて則天武后の老病によって重祚した中宗による李賢の名譽回復と乾陵陪葬について、「雍王墓誌」の誌序銘と改刻の事例を分析することによって、それに反對する武三思と韋后らを中心とする武韋派の動向を指摘するとともに、同じく「章懷墓誌」に見える誌序銘と改刻の事例を分析することによって兄睿宗の皇權をも制する太平公主の威勢について論及した。

第八章「章懷太子李賢の『後漢書注』について」は、李賢の『後漢書注』を總合的に檢討し、その全容の把握をめざすものである。ここではまず『後漢書注』の基礎的檢討として李賢に招集された編纂グループの構成員、『後漢書』のテキストを確定する作業および劉昭の補志を繼承せずに志部を缺落させた理由などについて明らかにし、つづいて『後漢書注』の注釋指數を確認するとともに極めて嚴格に適用された避諱字の實態、さらには注釋に見える別記參照の指示および「不同」・「與此不同」とする注記など注釋內容の全般に關する總合的な考察を進めた。そして最後に『後漢書注』に頻見する「今」を關鍵として注釋に寓した則天武后および外戚への批判について論證するとともに『後漢書注』の權威確立と『集注後漢』の佚亡について論述した。

第九章「李賢注と劉昭・顏師古・李善の三注――李賢注に見える先行注釋書の影響――」は、李賢『後漢書注』に繼承されたことが明らかな劉昭『集注後漢』をはじめとする歷代の後漢書注や顏師古『漢書注』および李善『文選注』など先行注釋書の注記および注釋法について、その具體像を明らかにすることをめざすものである。ここでは第一節において李賢注と劉昭注の關係とくに李賢注に繼承された劉昭の注釋觀について考察するとともに、つづく第二節では李賢注に見える顏師古注の影響について、さらに第三節では李賢注に見える李善注の影響について論じ、最後にこの二注から李賢注になされた引用は剽竊と斷ぜざるを得ないことを明らかにして、李賢注と顏師古および李善二注間に見える注記轉寫の實態について論證した。

第十章「章懷太子李賢の二墓誌について」は、高宗と則天武后を同穴合葬した乾陵の陪葬墓の一つである章懷太子李賢墓から發見された「大唐故雍王墓誌」および「大唐故章懷太子幷妃清河房氏墓誌」の出土情況と解題およびその史料的價値を論ずるものである。すなわちここでは二墓誌の誌序銘および改刻の事例は、兩『唐書』・『資治通鑑』などの傳世文獻では諸說があって定めがたかった李賢の享年を三十一と確定させたことや李賢の復權に異議を唱える一派の存在を示唆するなど唐代史の新資料として極めて高い價値をもつことを明らかにした。

補篇一「「大唐故雍王墓誌」譯注」は、はじめに墓誌蓋は底邊が九十×九十センチ、厚さ二十センチの平板な角錐臺狀で、蓋上には三行、行三字で「大唐故／雍王墓／誌之銘」の九字が陽刻篆題されること。墓誌石は九十×九十センチ、厚さ二十センチ、誌序銘は四十行、滿行四十一字、總字數は一千四百十六字。誌序銘の撰者および書者は不明ながら、撰者は李賢に親與するものと推測されることを述べ、全文の「釋文」および「訓讀」・「語釋」・「通釋」からなる譯注を施した。

補篇二「「大唐故章懷太子幷妃清河房氏墓誌」譯注」は、はじめに墓誌蓋は底邊が八十七×八十七センチで、厚さ十七センチの角錐臺狀で、蓋上には四行、行四字で「大唐故章／懷太子幷／妃清河房／氏墓誌銘」の十六字で陰刻篆題されること。墓誌石は八十七×八十七センチ、厚さは十七センチ。誌序銘は三十四行、滿行三十四字、總字數は九百八十九字。誌序銘の撰者は盧粲、書者は李範であることを述べ、ついで全文の「釋文」および「訓讀」・「語釋」・「通釋」からなる譯注を施した。

第一部　劉昭と『集注後漢』

第一章　平原高唐の劉氏と劉昭

はじめに

現行の『後漢書』は帝后妃十巻、列傳八十巻、八志三十巻の都合一百二十巻で構成されている。このうち帝后妃と列傳とを合わせた紀傳部九十巻は南朝宋の范曄の撰になり、唐の章懷太子李賢の注釋が附されているが、八志三十巻の部分は范曄『後漢書』が成立當初から志部を缺いていたために、後世まったく別個の歴史書である晉の司馬彪撰『續漢書』の八志部分を斷裁し、それを『後漢書』紀傳部に補成したものである。これは中國史學史上における常識としてつとに知られている事柄であるが、ここで問題とするのは、一般の工具書類に見える解説に依據するかぎり、その補成は北宋第三代眞宗の乾興元年（一〇二二）に國子監孫奭の建議によってなされたことを初例と認識されていることである。言うまでもなく、これによって紀傳部と八志部とを合刻して一書とする現行『後漢書』の體裁が確立するのであるが、私見によれば、諸解説が一様に指摘するこの補成よりも五百年ほど以前に、現今では八志の注釋者としてのみ知られることが多い梁の劉昭によって志部を缺く范曄『後漢書』に對して司馬彪『續漢書』の八志を斷裁して合綴し、その補成『後漢書』の全編にわたって劉昭自身の注釋を挾入する『集注後漢』という歴史書が作成されているのである。私は、從來專門に論ぜられることがなかった劉昭による『後漢書』の補成とその注釋書である『集注後漢』の全容解明をめざして考究を進めているが、本章は、その研究のいわば導入部となるもので、劉昭を輩出した平原高唐の劉氏と劉昭およびその後裔について考察するものである。

第一節　平原高唐の劉氏について

「劉昭、字は宣卿、平原高唐の人、晉の太尉寔の九世の孫なり」[4]と起筆される劉昭の傳記は、『梁書』卷四九と『南史』卷七二のともに文學傳に見出されるが、前者は二百五十八字、後者は二百二十五字という短文である上に、その半ばは劉昭の父祖や二子に費やされており、劉昭自身についてはその生沒年も明らかにしていない。しかし現在のところ、この二書のみが劉昭の經歷を傳える根本史料となるのである。[5]したがって小論はこのうちからより詳細でかつ史料的價値が高いと考えられる『梁書』劉昭傳（以下「劉昭傳」とする）の全文を左に掲げ、その解讀を通じてまずは劉昭の父にいたる平原高唐の劉氏について個々の人物像を明らかにし、つづいて劉昭の爲人およびその二子と二孫について考察を進めることにしたい。なお論述は番號の順次にはしたがわない。

①劉昭字宣卿、平原高唐人、②晉太尉寔九世孫也。③祖伯龍、居父憂以孝聞。宋武帝敕皇太子諸王並往弔慰。官至少府卿。④父彪、齊征虜晉安王記室。昭幼清警、七歳通老莊義。既長、勤學善屬文。⑤外兄江淹早相稱賞。天監初、起家奉朝請、累遷征北行參軍、尚書倉部郎、尋除無錫令。歷爲宣惠豫章王、中軍臨川王記室。⑥初、昭伯父彤集衆家晉書注干寶晉紀爲四十卷。至昭又集後漢同異以注范曄書。世稱博悉。遷通直郎、出爲剡令、卒官。集注後漢一百八十卷、幼童傳十卷、文集十卷。⑦子縚字言明。亦好學、通三禮。大同中、爲尚書祠部郎、尋去職、

不復仕。⑧紹弟綏字含度。少知名。歴官安西湘東王記室、時西府盛集文學、綏居其首。除通直郎、俄遷鎮南湘東王中錄事、復隨府江州、卒。

右を一覧して明らかなごとく、そこには文人・好學と稱すべき人士が連なるが、それを系圖にまとめると左のごとくなる。

平原高唐劉氏系圖

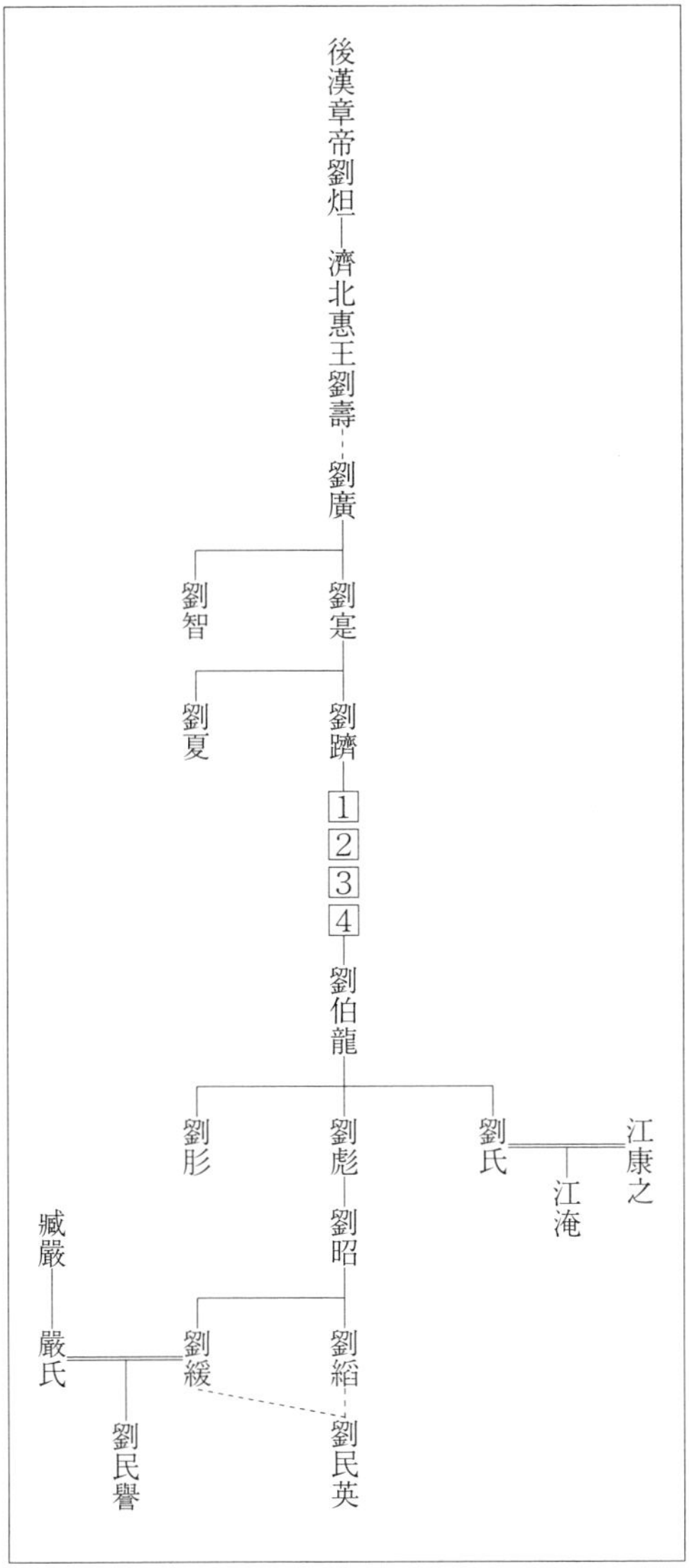

ここで系圖上の人物について個々に検討を進めると、

②「劉昭傳」において平原高唐の劉氏[6]の祖とされる劉寔は、字を子眞といい、後漢の第三代章帝の子である濟北惠王劉壽の後裔として後漢の最末年にあたる獻帝の建安二十五年（二二〇）に生まれた。[7]ただし『後漢書』卷五五章帝八王傳＝濟北惠王劉壽傳によると、濟北王家は劉壽の五世の孫にあたる第七代濟北王劉政が「無子」のまま薨じたため獻帝の建安十一年（二〇六）に「國除」となっているから、劉寔はその正系ではなく、傍系に連なるものと考えられる。[8]以下『晉書』卷四一劉寔傳（以下「劉寔傳」とする）にもとづいてその爲人を確認すると、父の劉廣は後漢末期に斥丘縣令[9]に就官したとされるが、「寔、少くして貧苦、[10]牛衣を賣り以て自給す」と記されることから、その若年時にはみずから牛衣をつくって賣り、糊口をしのぐ貧苦の生活をおくった。ただし劉寔は學問を好み、牛衣に加工する繩を綯いながら書物を口誦して「古今に博通」する學殖を身につけた刻苦勉勵の人と記されている。その官歷は、魏に出仕して河南尹丞、尙書郎などを經て循陽子に封ぜられ、魏晉革命を經たのちは武帝の泰始年間（二六五～二七四）はじめに少府に累遷し、ついで咸寧年間（二七五～二七九）に太常、尙書を歷任して太康元年（二八〇）の平吳戰[11]では鎭南軍司を加官されて鎭南大將軍杜預の幕僚となり、晉の天下統一ののちには司空、太尉となって國家の柱石たる地位を搖るぎないものにするとともに、『崇讓論』[12]を著して門地によらず賢能者を登用すべきことを提言した。劉寔は齡八十を過ぎると老病の故をもって致仕し、ついで八王の亂に際しては鄕里に隱棲したが、新たに即位した懷帝によって八十七歲の時に再召されて太尉を復授され、固辭するも許されず、最晚年の九十歲の時にようやく辭去がかなって歲餘にして卒している。その沒年は永嘉の亂によって洛陽が陷落する直前の永嘉四年（三一〇）とされる。享年九十一であった。この致仕後の再召は、八王の亂の終息後も止まるところを知らぬ動亂に危機感を覺えた朝廷が歷朝の老臣に命運を託そうとしたのではなかろうか。

さて、劉寔が好學の士であったことは、さきの若年時のエピソードに加えてこれもやや修辭的ではあるが「少きより老におよぶまで篤學にして倦まず。職務に居ると雖も卷を手より離さず」とあることによって知られ、その學識については「尤も三傳に精しく、公羊を辨正し、（中略）、遂に世に行わる。又た春秋條例二十卷を撰す」と記される。ちなみにその撰書は『隋書』卷二七～三五經籍志に「春秋條例十一卷、晉太尉劉寔撰。梁有春秋公羊達義三卷、劉寔撰、亡」および「劉寔等集解春秋序一卷」、「劉寔集二卷、錄一卷、亡」と記される。[13] これらは輝ける遠祖の著作として劉昭の族中に重んぜられたであろうことは想像にかたくない。なお「劉寔傳」によると弟の劉智も晉の武帝に仕えて侍中、尚書、太常などの顯官を歴任するとともに「喪服釋疑二十卷、劉智撰、亡」および「正曆四卷、晉太常劉智撰」（『隋書』經籍志）とする撰書をもつ文人であったことが知られている。[14]

劉寔の子は、「劉寔傳」の末に「二子躋、夏有り。躋字は景雲、官は散騎常侍に至る。夏は貪汚を以て世に棄放せらる」と記される。すなわち二子とは盧氏所生の長子劉躋と華氏所生の次子劉夏をいうが、同傳はこの二人の生母について「盧氏、子の躋を生みて卒す。華氏、將に女を以て之に妻わせんとす。寔の弟智諫めて曰く、華家は類《みな》貪なり、必ずや門戶を破らん、と」と記す。かかる生母華氏の影響であろうか次子劉夏は若年より素行が修まらず、その責めがやがて劉寔にもおよんで「寔は竟《つい》に夏の受賂に坐して、官を免ぜらる。頃《しばらく》して大司農と爲るも、また夏の罪を以て免ぜらる」という事態にいたるのである。そして前述したごとく、劉夏自身は「貪汚」によって「棄放」されたとあることからすると、[15] 長子劉躋が家督を繼ぎ、この系統に劉昭が生まれたと考えるのが順當であろう。そして、この劉躋自身か少なくともその子や孫は閒違いなく西晉の滅亡（三一六年）に遭遇したであろうから、前揭の系圖に示した名字を明らかにせぬ劉躋の子以下四代の子孫のいずれかが中原の混亂を避けて南渡し、東晉の領域に移住したものと考えられる。

③劉昭の祖父の劉伯龍[16]は、「祖の伯龍、父の憂に居るに、孝を以て聞こゆ。宋の武帝、皇太子、諸王に敕し、並びに

往きて弔慰せしむ。官は少府卿に至る」と記される。これによると劉伯龍の父の葬儀に際して宋の武帝（劉裕）は、その名代として皇太子を臨席させ、さらに諸王にも弔問を命じたことが確認され、武帝と伯龍およびその父とが極めて親密な間柄であったことが知られる。この皇太子とは武帝の長子劉義符（のちの少帝）で、永初元年（四二〇）六月に武帝が即位したのちの八月に皇太子となり、同三年（四二二）五月、武帝崩御の當日に十七歳で登極している。[17]したがって「皇太子」とする表記に依據するならば右の葬儀は永初元年八月より同三年五月までの間に營まれたことになる。

ここで問題となるのは、武帝が勅令をもって皇太子以下の諸王を劉伯龍の父の葬儀に參列させたのはいかなる縁故によるものかということである。それをさぐる手掛かりとなるのが『南史』[18]巻一七劉粹傳に附せられた粹の族弟劉損の小傳である。すなわちそこには「損の同郡の宗人劉伯龍なる者有り。少くして貧薄、長ずるに及びて倘書左丞、少府、武陵太守を歴位す」とある。これは『南史』にのみ見られる史料であるが[19]、ここでは劉伯龍を沛郡蕭を本貫とする劉損と同郡と記すことに問題はあるものの該當する年代と「少府」の官歴が一致することから、この人物を劉昭の祖父と同姓同名の別人とすることは考えがたい。ここでは劉伯龍の高祖父以下いずれかの人物が南渡した段階で沛郡蕭を本貫とする劉損のもとに寄寓し、その「同郡の宗人」と目されるほどに近しい存在になったと解すべきではなかろうか。そこに見える「少くして貧薄」とする記述は、いわゆる晩渡北來の寒門としての伯龍の生い立ちを物語るものであろう。[20]そしてこの劉損を通してさきの劉裕との關係も以下のように考察することができるのである。すなわち劉損が屬する沛郡蕭の劉氏について檢討すると、そこにはのちに劉裕のライバルとして覇權を争うことになる劉毅を筆頭にその實兄劉邁および従弟劉藩、さらには劉毅の族弟たる劉粹・劉道濟兄弟らの名が確認され、さきの劉損は劉粹の族弟かつ劉毅の從父弟と記されている。[21]ここで注目に値するのは、彼らはいずれも東晉の主要な軍事都市である京口[22]に居住するとともに、この地に本據を置く北府軍の有力武人としてひろく知られていることである。ここでまず川勝

劉裕關係年表

安帝隆安三年（三九九）	十月	孫恩擧兵。劉裕、劉牢之の參軍として會稽に轉戰。
四年（四〇〇）	五月	孫恩再擧兵。
五年（四〇一）	六月	孫恩、京口を攻撃するも撃退。孫恩自殺。盧循、廣州に撤退。
元興元年（四〇二）	三月	桓玄、建康に入城、劉牢之自殺。
	十月	桓玄、北府の舊將を肅清。
二年（四〇三）	十二月	桓玄、安帝より受禪して楚を建國、永始元年とす。
三年（四〇四）	二月	劉裕、京口にて、劉毅、廣陵にて桓玄打倒の擧兵。
	五月	劉毅、桓玄を撃破、桓玄敗死。
義熙六年（四一〇）	二月	劉裕、南燕を征服。盧循擧兵、江州に寇す。
	四月	劉裕、建康に歸還。劉藩、建康を防衞。
	五月	劉毅、盧循に大敗。盧循東下して建康に逼り、中外戒嚴。
		劉裕、石頭城に屯守。劉粹、劉義隆を奉じて京口に鎭す。
	七月	盧循、敗北し遁走。
	十二月	劉裕、豫章にて盧循を撃破。
義熙七年（四一一）	四月	盧循、交州に轉戰して敗死。
	九月	劉裕、劉藩および劉毅を討滅。
十三年（四一七）	四月	劉裕、洛陽を占領。
	九月	劉裕、長安を占領して後秦を討滅。
十四年（四一八）	十二月	劉裕、安帝を殺害して恭帝を立つ。
恭帝元熙二年（四二〇）	六月	劉裕、恭帝より受禪して宋を建國、永初元年とす。

義雄氏の説をもとに北府について確認しておくと、北府とは鎭北將軍、征北將軍、北中郎將などの將軍號を帶びた北方正面軍の長官に屬する軍府の略稱で、その長官は徐州や兗州の刺史職を兼ねて京口に坐鎭することが多く、ときに下邳、廣陵などにも進駐したとされる。また北府が強力な軍團としてその地位を搖るぎないものにするのは、孝武帝の太元八年（三八三）に前秦皇帝苻堅の南征に際して北府長官謝玄のもと劉牢之を主將とする北府兵が先鋒となって活躍し、前秦軍を撃退した淝水の戰役の軍功によるとされる。[23] 劉裕自身はこの戰役後まもなくして北府に屬したと考えられるが、その武名が天下に轟くのは隆安三年（三九九）にお

こった孫恩の亂の討伐戰においてである。[24]以下、『宋書』巻一〜三武帝本紀によって作成した劉裕關係年表をもとに劉裕および劉毅らが臺頭する狀況を確認したい。[25]

前言のごとく、孫恩の亂に對して劉裕は北府の總帥たる劉牢之の命によって會稽方面に轉戰し、それを鎭壓した功績によって擡頭するのである。孫恩の亂は隆安五年に平定されたが、その混亂收拾を口實に北府とともに東晉の軍事力を二分する西府の首領桓玄が建康に入り、東晉政權を壟斷する司馬道子、元顯父子を責めてこれを處刑し、さらに劉牢之を自殺に追い込むとともに、その部下である北府舊將を肅淸して東晉朝の權力機構を掌握した。そののち桓玄は安帝に迫って受禪し、皇帝に卽位して楚を建國するとともに永始元年（四〇三）と立元する。[26]この桓玄による肅淸と簒奪とを機敏にくぐりぬけた劉裕は、元興三年（四〇四）に舊知の北府兵を率いて桓玄を打倒し、安帝を復辟させるとともに宮廷內の發言力を增加させ、やがて宋を建國するのである。ここで注目に値するのは、その決起軍のなかに劉毅、劉邁、劉藩、劉粹らの名が確認されることである。[27]當然ながら劉裕と同謀者らは形式的とはいえ臣從する桓玄を打倒するために周到な計畫をめぐらし、機密の保持につとめたはずである。したがって決起するものは限定され、そこには北府兵の強固な團結心ないし同族の緣故が強く求められたに相違ない。この觀點からすると、桓玄打倒の決起軍には劉粹の族弟劉損およびその宗人とされた劉伯龍父子も從軍し、劉裕麾下の武人として活躍の場を得たのではないか。川勝氏によると、北府兵は山東省の舊徐州・舊兗州などを中心とする北方からの流人を主體として代々京口に居住するものから發展したとされる。[28]これにしたがえば劉伯龍らの本貫たる平原高唐は舊冀州に屬し、その地は兗州との州境に位置することも南渡後の劉氏が北府に編入された可能性を補うものとなろう。以上やや推測を重ねたきらいもあるが、劉伯龍の父および伯龍はいわゆる晩渡北來の寒門として京口に居住し、そこで劉粹、劉損らの類緣と見なされたことによって劉裕の知遇を獲得し、その麾下の北府武人として宋の建國に寄與した可能性が高い。劉裕のもとで幾多の戦役にしたがい、生死をともにした絆がさきの葬儀における破格の厚遇につながったと考えられるのである。ここでさらに、この考察を補うものとして以下の事例も指摘しておきたい。すなわち安帝の義熙六年（四一〇）、南燕征伐のために山東に進軍した劉裕の間隙を衝いて孫恩の後繼者盧循が擧兵し、建康が陥落の危機に瀕した時のことである。その變報に接した劉裕は南燕討滅後の處理を急いでいち早く歸京するのであるが、盧循との決戰に臨んで次子劉義隆を建康から京口に退避させているのである。それは『宋書』巻四五劉粹傳に「盧循の京邑に逼るや、京口の任重し。太祖（劉義隆）時に年四歳。高祖（劉裕）、粹をして太祖を奉じて京城に鎮せしむ」とあるごとくであるが、その詳細を確認すると、盧循の水軍が廣州方面から贛江を北上して長江中流域の予章、尋陽を征し、さらに東下して建康に逼ると、劉裕の命を受けた劉粹が劉義隆を奉じて建康の下流六十キロほどに位置する京口（京城）に退き、ここに鎮衛したのである。これは建康陥落に備えて皇子の安全を計るものであることは言うまでもなかろう。ここで劉義隆を守護する劉粹の部隊に劉伯龍父子が從軍したとするならば、さきの葬儀における諸王の參列にはその恩義に報いる意圖も込められたと見ることができよう。

以上動向をさぐった沛郡蕭の劉氏のうち劉毅と劉藩は義熙八年（四一二）に劉裕によって討滅されたが、劉粹、劉道濟、劉損ら三人は肅清の對象とはならず、劉裕恩顧の武人として宋建國ののち第三代文帝（劉義隆）にいたるまで重用されたことが確認される。すなわち劉粹は文帝の元嘉四年（四二七）に五十三歳をもって卒した際に安北將軍が追贈され、また劉道濟は同十年（四三三）に益州刺史在官のまま卒している。さらに劉損も元嘉中（四二四～四五三）に義興および呉郡の太守を歴任し、その卒後には太常を追贈されているのである。[29] これと同様に劉伯龍もまた文帝に重用されて同九年（四三二）に盱眙太守となり、さらに同二十七年（四五〇）には尚書左丞、建武將軍、淮南太守として北魏の太武帝（拓跋燾）の南征軍を迎擊している。[30] またこの間に少府、武陵太守などを歴任したことは前記のごとくである。この劉伯龍には少なくとも二男一女があったと考えられる。すなわち兄の劉彤と弟の劉彪および女子の劉氏である。
⑥劉昭の伯父の劉彤は、「初め、昭の伯父彤、衆家の晉書を集めて干寶の晉紀に注し、四十巻を爲る」と記される。この劉彤注『干寶晉紀』は現存しないが、その注釋について劉知幾は『史通』内篇巻五補注篇に、

　次に好事の子、異聞を廣むることを思うも、才は短にして力は微、自ら達する能わず、驥尾に憑《よ》りて、千里羣を絶ゆることを庶《こいねが》い、遂に乃ち衆史の異辭を掇《ひろ》い、前書の闕くる所を補う有り。裴松之の三國志、陸澄劉昭の兩漢書、劉彤[31]の晉紀、劉孝標の世說の類の若きは是なり。

とする批評を殘している。[32]これによるとその內容は語釋に重點を置くものではなく、種々の書籍から異聞異辭を集めて『干寶晉紀』を補おうとしたものであったらしい。ここでは同様の注釋として劉昭のそれを併記する點に注意したい。すなわち本書第四章で詳述するごとく、劉昭注の內容は「衆史の異辭を掇い、前書の闕くる所を補う」とするこの評價にほぼ一致するのである。この事實は劉彤の史書注釋學が甥の劉昭に繼承され、その『集注後漢』撰述に影響をあたえたことを示唆するものにほかならぬであろう。

④劉昭の父劉彪については、「父の彪、齊の征虜晉安王の記室たり」とのみ記す。劉彪が記室參軍として仕えた齊の武帝の第七子征虜將軍晉安王蕭子懋は、永明四年（四八六）、十五歳で征虜將軍を拜命し、翌五年に後將軍に轉じてのち數種の將軍號を帯びるも征虜將軍にはもどることなく、延興元年（四九四）、謀叛の嫌疑によって二十三歳で誅されている。[33]よって劉彪の記室參軍補任は「征虜」の將軍號に依據するかぎり永明四年中のことと考えられる。この事例に加えるに『南齊書』巻四四沈文季傳には永明三年冬、錢塘令劉彪が唐寓之の率いる反亂軍に敗走した記事が見出される。[34]すなわちそれは「寓之の錢塘に至るや、錢塘令劉彪、戍主聶僧貴、隊主張玗を遣わして小山において之を拒《ふせ》がしむるも、力敵せずして、戰敗す。寓之進みて浦を抑え岸に登りて郭邑を焚く。彪、縣を棄てて走《に》ぐ」と記され、こ

れを併せて検討すると劉彪は錢塘での「戰敗」を問われて縣令を罷免され、その翌年に弱齢の皇族征虜將軍晉安王蕭子懋の記室參軍に左遷されたと解することができるのである。ここで問題となるのは、管轄下の錢塘縣を棄てて敗走するという大罪を犯しながら罷免をこえる懲罰が科せられず、そののち幾許なくして皇族の記室參軍に轉出したのはいかなる縁故によるのかということである。私はそこに、永明三年當時、尙書左丞に在官していた劉彪の外甥江淹の盡力があったのではないかと推測するが、その證左となるものは見出しがたいようである。さて、この江淹は濟陽考城の江氏の宗人である宋の南沙縣令江康之に嫁した劉彪の姉劉氏[35]の子で、劉昭にとって從兄弟となる人物である。

⑤「劉昭傳」に「外兄の江淹、早《つと》に（劉昭を）相《み》て稱賞す」と記される江淹（四四四～五〇五）は、宋・齊・梁の三王朝に歴事した希代の政治家で、南朝を代表する文人としても著名である。右の一文は『南史』の同文とともに、管見のかぎりでは、劉昭と江淹とをむすぶ唯一の史料となるものであるが、それは劉昭の文才を賞贊する江淹がはるか年下の從弟[36]に對して、その幼少時からさまざまな學問を授けたことを想像させるものである。ここでまず『梁書』巻一四および『南史』巻五九の兩「江淹傳」に先學の研究[37]を加えて江淹の略歴をまとめると左のごとくなる。

江淹、字は文通は、十三歳で父を喪ったのち、みずから薪を採って母を養うがごとき貧窮生活を送ったが、つねに詩を屬《つづ》って文學に志した。その學問について『自敍傳』は「長遂して群書を博覽するも、章句の學に事えず、頗る精を文章に留む」と記す。二十歳で宋の皇族に出仕し、三十四歳の時に文筆をもって蕭道成（齊の高帝）に招かれ、宋齊革命に臨んで多くの詔册を起草した。そののち齊朝の帝位をめぐる政變を機敏に乗りこえて寒門ながら權力の中樞にあり[38]、五十九歳の折の齊梁革命では齊の永明年間（四八三～四九三）初頭より文學を通じて親交があった蕭衍（梁の武帝）にしたがい、梁建國の天監元年（五〇二）には金紫光祿大夫、醴陵侯に封ぜられた。江淹は天監四年（五〇五）に六十二歳で卒したが、その訃報に接した武帝は「素服擧哀」したと傳えられる[39]。その著書について『梁書』江淹傳は「凡そ著述する所は百餘篇、自撰して前後集を爲る。齊史十志と幷せて、並びに世に行わる」と記すが、ここで注目すべきは「齊史十志」の撰述である。その詳細について『南齊書』巻五二文學傳＝檀超傳は左のごとく記す。

建元二年、初めて史官を置く。超と驃騎記室の江淹とを以て史職を掌らしむ。（中略）、十志を立つ。律曆、禮樂、天文、五行、郊祀、刑法、藝文は班固に依り、朝會、輿服は蔡邕、司馬彪に依り、州郡は徐爰に依り、百官は范曄に依り、州郡に合す。班固は五星を天文に載せ、日蝕を五行に載するも、改めて日蝕を天文志に入る。

これによると齊の建國まもない高帝（蕭道成）の建元二年（四八〇）、敕命によって國史を編纂すべく創設された史官に檀超と江淹がつき、紀傳に加えて十志を立てようとしたことが知られる。しかし志部の題目に異議が出されて、その十志について同傳は「朝會志は、前史書かず。（中略）、宜しく食貨を立て、朝會を省くべし」と左僕射王儉が駁して裁可を得たと記すことから「朝會志」にかわって「食貨志」が立てられたと見られるが、いずれにせよ、檀超と江淹が紀傳と志からなる『齊史』の撰述をはじめたとして間違いない。しかし同傳が「超、史の功未だ就《な》らずして官に卒す。江淹、之れを撰成するも、猶お備わらざるなり」と續けることを勘案すると、その編纂なかばで檀超が沒したため撰述は江淹に委ねられて最終的には未完部分もあったようである。[40]この十志について劉知幾は「齊史は、江淹始めて詔を受けて著述し、以爲えらく、史の難き所は志より出づるは無し、と。故に先ず十志を著わし、以て其の才を見《あら》わすなり」（『史通』外篇巻一二古今正史篇）と指摘するが、[41]ここでは志部の撰述こそ歷史書編纂の最難事であるとする江淹の認識に注目したい。すなわち『齊史十志』はそれにもとづいて撰述されたに相違ないのである。

さて、この檀超と江淹の手になる奉敕撰『齊史』は、のちに蕭子顯の『齊書』（現行の『南齊書』）の祖本の一つとされて隋代までには散逸したようであるが、[42]ここで注意しなければならぬのは、『齊史十志』とその撰述に用いられた諸史料はもとより江淹自身の歷史書觀なかんづく志部を重視するその認識は、あますところなく劉昭に繼承されたのではないかと推測されることである。それは、さきに指摘した江淹と劉昭の關係から首肯できると思われるが、これに加えて本書第四章および第五章で詳述するごとく、劉昭は范曄『後漢書』が志部を缺落させていることを看過せず、司馬彪『續漢書』八志を斷裁して補成した事實と、その補成『後漢書』の全編に注釋を挾入して作成した『集注後漢』の殘存部分である八志劉昭注の充實した内容からも誤りなく導かれるものと思われる。

第二節　劉昭とその二子・二孫

①「劉昭、字は宣卿、平原高唐の人」と記される劉昭は、梁の武帝（蕭衍）の天監年間（五〇二〜五一九）の初年に起家し、諸官を歴任して卒するまでに「後漢の同異を集めて以て范曄書に注」する「集注後漢一百八十卷」および「幼童傳十卷、文集十卷」を撰述したとされる[43]。この『集注後漢』をはじめとする劉昭の撰著書については次章以降に詳述するとして、ここでは劉昭の人物像を検討することにしたい。まずその學問については「幼にして清警、七歳にして老莊の義に通ず」とあって幼少時より老莊に通じたとするが、それは當代の人物評にまま見られる表現で、一般的な貴族の教養をさすものである。また長じては「學に勤めて善く文を屬《つづ》る」とあり、文史に志したことが示されるが、それは右の著作からも首肯しうる。つぎに官歴をたどると、劉昭は「天監の初め」[44]に起家して奉朝請となるが、その時の年齢は武帝によって一律に三十歳起家の原則が定められた天監四年（五〇五）以前の舊制にしたがったと考えられることから、二十五歳以上となる[45]。ただし從兄の江淹が天監元年に五十九歳であったことを想起すれば、その上にかなりの年齢を重ねると見るべきであろう。ついで實官として征北行參軍につくが、この「征北」と冠する官號から出仕先として征北將軍府の存在が問題となる。管見のかぎりでは天監初年に征北將軍であったものは曹景宗以外にな

いことから、劉昭はその軍府の行參軍に出仕したと見るのが妥當であろう。[47] ただし征北行參軍によるかぎり齊末から天監四年まで鎭北將軍であった武帝の弟建安王蕭偉に江革、江觀兄弟がそれぞれ征北記室行參軍、征北行參軍として出仕した事例が問題となる。[48] これによれば劉昭は蕭偉の鎭北將軍府に征北行參軍として出仕した可能性も否定できないのである。そのいずれかは決しがたいが、いずれにせよ、ここで劉昭は就官後まもなく府主とともに天監四年十月から翌五年九月にかけて實施された武帝の弟臨川王蕭宏を總帥とする對北魏戰に關與したであろう一點を確認しておきたい。この北伐は建國まもない梁が總力を傾注した戰いで臨川王が自軍を棄てて逃歸したため大敗におわるのであるが、[49] 劉昭はこの戰役ののち中央官である尙書倉部郎に轉出するのである。そして、そこでは天監六年（五〇七）閏十月から同九年（五一〇）正月まで尙書を統括する尙書令に沈約が在任したことに注意しなければならない。[50] 管見のかぎりでは劉昭と沈約の接點は見出せないが、齊の永明年間はじめより親交を重ねた江淹と沈約との緣故によって二人は交流を持ったのではないか、あるいは尙書倉部郎の就官自體が亡友江淹への配慮と見ることもできよう。[51] つづく無錫縣令除任は、[52] 劉昭がその記室參軍として出仕した武帝の第二子南徐州都督刺史豫章王蕭綜の指名によるものであろう。[53] ただし「劉昭傳」は「宣惠豫章王」につくるものの蕭綜が宣惠將軍となった記事を見出せぬことから、その記室參軍となった時期を特定することができない。その後、劉昭は皇帝の側近官たる通直郎に遷り、さらに剡縣令に轉出するが、[54] その除任は無錫縣令のばあいと同樣、記室參軍として出仕していた揚州都督刺史中軍將軍臨川王蕭宏の指名によるものであろう。したがってその時期は臨川王が中軍將軍であった天監三年（五〇四）正月から同六年（五〇七）四月まで および同十七年（五一八）五月から普通元年（五二〇）正月までのいずれかと推定される。[55] ここで上述の官歷を考慮すれば前者とするには時間的に無理があるとしなければならない。ここでは後者に出仕した蓋然性が高いと判斷すべきであろう。すなわち劉昭は天監末年の十七年五月から普通元年（五二〇）正月までの閒に、かつて北伐の總帥と仰いだ臨川王の記室參軍となるのである。ただし、そのころ臨川王は揚州都督刺史を免官になっているから、[56]劉昭が剡縣令に轉出するのは臨川王が太尉・揚州都督に昇官・再任した普通元年（五二〇）より同七年（五二六）四月の臨川王死去までの間になるはずである。すなわち劉昭は普通年間（五二〇～五二六）に縣令として剡縣に赴任し、在官のまま卒したのである。以上まとめると、劉昭は二十年ほどの官員生活のうち臨川王蕭宏ら梁朝の柱石と目される三人の府主の參軍となり、また中央の尙書倉部郎・通直郎として武帝に近侍し、さらには無錫・剡の兩縣に縣令として赴任している。これは寒門出身者として府主に忠誠を盡くし、所與の職務に精勤した能吏の履歴にほかならないのである。劉昭のすぐれた事務處理能力については次章で詳述するとして、ここではそれがゆえに、いずれの職務にあっても高い評價を得たであろうことを一言しておきたい。さて、劉昭には二子があったとされるが、[57]それについて「劉昭傳」は左のごとく記している。

⑦「子の縚、字は言明。亦た學を好み、三禮に通ず。大同中、尙書祠部郎と爲り、尋いで職を去りて、復た仕えず」と記される長子劉縚は、父劉昭と同じく學問を好み、儀禮、周禮、禮記の三禮に通曉した。實官として武帝の大同年間（五三五～五四五）に尙書祠部郎に就いたが、ほどなく辭して復び出仕することはなかった。ただし『南史』劉昭傳に「先聖本記十巻を著し、世に行わる」とあり、また次子劉緩の同僚として武帝の第七子湘東王蕭繹（元帝）に仕えた顏之推が「縚は親しく禮を講ずる名儒なり」（『顏氏家訓』巻一七書證篇）と評することを勘案すると、[58]劉縚は三禮に通曉してその義を講ずる名儒で、『先聖本記』[59]の撰者としても世に知られたことが確認できる。

⑧次子の劉緩は、「縚の弟緩、字は含度なり。少くして名を知られ、安西湘東王の記室を歷官す。時に西府盛んにして文學を集むるに、緩其の首に居る。通直郎に除せられ、俄かに鎭南湘東王の中錄事に遷り、復た江州に隨府して、卒す」と記される。これによると劉緩は若年より著名であったが、それは新興ながら學問の家として聞こえた平原高

唐劉氏の正系として育成された結果であろう。その官歴は安西將軍を帶びる荊州刺史湘東王蕭繹の記室を初任とする。『梁書』卷五元帝本紀によると、湘東王が安西將軍であったのは武帝の大同元年（五三五）から同三年（五三七）までであるから、この將軍號に依據するかぎり、その出仕時は右のいずれかとなろう。ついで劉緩は父と同じく通直郎に除せられて中央にもどるが、大同六年（五四〇）十二月、江州刺史豫章王蕭歡の死去によって同月中に湘東王が使持節、都督江州諸軍事、鎭南將軍、江州刺史に拜されて江州に出鎭すると、劉緩も通直郎を辭して湘東王府の中錄事に轉じ、さらに江州に隨府したと考えられる。[61] そしておそらくはかの地で卒したのであろう。なお「西府盛集文學、緩居其首」とする一文は、梁朝を代表する文人である湘東王蕭繹が主宰する西府（江陵）のいわゆる文學サロンに雲集する文士を壓倒して、劉緩がその首座についたことを示すものである。その詩賦は簡文帝の命を奉じた徐陵撰『玉臺新詠』に「敬酬劉長史詠名士悅傾城」以下の四首が採錄されるとともに、[63] その著書として湘東王の命によって撰述した『繁華傳』三卷および『王子訣』三卷があったことが確認されるが、[64]「劉昭傳」には『劉緩集』四卷と記されるのみである。[65] 最後に、その妻室について言及すると、それは湘東王府の同僚として鎭南諮議參軍に任じられた臧嚴の女であることを指摘しておく。[66]

さて、劉緩の子については、前掲『顏氏家訓』書證篇に「劉緩の幼子民譽、年始めて數歲なるも、俊晤にして善く物を體す」とあることから劉民譽なる人物が確認され、[67] 梁末に江陵で卽位した元帝（蕭繹、在位五五二～五五四）に出仕した可能性が高いと推測される。[68] 言うまでもなくこれは湘東王府に仕えた父劉緩の緣故によるものであろう。またこれとは別に『北齊書』卷四五文苑傳＝顏之推傳中の顏之推「觀我生賦」自注に「時に中撫軍外兵參軍に遷り、文珪、劉民英等と與に、世子と游處を與にす」とする一文がある。これは簡文帝の大寶元年（五五〇）に湘東王の世子である十五歲の蕭方諸が中撫軍將軍・郢州刺史として郢州に出鎭するにあたり、中撫軍外兵參軍に就官した顏之推が文珪、劉民英らとともに隨從したことを傳えるものである。ここで注意すべきは、この劉民英について王利器は「疑うらくは是れ劉綏の子なり」と推測することである。(69) ただし同氏はさきの書證篇集解で「陳直曰く、（中略）、民英と民譽は當に弟兄の輩爲るべし。劉縚或いは劉綏の子爲ること疑い無し」と注することを勘案すると、(70) 劉民英は劉民譽の兄弟とも從兄弟とも決しがたいが、いずれにもせよ、劉昭の孫であることは間違いなく、この出仕もまた劉綏の縁故によるものであろう。また、この劉民英については前掲「觀我生賦」自注に記された左の史料にも注意しなければならない。

　王司徒表送祕閣舊事八萬卷、乃詔比校部分、爲正御、副御、重雜三本。左民尚書周弘正、黄門郎彭僧朗、直省學士王珪、戴陵校經部。左僕射王褒、吏部尙書宗懷正、員外郎顏之推、直學士劉仁英校史部。廷尉卿殷不害、御史中丞王孝紀、中書郎鄧藎、金部郎中徐報校子部。右衞將軍庾信、中書郎王固、晉安王文學宗善業、直省學士周確校集部也。

すなわちこれは、侯景の亂(71)を鎭壓した司徒王僧辯が獲得した建康の「祕閣舊事八萬卷」を江陵の宮廷圖書館に收藏するにあたり、元帝の詔によってそれらを經史子集に分類整理する作業がなされたことを傳えるもので、そこでは周弘正、彭僧朗、王珪、戴陵らが經部を、王褒、宗懷正、顏之推、劉仁英らが史部を、殷不害、王孝紀、鄧藎、徐報らが子部を、庾信、王固、宗善業、周確らが集部を「比校」したとされる。(72) ここで注目すべきは「直學士劉仁英、史部を校す」とする部分で、この劉仁英について宇都宮清吉氏は唐諱によって「民」が「仁」に代えられたもので仁英は民英にほかならぬとする。(73) それに誤りなければ、劉民英は梁末を代表する經學文史の專家である周弘正、庾信、王褒、宗懍、顏之推ら錚々たる學者たち(74)に伍して史部の校訂に從事したことが確認されるのである。すなわちそれは劉寔にはじまり江淹、劉彤、劉昭らによって確立された高唐劉氏の家學なかんづくその歴史書に關する學識が民英らに繼承されたことを物語るにほかならない。

さて、この劉民譽および劉民英を最後として平原高唐の劉氏に關する確實な文獻史料は見出しがたくなる。劉昭の孫にあたるこの二人をふくめてその子や孫は、承聖三年（五五四）十一月に侵攻した西魏軍によって元帝が殺害され、江陵政權が覆滅した際にことごとく殉じたのであろうか。あるいは江陵陷落後に多くの士民とともども嚴冬下に長安まで押送された悲慘な行旅を生きぬき、(75)やがて關中の地に埋沒したのであろうか。はたまた陳朝支配下の江南に逃げもどり、その地に血脈をつないだのであろうか。今後明らかにしなければならぬ課題の一つである。ただしそれは、小論のごとく傳世文獻を中心とする考察のみでは明らかになしえず、碑墓誌などの出土文字資料からする新たな視點を加えることによってはじめて論證できる可能性が生まれると考えられる。それについては既出の資料を檢討することは言うまでもないことであるが、(76)今後の考古學的發掘によって平原高唐の劉氏に關する新資料を得ることが必須となろう。ここでそれを祈念し、擱筆としたい。

むすび

以上の考察によって平原高唐の劉氏と劉昭およびその後裔について個々の人物像が明らかになったと思われる。それをまとめると以下のごとくなる。

（1）宋・齊・梁三代にわたって多くの文人を輩出した平原高唐の劉氏は、後漢王朝の第三代章帝の子である濟北惠王劉壽の傍系に連なる劉寔を祖とする。劉寔は西晉を代表する文人政治家で、長子劉躋も重臣として重んぜられたが、劉躋の子以下四代の子孫のいずれかが西晉の滅亡によって南渡し、東晉の領域に移住したと考えられる。

（2）劉昭の祖父劉伯龍およびその父（劉昭の曾祖父）は晩渡北來の寒門として京口に居住し、その地で劉裕麾下の北府武人となって宋の建國に寄與し、重用されたと考えられる。とくに劉伯龍は文帝の元嘉中に中央・地方における文武の顯官を歷任するとともに、北魏の太武帝の南征軍を迎擊するなど文帝朝において重んぜられた。

（3）劉伯龍の二男一女のうち劉昭の父劉彪は齊に仕えて錢塘縣令および皇族の記室參軍を歷任した。その兄劉彤は『干寶晉紀』の注釋家として著名で、その史書注釋學は甥劉昭に繼承されて『集注後漢』に影響をあたえたと考えられる。劉彪の姉劉氏は濟陽考城の江康之に嫁して江淹を生んだ。劉昭の從兄となる江淹は齊梁二朝に重んぜられた文人政治家で、公私にわたって劉昭を導いたと推測される。とくに江淹の奉敕撰『齊史』およびその編纂に用いた史料ならびに志部を重視する江淹の歷史書觀などはあますところなく劉昭に傳えられ、その『集注後漢』の撰述に多大な影響をあたえたと考えられる。

（4）劉昭の官歷は天監初年に起家して奉朝請となり、普通年間に剡縣令在職中に卒するまでの二十年ほどの間に臨川王蕭宏ら梁朝の重鎭と目される三人の府主に參軍として仕え、また中央の尙書倉部郎、通直郎に就いて武帝に近侍し、さらには無錫縣および剡縣に縣令として赴任するなど多くの官職を歷任した。それは劉昭の事務處理能力と寒門出身の官吏として所與の職務に忠勤する姿勢が高く評價された結果であると考えられる。

（5）劉昭の長子劉縚は尙書祀部郎に就くとともに三禮の義を講ずる當代の名儒と稱され、『先聖本記』十巻を著した。次子の劉緩は湘東王蕭繹に出仕し、王命を奉じて『繁華傳』三巻、『王子訣』三巻を撰述するとともにすぐれた詩賦をものして西府（江陵）の文學サロンの首座として世に知られた。その全集として『劉緩集』四巻が傳えられる。

（6）劉昭の孫にあたる劉民譽および劉民英は多くの文人を輩出した平原高唐の劉氏の直系として幼少より知られ

た。とくに劉民英は湘東王蕭繹の信任を得て世子を輔佐する幕僚となり、また劉氏の家學たる史書學の繼承者として梁末を代表する學者として知られ、元帝の詔によって江陵の宮廷圖書の整理校訂に從事した。

（7）劉民譽・劉民英の晩年の状況をふくめ、この世代を最後として平原高唐の劉氏に關する文獻史料は見出しがたくなる。

注

（1）『後漢書』十志については、吉川忠夫「范曄と劉知幾」（『東海史學』第四號、一九六七年。のちに同氏『六朝精神史研究』所收、同朋舍出版、一九八四年）、吳樹平「范曄『後漢書』的志」（同氏『秦漢文獻研究』所收、齊魯書社、一九八八年）を參照。

（2）それを指摘するものに王鳴盛『十七史商榷』卷二九「范氏後漢書用司馬彪志補」、錢大昕『十駕齋養新錄』卷六「司馬彪續漢書志附范史以傳」および勝村哲也「目錄學」（『アジア歷史研究入門』第三卷所載、同朋舍出版、一九八三年）などがある。

（3）たとえば『東洋歷史大辭典』（平凡社、一九三七年）第三卷二〇〇頁、『大漢和辭典』（大修館書店、一九五五年）第四卷八三二頁、『東洋史料集成』（平凡社、一九五六年）一四六頁、『アジア歷史事典』（平凡社、一九六〇年）第三卷三三六頁、『中國學藝大事典』（大修館書店、一九七八年）二二〇頁、『アジア歷史研究入門』（同朋舍出版、一九八三年）第一卷一一九頁、『中國史研究入門』（山川出版社、一九八三年）上卷一九八頁などの『後漢書』解說は劉昭の補成に言及しない。

（4）平原高唐は、顧祖禹『讀史方輿紀要』卷三四高唐州高唐廢縣の條に「今州治、春秋時齊有高唐邑、在今濟南禹城縣境。漢置縣於此、屬平原郡。後漢及晉宋後魏俱因之。高齊嘗移高唐縣治黃巾固。即今濟南府章邱縣也。隋復置高唐縣於此。唐長壽二年、改爲崇武縣、神龍初復曰高唐。五代梁曰魚邱縣、後唐復舊。晉曰齊城縣、漢復曰高唐縣。宋因之、元爲高唐州治。明初省」とあり、ほぼ現在の山東省禹城縣の西南にあたる。

（5）この二書の劉昭傳については、佐藤利行・趙建紅「六朝文人傳——劉昭（『梁書』・『南史』）——」（『山本昭教授退休記念中國學論集』所載、白帝社、二〇〇〇年）とする譯注がある。

（6）周嘉猷『南北史世系表』巻一平原劉氏の條に「又晉太尉劉寔亦平原高唐人、濟北惠王壽之後、寔七世孫伯龍」とあり、劉伯龍以下彤、彪、昭、緬、綏にいたる平原高唐の劉氏世系表が記されている。なお平原高唐の劉氏とは別に平原劉氏と稱する門族が確認される。それは前漢景帝の子膠東王劉寄を祖とするもので、東晉末から宋代にかけて青州一帯に地盤を築いて「青州の彊姓」、「北州の舊姓」と稱されるほどに繁榮したが、平原高唐の劉氏とは別個の門族であることを確認しておきたい。なお平原劉氏については、安田二郎「『晉安王子勛の叛亂』について——南朝門閥貴族體制と豪族土豪——」（『東洋史研究』第二五巻第四號、一九六七年。のちに同氏『六朝政治史の研究』、京都大學出版、二〇〇三年に「晉安王劉子勛の反亂と豪族・土豪層」と改題所收）の「平原劉氏の場合」に詳述されている。

（7）劉寔の生沒年は姜亮夫『歷代人物年里碑傳綜表』（華世出版社、一九七六年）による。

（8）『後漢書』巻五五章帝八王傳＝濟北惠王劉壽傳および同巻五安帝紀にもとづく濟北王家の世系表を示すと左のごとくなる。番號は王位の繼承順で、ここではそれを冠するものが正系、それ以外を傍系と考える。なお、表の作成には日吉盛幸・渡邉義浩共編『後漢紀人名索引』（大東文化大學文學部中國文學科渡邉義浩研究室、二〇〇〇年）を參照した。

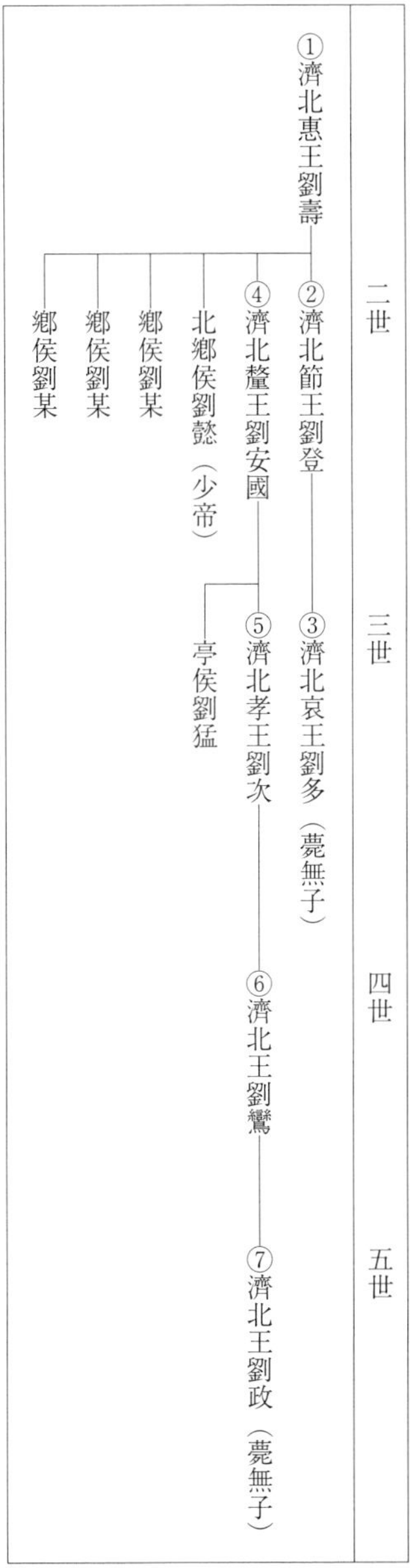

（9）斥丘縣は、『讀史方輿紀要』巻一五廣平府成安縣の條に「斥邱城、縣東南十三里、春秋時晉之乾侯邑。昭二十八年、公如晉、次於乾侯、卽此。漢爲斥邱縣。闞駰曰、地多斥鹵。故曰斥邱。應劭曰、有斥邱在其西南也。高帝六年、封功臣唐厲爲侯邑。後

漢仍爲斥邱縣。初平二年、袁紹屯子斥邱卽此。魏晉以後皆爲斥邱縣治」とあり、ほぼ現在の河北省成安縣の東南にあたる。

(10) 牛衣については、『漢書』巻七六王章傳顔師古注に「牛衣、編亂麻爲之。卽今俗呼爲龍具者」とある。麻や茅を編んだ蓑の類で、牛體を蔽って寒さをふせぐもの。後代では龍具、烏衣などとも稱した。

(11) 平吳戰については、安田二郎「西晉初期政治史試論――齊王攸問題と賈充の伐吳反對を中心に――」(『東北大學東洋史論集』第六號、一九九五年。のちに同氏『六朝政治史の研究』に「西晉初期政治史試論」として改題所收)を參照。

(12) 八王の亂については、宮川尙志「八王の亂について」(同氏『六朝史研究政治社會篇』所收、平樂寺書店、一九六四年)、福原啓郎「八王の亂の本質」(『東洋史研究』第四十一巻第三號、一九八二年。のちに同氏『魏晉政治社會史研究』所收、京都大學學術出版會、二〇一二年)。福原啓郎「西晉代宗室諸王の特質――八王の亂を手掛かりとして――」(『史林』六八巻二號、一九八五年。のちに同氏『魏晉政治社會史研究』所收)を參照。

(13) なお劉寔の著作に關して『舊唐書』巻四六・四七經籍志に「春秋左氏條例十巻劉寔撰、春秋公羊違義三巻劉寔撰、劉晏注、劉寔集二巻」とあり、『新唐書』巻五七〜六〇藝文志に「劉寔條例十巻、劉寔左氏牒例二十巻又公羊違義三巻劉晏撰、劉寔集二巻」とあって本傳および『隋書』經籍志のそれと少しく異同がある。

(14) 劉寔と劉智の兄弟が國子祭酒となって西晉の文教政策に關與したことは、福原啓郎「西晉における國子學の創立に關する研究ノート(上)・(下)」(『環日本研究』第四號・第五號、京都外國語大學環日本研究會、一九九七年・一九九八年。のちに同氏『魏晉政治社會史研究』に「西晉における國子學の創立に關する考察」と改題所收)および渡邉義浩「西晉における國子學の成立」(『東洋研究』第一五九號、二〇〇六年)に詳述される。なお劉智『正曆』については、小林春樹・山下克明編『『天文要錄』の考察[一]』(大東文化大學東洋研究所、二〇一一年)を參照。

(15) 『三國志』巻三〇烏丸鮮卑東夷傳に「景初二年六月、倭女王遣大夫難升米等詣郡、求詣天子朝獻、太守劉夏遣吏將送詣京都」とあり、帶方太守劉夏の名が知られる。これは『晉書』巻四五侯史光傳に「侯史光、字孝明。東萊掖人也。幼有才悟、受學於同縣劉夏。擧孝廉、州辟別駕。咸熙初、爲洛陽典農中郎將、封關中侯」と記される劉夏すなわち東萊郡掖縣出身で魏の咸熙年間(二六四)に典農中郎將となった侯史光が師事した同縣の人劉夏と同一人物と考えられる。この劉夏が帶方太守であった景初二年（二三八）當時、後漢の建安二十五年（二二〇）生まれの劉寔は十九歳であったことを勘案すると、その次子の劉夏と帶方太守劉夏とは別人と解すべきであろう。

(16) 前掲の系圖に明らかなように、一字名を通例とする平原高唐の劉氏にあって伯龍という二字名は特異である。それはあるいは字であり、避諱など何らかの理由で名が傳えられなかったのであろうか。なお『宋書』巻五三庾炳之傳の「劉伯寵」を『南史』巻三五庾仲文傳は「劉伯龍」につくる例が見られるが、ここでは『南朝五史人名索引』（中華書局、一九八五年）の下册五八八頁の校勘にしたがって同一人物と考える。なお前掲注（6）に記した平原劉氏の門宗に劉伯龍と同時代の人として劉伯宗とする名が確認される。この二人が「伯」を通有するのは何らかの縁故を示すものであろうか。

(17)『宋書』巻三武帝紀下に「永初元年夏六月丁卯、設壇於南郊、卽皇帝位。（中略）、（八月）癸酉、立王太子爲皇太子」とあり、同巻四少帝紀に「元熙元年、進爲宋太子。武帝受禪、立爲皇太子。永初三年五月癸亥、武帝崩、是日、太子卽皇帝位」とある。

(18)『宋書』巻六一武三王傳には「武帝七男」とあり、皇太子（少帝）の下に廬陵孝獻王劉義眞、宜都王劉義隆（文帝）、彭城王劉義康、江夏文獻王劉義恭、南郡王劉義宣、衡陽文王劉義季の名が確認される。

(19)『南史』巻一七劉粹傳に「（劉）損同郡宗人有劉伯龍者。少而貧薄。及長、歷位尙書左丞、少府、武陵太守。貧窶尤甚。常在家慨然、召左右將營十一之方、忽見一鬼在傍撫掌大笑。伯龍歎曰、貧窮固有命、乃復爲鬼所笑也。遂止」とあり、その「貧窶尤甚」以下は劉伯龍の若年時の貧窮を如實に示すものであろう。なお周一良『魏晉南北朝札記』（中華書局、一九八五年）四七六～四七八頁「增加有用史料」は『南史』の有用性を指摘する。

(20) 劉伯龍父子は劉寔を祖とする名門でありながら寒門人士と見なさざるを得ぬのであるが、その零落の一因は南渡の遲れにあったのではないか。宮川尙志「南朝貴族制と寒人」（同氏『六朝史研究政治社會篇』所收、一九六四年）は名門北士でも南渡した時期が遲れると、先着した貴族たちから輕視される傾向が存在したことを指摘する。

(21)『晉書』巻八五劉毅傳、『宋書』巻四五劉粹傳および劉損傳。

(22) 南朝政權における京口の重要さは、中村圭爾「南朝政權と南徐州社會」（『東アジア史における國家と地域』所載、刀水書房、一九九九年。のちに同氏『六朝江南地域史研究』所收、汲古書院、二〇〇六年）を參照。

(23) 川勝義雄「劉裕政權の成立と寒門武人——貴族制との關連において——」(『東方學報』京都第三六册、一九六四年。のちに同氏『六朝貴族制社會の研究』所收、岩波書店、一九八二年)。

(24) 孫恩・盧循の亂については、陳寅恪「天師道與濱海地域之關係」(『歷史語言研究所集刊』第三本四分、一九三三年。のちに『陳寅恪先生論集』所收、中央研究院歷史語言研究所編、一九七一年)、張一純「論孫恩・盧循領導的農民起義」(『中國農民起義論集』所載、三聯書店、一九五八年)、馮君實『晉書孫恩盧循傳箋證』(中華書局、一九六三年)、朱大渭「孫恩徐道覆起義的性質及其歷史作用」(『歷史論叢』第一輯所載、中華書局、一九六四年)、曹永年「試論東晉末年農民起義的變質」(『歷史研究』一九六五年第二期)、宮川尚志「孫恩・盧循の亂について」(『東洋史研究』第三〇卷第二・三號、一九七一年)、同氏「孫恩・盧循の亂に關する補考」(『鈴木博士古稀記念東洋學論叢』所載、明德出版社、一九七二年)、同氏「孫恩・盧循の亂と當時の民間信仰」(『道教の總合的研究』所載、國書刊行會、一九七七年)、小林岳「孫恩・盧循の亂における海島の再檢討」(『史觀』第一〇九册、一九八三年)などを參照。

(25) 劉裕を概說するものに吉川忠夫『劉裕』(人物往來社、一九六六年。のちに同氏『劉裕　江南の英雄宋の武帝』と改題、中央公論社、一九八九年)がある。

(26) 『晉書』卷九九桓玄傳。なお桓玄の動向は宮川尚志前揭書注(20)第二章第五節「東晉桓溫・桓玄の禪代企畫」を參照。

(27) 『宋書』卷四五劉悴傳。

(28) 川勝義雄前揭論文注(23)を參照。

(29) 注(27)を參照。

(30) 『宋書』卷九一孝義傳＝王彭傳に「元嘉九年、(盱眙)太守劉伯龍依事表言、改其爲通靈里、蠲租布三世」とあり、『宋書』卷九五索虜傳に「(元嘉二七年)、(拓跋)燾自彭城十二月於盱眙渡淮、破胡崇之等軍。(中略)、尙書左丞劉伯龍守採石、尋遷建武將軍、淮南太守仍總守事」とある。

(31) 「形」と「彤」を混同する例は史書にまま見られるものである。詳細は西脇常記譯注『史通內篇』(東海大學出版會、一九八九年)の四六三頁を參照。

（32）『史通』內篇卷五補注篇に「次有好事之子、思廣異聞、而才短力微、不能自達、庶憑驥尾、千里絕羣、遂乃掇衆史之異辭、補前書之所闕。若裴松之三國志、陸澄劉昭兩漢書、劉彤晉紀、劉孝標世說之類是也」とある。

（33）『南齊書』卷四〇武十七王傳＝晉安王子懋傳。

（34）唐寓之の亂を詳述したものに川合安「唐寓之の亂と士大夫」（『東洋史研究』第五四卷第三號、一九九五年）がある。またその關係史料は張澤咸・朱大渭編『魏晉南北朝農民戰爭史料彙編』（中華書局、一九八〇年）の上卷三九四～四〇一頁に彙集されている。

（35）劉昭の外兄江淹は劉昭が起家した天監初年すでに六十歲前後に達しており、劉昭よりかなり年長であったと考えられる。したがって江淹の母劉氏は劉彤との少長は不明であるものの、劉昭の父劉彪には姉にあたると考えるのが妥當であろう。

（36）前揭注（35）參照。

（37）江淹については、明の胡之驥注『江文通集彙註』（中華書局、一九八四年）、吳丕績『江淹年譜』（長沙商務印書館、一九三八年、文星書店再刊、一九六五年）、高橋和巳「江淹の文學」（『吉川博士退休記念中國文學論集』所載、筑摩書房、一九六八年）、森博行「江淹の『雜體詩』三十首について」（『中國文學報』第二七册、一九七七年）、丁福林『江淹年譜』（鳳凰出版社、二〇〇七年）などを參照。

（38）宮川尙志氏は、江淹の屬する濟陽考城の江氏は全體として名族であるが、各家としては寒門であることを指摘する。同氏前揭論文注（20）三八二頁注⑬を參照。

（39）江淹および沈約、蕭衍（梁武帝）とは齊の永明年間（四八三～四九三）の初めより文學を通じて親交があった。これについては網祐次「南齊竟陵王の八友に就いて」（『お茶の水女子大學人文科學紀要』第四號、一九五三年）、森野繁男「齊・梁の文學集團と中心人物」（同氏『六朝詩の研究』所收、第一學習社、一九七六年）を參照。また齊梁革命時における江淹の動向は、安田二郎「南朝の皇帝と貴族と豪族・土豪層——梁武帝の革命を手がかりに——」（『中國中世史研究——六朝隋唐の社會と文化——』所載、東海大學出版會、一九七〇年。のちに同氏『六朝政治史の研究』に「梁武帝の革命と南朝門閥貴族體制」と改題所收）を參照。

(40)『南齊書』檀超傳に「建元二年、初置史官、以超與驃騎記室江淹掌史職。(中略)、立十志。律曆、禮樂、天文、五行、郊祀、刑法、藝文依班固。朝會、輿服依蔡邕、司馬彪。州郡依徐爰。百官依范曄、合州郡。班固五星載天文、日蝕載五行、改日蝕入天文志。(中略)、朝會志前史不書。(中略)、宜立食貨、省朝會。(中略)、超史功未就、卒官。江淹撰成之、猶不備也」とある。

(41) 鄭樵の『通志』總序にも「江淹有言修史之難、無出於志」とする江淹の見解が示されている。

(42)『南齊書』の祖本については趙翼『二十二史箚記』巻九「齊書舊本」を參照。また『隋書』經籍志に「梁有江淹齊史十三卷、亡」とある。

(43)『隋書』經籍志に「後漢書一百二十五卷、范曄本、梁剡令劉昭注」および「幼童傳十卷、劉昭撰」とある。『文集十卷』については同經籍志および『舊唐書』經籍志・『新唐書』藝文志ともに言及しない。なお『幼童傳』は『太平御覽』巻三九六人事部三七に「劉昭幼童傳曰、漢孝昭帝諱弗陵武帝少子也。年五六歳壯大、武帝云類我甚奇之」とあり、また同巻六〇二文部一八に「幼童傳曰、謝瞻字宣遠、幼而聰悟、五歳能屬文通玄理。又曰、孫士潛字石龍、六歳上書七歳屬文」とあることから推測すると、歴代における幼童の夙敏を收錄した書と考えられる。

(44) 管見のかぎりでは、『梁書』には「天監初」という語句が七十五例徵せられるが、それは具體的に何年ころをさすのであろうか。「天監初」とする記事のあとに「二年」と記して記事をつづけるものが四例(樂藹・到洽・裴之野・諸夷の各傳)があるが、このばあいは明らかに元年をさすものである。しかしこの例をそのままこの「劉昭傳」に適用するには無理があろう。よってここでは、同樣に「三年」と記す五例(蔡道恭・鄭紹叔・劉坦・沈崇傃・到沆の各傳)および「四年」と記す二例(張率・賀瑒の各傳)を勘案して、梁の草創期にあたる元年からほぼ二・三年ころまでをさすと考える。

(45) 宮崎市定「梁陳時代の新傾向」(同氏『九品官人法の研究——科擧前史——』所收、同朋舍出版、一九五六年)および同書五七二頁補注(35)によると、天監初年は齊末の舊制により二十五歳起家が一般的であったとする。なお奉朝請および記室參軍については同氏「南朝における流品の發達」(同氏前掲書所收)を參照。また川合安「南朝官人の起家年齢」(『東北大學歴史資源アーカイヴの構築と社會的メディア化』所載、東北大學大學院文學研究科、二〇〇五年)も參照。

(46) 曹景宗の征北將軍拜命の時期は不明であるが、『梁書』巻一二・『南史』巻五八の各韋叡傳は天監五年、征北將軍曹景宗が北魏軍と交戰したことを記す。また『梁書』巻九曹景宗傳は、天監七年、景宗の死後に征北將軍が贈られたことを記すが、右の各韋叡傳によれば沒後に生前の稱號が再贈されたと考えるべきであろう。なお曹景宗の動向については安田二郎前掲論文注(39)を參照。

(47) 小尾孟夫「劉宋における都督と軍事」(『中國貴族制社會の研究』所載、京都大學人文科學研究所、一九八七年。のちに同氏『六朝都督制研究』所收、溪水社、二〇〇一年)は、征北參軍は通例として征北將軍の府官に就任することを指摘する。

(48) 『梁書』巻三六江革傳。なお蕭偉の鎭北將軍在任期間は『梁書』巻二武帝紀中および同巻二二太祖五王傳＝南平元襄王偉傳による。

(49) 『梁書』巻二二太祖五王傳・『南史』巻五一梁宗室上の各臨川靖惠王宏傳。

(50) 沈約の尙書在任期間は、宮崎市定前掲論文「梁陳時代の新傾向」前掲注(45)による。

(51) 江淹と沈約の親交については前掲注(39)を參照。

(52) 無錫縣は、『讀史方輿紀要』巻二五常州府無錫縣の條に「漢置無錫縣、屬會稽郡。武帝封東粵降將多軍爲侯邑。後漢屬呉郡。三國呉分無錫以西爲典農校尉、省縣屬焉。晉復置縣、屬毘陵郡。東晉以後俱屬晉陵郡。隋屬常州。唐宋因之」とあり、ほぼ現在の江蘇省無錫市附近にあたる。

(53) 『梁書』巻五五豫章王綜傳によると、豫章王蕭綜は天監五年から同十年まで使持節、都督南徐州諸軍事、仁威將軍、南徐州刺史として出鎭し、ついで北中郎將に進號した。したがってその軍府の屬僚たる記室參軍に出仕した劉昭は、府主の意向によって南徐州管轄下の無錫縣令に任命されたと考えられる。このように府主が軍府の屬僚および管內の郡縣の長官の任免權を掌握することについては、濱口重國「所謂、隋の鄉官廢止に就いて」(同氏『秦漢隋唐史の研究』下巻所收、東京大學出版會、一九六六年)、越智重明「南朝州鎭考」(『史學雜誌』第六二編第一二號、一九五三年)、福原啓郎前掲論文注(12)などを參照。

(54) 剡縣については、『讀史方輿紀要』巻九二紹興府上虞縣の條に「漢置剡縣、屬會稽郡。晉以後因之。唐武德四年增置嵊州。八年州廢、縣仍屬越州。(中略)、剡城廢縣。(嵊)縣西南十五里、本剡縣城。唐武德四年置嵊州、兼置剡城縣屬焉。八年與州俱廢」とあり、ほぼ現在の江蘇省嵊州市附近にあたる。

（55）前掲注（49）の兩本傳・『梁書』卷二・三武帝紀および萬斯同『梁將相大臣年表』によると、臨川王蕭宏は天監元年（五〇二）より普通七年（五二六）の死去にいたるまで天監十七年（五一八）から普通元年（五二〇）までの二年間をのぞいて一貫して揚州都督・刺史に在任している。なお臨川王蕭宏については、榎本あゆち「姚察・姚思廉の『梁書』編纂について――臨川王宏傳を中心として――」（『名古屋大學東洋史研究報告』第一二號、一九八七年）に詳細な論考がある。

（56）前掲注（55）を參照。

（57）王利器『顏氏家訓集解（增補本）』（中華書局、一九九三年）卷二風操篇に「劉縚、緩、綏、兄弟並爲名器、其父名昭、一生不爲照字、惟依爾雅火旁作召耳」とあり、ここで劉昭には縚、緩、綏の三子があったとする。後述するごとく顏之推は劉縚、劉緩、劉民英らと面識があったことからこの劉綏の記事は重く見なければならない。しかし王利器集解は「器案、世說賞譽下注引劉氏譜、綏字萬安、高平人。祖奧、太祝令、父斌、著作郎、歷驃騎長史。隋書經籍志集部、梁有安西記室劉綏集四卷。是綏爲道眞從子、壻爲庾翼、皆東晉人物也。不惟郡望不合、父祖各別、並時代亦懸絕、趙（曦明）、鄭（珍）疑綏字衍、是也。此蓋傳鈔者涉絲旁排行誤入、或卽因緩字形近而誤衍也」と注して綏を誤衍と疑う。小論はそれに與する。

（58）その幼少時のエピソードとして『顏氏家訓集解（增補本）』卷一七書證篇に「江陵嘗有一僧、面形上廣下狹。劉緩幼子民譽、年始數歲、俊晤善體物。見此僧云、面似馬莧。其伯父縚因呼爲荔挺法師。縚親講禮名儒、尙誤如此」とあり、王利器集解は「器案、卽謂劉縚本人是講禮名儒也」と注する。また同集解は「器案、酉陽雜俎卷十六廣動植之一序、劉縚誤呼荔挺、至今可笑。學者豈容略乎。卽本此文」とする。

（59）『隋書』經籍志に「先聖本紀十卷劉縚撰」とある。また『舊唐書』經籍志は「先聖本紀十卷劉滔撰」、『新唐書』藝文志は「劉滔先聖本紀十卷」につくる。

（60）吳光興『蕭綱蕭繹年譜』（社會科學文獻出版社、二〇〇六年）による。

（61）隨府については石井仁「梁の元帝集團と荊州政權――「隨府府佐」再論――」（『集刊東洋學』第五六號、一九八六年）を參照。

（62）湘東王の文學サロンについては、森野繁男前掲論文注（39）および佐伯雅宣「劉孝綽と梁代文學集團――湘東王集團との關係を中心に――」（『中國中世文學研究』第三九號、二〇〇一年）を參照。なお湘東王府における劉緩の同僚について『陳書』巻二四周弘直傳は「弘直字思方、幼而聰敏。解褐梁太學博士、稍遷西中郎湘東王外兵記室參軍。與東海鮑泉、南洋宗懔、平原劉緩、沛郡劉瑴同掌書記」と記すことに注意したい。

（63）『玉臺新詠』巻八に「敬酬劉長史詠名士悦傾城」、「雜詠和湘東王三首其一寒閨」、「雜詠和湘東王三首其二秋夜」、「雜詠和湘東王三首其三冬宵」とする四首が收録される。ほかに歐陽詢『藝文類聚』に八首、徐堅『初學記』に一首收録されている。

（64）元帝（蕭繹）撰『金樓子』巻五著書篇に「繁華傳一秩三巻、金樓使劉緩撰。王子訣一秩三巻、金樓付劉緩撰」とある。ただし『隋書』および兩『唐書』經籍・藝文志には兩書とも採録されない。

（65）『隋書』經籍志に「梁有安西記室劉緩集四巻」とあり、兩『唐書』經籍・藝文志には採録されない。

（66）『顏氏家訓集解（增補本）』巻三勉學篇に「東莞臧逢世、年二十餘。欲讀班固漢書、苦假借不久。乃就姊夫劉緩乞丐客刺、書翰紙末、手寫一本。軍府服其志尚、卒以漢書聞」とあり、同巻二風操篇に「又有臧逢世、臧嚴之子也」とある。なお『梁書』巻五〇文學傳下臧嚴傳に臧逢世およびその姊臧氏に關する記事は見えないが、「臧嚴字彥威、東莞莒人也。曾祖燾宋左光祿。祖凝齊尚書右丞。父稜後軍參軍。嚴幼有孝性。（中略）、孤貧勤學、行止書巻不離於手。（中略）、嚴於學多所暗記、尤精漢書、諷誦略皆上口。（湘東）王嘗自執四部書目以試之。嚴自甲至丁巻中、各對一事、並作者姓名、遂無遺失。其博洽如此」として臧嚴は寒門ながらも『漢書』に精通する人物として記される。高唐劉氏との通婚にはかかる教養が求められたことは言うまでもない。

（67）前掲注（57）を參照。

（68）それを指摘するものに石井仁前掲論文注（61）がある。

（69）『顏氏家訓集解（增補本）』附録二「顏之推傳」王利器集解に「案、劉民英疑是劉緩之子」とある。

（70）前掲注（57）『顏氏家訓集解（增補本）』書證篇の王利器集解は「陳直曰、按之推觀我生賦自注云、與文珪、劉民英等、與世子游處。民英與民譽當爲弟兄輩、爲劉縚或劉緩之子無疑」と記す。

（71）侯景の亂については、吉川忠夫『侯景の亂始末記――南朝貴族社會の命運――』（中央公論社、一九七四年）を參照。

(72)　顔之推およびその學問については、吉川忠夫「顔之推小論」(『東洋史研究』第二〇巻第四號、一九六二年。のちに同氏『六朝精神史研究』に「顔之推論」として改題所收)、宇都宮清吉「關中生活を送る顔之推」(『東洋史研究』第二五巻第四號、一九六六七年。のちに同氏『中國古代中世史研究』所收、創文社、一九七七年)、佐藤一郎「顔之推傳研究」(『北海道大學文學部紀要』第二五號、一九七〇年)、渡部武「『北齊書』顔之推傳の「觀我生賦」について」(『中國正史の基礎的研究』所載、早稲田大學文學部東洋史研究室編、一九八四年)などを參照。

(73)　唐太宗の諱(李世民)を避けたものである。宇都宮清吉前掲書注(72)を參照。

(74)　周弘正は汝南安城の人。『陳書』巻二四本傳によると周弘正は玄學の大家で佛教教理にも通じ、梁武帝に『周易』を講義するなど當代隨一の學者として知られた。前掲注(62)に示すごとく、その弟周弘直は劉緩の同僚として湘東王に出仕したことから劉民英の名はかねて知るところではなかったか。庾信は南陽新野の人。『周書』巻四一本傳に「博く羣書を覽、尤も春秋左氏傳史傳に善し」と記され、元帝の右衞將軍に任ぜられたのち北周および隋に仕えて『文集二十巻』を殘した。王褒は琅邪臨沂の人。『周書』巻四一本傳によると史傳に博覽の書家として知られ、梁武帝にその才藝を愛された。顔之推については前掲注(72)を參照。なお宗懷正については、『顔氏家訓集解(增補本)』附錄二「顔之推傳」王利器集解は「又案、余嘉錫謂、宗懷正當爲宗懍之字、然與諸史言字元懍者不同。且之推之注、於諸人皆稱名、而懍獨稱其字、亦所未詳、豈嘗以字行而史略之耶」と考え、宗懍に疑うものの確證はないとしなければならない。假に宗懍とするならば『荊楚歳時記』の撰者として知られることに加えて『梁書』巻四一および『周書』巻四二本傳によると、普通七年(五二六)に湘東王蕭繹の記室となってより承聖三年(五五四)の江陵陷落まで蕭繹(元帝)のもとで諸官を歴任したとあることから、劉緩および劉民英とは舊識があったと考えられることを一言しておく。

(75)　江陵陷落後に多くの士民が長安に押送されたことは『周書』巻二文帝紀に「魏恭帝元年、(中略)、擒梁元帝、殺之。幷虜其百官及士民以歸。沒爲奴婢者十餘萬、其免者二百餘家」と記される。その拉致行や關中生活において梁の遺民が蒙った殘忍酷薄な仕打ちは『顔氏家訓』に詳述される。宇都宮清吉「北齊書文苑傳內顔之推傳の一節について」(『名古屋大學文學部研究論集』第四一冊、一九六六年)のちに同氏前掲書所收注(72)を參照。

（76）　中村圭爾「東晉南朝の碑・墓誌について」（同氏『六朝江南地域史研究』、汲古書院、二〇〇六年）の四〇三頁表Ⅰは江淹を碑主とする「江淹碑」の存在を指摘する。ただし出典とする鄭樵『通志』巻七三金石略は「江淹碑、越州」、また王象之『輿地碑記目』巻一紹興府碑記は「江淹碑、見九域志」とするのみで、その詳細については不明である。

第二章　劉昭の『集注後漢』撰述と奉呈について

はじめに

『集注後漢』は、撰著者である范曄の刑死によって未完成のままにおわった志部が失われ[1]、その本紀と列傳のみが傳來していた『後漢書』に對して、梁の劉昭が司馬彪『續漢書』の八志を斷裁して補綴し、その補成『後漢書』の紀傳部および八志部の全篇にわたってみずからの注釋を挾入して完成させた後漢王朝史を綜述する歴史書である。第一章において私は、この劉昭の人物像を確定するために平原高唐の劉氏と劉昭およびその後裔について考察した。つづいて本章では、劉昭が『集注後漢』を撰述した時期と、その書を奉呈した人物について検討をこころみることにしたい。

第一節　『集注後漢』について

はじめに『集注後漢』という書名について論ずると、それは劉昭の傳記である『梁書』巻四九文學傳上＝劉昭傳（以下「劉昭傳」とする）に「（劉）昭また後漢の同異を集めて以て范曄書に注す。世、博悉を稱《たた》う。（中略）、集注後漢一百八十巻なり」とある記事を初見とする。ここで一言すれば、その書名はひろく後漢時代に關する先人の言說を集めて注釋となしたことに由來するのではあるまいか。ただしその書の自序として劉昭が著した「後漢書注補志序」や『集注後漢』の八志部分の注釋が殘存したと考えられる現行『續漢書』八志の劉昭注（以下八志注あるいは劉昭注という）などに劉昭自身がその書名を稱した事例を見出すことができないので、それは劉昭の命名になるものであろうと推定する域を出ないのである。ついで『集注後漢』は『隋書』經籍志に採錄されるものの、そこでは書名が切捨てられて「後漢書一百二十五卷、范曄本、梁剡令劉昭注」（卷三三經籍志二）のごとく記され、さらにこの記述は歷代の經籍（藝文）志に繼承されて『集注後漢』はついにその書名をもって記錄されることはなかったとしなければならないのである。(2)

これと同樣に中國初の總合的な史論書とされる劉知幾の『史通』(3)や、それにつづく宋代の私撰圖書目錄等(4)にも劉昭の事績は記されるものの『集注後漢』の書名をあげる例は極めてまれで、管見のかぎりでは、王應麟『玉海』卷四六正史に「梁天監中、劉昭集注後漢一百八十卷」と題して「後漢書注補志序」を抄引する一例を徵するのみである。そして、つづく明清時代の著作でも『集注後漢』の書名を示してその內容に言及する事例は見られぬようである。(5)このように『集注後漢』の名は歷代にわたってほとんど注目されることはなかったのであるが、それはいかなる理由によるのであろうか。ここで一言するならば、まず右の『隋書』經籍志が「後漢書」、「范曄本」と明記し、「劉昭注」と斷ずることが示すように經籍（藝文）志においては正史本文の撰者が何よりも重視され、注釋者は二義的なものと解されたに相違ない。とくに數ある諸家後漢書類においては本文の撰著者名は不可缺であったはずである。したがって『後漢書』の一本として『集注後漢』を採錄するばあい、その紀傳部は范曄『後漢書』、八志は司馬彪『續漢書』と明記し、さらに補成と注釋とをふくむ劉昭の事績を加筆する必要が生じるであろう。しかし、それはほかの『後漢書』の解說に比べて繁多となり、また歷代の記述形式からも逸脫する形になることは言うまでもない。それを避けた結果がさきの記述につながるのではなかろうか。また『玉海』をのぞく歴代の史論書や圖書目錄等が『集注後漢』の名を記さぬ問題について、私は唐の章懷太子李賢が『集注後漢』をふくむ先行注釋類の見解を繼承して『後漢書注』を作成し、その書が唐玄宗朝において『後漢書』注釋書の首座に置かれたために『集注後漢』はしだいに顧みられなくなって散逸し、その名とともに消滅したと考えるが、それについては第八章で詳述することにしたい。

第二節　『集注後漢』の撰述と奉呈

つづいて『集注後漢』が撰述された時期を考察するが、それには劉昭の人物像を把握しておくことが必須であるため、まずは本書第一章で明らかにした劉昭の官歴を確認しておくことにする。

劉昭は、梁の武帝の天監元年から三年（五〇二～五〇四）ころに起家して奉朝請となり、ついで實官として征北行參軍に就官した。その府主は征北將軍曹景宗または武帝の第八弟にあたる鎭北將軍建安王蕭偉のいずれとも決しがたいが、劉昭が征北行參軍となって閒もない天監四年（五〇五）十月から五年（五〇六）九月にかけて武帝の第六弟臨川王蕭宏を總帥とする對北魏戰が實施されていることを勘案すると、劉昭はその府主とともに梁の總力を結集した北伐軍に加わったものと推定される。この北伐は臨川王が自軍を棄てて逃歸したため梁の大敗におわったが、劉昭はこの戰役ののち中央官である尙書倉部郎に轉ずることになる。そして、その在任期閒と部分的に重複すると見られる天監六年（五〇七）閏十月から九年（五一〇）正月にかけて尙書を統括する尙書令には、劉昭に多大な影響をあたえた外兄江淹と齊の永明年閒（四八三～四九三）のはじめから文學を通じて親密な交際をむすんでいた沈約が在職していることを想起すると、劉昭と沈約は江淹を媒介とする交流をもった可能性が高い。あるいはその就官自體が天監四年（五〇五）に沒した江淹との縁故をなお重んずる沈約の意向によるものではなかったかとも考えられるのである。つづいて劉昭は武帝の第二子である宣惠將軍豫章王蕭綜の軍府に記室參軍として出仕し、さらに府主豫章王が統監する南徐州管轄下の無錫縣令に任ぜられて現地に赴任した。この二職の在任時期は、豫章王が南徐州刺史として京口に出鎮していた天監五年（五〇六）正月より同十年（五一一）正月にいたる期間内の後半にあたると考えられる。そして劉昭はふたたび中央の通直郎となって武帝に近仕したのち、中軍將軍臨川王蕭宏の軍府に記室參軍として出仕するのである。ここで新府主に仰いだ臨川王はかつて劉昭が從軍したと考えられる北伐の總帥であったことは先述のごとくである。その出仕時期は臨川王が二度にわたって中軍將軍を帯びた天監三年（五〇四）正月から同六年（五〇七）四月および天監十七年（五一八）五月から普通元年（五二〇）正月までのうち後者の期間内と考えるのが順當であろう。そして劉昭は揚州都督刺史を兼任する府主臨川王の意向によって統轄下の剡縣令となって赴任し、その在任中に卒したのである。その在任と死去とは臨川王が太尉・揚州都督刺史に昇官・再任した普通年間（五二〇～五二六）のことと考えられる。以上、明らかにした劉昭の官歴をまとめると①～⑨のごとくなる。

①天監元年（五〇二）から同三年（五〇四）ころに起家して奉朝請となる。
②征北將軍曹景宗または鎭北將軍建安王蕭偉の軍府に征北行參軍として就官。
③天監四年（五〇五）十月より同五年（五〇六）九月の臨川王蕭宏の北伐に府主とともに從軍した可能性が高い。
④尙書倉部郎に補任。在任中に尙書令沈約（在職五〇七～五一〇）と交流をもつ。
⑤天監五年（五〇六）一月より同十年（五一一）にいたる期間内に南徐州刺史・宣惠將軍豫章王蕭綜の軍府に記室參軍として出仕。
⑥同右期間内に豫章王の指名によって無錫縣令となり、赴任。

⑦天監十一年（五一二）より同十七年（五一八）にいたる期間內に通直郎に轉じて武帝に近侍。
⑧天監十七年（五一八）五月より普通元年（五二〇）正月にいたる期間內に中軍將軍・臨川王蕭宏の軍府に記室參軍として轉補。
⑨普通元年（五二〇）正月より七年（五二六）四月にいたる期間內に太尉・揚州都督刺史を兼任する臨川王蕭宏の指名によって剡縣令となり、赴任。在任中に死去。

さて、ここで確認した劉昭の官歷にもとづいて『集注後漢』の撰述時期を考察すると、まずは八志注に散見される「臣昭案ずるに」・「臣昭曰く」とする表記に注目しなければならない。このような稱臣形式について、尾形勇氏は非官人たる一般の民庶であっても臣と自稱する事例が存在することを指摘しておられるが、(6) このばあいの稱臣にかぎると、それは右に確認した劉昭の官歷および以下に論ずるごとく、八志注には就官せねば知り得ぬ情報が數多く記されているとする二點から考えて、『集注後漢』は官人である劉昭が稱臣形式を必要とする人物の閱讀に向けて撰述したものと見なすべきであろう。以下、この問題についてに論述するが、まずは左に引く『續漢書』郡國志四吳郡海鹽縣の條に附された劉昭注の檢討を手はじめに『集注後漢』の完成時期を特定することにしたい。なお八志については『續漢書』本來の篇次と卷數が不明であるために篇名のみを記すこととする。

案今計偕簿、縣之故治、順帝時陷而爲湖、今謂爲當湖。大旱湖竭、城郭之處可識。

ここで劉昭は「今、計偕簿」を案ずることにより、海鹽縣の舊縣治が宋末の順帝（位四七七～四七九）の時代に陷沒して湖となり、現今ではそれを「當湖」と稱すること。また「大旱」となって湖水が竭きると、水沒した「城郭」の舊址を目視することができると記している。「計偕簿」とは地方の郡府が中央に提出するいわゆる會計報告書をいうが、ここでは計偕という制度とあわせて考えるべきで、宮崎市定氏は、それは地方から中央に人材を登用する漢代の上計吏の制度が魏晉以後に繼承されたもので、それを掌る中央官廳は尙書であることを指摘される。(7) これによると劉昭の官歷から「計偕簿」を閲覽できるのは尙書倉部郎に在任した時とするのが最も蓋然性が高いであろう。したがってこの部分の注釋は尙書在任中もしくはそれ以後の執筆となるはずである。ついで劉昭が無錫縣令として赴任した同郡國志における吳郡無錫侯國に附された注釋を確認すると、そこには左のごとく詳細な注文が記されることに注意しなければならない。

①史記曰、春申君城故吳墟、以自爲都邑。城在無錫。②皇覽曰、吳王太伯冢在吳縣北梅里聚、去城十里。太伯始所居地名句吳。③臣昭案、無錫縣東皇山有太伯冢。民世修敬焉。去墓十里有舊宅。井猶存。④臣昭以爲卽宅爲置廟。不如皇覽所說也。⑤越絕曰、縣西龍尾陵道、春申君初封吳所造。⑥臣昭案、今見在。自是山名。非築陵道。

ここで劉昭はまず①「史記に曰く、春申君、故《もと》の吳の墟に城《きず》き、以て自ら都邑と爲す、と」とする『史記』卷七八春申君列傳の一文を提示し、ついで「城は無錫に在り」とする自說を記している。この「吳墟」に附された『史記正義』は「墟の音は虛、今の蘇州なり。闔閭、城內の小城の西北に於て別に城を築きて之に居る。今、圮壞す。また大內の北の瀆は、四從五橫し、今に至るも猶お存す」として、「吳墟」を闔閭が都した蘇州に比定するとともに、その城內の西北部に闔閭が築いた居城は圮壞するものの、その大內の北には四從五橫に配備された瀆（下水溝）が猶存するという唐代の情況を傳えている。(8) これに對して劉昭は『史記』の內容も併せて春申君が「吳墟」に城いた城郭は無錫に在ると注しているのである。ここにいう「吳墟」とは闔閭の都城址ではなく吳の一城址と解すべきことは、蘇州に比定される吳本國の條について劉昭は「越絕に曰く、吳大城は闔閭の造る所、周四十七里二百一十步二尺」と注釋を記して、(9) この二者をはっきり區別していることから明らかである。ただし、ここで問題とするのはその點ではなく、唐玄宗の開元二十四年（七三六）に完成した『史記正義』(10)において、撰著者の張守節が闔閭（在位前五一四～前四九六）の建築址を一部なりとも猶存すると明言していることである。すなわち闔閭の居城の瀆址が一千二百五十年ほどの時を經て確認できるとする事實に注目したいのである。この事例からすると、春申君（?〜前二三八）の治世から七百五十年ほどくだる梁の天監年閒（五〇二〜五一九）において、城邑の圮壞は免れぬものの、その內部の建築址は『史記正義』の時代と同等程度か、あるいはそれよりも舊觀に近い形で殘存した可能性を否定できぬであろう。劉昭は特記しないが、右の見解は無錫縣下にそれを實見したか、あるいは縣吏の報告によって確認した上での指摘と考えるべきではあるまいか。

ついで②において劉昭は、まず『皇覽』を引用して「皇覽に曰く、吳王太伯の冢は吳縣の北の梅里聚に在り。城を去ること十里なり。太伯始めて居する地を句吳《こうご》と名づく、と」と記し[11]、これに③「臣昭案ずるに、無錫縣の東皇山に太伯の冢有り。民、世よ焉を修敬す。墓を去ること十里に舊宅有り。幷せて猶お存す」とする自說を附記する。ここで注目に値するのは、「吳王太伯の冢は吳縣の北の梅里聚に在り」とする『皇覽』の說に對し、劉昭は無錫縣の東皇山に太伯の冢墓と舊宅とが「幷せて猶お存す」と異なる見解を示し、さらに④「臣昭以爲えらく、宅に卽きて廟を置くと爲す。皇覽の所說に如《したが》わざるなり」と追記して太伯の舊宅に祠廟が置かれていることにも言及して『皇覽』の所說を否定することである。これは劉昭が治める無錫縣の現狀に則した記述と解すべきで、その出典を記さぬのはさきの事例と同じく自身の現地調査もしくは縣吏の報告によって知り得た事實によるのであろう。また、とくに「民世修敬焉」と記す部分は縣令として縣下の民情にも目を配る劉昭の姿勢を示すのみならず、太伯を敬慕する民衆が歷代にわたってその冢墓や舊宅および祠廟を守り、修築を重ねてきたことを傳える記錄としても貴重である。そして最後に劉昭は、⑤「越絕に曰く、縣西の龍尾陵道は、春申君初めて吳に封ぜられて造る所なり」と記して『越絕書』の所說を引用し、それに⑥「臣昭案ずるに、今、見在す。是れ山名に自《よ》るなり。陵道を築くには非ず」とする訂正を加えている。これは無錫縣西部の「龍尾陵道」は春申君が吳に初封された折に建設されたものとする『越絕書』の說に對して、劉昭は

「今」それが「見（現）在」すると斷り、つづいて「龍尾」とする命名は山名に依據すること。また陵道は春中君が建設したものではないとする自説を開陳している。これも自身の調査記錄または部下の報告による見解であろう。このように劉昭がことさら先學の書を引いてそれを否定するのは、綿密な調査による確實な證據に自得してのことではあるまいか。絕對の自信があればこそかかる一文が記せるのである。ついで同樣の事例を示すと、同郡國志の吳郡餘杭縣の條について劉昭は「史記に曰く、始皇、浙江に臨む。水波惡《あら》し。乃ち西すること百二十里、狹中より渡る、と。徐廣曰く、餘杭なり、と」と注記して『史記』卷六秦始皇本紀本文および徐廣注を引用して、始皇帝がその最後となる第五次巡行において浙江を渡った地點を餘杭に比定する徐廣說[12]に對して、「臣昭曰く、始皇の過る所は乃ち錢塘、富春に在り。豈に餘杭の界に近からんや」とする明確な否定を加えて、さらに錢塘、富春附近に渡河點を求める自説を展開しているのである。これもまた前述した方法によって知り得たのであろう。以上の劉昭注なかんづく劉昭自身の案語は無錫縣およびその近隣諸縣の歷史・地理・風俗・民情などに精通しなければ記せぬ內容であることは贅言するまでもない。それはまさに無錫縣令として縣下諸般の把握に努力し、さらには近縣の情報をも逃さず收集しようとした成果が凝縮するものなのである。[13]この事實は、縣令の職務に精勤する劉昭の姿を映しだすとともに極めて高いその行政能力を示唆するものであろう。そして『集注後漢』について言えば、その赴任先である無錫においても執筆がおこなわれたことが確認されるのである。

それでは、『集注後漢』の完成はいつになるのであろうか。ここで劉昭の官歷を顧みると、そののち劉昭は中央の通直郎を經て臨川王蕭宏の記室參軍に轉出、さらに剡縣令となって赴任し、在任中に卒している。そこでまず無錫縣と同じく剡縣の注釋に注目すると、そこには注文が一字も記されぬという事實に直面するのである。これをどのように解釋すべきか。まずは前揭の郡國志四の劉昭注を再檢討することから論を進めることにしたい。すなわち同志は吳郡管轄下に呉・海鹽・烏程・餘杭・毗陵・丹徒・曲阿・由拳・安・富春・陽羨・無錫・婁の十三城があるとするが、そのうち曲阿・富春・婁の三城をのぞく十城には劉昭注が附され、そこに「臣昭案」などの冒頭句を冠する七條の案語を確認することができる。(14)さらにそのうち四條は無錫に關するものであるが、その內容は他書からの引用ともども詳細を極めたものであることは前述のごとくである。これに對して剡縣を統括する會稽郡には山陰・鄮・烏傷・諸暨・餘暨・太末・上虞・剡・餘姚・句章・鄞・章安・永寧・東部の十四城があり、そのうち山陰・烏傷・諸暨・餘暨・太末・上虞・句章・章安の八城に劉昭注が附され、さらに劉昭の案語は太末・上虞・句章・章安の四城に簡略な四條が確認されるのみである。ここで問題となるのは、すでに記したごとく剡縣の部分には劉昭の案語はおろか他書の引用からなる注記すら記されていないのである。無錫の事例に比して著しく均衡を缺くこの事實をどのように解釋すべきであろうか。私は、これをもって『集注後漢』は劉昭が剡縣令となる前に完成し、然るべき人物に奉呈された證左になると考えたい。少なくとも剡について注釋を缺落させた理由を剡縣に赴任ののち加筆する閒もなく卒したためと說明するには無理があるとしなければならないであろう。また無錫縣の事例から劉昭は剡縣においても情報收集につとめたが、それを奉呈後の『集注後漢』に反映させることができなかったと解釋することも可能であろう。しかし、それはあくまでも推定の域にとどまるものである。そもそも奉呈は、これ以上の推敲は無用と判斷したのちに實行されるものであろうから輕々に加筆・訂正などできぬのではあるまいか。

さて、それでは『集注後漢』の完成は通直郎と臨川王の記室參軍のうちいずれの在任時とするのが妥當であろうか。私は、劉昭と武帝との關係を重視して以下のごとく考えたいと思う。すなわち八志注に頻見する「臣昭」という表記はあくまでも武帝に對する稱臣と解すべきではないか。ただし『集注後漢』を奉敕撰とする史料はなく、もとよりそれは私撰の書として起筆されたのであろうから、のちに奉呈の可能性が生じた段階で「臣昭」が加筆されたと考えるべきであろう。それでは劉昭の官歴中でその撰述に利便をあたえ、また完成後の奉呈に有利となる官職はどれが適當であろうか。そこで私は、武帝に近侍した通直郎が最も蓋然性が高いのではないかと推定する。すなわち一般に通直郎とは通直散騎常侍の簡稱とされるが[15]、その上司の散騎常侍について榎本あゆち氏は天監六年（五〇七）の詔によって從來門閥貴族から輕んじられていたこの官に天子の顧問官という本來の職掌に見合う官品と機能とがあたえられたと指摘される[16]。當然ながらその改革は散騎常侍だけではなく、その統轄下の官員すべてを通じてのものであることは言うまでもなかろう[17]。宮崎市定氏はこのような理念を「貴族制度と官僚主義の調和」と稱し、それはたとえ門地が低くても貴族的教養を身につけた者を拔擢・登用しようとする武帝の意圖を具現化したものとされる[18]。このような官品と職權とを獲得して武帝に近侍した劉昭は、劉氏舊藏の書籍に加えて宮中祕藏の諸資料をも閲覽する機會を得て『集注後漢』の撰述を進め[19]、武帝に奉呈したのではないだろうか。劉昭の官歴にしたがえば、それは天監年間の後半ほぼ十年（五一二）から十七年（五一八）ごろにあたると考えられるのである。

なお、この考察とは別に『集注後漢』は通直郎辭任後に記室參軍として仕えた臨川王蕭宏に獻上され、王を介して武帝の上覽に達したとの考えも成り立つであろう。しかし、そのばあいにおいても臨川王はあくまでも奉呈の仲介者とすべきで、以上縷述した劉昭の官歴と注釋の內容および次節で詳述する八志注における避諱の事例から考えると、前記の稱臣を臨川王に對するものと見るのは難しいとしなければならない[20]。すなわち『集注後漢』は臨川王に奉呈する目的で撰述されたものではなく、また王の台覽のみに留まるものでもなかったのである。

さて最後に、以上の縷述から私は『集注後漢』を范曄『後漢書』に附した總合的注釋書の初例と考えるが、それについてはなお解決しなければならぬ問題があるのである。すなわち劉昭と同時代を生きた吳均の撰になる范曄『後漢書』注の存在である。それについて（『梁書』文學傳上）は左のごとく記す。

均字叔庠、呉興故鄣人也。家世寒賤、至均好學有俊才、沈約嘗見均文、頗相稱賞。天監初、柳惲爲呉興、召補主簿。（中略）、建安王偉爲揚州、引兼記室、掌文翰。王遷江州、補國侍郎、兼府城局。還除奉朝請。先是、均表求撰齊春秋、書成奏之、高祖以其書不實、（中略）、敕付省焚之、坐免職。尋有敕召見、使撰通史、起三皇、訖齊代、均草本紀、世家功已畢、唯列傳未就。普通元年卒、時年五十二。均注范曄後漢書九十卷。

右によると、呉均は寒門ながら文才によって沈約の稱賞を受けるとともに建安王蕭偉の記室・國侍郎などを歴任し、ついで奉朝請に除せられて中央に出仕した。そこで『齊春秋』を撰述して武帝に上奏したが、その書の不實に坐して免職されるも、再召されて『通史』の撰述に從事した。そこでは三皇から齊代にいたる本紀と世家の起草を完遂したが、列傳の執筆には就かぬまま、普通元年（五二〇）、五十二歳で卒したことが確認できる。その經歴や交友關係からすると、いくつかの部分で劉昭との接點が想定されるが、ここで注目すべきは「均は范曄後漢書九十卷に注す」とする一文である。すなわちこれは『後漢書』紀傳部に注釋を附したとして誤りなかろうが、まさに劉昭の『集注後漢』が奉呈されたほぼ同時期に、呉均によって范曄書の注釋が作成されたことを傳えるものなのである。あるいは時間的には呉均注が先行し、それに飽きたらぬ劉昭が補志と注釋からなる『集注後漢』を撰述したとする推定も成り立つであろうが、その詳細は不明としなければならない。呉均注については第八章において再述することとし、ここでは、『隋書』および兩『唐書』の經籍・藝文志に採録されていないことを一言するにとどめたい。(21)

第三節　避諱字から見た武帝への奉呈

つづいて劉昭の施した避諱の事例(22)から『集注後漢』は武帝に奉呈されたとする右の考察を補うこととしたい。ただし『集注後漢』はその完成からすでに一千五百年が經過し、その書自體はつとに佚亡したことから、その八志部分が殘存したと考えられる現行『續漢書』八志および八志注における避諱の事例を檢討するばあい、その證跡は幾多の轉寫・翻刻によって當初の形のままでは傳わらぬことを前提としなければならない。以下それを考慮しつつ、劉昭が仕えた武帝（蕭衍）・豫章王（蕭綜）・臨川王（蕭宏）およびその可能性がある建安王（蕭偉）さらには武帝の父（蕭順之）の諱字を八志本文および八志注に徴すると上の表〔Ⅰ〕のごとくなる。

表〔Ⅰ〕

衍	本文に一例	注文に二例
宏	本文になし	注文に四例
綜	本文に四例	注文に十九例
偉	本文になし	注文に一例
順之	順は本文に五十四例、注文に二十九例 之は本文、注文ともに無數。	

以上、五人の諱字は本文・注文ともに用いられていることが確認できる。『集注後漢』ではこれらの諱のすべてか、あるいは一部の諱には缺筆・缺畫などの處置が施されたと推定されるが、現時點でそれを確認することは難しいようである。そこで私は、劉昭が必ず遵守しなければならなかった今上避諱に注目したいと思う。まずは表〔Ⅰ〕に示す「衍」の三例に傍點を附して、その內容を吟味することにしたい。

①廣衍。（郡國志五）

②孔安國曰、羣神謂丘陵墳衍、古之聖賢皆祭之矣。（祭祀志上劉昭注）

③左傳曰、伯禽封少昊之墟。僖二十九年介葛盧舍于昌衍。杜預曰縣東南有昌平城。（郡國志二劉昭注）

①廣衍は、前漢武帝が元朔四年（前一二五）に設置した西河郡管轄下の十三城のうちのひとつで城名をいう。②これは祭祀志の「班于羣神」に附した注釋で、劉昭は「孔安國曰く」としてその出典を記さぬが、『尚書』巻三舜典孔安國傳の「羣神謂丘陵墳衍、古之聖賢皆祭之」とする一文を引用するもので「羣神は丘陵、墳衍を謂い、古の聖賢は皆な

之を祭る」というものである。そして、この墳衍なる語は『周禮』巻一〇大司徒に「大司徒之職、（中略）、其の山林、川澤、丘陵、墳衍、原隰の名物を辨ず」とあり、その鄭玄注に「水崖は墳と曰い、下平は衍と曰う」とあることから、水涯と低地をさす成語であることが確認できる。③これは郡國志の「魯國古奄國」に附された注釋である。ここで劉昭は『春秋左氏傳』巻一七僖公二十九年の「春、葛盧來朝、舍于昌衍之上」とする一文およびその杜預注「魯縣東南有昌平城」を引用する。これは僖公二十九年に介國の葛盧が魯に來朝して昌衍に舍ったとする故事で、劉昭はかの地を昌平城に比定する杜預注を援用しているのである。ただし竹添光鴻『左氏會箋』が「箋に曰く、昌衍は蓋し水名ならん。故に上と曰うなり」と注することを考慮すれば、昌衍は地名あるいは水名と見るべきであろう。以上まとめると、①廣衍は前漢武帝が設置した城名、②墳衍は『尙書』・『周禮』などの經傳に見える水涯や低地をいう成語、③昌衍は『春秋左氏傳』に見える魯國内の地名あるいは水名となる。劉昭からすると、この三つの衍の字は使用を避けねばならぬのであるが、いずれも古くからの地名または水名あるいは經傳を解釋するための成語であるために他の文字には置き換えがたく、缺筆・缺畫等をもって對處せざるを得なかったのではなかろうか。ただし前述のごとく、後世の轉寫・翻刻によってその證跡は失われ、現行史料上にそれを確認することは困難としなければならぬのである。

つづいて私は、左に引く律曆志一の劉昭注に注目したいと思う。

前志曰、夫推曆生律、制器規圓矩方、權重衡平、準繩嘉量、探賾索隱、鉤深致遠、莫不用焉。度長短者不失毫釐、量多少者不失圭撮、權輕重者不失黍累。紀於一、協於十、長於百、大於千、廣於萬。（律曆志一劉昭注）

ここにいう「前志」とは『漢書』律曆志のことで、該當する一文を示すと左のごとくなる。

夫推曆生律、制器規圜矩方、權重衡平、準繩嘉量、探賾索隱、鉤深致遠、莫不用焉。度長短者不失豪氂、量多少者不失圭撮、權輕重者不失黍絫。紀於一、協於十、長於百、大於千、衍於萬。（『漢書』巻二一律曆志上）

ここでは一見して明らかなように、兩者は傍點を附した四字が異なる以外はまったく同一の文章である。この四字については張輯『廣雅』釋詁三に「圜は圓なり」、陸德明『經典釋文』禮記音義三に「氂は本と又た釐に作る」、段玉裁『說文解字注』一四篇に「絫の隷は變じて累に作る。累行われて絫廢せらる」、孔鮒『小爾雅』廣言二に「衍は演、廣なり」とあり、いずれも類緣の文字であることが確認できる。そしてこの四字はいずれも劉昭が『漢書』律曆志を注引する際に改めたと考えることは可能であるが、圜と圓、氂と釐、絫と累のばあいは字形が類似することに加えて『集韻』に圜と圓は于權切、氂と釐は陵之切または郎才切、絫と累は魯水切または倫追切とあって字音も通ずることから[23]、必ずしも劉昭に關わることなく後世の轉寫・翻刻に際して置き換えられた可能性を否定できぬであろう。ただし衍と廣については一見して字體が異なることに加えて『集韻』に衍は以淺切、夷然切、延面切。廣は古晃切、古曠切、姑黃切とあって字音も明確に異なることから[24]、この兩字の置き換えには確固たる意志が介在していると見なければなるまい。すなわち劉昭は今上避諱を遵守するために衍を廣に改めたと考えるべきなのである。

ついで左に抄引する祭祀志下の劉昭注を檢討する。すなわちこれは後漢獻帝の初平二年（一九一）に蔡邕[25]の上奏によってなされた宗廟の迭毀について、祭祀志は蔡邕のいわゆる「宗廟迭毀議」とよばれる議奏文を記さぬために、劉昭が袁山松『後漢書』所載のそれを三百二十餘字にわたって注引したものの一部である。

袁山松書載邕議曰、漢承亡秦滅學之後、宗廟之制、不要周禮。（中略）、臣下懦弱、莫能執夏侯之直。今聖朝尊古復禮、以求厥中、誠合事宜。（祭祀志下劉昭注）

ここで刮目すべきは、袁宏『後漢紀』孝獻皇帝紀初平二年の條には袁山松書所載の「宗廟迭毀議」よりも五十字ほど多く、より詳細な内容のものが引用されていることである[26]。そのうち右の一文に該當する部分は左のごとくである。

左中郎將蔡邕議曰、漢承秦滅學之後、宗廟之制、不用周禮。（中略）、臣下懦弱、莫敢執正夏侯之議。故遂愆濫、無

有防限。今聖朝遵復古禮、以求厥中、誠合事宜。（袁宏『後漢紀』巻二六孝獻皇帝紀）

これは一見して明らかなごとく、袁山松書所載のものは袁宏紀の傍點を附した「故遂愆濫、無有防限」とする八字を缺落させているのであるが、はたして、この二者のうちどちらが蔡邕の原典に近いのであろうか。そこで現在、出版年が確認できる最古の『蔡中郎文集』である北宋天聖元年（一〇二三）編纂の『蔡中郎文集』を覆製した明の蘭雪堂本『蔡中郎文集』巻八所收の「宗廟迭毀議」を見ると、そこには「臣下懦弱、莫能執夏侯之直。故遂衍溢、無有方限。今聖朝遵古復禮、以求厥衷、誠合事宜」とあって傍點を附した「故遂衍溢、無有方限」の八字を確認することができるのである。[27] これによると、衍溢（愆濫）と方（防）など文字の異同はひとまず擱くとして、蔡邕のオリジナルは少なくとも右の四字句二條を挾在させる形體であったとして間違いないのではなかろうか。ここで「宗廟迭毀議」の主旨を確認すると、それは前後漢を通じて祖宗が並び立ち、禮に悖る不毀廟ばかりがはびこり増えたことを憂い、後漢のものもふくめて毀つべき廟を定める宗廟制度の改革を主張したものである。すなわち蔡邕は毀つべき廟が並び立つ理由を說いて「臣下は懦弱」にして皇帝に媚び諂い、前漢昭帝期に宗廟を正すべしとした夏侯勝の異議を執行するものがなかったとし、「故に遂に衍溢（愆濫）して、方（防）限有ること無し」という狀態に陷ったと指摘するのである。そしてさらに「今、聖朝は尊古復禮（遵復古禮）して、以て厥《そ》の中《ただし》きを求め、誠に事の宜しきに合せんとす」と述べて、わが獻帝朝においては古禮を尊復し、宗廟を正しい狀態にすることを主張したのである。[28] これによって傍點部を解釋すると、衍溢はびこり、あふれること。愆濫はあやまり、みだれることであるから、この二者は微妙に異なるものの、いずれも文意は通曉しよう。また方は防の假借で、[29] 方限（防限）はふせぎ、かぎることであることも指摘しておく。それでは、蔡邕が使用した文字はいずれであったか。現今では知る由もないが、ただし衍と愆の二字についてはもう少し考察を進める必要があろう。すなわち前述のごとく衍は武帝の諱であるが、その類字である愆についても劉昭は今上避諱を遵守せねばならなかったからである。ここで八志本文と劉昭注に見える愆の使用例を左に示し、検討することにしたい。

①光晃區區信用所學、亦妄虚無造欺語之愆。[30]　（律曆志中）

②學者所修、施行日久、官守其業、經緯日月、厚而未愆、信於天文、述而不作。　（律曆志中）

③東觀書載杜林上疏、（中略）、詩云、不愆不忘、率由舊章。明當尊用祖宗之故文章也。　（祭祀志下劉昭注）

④謝沈書曰、（中略）、大雅曰、昭哉來御、愼其祖武。又曰、不愆不忘、帥由舊章。　（祭祀志下劉昭注）

①は律曆志中の「喜平論曆」の本文、同じく②は「論月食」の本文である。③④は率と帥の異同はあるものの、ともに『詩經』巻一七大雅假樂の「不愆不忘、率由舊章」とする經文を引用したものである。この四例は劉昭からすると避けねばならぬものであるが、いずれも律曆志の本文および『詩經』の經文であるため他字には換えがたく、缺筆・缺畫をもって對處せざるを得なかったと考えられる。ただし、その證跡は後世の轉寫・翻刻のうちに消滅したであろうことは前述のごとくである。

さて、この觀點から前掲の劉昭注引袁山松書の「宗廟迭毀議」が衍（愆）をふくむ四字句二條八字を缺落させた事實を顧みると、そこには劉昭の明確な意志を認識しなければならない。私は、それについて以下のように考える。まずは蔡邕について確認すると、管見のかぎりでは、『續漢書』八志注には「蔡邕曰」・「蔡邕集」・「獨斷」などと冠してその言説を注引する例を五十條近く見出すことができるが、[31] それは八志の注釋に蔡邕の言説が不可缺であることを示すとともに、その學問や著作に深く通ずる劉昭の學殖を物語るものにほかならない。福井重雅氏は、蔡邕の訃報に接した同時代の儒者鄭玄は「漢世の事、誰か與に之を正さんや」と慨嘆したことを指摘して、蔡邕が「漢代の有職故實に通曉した學者として、當時、いかに高く評價され、名聲を得ていたか」を論じられたが、[32] 漢代史なかんづくその文化や制度の理解に蔡邕の學問が指針をあたえたことはくり返すまでもなく、その重要度は歳月の經過とともにいや増しに増したはずである。その詳細は第四章に譲るが、劉昭が『集注後漢』を撰述した意圖は後漢王朝史を綜述する當代隨一の歴史書を世に問うことにあった。したがってその完遂には蔡邕の人物像把握に加えて、『蔡邕集』をはじめとするあらゆる關連資料の精讀および研究とが必要であったことは間違いない。

表〔Ⅱ〕

八志注の表記	引用數	「隋志」による書名・巻數・撰者
東觀書	30	東觀漢記一四三巻　後漢劉珍等撰
謝承書	6	後漢書一三〇巻　吳謝承撰
薛瑩書	1	後漢記六五巻　晉薛瑩撰
續漢書	2	續漢書八三巻　晉司馬彪撰
謝沈書	10	後漢書八五巻　晉謝沈撰
袁宏紀	2	後漢紀三〇巻　晉袁宏撰
袁山松書	28	後漢書九五巻　晉袁山松撰
張璠記（紀）	2	後漢紀三〇巻　晉張璠撰

表〔Ⅲ〕

八志注の表記	引用數	「隋志」による撰書名・巻數・撰者
張瑩曰	1	後漢南記四五巻　晉張瑩撰
司馬紹統曰	1	續漢書八三巻　晉司馬彪撰表
袁宏曰	1	後漢紀三〇巻　晉袁宏撰
袁山松曰	1	後漢書九五巻　晉袁山松撰

ついで袁宏については、八志注における諸家後漢書類の引用數をまとめた上の表〔Ⅱ〕・〔Ⅲ〕に示すごとく、八志注に三例の注引を徵することができる。袁宏は『後漢紀』自序において東漢漢記、謝承書、司馬彪書、華嶠書、謝沈書、張璠紀などの諸家後漢書類に加えて漢山陽公記、漢靈獻起居注、漢名臣奏および諸郡耆舊先賢傳などおよそ數百巻を撰綴して後漢紀を作成したとする。(33) このようにひろく先行史料を集めて作成された『後漢紀』は、今日でも范曄『後漢書』の缺落や錯誤を正すところがあるとして重視されるのであるが、(34) この事實は『集注後漢』の內容を充實させようとする劉昭にとっても同様であり、先行する諸家後漢書類の一つとして『後漢紀』を精讀・研究したであろうことは想像にかたくない。以上のことから、およそ後漢史の撰述をめざすほどのものは蔡邕および袁宏の言說に注目せぬことはあり得ぬとしなければならない。この觀點からすると、

劉昭は『蔡邕集』および『後漢紀』の「宗廟迭毀議」が「故遂衍溢（衍濫）、無有方（防）限」の四字句二條を挾在させるものであることを認識していたと見るべきである。少なくとも袁山松書所載の「宗廟迭毀議」が四字句二條を缺くものであることを熟知していたに相違ない。假りそめにも、その缺落を知らぬまま引用したとすれば注釋者として失格の彈劾を免れぬであろうが、それが想定しがたいことは右の論考から誤りなく導かれるところである。

さて、そこで問題となるのは袁山松書における四字句二條の缺落は袁山松自身の撰定か、あるいは劉昭の削除か、ということである。結論からするならば、私は今上避諱のために劉昭が削除したと判斷し、その理由を以下のように考える。すなわち①袁山松『後漢書』の成立は袁宏『後漢紀』のそれに後れること二十年餘と考えられるから[35]、その撰述にあたって袁山松は『後漢紀』をふくむ先行の諸家後漢書類を參照したと考えられる。②とくに袁山松（族從弟）と袁宏（族從兄）の關係を想起すれば一門の先達の手になる『後漢紀』はとくに重視されたのではあるまいか。③袁山松書は律曆、禮儀、祭祀、天文、五行、郡國、百官、藝文の八志を備えたことが確認され、周天游氏は前掲の劉昭注引袁山松『後漢書』所載「宗廟迭毀議」を祭祀志の逸文と想定するが[36]、この「宗廟迭毀議」が漢代の宗廟制に關する重要史料であることは衆目の一致するところで、いやしくも祭祀志を撰述した袁山松は「宗廟迭毀議」の引用にあたって『蔡邕集』など原典資料を精査したと看做すべきではないか。④「宗廟迭毀議」の引用にあたって袁山松が四字句二條を缺く積極的な意義を見出しがたい。以上の四點はいずれも情況的な證據による判斷に過ぎないのであるが、袁山松がその『後漢書』撰述にあたって『蔡邕集』および『後漢紀』を參照したとする推定を補うものとなろう。

それでは、その注引にあたって劉昭は何ゆえ衍（愆）の一字ではなく、それをふくむ「故遂衍溢（衍濫）、無有方（防）限」を缺落させたのであろうか。このばあい、さきに明らかにした四例と同じく缺筆・缺畫をほどこすことも想定されるのであるが、それをなさずに敢えて八字を削ったことは前述のごとくで、その事實は嚴肅に受け入れねばなるまい。ここで一言するならば、劉昭は議奏文の語調を損なわずに今上避諱をなそうとしたのではないか。また、その際に蔡邕の名だけを冠して「宗廟迭毀議」を注引することはせず、袁山松書を介在させる形式にしたのは議奏文を改作する責を袁山松と二分する形にしたかったのではなかろうか。以上の考察は『集注後漢』において今上避諱が周到になされたことを物語るもので、それは劉昭に課せられた執筆上の責務にほかならぬが、この事實は武帝の叡覧に備えて『集注後漢』が撰述され、完成とともに奉呈されたとする前節の見解を補うものとなろう。

むすび

以上をまとめると、

（1）『集注後漢』は奉敕の書ではないが、武帝の叡覧に備えて今上避諱が施されるとともに、その注釋には「臣昭曰く」とする稱臣形式が用いられた。

（2）『集注後漢』の注釋には官人でなければ知り得ぬ情報が認められる。劉昭は奉朝請起家ののち記室參軍・尚書部郎・無錫縣令・通直郎・剡縣令を歴任したが、このうち尙書倉部郎・無錫縣令において職務上知り得た事例が確認される。とくに天監五年（五〇六）より同十年（五一一）ごろに在任した無錫縣令として收集した現地の情報は詳細を極めている。

（3）『集注後漢』は劉昭が武帝に近侍した通直郎在任時に完成し、武帝に奉呈されたと考えられる。その時期は天監十年（五一一）より十七年（五一八）ごろにあたる。

（4）奉呈ののち劉昭は剡縣令として赴任、在任中に死去する。その時期は普通元年（五二〇）より七年（五二六）ごろにあたる。なお詳細を極める無錫縣の注釋に比して剡縣には注釋が皆無であるため『集注後漢』は奉呈ののち加筆されることはなかったと推定される。

（5）詳細は第八章に譲るが、『集注後漢』は唐玄宗朝以降しだいに散逸が進み、歴代の經籍（藝文）志や圖書目錄等にその書名が記されることはほとんどなかったため、一般に、その存在は知られなかった。となり、劉昭による『集注後漢』の撰述とその書が武帝に奉呈されたことが明らかになったと思われる。

注

（1）范曄については、福井重雅編『中國古代の歴史家たち』（早稻田大學出版部、二〇〇六年）の第三篇「『宋書』范曄傳譯注」および「范曄略年譜」、瞿林東・李珍『范曄評傳』（南京大學出版社、二〇〇六年）を參照。なお『後漢書』十志については、吉川忠夫「范曄と劉知幾」（『東海史學』第四號、一九六七年。のちに同氏『六朝精神史研究』所收、同朋舍出版、一九八四年）、吳樹平「范曄『後漢書』的志」（同氏『秦漢文獻研究』所收、齊魯書社、一九八八年）を參照。

（2）『舊唐書』經籍志、『新唐書』藝文志、『宋史』藝文志、『明史』藝文志および『四庫全書總目提要』史部正史類による。

（3）窪添慶文「歴史評論」（『中國の歴史書』所載、尙學圖書、一九八二年）。なお『史通』の概要は西脇常記譯註『史通內篇』（東海大學出版會、一九八九年）の「解說」および『史通外篇』（同、二〇〇二年）の「史通あとがき」を參照。

（4）たとえば宋代までに限定すると鄭樵『通志』、洪邁『容齋隨筆』、尤袤『遂初堂書目』、高似孫『史略』、晁公武『郡齋讀書志』、陳振孫『直齋書錄解題』、王應麟『玉海』、馬端臨『文獻通考』などがある。

（5）顧炎武『日知錄』、何焯『義門讀書記』、惠棟『後漢書補注序』、王鳴盛『十七史商榷』、趙翼『陔餘叢考』、錢大昕『十駕齋養新錄』、錢大昭『續漢書辨疑』、桂馥『札樸』、洪頤煊『讀書叢錄』、成瓘『篛園日札』、劉寶楠『愈愚錄』、侯康『後漢書補注續』、沈銘彝『後漢書注又補』、周壽昌『後漢書注補正』、李慈銘『越縵堂讀書記』などを參照した。

（6）尾形勇「『臣某』の意義と君臣關係」（同氏『中國古代の「家」と國家――皇帝支配下の秩序構造――』第三章所收、岩波書店、一九七九年)。

(7) 宮崎市定「南朝における流品の發達」(同氏『九品官人法の研究――科擧前史――』第二編第三章所收、同朋舍出版、一九五六年)。

(8)『史記』巻七八春申君列傳に「春申君因城故吳墟、以自爲都邑」とあり、『史記正義』は「墟音虛、今蘇州也。闔閭於城內小城西北別築城居之。今圮壞也。又大內北瀆、四從五横、至今猶存」と注す。

(9) 郡國誌四劉昭注に「越絕曰、吳大城、闔閭所造、周四十七里二百一十步二尺」とある。

(10) 張守節『史記正義』序に「守節涉學、三十餘年、六籍九流、地理蒼雅、銳心觀採。評史漢詮衆訓釋而作正義。郡國城邑、委曲申明、古典幽微、竊探其美、索理允愜、次舊書之旨、兼音解注、引致旁通、凡成三十巻、名曰史記正義。(中略)、于時歳次丙子、開元二十四年八月、殺青斯竟」とある。

(11)「吳王太伯冢」について、施之勉は『後漢書集注補』郡國志四第二十二無錫侯國の條に「張森楷曰、太伯非吳王、疑此文有衍誤」と指摘し、また標點本『後漢書』の校勘記もこれにしたがう。

(12)『史記』巻六秦始皇本紀に「三十七年十月癸丑、始皇出游。(中略)、臨浙江、水波惡、乃西百二十里從狹中渡」とあり、『史記集解』に「徐廣曰、蓋在餘杭也」とある。

(13) このように縣吏が収集した情報も與って各縣の地誌が作成されたと考えられる。南朝における地方誌編纂の盛行については青山定雄「六朝時代に於ける地方誌編纂の沿革」(『池內博士還曆記念東洋史論叢』、座右寶刊行會、一九四〇年)を參照。

(14) 七條のうち無錫に關するものは四條であるが、うち一條は「城在無錫」とのみ記して「臣昭案」が省略されている。

(15)『中國歷史大辭典』(上海辭書出版社、二〇〇〇年)下巻二五九九頁。

(16) 榎本あゆち「梁の中書舍人と南朝賢才主義」(『名古屋大學東洋史研究報告』第一〇號、一九八五年)、同「北魏後期・東魏の中書舍人について」(『中國中世研究續編』所載、京都大學學術出版會、一九九五年)。

(17)『隋書』巻二六百官志上集書省の條に「天監六年革選、詔曰、在昔晉初、仰惟盛化、常侍、侍中、並奏帷幄、員外常侍、特爲清顯。陸始名公之胤、位居納言、曲蒙優禮、方有斯授。可分門下二局、委散騎常侍尚書案奏、分曹入集書。通直常侍、本爲顯爵、員外之選、宜參舊准人數、依正員格。自是散騎視侍中、通直視中丞、員外視黃門郎」とある。

(18) 宮崎市定「梁陳時代の新傾向」（同氏前掲書第二編第四章所收）。なお安田二郎「梁武帝の革命と南朝門閥貴族體制」（同氏『六朝政治史の研究』第Ⅱ編第八章所收、京都大學出版會、二〇〇三年）も參照。

(19) 前掲注（17）『隋書』百官志は、散騎常侍以下の職掌を「掌侍從左右、獻納得失、省諸奏聞文書。意異者、隨事爲駁。集錄比詔比璽、爲諸優文策文、平處諸文章詩頌」と記す。

(20) 尾形勇前掲論文注（6）一六一頁注⑤は、漢代以降の諸侯王國（および侯國）における家臣のその王に對する稱臣は、劉宋期にいたって「稱臣」から「稱下官」改められ、隋代にいたってふたたび「稱臣」がおこなわれたとする。この指摘は梁代の事例に言及しないが、劉昭注の「稱臣」を臨川王ではなく武帝に對するものとする見解の傍證となり得よう。

(21) なお、この吳均注と同じく劉昭注に並行ないし先行すると考えられるものに梁韋闡『後漢書音』二卷および北魏劉芳『後漢書音』一卷がある。ただしこの兩注は范曄『後漢書』の難字の發音を指示するものであったことが明らかで總合な注釋とは言いがたい。この二注より李賢『後漢書注』にいたる『後漢書』の注釋については本書第八章および吉川忠夫「『後漢書』解題六范曄『後漢書』以後」（同氏訓注『後漢書』第一册本紀一所收、岩波書店、二〇〇一年）を參照。

(22) 避諱については、陳垣『史諱擧例』（上海書店、一九二八年）、陳國慶著・澤谷昭次譯『漢籍版本入門』（研文出版、一九八四年）、王建『中國古代避諱史』（貴州人民出版社、二〇〇三年）、范志新『避諱學』（臺灣學生書局、二〇〇六年）などを參照。

(23) 『集韻』に圜・圓は于權切、氂・斄は陵之切または郎才切、絫・累は魯水切または倫追切とある。

(24) 『集韻』に衍は以淺切、夷然切、延面切とあり、廣は古晃切、古曠切、姑黃切とある。

(25) 蔡邕の事績は、福井重雅「蔡邕と『獨斷』」（『史觀』第一〇七册、一九八二年。のちに「蔡邕『獨斷』の研究――『後漢書』編纂外史――」と改題して同氏『陸賈『新語』の研究』所收、汲古書院、二〇〇二年）。また『獨斷』については同氏編『譯注西京雜記・獨斷』（東方書店、二〇〇〇年）を參照。

(26) 袁宏および『後漢紀』については、中林史朗・渡邉義浩『後漢紀』（明德出版社、一九九九年）の解說（中林）を參照。なお周天游校注『後漢紀』（天津古籍出版社、一九八七年）、張烈點校『後漢紀』（中華書局、二〇〇二年）は「愆」を俗字の「僁」

につくり、また李興和『袁宏『後漢紀』集校』（雲南大學出版社、二〇〇八年）は「僭」につくる。
(27) 小林春樹「蔡邕『獨斷』小考――とくにその版本について」（『史滴』第五號、一九八四年）は、現在、出版年と出版者が明らかな『蔡中郎集』は北宋の天聖元年に歐静（もしくは歐陽静）が編纂した『蔡中郎文集』が最古で、これは明の正德十年に華堅が外傳八篇を增して覆製した蘭雪堂本『蔡中郎集』によって現在に傳えられることを指摘する。なお小論は『叢書集成新編』所收『重雕蘭雪堂本蔡中郎集』（光緒七年陸心源校刊）による。
(28) 前掲注(26)中林・渡邉『後漢紀』一四八〜一六七頁。なお漢代の宗廟制については金子修一「中國――郊祀と宗廟と明堂及び封禪」（井上光貞他編『東アジア世界における日本古代史講座』第九巻所載（學生社、一九八二年。のちに同氏『古代中國と皇帝祭祀』所收、汲古書院、二〇〇一年）を參照。
(29) 朱駿聲『説文通訓定聲』に「方叚借爲防」とある。
(30) 宋慶元四年建安黃善夫刊『後漢書』は「悠」につくる。
(31) その一例を示せば「蔡邕曰、在最後左騑馬頭上」（輿服志上劉昭注）、「蔡邕集載、三月九日、百官會府公殿下東面、校尉南面」（律曆志中劉昭注）、「蔡邕獨斷曰、凡與先后有瓜葛者」（禮儀志上劉昭注）のごとくである。
(32) 福井重雅前掲論文注(25)參照。
(33) 周天游『八家後漢書輯注』（上海古籍出版社、一九八六年）卷上「袁宏後漢紀」。
(34) それを指摘するものに福井重雅「猶お史の闕文に及べり」（『史滴』第六號、一九八五年）および前掲注(25)解説がある。
(35) 周天游前掲書注(33)卷上「袁宏後漢紀」。
(36) 周天游前掲書注(33)卷下「袁山松後漢書」は袁山松書所載「宗廟迭毀議」の三百二十餘字を祭祀志の逸文に比定する。

第三章　劉昭の『後漢書』補志について
――『後漢書』補成考――

はじめに

現行の范曄『後漢書』は全篇百二十巻で構成され、その紀傳部九十巻には唐の章懷太子李賢注が附され、司馬彪の撰になる八志三十巻には梁の劉昭注が附されている。『後漢書』がこのように異なる二書を合綴する形に修成されたのは、現在では八志の注釋者として知られている劉昭が、志部を全缺していた范曄『後漢書』に對して司馬彪『續漢書』の八志を補ったことによるとされている。(1)私は、從來よりその事實のみが知られていて、その內容についてはほとんど顧みられることがなかった劉昭による『後漢書』の補志（志部を補うこと）とそののちに施された劉昭の注釋の全容を究明しようとする觀點から、本書第一章・第二章において劉昭の人物像とその補成した『後漢書』の注釋書である『集注後漢』の撰述とその書が武帝に奉呈されたことについて考察した。本章では、如上の研究の中軸となる補志の實體を明らかにし、あわせて劉昭の歷史書觀について論じたいと思う。

第一節　八志の選定過程

劉昭が范曄『後漢書』（以下『後漢書』とのみ記すばあいは范曄の撰著をさす）に注することを意圖した段階で、その書に立てられた十志が未完のまま全缺していた事實は重大な障碍になったと考えられる。(2) 後述するごとく、それは劉昭の歴史書觀に抵觸することになるのである。したがって『後漢書』に對する劉昭の注釋書である『集注後漢』を撰述する初作業は、補成する志類を選定することにあったはずである。結論から言うならば、劉昭はそこで司馬彪『續漢書』の八志を選ぶのであるが、(3) ここで問題となるのは、いかなる理由と選定過程とを經てそのような決定がなされたかということである。以下やや長文にわたるが、『集注後漢』の自序として劉昭が著述した「後漢書注補志序」(4)（以下「補志序」とする）の分析を通じてそれを明らかにし、ついで補志の全體像を考察することにしたい。

「補志序」はまず冒頭に「臣昭曰」と明記して、この一文が劉昭自身の見解であることをことわり、左のように志類の創作と變遷とを說き起こす。

(I)臣昭曰、①昔司馬遷作史記、爰建八書。班固因廣、是曰十志。②天人經緯、帝政紘維、區分源奧、開廓著述、（中略）、誠有繫於春秋、亦自敏於改作。③至乎永平、執簡東觀、紀傳雖顯、書志未聞、推檢舊記、先有地理。④張衡欲存炳發、未有成功。靈憲精遠、天文已煥。（中略）、⑤蔡邕、（中略）、協妙元卓、律曆以詳。承洽伯始、禮儀克擧、郊廟社禝、祭祀該明、輪騑冠章、車服贍列。⑥於是應譙纘其業、董巴襲其軌。

これによると劉昭は、①昔、司馬遷が『史記』を撰述して八書をつくり、班固がそれを敷衍して『漢書』の十志を立てたという。そして、②それらは「天人の經緯」や「帝政の紘維」の源奧を部門別に區分して著述したものと規定し、その内容は『春秋』よりも繁多で、おのおの改作を凝らしたとする。そののち③後漢明帝の永平年間（五八～七五）にいたって、宮中の東觀で『漢記』の編纂が開始され、[5]「紀と傳」とが執筆されたが、「書や志」の著述はなされなかったために、「舊記を推檢」してまずは地理志が作られたと記す。ついで、④張衡が『漢記』の篇纂に參畫して、これ以外の志を著述しようとしたが果たせなかったものの、その著『靈憲』によって天文の妙意が明らかにされたとする。つぎに『漢記』の志部として蔡邕がまとめた十意に言及して、[6]まず⑤『靈憲』を踏まえた蔡邕は、劉洪（元卓）と協力して律暦意を著述し、ついで師の胡廣（伯始）から漢代の舊儀を受けて禮儀意をつくり、さらに郊廟・社稷については祭祀意に、乘輿・冠服については車服意にまとめたとする。そして最後に、⑥その業績は、後漢末の應劭から三國時代の譙周や董巴らに受け繼がれたと結論する。ここでは『史記』によって創始され、『漢書』によって完成された志部の概念を把握し、また後漢時代におけるその部門の記録は、最終的に蔡邕の『漢記』十意に集約されたのち應劭・譙周・董巴らに繼承されたとする劉昭の見解を確認しておきたい。

さてここで注目すべきは、この十意以下の諸記録にもとづいて司馬彪『續漢書』八志が作成されたとする劉昭の説明である。すなわち「補志序」は左のごとくつづく。

(II)①司馬續書、總爲八志。律暦之篇、仍乎洪邕所構、車服之本、卽依董蔡所立。儀祀得於往制、百官就乎故簿。並籍據前修、以濟一家者也。②王教之要、國典之源、粲然略備。可得而知矣。③既接繼班書、通其流貫、體裁淵深、雖難踰等、序致膚約、有傷懸越、後之名史、弗能罷意。

ここで劉昭は、①司馬彪『續漢書』はつごう八志からなるが、その律暦志は劉洪と蔡邕に、車服（輿服）志は董巴と蔡邕に、禮儀志と祭祀志は「往制」に、百官志は「故簿」にというごとく、そのいずれもが前修の諸典籍に借りて編纂されたと記す。②したがって、この八志に「王教之要、國典之源」の大略が粲然と示されることは手に取ればすぐに了解できるとする。ただしそれは、③『漢書』十志に繼續して、首尾一貫その體裁に準じているので、その內容は深淵で、ほとんど十志に等しいほどではあるが、わずかながら文辭が淺薄で、十志との懸隔に惜しむべき部分があるため、その後繼の志と名づけるには疑念を黜けることができぬとする。この評價は八志のみの分析に依據するのではなく、司馬彪に前後する華嶠・謝沈・袁山松など各家後漢書の志類との比較によって導かれたことは、これにつづく左の一文から確認できる。

(Ⅲ)①叔駿之書、是謂十典、矜緩殺靑。竟亦不成。二子平業、俱稱麗富、華轍亂亡、典則偕泯。雅言邃義、於是俱亡。②沈松因循、尤解功創、時改見句、非更搜求。③加藝文以矯前棄、流書品採自近錄。④初平永嘉、圖籍焚喪、塵消煙滅、焉識其限。⑤借南晉之新虛、爲東漢之故實。是以學者亦無取焉。

これによると、①華嶠（叔駿）の『漢後書』は、志を典に改めて十典を立てたが(7)、著述に苦しんで執筆が遲れ、ついに完成させることができなかった。そこで中子徹と少子暢の二人が相ついで筆を執り、續成を進めたために、その文辭は秀麗にして周到と贊えられたが、やがて戰亂の中に佚亡したとする。つぎに謝沈と袁山松の各『後漢書』を評して、②その內容はともに「因循」で、創作をおこたり、ひとえに當今の史料を改篇するのみで新史料の「搜求」はなしていないとする。また、③藝文志を加えて先行の後漢書類がそれを破棄した誤りを正したが(8)、その記事は撰者に近い時代の目錄から採るに過ぎないと指摘する。よってこの二書の志は、④後漢末の初平や西晉末の永嘉の大亂によって圖籍が「塵消煙滅」した以後の史料に據るものであるから、その限界は明らかであるとする。すなわちそれは、⑤東晉の新しく乏しい圖籍にもとづいて、後漢一代の充實した有職故實を記すものとして、學者たるものは誰も用いない、と結論する。言うまでもなく、この評價が劉昭の補志に直結するのである。

それでは、劉昭による志類の銓衡範圍はどの程度であったのか。『集注後漢』が完成したと推定される梁の武帝天監年間（五〇二～五一九）の末年までに著述された諸家後漢書類のなかで志類が立てられたと見られるのは、鄭鶴聲・周天游両氏の考察を勘案すると『東觀漢記』（『漢記』）、謝承『後漢書』、華嶠『漢後書』、司馬彪『續漢書』、謝沈『後漢書』、袁山松『後漢書』、范曄『後漢書』の七書を數える。(10) このうち補志の當該書である范曄と司馬彪の二志を除いて、劉昭はどこまで調査しているか。それを知るために、八志の劉昭注（以下八志注とも稱す）に引用された三百餘の書籍中から諸家後漢書類に關係するものを表記のまま抜粋したのが、左の**表**〔Ⅰ〕である。

これによると、劉昭は華嶠『漢後書』以外はすべて引用していることが確認できるのである。ただしそのほとんどは紀傳部のもので、志類の引用と推定されるものはごくわずかしか見られない。(11) しかしながら、その多くが紀傳部であるにせよ、引用しているかぎりは同書中の志類も通覽しているとしてよいのではなかろうか。したがってこの**表**〔Ⅰ〕と前掲「補志序」(Ⅲ)が華嶠十典に言及する事實を勘案すると、劉昭が選考對象として吟味した志類は『漢記』以下の全有志後漢書類にわたることが確認されるのである。

當然ながら、そのなかにはすでに散佚したものもあったであろうが、(12) このような條件のもとで劉昭は實見し得るすべての志類を精査して、最終的に史料系統に信頼が置け、内容が優れて、かつ完本であるという三條件によって『續漢書』八志に注目したに相違ない。これに加えて、後掲の「補志序」(Ⅳ)の⑩に引用された范曄の「後漢書序例」(13)において、范曄自身が八志の秀抜たる内容を褒賞して「雖《こ》れ前輩に出抜すれば、歸して相い沿わん」と記した事實も選定の重要

表〔Ⅰ〕

八志注の表記	引用數	『隋書』經籍志による書名・巻数・撰者
東観書	30	東観漢記一四三巻　後漢劉珍等撰
謝承書	6	後漢書一三〇巻　呉謝承撰
薛瑩書	1	後漢記六五巻　晉薛瑩撰
續漢書	2	續漢書八三巻　晉司馬彪撰
謝沈書	10	後漢書八五巻　晉謝沈撰
袁宏紀	2	後漢紀三〇巻　晉袁宏撰
袁山松書	28	後漢書九五巻　晉袁山松撰
張璠記（紀）	2	後漢紀三〇巻　晉張璠撰

なポイントになったはずである。八志に準據して自己の『後漢書』十志の撰述をめざしたとするこの告白は、劉昭の志部選定に極めて大きな影響をあたえたとして誤りなかろう。右の一節の「補志序」への轉寫はそれを雄辯に物語るものである。このように見てくると、劉昭の胸中には當初から『續漢書』八志が不動のものとしてあり、先の三條件はそれを補完するとした方が妥當であるかもしれない。しかしいずれにもせよ、これらの諸條件が相俟って『續漢書』八志が選定されたと見て間違いないのである。(14)

第二節　劉昭の范曄および『後漢書』観

さて、これにつづいて劉昭は選定した八志を范曄『後漢書』の紀傳部に補成するのであるが、その問題を論ずる前に、そもそも注釋を施すべしとした『後漢書』および撰者の范曄に對して、劉昭はいかなる評價を懷いていたのであろうか。前節につづく「補志序」の一文によって確認しておきたい。

(IV)①范曄後漢、良誠跨衆氏、序或未周、志遂全闕。②國史鴻曠、須寄勤閑、天才富博、猶俟改具。③若草昧厥始、無相憑據、窮其身世、少能已畢。④遷有承考之言、固深資父之力。⑤太初以前、班用馬史、十志所因、實多往制。⑥升入校部、出二十載、續志昭表、以助其閒。⑦成父述者、夫何易哉。⑧况曄思雜風塵、心橈成毀。弗克員就、豈以茲乎。⑨夫辭潤婉贍、可得起改、覈求見事、必應寫襲。⑩故序例所論、備精與奪。⑪及語八志、頗褒其美、雖出拔前羣、歸相沿也。⑫又尋本書、當作禮樂志、其天文、五行、百官、車服、爲名則同。⑬此外所編、不著紀傳、律曆、郡國、必依往式。⑭曄遺書自序、應徧作諸志、前漢有者、悉欲備製。卷中發論、以正得失。書雖未明、其大旨也。⑮曾臺雲構、所缺過乎榱桷、爲山霞高、不終踰乎一壙。⑯鬱絕斯作。吁可痛哉。

ここで劉昭はまず、①范曄の『後漢書』は諸家後漢書類に冠絶するが、その「後漢書序例」は完全ではなく、また十志は「全闕」したと記す。ついでその補成の必要を説いて、②「國史」というものは、「鴻《ひろ》く曠《あき》らか」なものであるべきだから、缺落して通曉しない部分には、「天才の富博」を具える人物によって、「改具」が俟たれているとする。しかしその折に、③もし「草昧」から起筆して、前修の圖籍に據ることなく獨力で著述すれば、著者の生涯を盡くしたとしても、終章まで書き通すことは稀であろうと述べる。そこで劉昭は先行する史漢の事例を擧げて、④司馬遷は父談の言を承け、班固は父彪の力に據る所が大きいとし、かつ『漢書』のばあいは、⑤武帝の太初以前の記事には『史記』を用い、またその十志は「往制」に準據する部分が多いと指摘する。これに加えて、⑥班固は二十年以上も宮中の校書部に出入りして『漢書』の著述に專念し、その死後には馬續が十志の、班昭（曹大家）が八表の未完部分の間隙を補ってようやく完成した事實を提示し、⑦「父の迹を成すことだに、夫れ何ぞ易からんや」と結論する。[15]つづいて劉昭は、そのような史漢の例に比べて范曄『後漢書』は劣悪とも言うべき狀況下に置かれたことを説明して、⑧范曄は謀叛事件に巻き込まれて『後漢書』の撰述を完遂できるか否かに心を亂したとして、その書が未完におわった理由はここにこそあると指摘する。しかしその流麗・周到な内容を評して、⑨「夫の辭は潤婉にして贍《せん》なり」として、改作するところはなく、ひとえに「寫襲」すべきことを主張するが、それは⑩范曄が「後漢書序例」で、その文辭の取る所と捨てる所に精根を傾けたと記す結果にほかならぬと述べる。そしてさらに劉昭は同序例を引用して、⑪范曄は先行の志類に「出拔」する『續漢書』八志を贊美して、自己の十志はそれに「歸して相い沿わん」と語ったことを強調する。前節で指摘したごとく、范曄のこの評價が八志選定の主因になったと考えられるのである。ただし、これはあくまでも劉昭の解釋であり、この八志については『漢書』十志に比して刑法志・食貨志・溝洫志・藝文志を缺くもので十全とは言いがたく、范曄の理想とは程遠いものであったとする指摘があることに注意しなければならない。[16]ついで劉昭は、⑫『後漢書』の紀傳部を精査して、范曄が禮樂、天文、五行、百官、車服の各志を立てたことを確認し、その題目が八志のそれと重なることを述べる。これは現行の紀傳部の本文に記された志の題目と一致するが、[17]ここでは劉昭自身もそれに據らなければ題目を確認できなかった事實に注意したい。つづいて劉昭は、⑬これ以外の志の題目は紀傳に記されぬが、律曆志と郡國志が立てられたはずで、その內容は必ず「往式」に據るものであろうと推定する。そしてさらに⑭范曄の遺書である「獄中與諸甥姪書」の一節を抄寫して、「應に偏《あまね》く諸志を作らんとして、前漢に有る者は、悉く備製せんと欲す。卷中に論を發し、以て得失を正さん」と記し、[18]それを『後漢書』に實現させることはできなかったが、その范曄の趣旨は偉大であったと評價する。しかし最終的に、⑮そのような遙かな高殿や雲に聳える樓閣の如き理想は、十志という柱組が全缺することによって、高き頂をめざすものの、モッコ一杯ほどの盛土を越えられずにおわったと結論する。末尾の⑯は、十志の斷絕という致命的缺陷に對する劉昭の痛惜にほかならない。

以上の分析を通じて、劉昭自身の范曄と『後漢書』に對する所感が明らかにされたと思われるが、ここでは『後漢書』への傾倒ぶりとその書が十志を缺くまま放置されている現狀への憂慮を確認し、さらに史漢續成の事實が提示されたことに注意しなければならない。

第三節　補志の目的と方法

それではつぎに、前文につづく「補志序」の分析によって、劉昭の補志とはいかなる事例にもとづき、また何をめざしてなされたかという問題を考察する。

(V)①徒懷纘緝、理慙鉤遠、迺借舊志、注以補之。②狹見寡陋、匪同博遠、及其所值、微得論列。分爲三十卷、以合范史。③求於齋工、孰曰文類。比茲闕恨。庶賢乎己。④昔、褚生補子長之削少、馬氏接孟堅之不畢、相成之義、古有之矣。⑤引彼先志、又何猜焉。⑥而歳代逾邈、立言湮散、義存廣求、一隅未覿。⑦兼鍾律之妙、素撰校讎、參曆筭之微、有慙證辨、星候祕阻、圖緯藏嚴、是須甄明。⑧毎用疑略、時或有見、頗邀傍遇。⑨非覽正部、事乖詳密、⑩今、令行禁止、此書外絕。其有疎漏、諒不足誚。

ここで劉昭は、①ひとえに『後漢書』の補成を懐うものの、力量不足でみずから志を著述することが叶わぬため、舊志を借りることに慙じ入るが、これを『後漢書』に補って注釋を施すと述べる。ついで補うべき志として選んだ司馬彪八志に言及して、②その內容には「狹見にして寡陋」なる部分があって「博遠」をめざした范曄十志とは同列にできないが、その價値からすると並べて論ずることができるので、これを三十巻に分けて『後漢書』に合するという。これは、③ほぼ十志と等しい題目を求めたのであるから、誰しもその文辭は同類と看做すことであろう。こうして『後漢書』が志を缺く恨みを除こうと思う。その賢明たるを願うばかりであるとする。つぎに劉昭は、この補志という作業は史漢の前例に則ることを説明して、④このような例は、昔、褚少孫が司馬遷の削少された部分を補い、馬續が班固の未完部分を接ぐなど、往古にその實例があることを示して、⑤私がかの八志を補うことは、何ら疑いの無いことなのだと強調する。つづいて劉昭は、⑥そもそも歳月は代るごとに遠く去り、言辭は煙のごとく散じて、廣く眞義を求めても、その一端さえ「覿《しめ》」されなくなると一般的な原則を述べ、そのような史料の散佚に對處するために、⑦自己の力量不足を慙じつつも、「鍾律之妙」や「曆筭之微」などの「校讎」を進めて「證辨」をおこない、また「星候」や「圖緯」などの祕義についても「甄明」しなければならぬと明言する。そしてそれには、⑧つねに范曄十志に擬える司馬彪八志を用いるが、それには時どきに有用な記事が見られるので、手近に置いて釋義を求めると記す。しかしながらそれは、⑨蔡邕十意や范曄十志などの「正部」（オリジナル）を覽るわけではないので「詳密」さから乖離する部分もあるとして、あくまでも代用に過ぎぬことを強調する。しかし最終的に、⑩今上陛下が治めるこの太平の御世においても、八志を補成し、注釋を施した『集注後漢』のほかには絶えて無いので、少しばかり「疎漏」があっても、[19]「誚《そし》」るべきではないと斷言して序文をむすぶのである。

以上、「補志序」の檢討を通じて明らかとなった補志の實像をまとめると以下のごとくなる。すなわち劉昭は、諸家に冠絶すると評價する范曄『後漢書』が十志を全缺するままにあることを憂慮し、史漢が撰者以外の補成をへた前例にしたがって志部を補うことをめざした。本來ならばみずから志を著述して補成すべきであるが、力量不足でなし得ぬために、次善の策として、實見し得る全後漢書類の志類中から、范曄が稱揚し、かつその十志が準據しようとした『續漢書』八志を選び、それを『後漢書』紀傳部に合することによってその『後漢書』をほぼ本來の形に修正し、後漢時代を綜述する當代隨一の歴史書たらしめようとしたのである。もちろんそこには史料の散佚を防いで、注釋ともども後學に寄與する意圖がふくまれていたことは言うまでもない。「補志序」から確認できるのは以上であるが、私はこれに加えて劉昭にはさらに意圖するところがあったのではないかと推測する。それについては後設する第四節「劉昭の歴史書觀」を究明するなかで論ずることにしたい。

さて、それでは劉昭は具體的にどのような方法によって補志を實行したのであろうか。左に引用する劉昭の八志注の分析を通じてそれを考察したい。

(1)本志唯郡縣名爲大書、其山川地名悉爲細注。今進爲大字、新注證發、臣劉昭採集。（郡國志一劉昭注）

(2)臣昭曰、本志既久是注曰百官簿。今昭又採異同俱爲細字、如或相冒兼應注本注、尤須分顯。故凡是舊注通爲大書、稱本注曰、以表其異。（百官志一劉昭注）

まず史料(1)によると、劉昭が底本とした『續漢書』郡國志は「本志は唯だ郡縣の名を大書と爲し、其の山川、地名は悉く細注と爲」す本[20]であったことが知られる。これに對して劉昭は、「今、進《ことごと》く大字と爲し、新たに證發を注するは、臣劉昭[21]の採集なり」として、郡國志の本文に記された郡縣名などの「大書」および山川や地名などの「細注」をすべて「大字」に書き改め、新たに注する自己の「證發」との混同を防ぐようにしているのである。これによると、劉昭の注釋は當然細字で記されたことになるが、それは史料(2)によって確認される。すなわちこれは百官志一の冒頭に記された「世祖節約之制、宜爲常憲、故依其官簿、粗注職分、以爲百官志」とする本文に附された注で、これによると百官志は「世祖（光武帝）の節約の制」を、「常憲と爲」すために、「其の官簿に依り、職分を粗注」して立てられたことがわかる。そして劉昭が「本志、既に久しく是の注は百官簿に曰くとす。今、昭また異同を採るに倶に細字と爲し、如し相い冒兼して應に本注に注せんとすべきこと或れば、尤も須らく分顯すべし。故に凡そ是の舊注は通して大書と爲し、本注に曰くと稱して、以て其の異を表すなり」と注釋することからすると、『續漢書』本來の百官志は「職分を粗注」する內容からなる大字の本文に、司馬彪自身が細字で「百官簿」と明記する下に注文を挾入させる形式であったのである。したがってのちに劉昭が新規に注する際に同様の細字を用いると、司馬彪の本注に「相い冒《かぶ》せ兼《あわ》」せて注釋を重ねるばあいに混亂が生じるため、相互の「分顯」を求めてすべての本注（舊注）を本文と同じ「大書」とし、かつその冒頭に記された「百官簿」を「本注曰」と書き改めて、劉昭注との異同を明確にしようとしたことが知られる。そしてこの事實はまた、劉昭の注釋は現在と同様に本文中に併記される挾注の形式であったことを示すことにもなるのである。以上は郡國志と百官志に確認されるものであるが、『集注後漢』という一書の構成を考慮すれば、その形式は八志全體に通貫されたと考えるべきではなかろうか。

　ここで右の諸點をまとめると左のごとくなる。

①補志にあたって、劉昭は『續漢書』八志の全文を筆寫した。

②その筆寫において、八志の本文および「細字」で記された司馬彪の本注（舊注）には一貫して「大字」が用いられた。また百官志では「百官簿」と記されていた本注（舊注）の冒頭が「本注曰」と改變された。

③劉昭は「細字」を用いて八志の本文中に挾注を書き入れた。

以上を踏まえてここでは、全文の筆寫とは劉昭が獨力でなしたものか、また細字の挾注とは通例のごとく本文一行に雙行の注文を記すいわゆる割注の形式をとるものかなど、現今の史料では明確になし得ぬ部分があるが、『集注後漢』の形式について以下のようにまとめることができよう。すなわち劉昭の補志とは、『後漢書』紀傳部に新たに筆寫した『續漢書』八志を合するもので、既成の本の八志部分を斷裁して附するものではない。またその注釋は挾注として本文に併記されるもので、注文のみを別個に集録する體裁ではなかったのである。これは八志部分にのみ確認される事柄であるが、さきに指摘した一書の構成という面からすれば、失われた紀傳部の注釋もこれと同様の形式であったと考えるのが妥當であろう。少なくとも紀傳部のみが既成の本文をそのまま用い、また注釋を別載とすることは一書の體裁を著しく損なうものとなる。ここでは紀傳部も八志と同様に劉昭が「大字」で全文を筆寫し、その本文中に「細字」で注釋を挾入したと考えるべきではあるまいか。

さて右の諸點が明らかになると、つぎに八志と紀傳部はどのように配列されたかが問題となろう。それには①帝后紀・八志・列傳、②帝后紀・列傳・八志の二例が想定されるが、その詳細は本書第四章で論ずるとしてここに結論を記すならば、劉昭は②のごとく配したと考えられるのである。[22] それはすなわち『史通』内篇巻四編次篇に「舊史は表志の帙を以て、紀傳の閒に介す。降りて蔚宗に及びて、肇めて釐革を加う」とあって范曄『後漢書』は舊史（『史記』と『漢書』）が本紀・表・書（志）・列傳（世家をふくむ）と置いたものを本紀・列傳・志の順序に並べ替えたことが特記され、劉昭はそれに準倣したに相違ないと見られるからである。范曄を崇拜し、至高とする『後漢書』をみずからの補志によってあるべき形に修正しようとする立場からすると、右の改革は何を措いても遵守せねばならなかったはずである。尾崎康氏の研究によると、『後漢書』に『續漢書』八志が合刻されたのは、北宋第四代仁宗の景祐年間（一〇三四～一〇三七）の官刻本が嚆矢で、ここで『後漢書』の本紀と列傳とが離され、その閒に八志が插入されたとする。[23] 言うまでもなく、これは史漢のスタイルに回歸するものであるが、このような構成は范曄および劉昭が求めるものではなかったことを一言しておきたい。なお、この景祐刊本につづく官刻本を影印した現今の百衲本『後漢書』は、①のごとく巻頭の目次に記しながら本文は②の順次で配列されている。その詳細は不明であるが、劉昭の『集注後漢』はこのような順次であったと考えられるのである。[24]

第四節　劉昭の歴史書觀

最後に、補志の檢討から析出された劉昭の歴史書觀について考察する。まずはじめに、劉昭が說く歴史書とはどのような體例を言うのであろうか。從前の考察によれば、[25] それは正史以外にはないとすべきであろう。もちろん紀傳體で書かれた歴史書という意味での正史という呼稱は、一般に『隋書』巻二七～三五經籍志（以下「隋志」とする）に記された事例が初見とされることから劉昭の時代には存在した確證が得られぬのであるが、「補志序」に述べられた劉昭の論說は正史を言うものとして閒違いない。八志注に說かれた見解を提示するまでもなく、劉昭は『春秋』を祖とする編年體の內容にも通曉しているはずであるが、「補志序」においては「誠に春秋より繁なること有り」と記す以外に言及を控えている。これは紀傳體の正史こそが歴史書の最良の形體とする劉昭の認識を示すものではなかろうか。

それでは、この正史に對して劉昭はいかなる認識を持ち、またそれがどのような形で『集注後漢』に投影されているのであろうか。ここでそれを論ずる前に、まずは正史についての基礎的な事項を確認しておきたい。すなわちそれは「隋志」二正史序文に「是れより世に著述すること有れば、皆な班馬に擬う。以て正史と爲す」と記されるごとく、(26)司馬遷や班固にならって撰述された紀傳體の歴史書を指し、また『大唐六典』巻一〇に「正史は紀傳表志を紀すを以てす」とあるを參照すれば、紀傳以外に表と志とを伴うことが要件とされるのである。このように正史は紀傳・表・志の三者からなることが基本とされるが、その規定はかなり緩やかで、たとえば『史通』外篇巻一二古今正史篇（以下「古今正史篇」とする）では編年體の史書もふくめて正史の名稱を用いており、(27)また「隋志」に正史と目されるもののなかにも表や志を具有せぬものが確認されるとともに、(28)『舊唐書』の經籍志以降にもその事例が踏襲されているのである。

さてここで、正史に對する劉昭の認識を確認すると、さきの「補志序」には『後漢書』に表を補うとする言辭は見られぬが、補志については實に詳細な論述がなされることに注意しなければならない。それはまさに志部の存在こそが正史の必須條件と規定するかのごとくである。何ゆえ劉昭はそこまで志部に固執するのであろうか。私は、そこに劉昭の正史觀が色濃く投影されていると考える。以下、劉昭が補志をおこなった理由として考えられる二點を論じて、その問題を分析することにしたい。

その第一は、正史としての體裁を整えることにあったことは自明であろう。言うまでもなく、それは史漢の體例に近づけることを意味するが、その折に表と志のうちから志のみを補ったのは『後漢書』本來の構成にしたがうためであろう。補成とは范曄が企畫した以上のことはなし得ぬのである。ここで注目すべきは、前述のごとく劉昭は補成する志の選定を極めて嚴密におこなっていることである。そのような志部に對する特別な認識は何に由來するのであろうか。ここで私は劉昭の學問形成に多大な影響をあたえたと考えられる外兄江淹の存在を想起する。本書第一章で指摘したように、この人物は宋・齊・梁の三王朝に歴事した稀代の政治家であるとともに南朝を代表する文人としても著名であるが、ここでは齊高帝の敕を奉じた『齋史十志』の撰述時になされたその言辭に注意したい。すなわちそれは「古今正史篇」に「齊史は、江淹始めて詔を受けて著述し、以爲えらく、史の難き所は志より出づるは無し、と。故に先ず十志を著わし、以て其の才を見《あら》わすなり」とあるごとくであるが、ここでは志部の撰述こそが歴史書編纂の最難事、換言するならば眼目にほかならぬとする江淹の見解に注目するとともに、その言葉は江淹の薫陶を受けた劉昭の胸中にも重く刻まれたであろうことを考えたい。すなわち劉昭の志部への執着は江淹のこの認識を直截に受け繼ぐものと想定されるのである。そしてまた、これとは別の視點から志部の缺落を看過してはならぬことおよびその執筆もまた安易になしてはならぬことを劉昭が了解していたであろうことは左の一文からも推測できるのである。

臣は布衣に在りしより、常に以爲えらく、漢書十志は、下《しも》王莽に盡き、世祖より以來は唯だ紀傳有るのみにして、志を續ぐもの無し、と。臣の師事する所の故の大傅胡廣は、臣の頗《いささ》か其の門戸を識るを知り、略ぼ有《たも》つ所の舊事を以て臣に與う。未だ備悉ならずと雖も、粗ぼ首尾を見る。思惟を積累すること二十餘年なりしも、其の位に在らざれば、外吏、庶人の擅《ほしいまま》に述ぶるを得る所に非ず。天は其の衷を誘い、著作郎に備えらるを得るや、十志の皆な當に撰錄すべきことを建言す。（律暦志下劉昭注）

すなわちこれは律暦志の劉昭注に引用した蔡邕「戍邊上章」の一部で、朔方郡に流罪となった蔡邕が撰述の半ばで離れざるを得なかった『漢記』十意の續成を歎願したものである[29]。ここでは蔡邕が胡廣から「舊事」を手交されたのち二十年あまりの「思惟」を重ねて志部の執筆に臨んだとすること。また著作郎ではない外吏や庶人が志部をふくむ國史を擅述することは許されぬとしたことを確認したい。もちろんそこでは後漢王朝下における當代史の編纂という事情も考慮しなければならぬが、少なくとも志部の執筆は極めて特殊なもので、むずかしい作業とされていたことには異論がないのではなかろうか。ただし當然のことながら劉昭にとっても志部は副次的なもので、正史の主體はあくまでも紀傳部にある事實は動かしがたかったであろう。それは『後漢書』紀傳部に對して八志が補われたという事實が何よりの證左となる。正史の根幹はあくまでも紀傳なのである。しかし劉昭の正史觀からすると、紀傳部がいかに秀拔であろうと志部が拙劣であったり、またそれ自體が缺落するような狀態にあれば、それは歷史書として缺陷を負うものと見なさざるを得なかったのではなかろうか。すなわち劉昭にとって志部は正史の要諦にほかならず、歷史書としての價値を決定する重要な篇目だったに相違ないのである。

その第二は、斷代史として編纂されながら志部を缺くという『後漢書』の構造的缺陷を補うことである。言うまでもなく、斷代史とは班固の『漢書』によって創始された歷史の敍述形式で、一王朝や一時代に限定して歷史を編纂するものである。(30)この『漢書』に「古今人表」が書き込まれた所以を說いて、宮崎市定氏は「漢代の社會はその背後に悠久なる古代からの蓄積を受けている。この事實を簡潔に表わさんが爲にこそ、(中略)、人表を書き込まねばならなかった」と指摘されるが、(31)私は、この言葉を受けて『漢書』十志にも同樣の意圖が込められているのではないかと考えたい。すなわち十志の記載を一覽すれば、そこには文化や制度などさまざまな分野にわたる上古以來の叡知が累層的に集成されており、最終的に、それらが江河の大海にいたるがごとく前漢王朝に繼承されていることが確認されるのである。これはまさに前漢が連綿たる中華世界の傳統を擔って成立した正統な王朝であることを物語るものではなかろうか。このように『漢書』は紀傳・表・志の三者が一體となって悠久の歷史に繼續する前漢王朝の歷史書として撰述されているのであるが、その形式からして當然ながら、紀傳部はほぼ前漢一代の內容に限定されており、その記述のみでは前代から繼承したさまざまな事項を包括することができず、かなりの部分が遺脫し、斷絕する結果となるのである。それは前漢王朝の歷史的な位置づけをも搖るがすことに直結するのであるが、八表と十志とがそれを補完することは改めて說くまでもなかろう。ここで補志の問題に立ち返れば、劉昭が對峙する『後漢書』は、まさにその補完部分を全缺させた狀態にあり、前漢を經て中華世界を繼承した後漢王朝を綜述する歷史書として著しい缺陷があるとしなければならなかったのである。それを正す方法は補志にのみあると劉昭は認識していたのではなかろうか。以上の二點は、劉昭の歷史書に對する見解とくにその正史觀の中核をなす部分であると考えられる。この認識にしたがって劉昭は補志を實行し、范曄『後漢書』を名實ともに後漢一代の正史として再生させたのである。

むすび

右の論考を通じて、劉昭の歷史書觀とそれにもとづく『後漢書』補志の實像が明らかになったと思われる。その要點をまとめると以下のごとくなる。

（1）劉昭は、全諸家後漢書類に冠絕すると評價する范曄『後漢書』が志部を缺落させた狀態にあることを憂慮し、『史記』および『漢書』が補成された前例にならって補志（志部の補成）をめざした。

（2）補志は、本來ならば劉昭自身が志部を撰述してなすべきであるが、力量不足によってなし得ぬため、次善の策として當代において實見できる全志類を精查して史料系統に信頼が置け、內容が優れて、かつ完本であるとする三條件に加えて范曄自身が稱揚し、かつその十志が準據しようとしたことから司馬彪『續漢書』の八志が選定された。

（3）ついで劉昭は八志を斷裁して『後漢書』紀傳部に補綴するのであるが、その具體的方法は紀傳部および八志の本文を「大字」で筆寫し、そこに「細字」による劉昭注を挾入するものであった。

（4）八志は、范曄『後漢書』を本來の形に修正しようとする意圖にしたがって帝后紀・列傳・八志の順次で配列、補成された。

（5）補志は、志部を正史の要諦と考える劉昭の歴史書觀にしたがってなされたもので、斷代史として編纂されながら志部を缺く『後漢書』の構造的缺陷を是正し、その書を後漢時代を綜述する歴史書として再生する目的でなされたものである。

以上、明らかにした補志ののち、劉昭は補成『後漢書』の紀傳部および志部に注釋を施して『集注後漢』を完成させるのである。その書の概要と注釋內容はいかなるものであるのか。それについては章を改め、第四章において論ずることにしたい。

注

（1）それを詳述するものに、王鳴盛『十七史商榷』巻二九「范氏後漢書用司馬彪志補」、錢大昕『十駕齋養新錄』巻六「司馬彪續漢書志附范史以傳」および勝村哲也「目錄學」（『アジア歴史研究入門』第三巻所載、同朋舍出版、一九八三年）などがある。

（2）『後漢書』十志については、吉川忠夫「范曄と劉知幾」（『東海史學』第四號、一九六七年。のちに同氏『六朝精神史研究』所收、同朋舍出版、一九八四年）、譚緒纘「范曄不敢作志辨——駁鄭樵說」（『中國歴史文獻研究』第四集、一九八三年）、吳樹平「范曄『後漢書』的志」（同氏『秦漢文獻研究』所收、齊魯書社、一九八八年）などを參照。

（3）司馬彪および『續漢書』に關しては、B.J.Mansvelt Beck、“The Treatises of Later Han”（Sinica Leidensia, Vol.21, 1990）、渡邉義浩「司馬彪の修史」（『大東文化大學漢學會誌』第四五號、二〇〇六年）を參照。

（4）「後漢書注補志序」の譯注と分析は本書第五章を參照。またベック氏による英文抄譯は同氏前掲書注（3）五〇～五二頁に見える。

（5）この書が現行『東觀漢記』の祖本となることは言うまでもない。詳細は福井重雅「蔡邕と『獨斷』」（『史觀』第一〇七冊、一九八二年。のちに「蔡邕『獨斷』の研究――『後漢書』編纂外史――」と改題して同氏『陸賈『新語』の研究』所收、汲古書院、二〇〇二年)、吳樹平『東觀漢記校注』(中州古籍出版社、一九八七年)を參照。なお東觀の修史事業について記すものに小林春樹「後漢時代の東觀について――『後漢書』研究序說――」(『史觀』第一一一册、一九八四年)、安部聰一郎「後漢時代關係史料の再檢討――先行研究の檢討を中心に――」(『史料批判研究』第四號、二〇〇〇年)がある。

(6) 蔡邕が「志」を「意」に改めたことについて、顧懷三は「蔡邕漢書十意、猶前書十志也。案避桓帝諱故作意」(『補後漢書藝文志』卷四)と記して恆帝の諱(志)を避けたと說明する。

(7) 華嶠が「志」を「典」に改めたことについて、『晉書』卷四四華嶠傳は「改志爲典、以有堯典故也」と記す。

(8) 一般に諸家後漢書類の藝文志は袁山松『後漢書』に立てられたもの以外は確認されていないが、この一文は謝沈『後漢書』にも藝文志が存在したことを示唆するものではないか。諸家後漢書類の藝文志については成瓘『篛園日札』卷五「范蔚宗司馬彪後漢書」、姚振宗『後漢藝文志』敍錄、鄭鶴聲「各家後漢書綜述」(『史學與地學』第一期、中國史地學會、一九二六年)、周天游『八家後漢書輯注』(上海古籍出版社、一九八六年)、西脇常記譯注『史通內篇』卷三書志篇(東海大學出版會、一九八九年)の一八一頁注などを參照。

(9) 『集注後漢』の成立時期については本書第二章を參照。

(10) 鄭鶴聲および周天游前揭書注(8)に據る。

(11) その一例をあげると、禮儀志中劉昭注に「蔡邕禮樂志曰、漢樂四品、一曰大予樂、典郊廟、上陵、殿諸食擧之樂。郊樂、易所謂先王以作樂崇德、殷薦上帝」とあるのは『漢記』禮樂意(志)、郡國志五劉昭注に「袁山松書曰、建安二十年復置漢寧郡、漢中之安陽、西城郡、分錫、上庸爲上庸郡、置都尉」とあるのは袁山松『後漢書』郡國志、同劉昭注に『東觀書曰、永興元年、鄉三千六百八十二、亭萬二千四百四十二」とあるのは『漢記』地理意(志)、輿服志下劉昭注に「東觀書曰、建武元年、復設諸侯王金璽綟綬、公侯金印紫綬」として四百十餘字にわたって諸侯王以下諸官の秩祿・印綬の詳細を記すのは『漢記』車服意(志)の、各一部分が引用されたものと考えられる。

(12) 諸家後漢書類の散佚については鄭鶴聲・周天游前揭書注(8)を參照。なおその佚文を收錄したものに汪文臺『七家後漢書』

のほか鈴木啓造「諸家後漢書列傳輯稿」（早稲田大學教育學部『學術研究』——地理學・歴史學・社會科學編——第一九號〜、一九七〇年〜）、周天游前掲書注（8）、吳樹平前掲書注（5）があり、鈴木氏のものは現在も續刊中である。

(13)「後漢書序例」は佚亡し、これ以外には『後漢書』李賢注に數條の佚文を確認するに過ぎない。詳細は吉川忠夫前掲論文（2）を參照。

(14) これとは別の視點から南北朝時代の司馬彪『續漢書』の評價に言及したものとして、福井重雅氏は同時代成立の裴松之『三國志注』・劉孝標『世説新語注』・酈道元『水經注』の三注における諸家後漢書の引用例を精査することにより、南北兩朝を通じて『續漢書』がひろく普及し尊重されたことを指摘する。同氏「南北朝成立三注所引各種『後漢書』類索引・補考」（『アジア史における年代記の研究』所載、早稲田大學東洋史研究室編、一九八六年。のちに同氏『陸賈『新語』の研究』所收、汲古書院、二〇〇二年）。

(15)『史記』の補成は、余嘉錫「太史公書亡篇考」（同氏『余嘉錫論學雜著』上册所收、中華書局、一九六三年）、吉田賢抗「史記解説」（新釋漢文大系『史記』一（本紀）所收、明治書院、一九七三年）、『漢書』のそれは蘆南喬「従史學和史料來論述『漢書』編纂得點」（『山東大學學報』第四期、一九六一年。のちに『中國史學史論文集』（一）所載、上海人民出版社、一九八〇年）などを參照。また班固が父彪の著作を繼いで『漢書』を撰述したことについては王利器「『漢書』材料來源考」（『文史』第二一輯、一九八三年）、邊士名朝邦「班彪——その人となりと處世思想——」（『東方學』第六八輯、一九八四年）、稻葉一郎「『漢書』の成立」（『東洋史研究』第四八卷第三號、一九八九年）、福井重雅「班彪『後傳』淺議」（『天臺思想と東アジア文化の研究』所載、山喜房佛書林、一九九一年。のちに「班彪『後傳』の研究——『漢書』編纂前史——」と改題して同氏前掲書注（5）所收）などを參照。

(16) 吉川忠夫「『後漢書』解題」（同氏訓注『後漢書』第一册本紀一所收、岩波書店、二〇〇一年）。

(17)『後漢書』卷一〇皇后紀下に「事在百官志」、同卷四二東平憲王蒼傳に「語在禮樂、輿服志」、同卷六〇下蔡邕傳に「事在五行、天文志」とある。

(18)「獄中與諸甥姪書」の原文は「欲徧作諸志、前漢所有者悉令備。雖事不必多、且使見文得盡、又欲因事就卷內發論、以正一代

得失」につくり、「補志序」の内容とほぼ一致する。

(19) 劉昭が八志の疎漏を批判する事例は、天文志上注に「臣昭曰、逑雖以白承黃、而此遂號爲白帝、於文繁長、書例未通」とあり、郡國志一注に「臣昭案、志猶有遺闕、今衆書所載、不可悉記」とあり、輿服志下注に「臣昭案、自天子至于庶人、咸皆帶劍。劍之與刀、形制不同、名稱各異。故蕭何劍履上殿、不稱爲刀。而此志言不及劍、如爲未備」とあるなど、八志注にまま見られるものである。

(20) 『續漢書』八志に關するかぎり、劉昭が複數の本を參照していることは五行志一「河閒姹女工數錢」の條に「一本作妖女」と注することから確認できる。

(21) ここでは「臣劉昭」につくるが、「名」のみを唱して「姓」は稱さぬとされる稱臣形式から逸脱するとしなければならない。あるいは後代の轉寫・翻刻時に「劉」が誤入したものであろうか。「臣某」については、尾形勇『中國古代の「家」と國家――皇帝支配下の秩序構造――』（岩波書店、一九七九年）第二章「自稱形式より見たる君臣關係」、第三章「「臣某」の意義と君臣關係」を參照。

(22) 勝村哲也氏は、前掲論文注（1）において劉昭の補志を說明して、「劉氏以降の（後漢）書はおそらく本紀、列傳、志の順であったとおもわれる」（一〇頁）と記す。

(23) 尾崎康「正史宋元版書誌解題三後漢書」（同氏『正史宋元版の研究』所收、汲古書院、一九八九年）。

(24) 舊稿「劉昭の『後漢書』補志について――『後漢書』補成考――」（『研究年誌』第三八號、早稻田大學高等學院、一九九四年）において私は、①『史通』古今正史篇に「范曄……作後漢書、凡十紀、十志、八十列傳、合爲百篇」とする『後漢書』の篇目および②紀・書（志）・傳と配する『史記』・『漢書』の前例に倣うとする二點から劉昭は帝后紀・八志・列傳のごとく篇次したと考えたが、その續篇「劉昭の『後漢書』注について――『集注後漢』の內容をめぐって――」（『史學雜誌』第一〇六編第七號、一九九七年）において帝后紀・列傳・八志の順次に配列したと改めた。その詳細については本書第四章を參照。

(25) 正史については張立志『正史概論』（臺灣商務印書館、一九六四年）、池田溫「正史のできるまで」（漢文研究シリーズ一二『中國の歷史書』所載、尙學圖書、一九八二年）、和泉新「正史とは何か」（同前書所載）、戸川芳郎「四部分類と史籍」（『東方學』第八四輯、一九九二年）、竹内康浩『正史はいかに書かれてきたか』（大修館、二〇〇二年）などを參照。

(26)「隋志」序文については、興膳宏・川合康三『隋書經籍志詳攷』（汲古書院、一九九五年）を參照。

(27) たとえば編年體の袁宏『後漢紀』、裴子野『宋略』などを正史として論じている。『史通』については、西脇常記譯注『史通内篇』（東海大學出版會、一九八九年）、同『史通外篇』（同、二〇〇二年）を參照。

(28) その著名なものに陳壽『三國志』がある。また表・志を立てぬ史書の例は顧炎武『日知錄』巻二六「作史不立表志」を參照。

(29) 蔡邕については福井重雅前掲書注（5）を參照。なお『後漢書』巻六〇下蔡邕傳李賢注に引く『蔡邕別傳』には「戍邊上章」を抄寫したと見られる同様の一文が見られる。

(30) 小林春樹「後漢時代の蘭臺令史について——『漢書』研究序説——」（『東方學』第六八輯、一九八四年）は、班固が斷代史を創始した背景には漢を神聖王朝とみなし、光武帝の再受命を支持する蘭臺史觀の影響があったことを指摘する。

(31) 宮崎市定「序文——シナ史からアジア史へ——」（『アジア歴史研究入門』第一巻所載、同朋舍出版、一九八三年）。なお、ここで宮崎氏は「古今人表」の作者に言及しないが、それをふくむ『漢書』八表と天文志が未完成のまま班固が沒したため、のちに馬續が天文志を、班昭が八表を補成したことは周知のことであるとする。私はそれについて、宮崎氏は作者をいずれとするかは措き、斷代史である『漢書』にはその構成上から「古今人表」が不可缺であるとしたと考える。また「古今人表」については、櫻井芳朗「漢書古今人表について」（『和田博士古稀記念東洋史論叢』所載、講談社、一九六〇年）を參照。

第四章　劉昭の『後漢書』注について
――『集注後漢』の内容をめぐって――

はじめに

後漢の王朝史を綜述した歴史書には、後漢初の明帝永平年間（五八～七五）に宮中の東観で編纂がはじめられた『漢記』を嚆矢として、これ以後三國から晉南北朝期にかけて撰述された十數家にのぼるいわゆる諸家後漢書類が存在する(1)。そのうちで紀傳體からなる正史に類別され、かつ散佚を免れて現行するものは宋の范曄の『後漢書』（以下『後漢書』とのみ記すばあいは范曄の撰著をさす）だけである。ただしこの書は、その基幹となる紀傳部と十志のうちの前者のみが完成し、後者は撰述の途中で范曄が刑死したために未完のままおわり、そののち散逸したとされることから(2)、ながく志部を缺落させた状態で置かれていたのである。この紀傳部のみで構成されていた范曄『後漢書』に對して、梁の劉昭が晉の司馬彪『續漢書』の八志を補成した事實はつとに知られる事柄で(3)、言うまでもなく、これによって現行『後漢書』の體裁が形成されたのであるが、その詳しい内容については從來ほとんど知られることがなかったのが實情であった。私は、劉昭が志部を補った補志という作業と、その補成『後漢書』の全巻に劉昭が施した注釋の全容を包括的に究明しようとする視座から、本書第二章・第三章において劉昭が『後漢書』に志部を補わねばならぬとした理由と劉昭の歴史書觀との二者を考察することによって、諸家後漢書類の志部のなかから『續漢書』八志が選定された理由と、その八志が『後漢書』紀傳部に補成された具體的な方法とを確認した。つづいて本章では、こうした問題意識のもとに、まずこの補志によって『集注後漢』という新たな一書を構成することになった『後漢書』紀傳部と『續漢書』八志の二者を、劉昭は同書中でどのように扱ったかという問題を検討し、ついで『集注後漢』の巻數について考察を進め、さらにその注釋内容とそこに込められた劉昭の意圖について論じたいと思う。

第一節　『集注後漢』における紀傳部と八志

はじめに『集注後漢』の概要を見ておくと、その書は『梁書』巻四九文學傳上の劉昭傳（以下「劉昭傳」とする）に、

（劉）昭又集後漢同異以注范曄書、（中略）、集注後漢一百八十卷。

とあるごとく、劉昭が「後漢の同異を集めて以て范曄書に注」して撰述したもので「一百八十巻」の大冊であるとする。この巻數については第二節で述べるとして、ここにいう范曄『後漢書』とは志部を缺くものであるから、劉昭は注釋を作成する以前にまず司馬彪の『續漢書』八志を選定し、[4]これを『後漢書』紀傳部に補成するという二つの作業を實施しているのである。以下やや長文にわたるが、行論の都合上、第三章で明らかにした劉昭による補志の具體像を確認しておくことにしたい。

まず『後漢書』に志部を補う理由は、①劉昭は紀傳部のみで構成される范曄『後漢書』を紀傳・表・志の三者を具備する正史本來の體裁に近づけることをめざした。ただし范曄の意圖した『後漢書』の構成には表が存在しなかったために志部を補うだけにとどめた。ついで②斷代史として編纂されながら志部を缺くという『後漢書』の構造的缺陷

を是正しようとした。すなわち『後漢書』は斷代史であるために、その紀傳部の記述のみからでは前漢から後漢に繼承された上古以來連綿と續く中華世界の文化や制度などの歴史的事項を包括することができず、そのかなりの部分を斷絶させる結果となる。したがって劉昭は紀傳部のみでは傳えることができない事柄を集約する志部を補成することによって『後漢書』の本源的な缺陷を補おうとしたのである。この觀點から私は、劉昭はみずからが諸家後漢書類に冠絶すると評價した范曄『後漢書』に志部を補うことによって、その書を名實ともに後漢王朝史を綜述する當代隨一の歴史書として再生させ、そこに自己の注釋を重ねることによって本文と注釋との雙方から後學に寄與することをめざしたと推定した。

ついで補成に用いる志部の選定は、①劉昭は實見しうる諸家後漢書類の全志類を精査して、その記事のもつ高い信賴性、卓拔する內容、完本であるという三點から司馬彪『續漢書』八志に注目した。さらにまた②劉昭は范曄自身がこの八志の內容を稱揚し、それに準據して『後漢書』十志の撰述をめざした事實を重視した。以上の二點から私は、『續漢書』八志が選定されたとしたのである。ただし劉昭は、この八志に若干の疎漏があることを認めていたことから注釋によってそれを補完しようとしたのではないかとも考えた。この問題については第三節で詳述したい。

最後に、劉昭は八志を斷裁して『後漢書』紀傳部に補綴するのであるが、そこでは帝后紀・列傳・八志とする篇次が用いられた。なお劉昭の注釋は、本文と注文とを併記するいわゆる挾注の形式であったと考えられることから紀傳および八志の全文が筆寫される過程で注釋も書き込まれたと推測した。

以上が劉昭による八志補成の具體像であるが、この補志によって異なる二種類の歴史書を合する形で構成した『集注後漢』において、劉昭は紀傳部と八志とをどのように認識したか。また『續漢書』から斷裁した八志ともとの紀傳部とをどのように扱ったのであろうか。それについては左の現行の『後漢書』紀傳本文と八志本文および八志部分の劉昭の注釋（以下八志注とする。なお劉昭の紀傳部分の注釋は紀傳注とし、この二注を合わせて劉昭注とも稱する）をもとに考察したい。(5)

(1)(イ)臣昭案、天文志末已載石隕。未解此篇所以重記。（五行志三劉昭注）
(ロ)殤帝延平元年九月乙亥、隕石陳留四。（天文志下）
(2)(イ)又案嚴光傳、光與帝臥、足加帝腹上。太史奏客星犯帝坐甚急。（天文志上劉昭注）
(ロ)因共偃臥、光以足加帝腹上。明日、太史奏客星犯御坐甚急。（『後漢書』巻八三逸民傳＝嚴光傳）
(3)(イ)臣昭案、本紀光武建武六年詔稱、往歳水旱、蝗蟲爲災。（五行志三劉昭注）
(ロ)（建武六年春正月）辛酉、詔曰、往歳水旱、蝗蟲爲災。（『後漢書』巻一光武帝紀下）
(4)(イ)臣昭案、董卓傳、卓使呂布發諸帝陵及公卿以下冢墓、收其珍寶。（禮儀志下劉昭注）
(ロ)　又使呂布發諸帝陵及公卿已下冢墓、收其珍寶。（『後漢書』巻七二董卓傳）

まず史料(1)―（イ）は、八志中の五行志三の「殤帝延平元年九月乙亥、陳留雷、有石隕地四」とする一文に附された注で、ここで劉昭は「臣昭案ずるに、天文志の末に已に石隕を載す。未だ此の篇に重ねて記す所以を解せず」と記すが、これは（ロ）の天文志下の一文に則した内容であることが明らかであるから、（イ）にいう天文志は八志のものとして間違いない。假にそれを他書の天文志とすると「此の篇に重ねて記す」という注文が通曉しなくなろう。ここでは書籍に注釋を施す際に、本文と注文との混同を防ぐために用いられる一般的な原則すなわち①別個の書籍から記事を引用するばあいには、必ずその書名・篇名・撰著者名などを明記する。②同一の書籍のほかの篇部から記事を引用するばあいには、必ずその篇名を記して書名や撰著者名は省略する、とするものの後者が遵守されていることに注目したい。(6)そしてこの原則は左の(2)～(4)にも見られるのである。ここでは一見して明らかなように、(2)―(イ)の「又た嚴光傳を案ずるに、光、帝と臥し、足を帝の腹上に加う。太史奏すらく、客星、帝坐を犯すこと甚だ急なり、と」および(3)—(イ)「臣昭案ずるに、本紀に光武の建武六年の詔に稱すらく、往歳水旱ありて、蝗螽災を爲す、と」、(4)—(イ)「臣昭案ずるに、董卓傳に卓、呂布をして諸帝の陵及び公卿以下の冢墓を發き、其の珍寶を收めしむ、と」とする注釋は、いずれも(ロ)に示す紀傳部本文に徵するものであることが確認できる。ここで注意すべきは、右の注釋はいずれも紀傳部の篇名のみを冠してその本文を轉寫・抄引していることである。八志注にはこのようにして紀傳部分を引用する例が散見されるが、それは劉昭が補成した八志を『後漢書』の一篇と見做した證左となるものである。何となれば、假に劉昭が『後漢書』紀傳部と八志とをあくまでも別個の書籍と認識していれば、前掲の原則①にしたがって右の引用文の冒頭には必ず范曄や『後漢書』などの名稱を冠さねばならぬからである。[7] しかし管見のかぎりでは八志注が引く三百餘の書籍と八十餘の人名中で諸家後漢書類に關するものは上の**表**［Ⅰ］・［Ⅱ］に示す事例のみで、そこには范曄『後漢書』に關係するものは一例も見出せないのである。

ここに明らかなように、劉昭は諸家後漢書類とそれに關連する人物の記事を引用するばあいは、煩を厭わずその度ごとに必ずその書名や撰著者名を記しているのである。言うまでもなく

表［Ⅰ］

八志注の表記	引用數	「隋志」による書名・卷數・撰者
東觀書	30	東觀漢記一四三卷　後漢劉珍等撰
謝承書	6	後漢書一三〇卷　吳謝承撰
薛瑩書	1	後漢記六五卷　晉薛瑩撰
續漢書	2	續漢書八三卷　晉司馬彪撰
謝沈書	10	後漢書八五卷　晉謝沈撰
袁宏紀	2	後漢紀三〇卷　晉袁宏撰
袁山松書	28	後漢書九五卷　晉袁山松撰
張璠記（紀）	2	後漢紀三〇卷　晉張璠撰

表［Ⅱ］

八志注の表記	引用數	「隋志」による撰書名・卷數・撰者
張瑩曰	1	後漢南記四五卷　晉張瑩撰
司馬紹統曰	1	續漢書八三卷　晉司馬彪撰
袁宏曰	1	後漢紀三〇卷　晉袁宏撰
袁山松曰	1	後漢書九五卷　晉袁山松撰

それは、『集注後漢』と同じ後漢時代を對象とする歴史書を引用する際に書名や撰著者名を記さずに篇名のみで用いると、その內容から『集注後漢』の紀傳部または八志の記事と混同する危險が生じるからである。前頁の表［Ⅰ］・［Ⅱ］に見える書名と撰著者名は、その誤解を未然に防ぐものであることは贅言するまでもなかろう。これは前掲の原則①を遵用する例である。さてこの觀點からすると、八志注に范曄および『後漢書』とする字句がまったく見られず、さらに前述のごとく紀傳部の記事をその篇名のみを冠して引用しているのは前掲の原則②に準據するもので、劉昭が補志後の八志をもって『後漢書』の一篇と認識していたことを示す證左となり得よう。

それでは、劉昭は補志後の八志ともとの『續漢書』紀傳部とをどう捉えたのか。これも表［Ⅰ］・［Ⅱ］によって檢討すると、そこには「續漢書曰」とするものが二例[8]、「司馬紹統（彪の字）曰」とするものが一例確認され[9]、とくに前者は紀傳部の記事を引用したと見られる點に注意したい。何となれば、この列傳と八志とはもともと『續漢書』という一書を構成していたのであるから、八志の注釋に同書中の紀傳部を引用するばあいには原則②にしたがってことさら書名を記す必要はないのである。しかるに敢えてここに「續漢書」と明記するのはいかなる理由か。私はそれを、劉昭が補志後の八志をもってもとの紀傳部とは別個の書籍と認識した證左と考える。すなわち劉昭は補成した八志を『後漢書』の一篇として注釋を作成しているのであるから、この八志部分の注釋に『續漢書』紀傳部を引用するばあいには必ずその書名や撰著者名を記さねばならぬのである。もしそれを怠れば、引用記事の內容からして『後漢書』紀傳部のものと誤る危險が生じることはさきの說明のごとくである。よって劉昭が「續漢書」と明記するのは、補志後の八志をもとの『續漢書』とは別個の書籍と認識する以外にあり得ぬことになる。

以上まとめると、司馬彪『續漢書』の八志は、劉昭によって范曄『後漢書』に補成された段階で書名と撰著者名とが切捨てられて范曄『後漢書』の一部を構成することとなり、もとの『續漢書』とは完全に別個のものと認識されたことになるのである。

さてここで、この補志に對する劉昭の認識を確認しておくと、それはみずからが補志の顚末を記した「後漢書注補志序」（以下「補志序」とする）に、

昔、褚生子長の削少せらるるを補い、馬氏孟堅の畢らざるを接ぐ。相成すの義、古に之有り。彼の先志を引くこと、また何をか焉を猜わんや。

と述べることから判斷して、『史記』と『漢書』とになされた撰著者以外の人物による補成に範をとることが明らかである。すなわち劉昭の補志は、『史記』の缺落部分は褚少孫に、『漢書』の未完部分は班昭と馬續とによって補われてはいても、この二書の撰著者はあくまでも司馬遷（子長）と班固（孟堅）とに限定されるという歴史的な事實にもとづいて實行されているのである。(10)

最後に、八志が補成された位置の確認をおこなうが、それに指針をあたえるのが左に提示する劉知幾の一文である。

舊史は表志の帙を以て、紀傳の閒に介す。降りて蔚宗に及びて、肇めて釐革を加う。（『史通』內篇巻四編次篇）

すなわちこれは、舊史たる『史記』・『漢書』は表と志とを本紀と列傳の閒に置いて本紀・表志（書）・列傳の順次としていたが、蔚宗（范曄）の『後漢書』にいたってはじめて釐革を加えて本紀・列傳・志の順次に配列したと指摘するものである。(11)これは『後漢書』の成立から二百七十年あまり後世のものである上に、その根據が明示されておらず、また管見のかぎりでは同趣を傳える他の資料が見られぬなど疑問を拂拭できぬ部分もあるが、少なくともこれを明確に否定する范曄や劉昭自身の、あるいは同時代の記録が確認されぬ以上、『集注後漢』は帝后紀・列傳・八志の順で篇次されたと考えなければならないであろう。(12)何となれば、以上の論考から析出されるように『續漢書』八志は補志がお

こなわれた段階で同書の紀傳部とは別個のものと認識され、『後漢書』紀傳部に吸收されたという小論の見解に大過なければ、劉昭が八志を補うべき位置は、范曄がその十志を置くとした部位でなければならないからである。すなわち八志を『後漢書』の一部とするならば、范曄の篇次を遵守せねばならぬのである。

第二節　『集注後漢』の卷數

つぎに「一百八十卷」と記される『集注後漢』の卷數について考察する。はじめに『隋書』卷三二～三五經籍志(13)(以下「隋志」とする)の記事をもとに范曄『後漢書』紀傳部の卷數を確認しておきたい。

後漢書九十七卷、宋太子詹事范曄撰。
後漢書一百二十五卷、范曄本、梁剡令劉昭注。
後漢書讃論四卷、范曄撰。

ここでまず「九十七卷」とする『後漢書』をとりあげると、その卷數は紀傳部のみか、あるいは志部のそれをふくむものかは判然としないが、范曄の十志は未完のまま散佚したとされることから志部をふくまぬと考えるべきであろう。それではすべて紀傳部とすべきか。それについては左の『史通』外篇卷一二古今正史篇に見える『後漢書』の概略をもとに考察することにしたい。

宋に至りて、宣城太守范曄乃ち廣く學徒を集め、舊籍を窮覽して煩を刪り略を補いて、後漢書を作る。凡そ十紀、十志、八十列傳、合して百篇と爲す。(14)

すなわちここでは『後漢書』紀傳部の篇數(卷數)を「十紀、八十列傳」と記すが、この篇數は范曄のオリジナルとして最も矛盾なく受容できるもので、現行『後漢書』紀傳部のそれとも合致するものである。これによるかぎり、さきの九十七巻中の七巻は「隋志」に併記された『後漢書讚論』など范曄撰になる『後漢書』關連の一文、たとえば『後漢書序例』などの巻數もしくはその殘巻と考えるのが妥當ではなかろうか。[15] ここでさらに巻數の問題を追及すると、『舊唐書』巻四六經籍志上は、

又（後漢書）九十二巻、范曄撰。

後漢書論贊五巻、范曄撰。

後漢書五十八巻、劉昭補注。

又一百巻、皇太子賢注。

と記し、『新唐書』巻五八藝文志二は、

范曄後漢書九十二巻。

又論贊五巻。

劉昭補注後漢書五十八巻。

章懷太子賢注後漢書一百巻。賢命劉訥言、格希玄等注。[16]

と記している。[17] この二志はともに『後漢書』を九十二巻につくり、『後漢書論贊』五巻を併記することからすると、「隋志」と同様にこの九十二巻のうちの二巻も『後漢書序例』などの巻數もしくはその殘巻と見るのが妥當ではないだろうか。少なくともこの二巻やさきの七巻を子巻による増加分とすることは、左に記す百衲本の例に比べて巻數が著しく僅少または不揃いということから成立しがたいのではないか。[18] よって以上のことから、劉昭が底本とした『後漢書』紀傳部は九十巻で、これをもとに『集注後漢』が撰修されたと推定するのが最も蓋然性が高いことになろう。

さて、ここで問題となるのは百衲本『後漢書』の目錄末尾に「十二帝后紀一十二巻、志三十巻、八十列傳八十八巻」と記すように紀傳部を一百巻とする例が存在することである。しかしそれは當該書を一覽すれば明らかなごとく、帝后紀は十巻のうちの光武帝紀と皇后紀の各一巻を上下の子巻に分けて十二巻とし、同じく列傳は八十巻のうちの班彪傳などの八巻を上下の子巻に分けて八十八巻とする目錄上の巻數で、[19]各紀傳の實質的な巻數はいずれも帝后紀十巻、列傳八十巻と計算されている。言うまでもなくこれは宋版の體裁と見られることから、[20]劉昭が用いたのはこれではなく、それはあくまでもさきの九十巻本と見るべきであろう。

ついでに右の「隋志」に「一百二十五巻」と記される『後漢書』について一言しておくと、この本は「范曄本、梁剡令劉昭注」とする附記から判斷して隋を經て唐初に傳來した『集注後漢』の殘部と考えるのが妥當であろう。ここで注意すべきは、その本はすでに百八十巻中の五十五巻を佚しているのであるが、前揭の兩『唐書』經籍・藝文志のごとく、唐玄宗朝以降ではさらに巻數を減らして「五十八巻」を殘すのみという狀態になっていることである。その經緯については兩志に併記される章懷太子李賢注『後漢書』の存在が重要な意味を持つと考えられるが、その問題をふくめて、隋代以降における『集注後漢』の變遷については第二部において述べることにしたい。

さて、ここで補志の問題にもどると、劉昭は九十巻からなる『後漢書』紀傳部に『續漢書』八志を補綴し、その補成『後漢書』の全巻にわたって注釋を挾入して『集注後漢』を完成させるのであるが、その過程において明らかに紀傳部と八志の雙方に增巻と改篇を施しているのである。はじめに八志について檢討すると、劉昭自身が「補志序」に「迺ち舊志に借りて、注し以て之を補う。（中略）、分ちて三十巻と爲し、以て范史に合す」と記すことからすると、補志にあたって劉昭は「舊志」（八志）を三十巻にしていることが確認できる。現今の史料では八志のオリジナル巻數を確認することはできないが、左のように、

續漢書八十三卷、晉祕書監司馬彪撰。（「隋志」）
後漢書八十三卷、司馬彪撰。（『舊唐書』經籍志上）
司馬彪續漢書八十三卷。（『新唐書』藝文志二）

とあって、「隋志」以下の三志がいずれも『續漢書』を八十三卷につくることを勘案すれば、それは三十卷をかなり下回ると推定されることになる。假に一志を一卷とすれば八卷になるが、現行のすべての正史には一卷中に複數の志部を並記する例が見られぬことから、この卷數を下回ることはないとしてよかろう。すなわち八志は八卷が下限となる。前述のごとく、劉昭は『集注後漢』の作成に際してこれを三十卷に增卷するのであるが、それはいかなる理由によるのか。結論からするならば、私は大量の注釋を挾入したための處置と考えたい。その具體的な方法は第三節で檢討するとして、ここでは以下の解釋を提示する。すなわち現行八志を通覽すると、それは律曆志上中下、禮儀志上中下、祭祀志上中下、天文志上中下、五行志一～六、郡國志一～五、百官志一～五、輿服志上下の各篇から構成され、一篇を一卷として都合三十篇三十卷であることが知られる。これは劉昭の篇目を踏襲したものか否かは不明であるが、現今の八志各篇の字數を集計すると本文は約八萬二千字、注文は約十萬五千字を數え(21)、注釋の字數は本文の一・二八倍に相當することが確認される。ここで私は、本文に對する注釋の比率を注釋指數と名づけ、注釋の詳密さを測る目安とすることにしたい。すなわち八志注のそれは一・二八となり、本文一に對して一・二八の割合で注釋が施されていることを示す。第三節で記すごとく、この注釋は本文に併記する挾注形式であることが明らかであるから、ごく單純に見ても、これだけ大量の注釋を本文中に挾入するには從來の八卷程度の篇幅では無理があると考えるべきではなかろうか。もちろん一卷あたりの字數に確固たる基準があるわけではなく、『後漢書』・『續漢書』・『集注後漢』の各書も撰著者の意向によって一卷の篇幅が決められたはずである。ここではそれらの書寫材料として、その當時一般的に用いられた紙が使用され、その形態は巻子本ではなかったかという推定に止めるが[22]、この條件に加えて、少なくともこの三書は撰著者以外の閲覽に供する目的で作成されたのであるから、書籍の體裁と實用性という面からしても一巻あたりの字數にはおのずと適切な分量があり、それにもとづいて各篇および書籍全體の均整が整えられたと考えるべきであろう。ここで八志にもどると、本文の一・二八倍もの注釋を新たに挾入するためには大幅な增巻とそれにともなう改篇が必要となったはずである。すなわち劉昭は紀傳部および『集注後漢』との全體のバランスを勘案して三十巻という八志の篇幅を決めたと考えられるのである。

それでは紀傳部はどうか。それを知るために、まず『集注後漢』紀傳部の巻數を檢討すると、それは總巻數の百八十巻から八志三十巻および「補志序」等の巻數を除くことによって百五十巻をやや下回るという數値が得られる。これとさきの『後漢書』紀傳部の巻數を勘案すればおのずと增巻分が明らかとなろう。ごく單純に見て、劉昭は九十巻程度であった紀傳部を百五十巻近くにまで增巻する必要を認めたのである。これは八志と同様に紀傳部においても大量の注釋を挾入して增巻・改篇をおこなった證左となるものであろう。では、その注釋量はどの程度であったのか。管見のかぎりでは劉昭の紀傳注は佚文すら見出せず、それについては以下の閒接的な事例から檢討する以外にないのであるが、結論からすると、私は紀傳注は總量的には八志注を上回るものの、その詳密さにおいては八志注の注釋指數一・二八におよばないのではないかと推定する。すなわち八志部と紀傳部に對する劉昭の認識からすると、八志注のばあいは、第三節で指摘するように、劉昭は八志の內容を完璧ではないとする觀點から、その缺陷を補うために本文を越えるほどの注釋量を必要としたと考えられるのである。これに對して紀傳注のばあいは、第一節で指摘したように、劉昭は范曄『後漢書』の內容を諸家後漢書類に冠絕する完璧なものと評價することから、その本文を尊重して八志注ほどには注釋の必要を認めなかったのではないかとし、その注釋指數は八志注のそれよりも低いと推測する。

ただし紀傳部本文が約五十九萬七千字と膨大であるために、注釋量そのものは八志注を超える蓋然性が高いと考えるのである。

つぎに『集注後漢』の體裁から見ると、假に紀傳部に對して八志注と同じ注釋指數一・二八の注文が附されたとすると、その字數は本文の約五十九萬七千字から計算すると約七十六萬四千字となり、本文と注釋の總字數は約百三十六萬一千字に達する。これを紀傳部の總卷數（ここでは百五十卷として計算する）で割ると一卷の平均字數は九千一百字となり、八志の平均である六千二百字を五割近く上回ることになる。このような一卷あたりの差異が『集注後漢』の全篇におよぶと、紀傳部の各卷だけが大部となって八志とのバランスが崩れ、全體の均整を損なうことになることは明白であろう。あるいは右の總字數では全文を紀傳部に割當てられた百五十卷程度の枠内に収めることがむずかしくなり、八志との均整を保つために增卷する必要が生じるのではなかろうか。以上のことから、私はさきの結論に達したのである。ちなみに紀傳注が現行の章懷太子李賢注の總字數（約三十三萬一千字、注釋指數〇・五五）程度であったと假定すると、紀傳部全體の總字數は約九十二萬五千字となり、一卷の平均字數は約六千二百字となって八志のそれと一致する。『集注後漢』の八志と紀傳部における各卷のバランスという一點に依據するならば、劉昭の紀傳注もあるいはこの程度の注釋量であったかもしれない。しかし、それはあくまでも假定の話である。以上やや推測を重ねたきらいもあるが、ここでは八志注と紀傳注の內容に粗密の差があり、前者はより詳密であったと考えられること、また注釋の總量では紀傳注が八志注を越えると考えられることの二點を確認しておきたい。

さて、以上述べた注釋部分の增幅という觀點からすると、『集注後漢』の卷數は「劉昭傳」が傳える「一百八十卷」を否定する根據はないとすべきである。これについて中華書局の標點本『南史』卷七二文學傳中の「劉昭傳」は、王鳴盛の「（劉）昭の范氏紀傳、司馬氏志に注するを攷うるに、今世所行は紀十二卷、志三十卷、傳八十八卷なれば卽ち其の本なり。梁書に云う所の一百八十巻の八十は、當に三十に作るべし」（『十七史商榷』巻二九劉昭李賢注）とする説に依據して、百衲本以下の『南史』各本が「集注後漢一百八十巻」につくる部分を「一百三十巻」に改訂していることが問題となる。(23) これは前述した百衲本『後漢書』における計算上の巻數によると考えられるが、以上の考察からすると、誤謬とせざるを得ないのである。

第三節　劉昭注の內容

（i）劉昭注の概要と形態

ここでは『集注後漢』の劉昭注について考察をおこなう。はじめにその概略を確認しておくと、八志注の總字數は約十萬五千字であるが、これは注釋がほぼ全缺している天文志下と五行志四をふくまぬものであるから完成當初はこれよりも大部であったはずである。(24) また紀傳注はすべて散佚しており、管見のかぎりでは、その佚文すら確認できぬ狀態である。さて、この劉昭注における紀傳注と八志注の比率はどの程度であったのであろうか。ここでは紀傳注の全缺によって正確な數値は得られぬことを前提とするが、一つの目安を算出しておきたい。そこで紀傳注は章懷太子李賢注（紀傳部の本文約五十九萬七千字に對して約三十三萬一千字の注釋が施され、注釋指數は〇・五五である）と同じ字數と假定してみると、八志注との合計は約四十三萬六千字となる。これを劉昭注の總字數とすると八志注は全體の二十四パーセント、紀傳注は七十六パーセントとなり、劉昭注の大半は紀傳注が占めることになる。紀傳部は約百五十巻、八志は三十巻というバランスから考えると、この程度の比率が妥當ではないかと思われるが、それはあくまでも目安に過ぎない。さてここで、紀傳注の注釋指數が〇・五五より高いばあいは劉昭注の大部分を紀傳注が占めるとする右の假定を補強することとなるが、注釋指數が〇・五五より低いばあいはやや微細にわたるが〇・一七六を下限と考えるべきではないかという點に注意したい。何となれば、その注釋指數による紀傳注の字數は約十萬五千字となって八志注のそれと同じとなり、それ以下では八志注を下回ることになるからである。ここでは前節で檢討したごとく、紀傳注の字數は八志注のそれを上回るとする推定を確認しておきたい。以上の觀點から、劉昭注における紀傳注と八志注との比率は前者がかなりを占め、後者は最大でも五十パーセント以下ということになるのであるが、八志の卷數は紀傳部の五分の一程度であることを想起すると、劉昭注における八志注の比率はかなり低いものであったと考えられるのである。以上推測を重ねたが、ここでは劉昭注の大部分を占めていた紀傳注は散逸し、その一斑に過ぎぬ八志注のみが殘存する事實を確認しておく。

つづいて劉昭注の形態を確認する。はじめに第三章で明らかにした諸點を再顧すると、①劉昭は、その補志において『後漢書』紀傳部と『續漢書』八志の各本文を新たに「大字」で筆寫した。②その注釋は、本文と識別するために「細字」で記して本文中に併記した。すなわちそれは挾注の形式をとるもので、本文とは別個に注釋のみを別冊とするいわゆる單注本の形態はとらなかった。③「細字」の挾注とは、本文に雙行の注記を記すいわゆる割注の形式か、あるいは別個の形式かは明らかではない、とするものであった。さて「細字」の挾注については、經部の例ではあるが唐代に筆寫された六種の『論語鄭氏注』鈔本はいずれも大字の本文一行に細字（小字）の注記を雙行の割合で挾入する割注の形式であったことを判斷材料に加えることにしたい。[25] 言うまでもなく、それは現今の各種の注釋に普遍的に見られるもので、本文の必要箇所に注釋を置くことから一定の有用性を滿たすものである。そもそも注釋とはこのように經文に解釋を附記することから生まれたもので、それが史書にも應用されたのであろう。すなわちこの割注の形式も元來は經書用に發明され、史書に援用されたものにほかならないのである。よって以上縷述した①～③の條件と『論語鄭氏注』の事例からして劉昭注には割注が採用された蓋然性が高いと判斷したい。すなわち『集注後漢』劉昭注は大字で記した紀傳部と八志の本文一行に對して、雙行の割合となる細字（小字）の注釋を本文の必要箇所に挾入する割注の形式をとるもので、注釋のみを本文とは別個に收錄する單注本の形態ではなかったと考えられるのである。

（ii）紀傳注と八志注の關係

つづいて左の八志注の分析を通じて紀傳注と八志注との關係を確認する。

(1)臣昭曰、已論之於敞傳。（五行志二劉昭注）

(2)臣昭案、魏朗對策、桓帝時、雉入太常、宗正府。朗說見本傳注。（同右）

(1)は五行志二に記された章帝の末年に出現したという「鳳皇」に對する何敞の見解に附した注で、劉昭はその詳細を「已に之れを敞傳に論」じたとする。(2)は同じく桓帝の元嘉元年に出現したという「五色大鳥」に附した注で、ここで劉昭は、まず「魏朗對策すらく、桓帝の時、雉の太常、宗正の府に入るあり、と」という事例を示した上で、「朗の說は本傳の注に見《しめ》すなり」と續けている。この二注が參照を求める注記はいずれも現行の李賢注には見えぬものであるが、散佚した紀傳注には劉昭の詳說が開陳されていたのであろう。ここで注意すべきは、右の二注はともに文辭の重複を避けて紀傳注の參照を促していることである。これは八志注が紀傳注によって補われることを意味するが、この事例は紀傳注にも八志注の參照を求める注記が存在したことを推測させるものである。もとより紀傳部と八志とを合して一書とし、そこに注釋を挾入して『集注後漢』を作成したのであるから、紀傳注のみが片務的に八志注を補うことはあり得ぬことであろう。當然ながら八志注にも紀傳注を補う記述が存在したはずである。以上のことから、紀傳注と八志注とは個々に獨立したものではなく、内容によっては相互に補完し合う構造になっていたと考えられることを確認したい。

(iii) 注釋に込めた劉昭の意圖

それでは劉昭注の內容はどのようなものであったのか。その完成から百九十年あまりのちの史料であるが、(26)『集注後漢』を實見したと思われる劉知幾による左の評價から檢討をはじめることにしたい。

好事の子、異聞を廣むることを思うも、才は短にして力は微、自ら達する能わざれば、驥尾に憑りて、千里羣より絶することを庶《こいねが》い、逐に乃ち衆史の異辭を掇《ひろ》い、前書の缺くる所を補わんとする有り。(27)裴松之の三國志、陸澄(28)劉昭の兩漢書、劉彤(29)の晉紀、劉孝標(30)の世說の類の若きは是なり。 (『史通』內篇卷五補注篇)

これによると劉知幾は、劉昭をふくむ裴松之以下の注釋者たちを「好事の子」とよび、そのいずれもが「異聞を廣むることを思うも、才は短にして力は微、自ら達する能わざる」がゆえに、他人の書の「驥尾に憑」って、自己の名聲を「千里羣より絶することを庶」ったと定義する。すなわち力量不足で一書を著述することができぬがゆえに他人の書籍に注して名を揚げようとしたとするのである。そして、その注釋の內容は「衆史の異辭を掇い、前書の缺くる所を補」おうとしたものであったとする。すなわち右の諸注は本文の解釋に力點を置くものではなく、本文と相違する異聞や異事の集錄に徹して當該書の間隙を補完しようとする內容であったことが確認されるのであるが、劉知幾はこのような注釋を「才短力微、不能自達」の作として否定的に捉え、とくに劉昭注に對しては左のように嚴しい批判を重ねている。ちなみにこの一文は、その對象を范曄『後漢書』に限定することから嚴密には紀傳注に對する發言と考えるべきかもしれないが、後述のごとく八志注もこの紀傳注と同じ內容であるから劉昭注全體への批判として差支えなかろう。

竊かに惟うに、范曄の後漢を刪るや、簡にして且つ周ねく、疎にして漏さず、蓋し備われりと云えり。而るに劉昭は、其の捐つる所を採り、以て補注と爲す。言は盡く要に非ず、事は皆な急ならず。譬えば、夫れ人の果の核《たね》を吐き、藥の滓《かす》を棄つる有りて、愚者乃ち重ねて捃拾を加え、潔めて以て登薦するがごとし。此を持て工《たくみ》と爲すは、多く其の識無きを見わすなり。（同右）

ここで劉知幾は范曄『後漢書』を簡潔・周到で完備した歴史書として稱贊するが、その一方で劉昭については、その美點を理解できぬまま范曄が捨てた史料を拾い集め、再編して補注となしたと非難する。そしてさらに注記した言句や事件はいずれも不要・不急と斷定し、そのようなものを作って得意となっている劉昭を愚者になぞらえ、その不見識を痛罵しているのである。この劉知幾の批判は、唐初の顏師古が『漢書注』のなかで強調する注釋方法すなわち訓詁を基本として當該書の字音、名物、制度等の解釋に徹して本文の讀み込みに便宜を供することが歴史書注の本道とする見解に與する立場によるのであろうか[31]。ただし私は、劉知幾が論ずるように劉昭注を「才短力微」の「愚者」の作とするのは皮相に過ぎると考える。それについては補志と注釋とに込めた劉昭の意圖を確認したのちに一言することにしたい。

それでは、その意圖とはどのようなものであったのであろうか。はじめに劉昭の能力的限界を指摘する劉知幾の批判は、「補志序」において劉昭みずからが自身の無能を告白した左の一文に通底すると考えられるので、まずはその分析からはじめることにしたい。

徒《た》だ纘緝を懷い、理は鉤遠を慙《は》ずるも、迺ち舊志に借り、注して以て之を補わんとす。

ここで劉昭は、ひとえに『後漢書』の補成を懷うものの、おのが力量不足によって新たな志部の著述ができぬために、次善の策として前代の司馬彪『續漢書』の舊志（八志）を借りねばならぬことを「慙」としているのである。これは他人の書の驥尾に附すという意味において劉知幾の批判が該當する部分であるが、劉昭自身も「慙」という一字にその心情を凝縮していると考えられる。しかしながらこの自己批判にかぎると、それは單に自己の無能を告白するだけではなく、後漢の滅亡から三百年餘が經過した梁代にあっては、もはや後漢王朝の志部を新規に撰述すること自體が根本的に不可能であったことを示唆するとも考えられる。ただし、そのような認識もまた劉昭にとっては「慙」という概念に包攝すべき事柄であったのかもしれない。

さて第三章で論じたように、そのような情況下において劉昭がなし得ることは優れた既成の志部を選定し、それを『後漢書』に補うことであるが、ここで問題となるのは當代において最善と判斷した八志にも疎漏や缺落があることを、左のごとく劉昭自身が認識していることである(32)。

臣昭案ずるに、志は猶お遺闕有るがごとし。今、衆書の載する所、悉くは記すべからず。（郡國志一劉昭注）

ここで前述した補志の目的を想起すると、それは後漢時代を綜述する當代隨一の歴史書として『後漢書』を再生させることであった。したがって補成『後漢書』に挾入した劉昭注もその同軸上に作成されていると見るべきであろう。それは左の示す(1)~(5)の八志注の分析から首肯できるところである。

(1)臣昭曰く、漢の皇后を立つるは、國禮の大なり。而れども志に其の儀無し。良《まこと》に未だ了《あき》らかならず。蔡質の記す所の立宋皇后儀を案じ、今、取りて以て缺に備う。（禮儀志中劉昭注）

(2)臣昭曰く、凡そ漢官に載する所の列職人數は、今、悉く以て注す。（百官志二劉昭注）

(3)臣昭以えらく、張衡の天文の妙は、一代に冠絶す。著す所の靈憲、渾儀は、略《ほ》ぼ辰燿の本を具えれば、今、寫載して以て其の理を備う。

⑷案ずるに、劭の述ぶる所は、志と或いは不同有り。年月舛に異なれば、故に倶に焉を載す。

（五行志五劉昭注）

⑸六宗の義は、伏生より後代に及ぶまで、各おの不同有り。今、並べて抄集し、以て其の論の云うを證せんとす。（中略）、臣昭曰く、六宗紛紜として、衆釋互いに起こるも、竟に全通すること無く、亦た偏に折《くじ》き難し。碩儒を歴辨するのみにして、終に未だ正を挺せず。

（祭祀志中劉昭注）

すなわちこれはいずれも膨大な引用文に附せられた按語で、史料⑴は漢朝における「國禮の大」なるものである立后の儀について禮儀志が記さぬため、四百七十餘字にわたって蔡質の「立宋皇后儀」[33]を引用すると言うもの。これは禮儀志の缺落を補完する例である。⑵は百官志の記事が簡略であるため應劭の『漢官』を引いて各官の定員・秩祿・職掌などの細則を補うもの。百官志には應劭・『漢官』など明記して百例を超える注記が施されているが、これは本文の不足に增補をなす例である。同じく⑶は張衡の天文に關する所説は一代に冠絶するとして、その著書『靈憲』の記事を千三百六十餘字にわたって「寫載」するもので、天文志を疎漏を補うものである。⑷は宮中の某事件について、五行志は「光和元年五月壬午」のことと記すが、應劭の『風俗通義』は「光和四年四月」[34]とすることを指摘し、年月日を中心にその內容が微妙に相違することを指摘する。劉昭は兩者を比較して「倶に焉を載す」と記すが、これは五行志との異同を提示する例である。前述のごとく、劉昭は八志の內容を必ずしも完璧ではないとする立場から、司馬彪に先行する應劭の記事の提示を認めたのであろう。このように八志注には「本志と不同」と斷って先學の所説や他書の記事を引用する例がまま見られるが[35]、そこには八志の內容を絶對視することなく、眞實の追求にはたとえ本文と抵觸する史料であっても引用すべしとする劉昭の姿勢が看取されるのである。⑸も同じく異同を示す例で、こちらは祭祀志に記された「六宗の義」は衆説の一つに過ぎぬとして歴代の解釋を網羅しようとするものである。ここで劉昭は十數家の所説を列擧して二千二百字に垂んとする注釋を展開するが、そこには六宗を說くものは半句も逃さずという意氣込みが讀み取れるのである。そして最終的に劉昭は、「碩儒を歴辨するのみにして、終に未だ正を挺せず」と記して衆說の是非は判斷できぬことを告白するが、ここではその「才短力微」を論うべきではなかろう。すなわちそこには時代的な隔たりから確たる判斷を下せぬばあいは次善の策として諸說の收集に徹し、結論は讀者に委ねようとする劉昭注の基本方針が貫かれていると考えられるからである。[36]以上は八志注の例であるが、『集注後漢』という一書の構成からすれば、紀傳注もこれと同樣の趣旨で作成されていたに相違ない。ただしそれは、前述のごとく『後漢書』を絶對視する劉昭の認識からして八志注ほどには詳細でないとする推測がなされることを一言しておきたい。

さてこのように見てくると、劉昭注には異聞・異事の集錄を重んずる江南の注釋學の傳統が色濃く反映されてはいるが、[37]その特徵の一つとされる奇を衒い自己の該博を誇示する內容はほとんど見られぬことに注意しなければならない。ここではその史料收集に見られる眞摯・着實な姿勢こそが劉昭注の綱要であり、その注釋學の本質を示すと考えられるが、これに加えて左の史料もまた注釋にあらわれた劉昭の謙抑的姿勢を示すものとして注目に値するものである。

(1)秦、蔡澤を封じて岡成君と爲す、未詳なり。（郡國志三劉昭注）

(2)臣昭案ずるに、前書は本と武陵と名づく。此の對《こたえ》の何れに據りて出るか知らざるなり。（郡國志四劉昭注）

(3)舊く陰密縣有り。未だ幷す所は詳らかならず。（郡國志五劉昭注）

(4)是れ何れの三月なるか不詳なり。（五行志六劉昭注）

すなわちこの「未詳」・「不詳」・「不知」とする語句は自己の能力的な限界を問われかねぬもので、奇を衒い該博を誇示することの對極に位置するものであるが、臆することなくそれを明記することもまた劉昭注の方針を示すものとして看過してはならぬものである。ただしそれに關して劉昭は「補志序」に「證辨に慙ずる有り」と記して注釋に足らざるところがあることを認め、みずからの能力不足に忸怩たる思いがあることを忘れてはならない(38)。

以上まとめると、①劉昭注は紀傳部と八志の各注が相互に補い合う構造で、その內容は補成『後漢書』の語句や事柄の解釋を中心としてその書をいかに讀み込むかに力點を置くものではなく、本文の補完とともに後漢時代の諸相をあらゆる角度から傳えんがために異聞・異事の集錄に徹するものであった。②その注釋の意圖は補志の目的と一致するもので、劉昭は補志によって後漢時代の第一級史料と認識する范曄『後漢書』を名實ともに正史として再生し、さらにその補成『後漢書』に自己の注釋を重ねることによって、後漢王朝史を綜述する當代隨一の歷史書であり、かつ一大史料集成ともいうべき『集注後漢』を完成させて後學に寄與することをめざした。③このように劉昭は注釋に史料を集中させてその散佚を防ぎ、永く後世に傳えることも意圖したが、時代的な隔絶によって決定的な資料が得られぬばあいや自己の非力によって確たる判斷が下せぬ事柄については、臆することなく「終未挺正」・「未詳」・「不知」などと明記して關連資料の捜求や列記に盡力し、その最終的な判斷は後生に委ねることに徹したが、そのような劉昭の取組み方は『集注後漢』の全篇に込めた劉昭の注釋觀を體現するもので、そこに顯在する眞摯・着實な姿勢は劉昭注の根幹をなすものにほかならない。劉昭が補志と注釋とに込めた意圖はまさにここにあるのである。なお、これに加えて第二章で明らかにしたごとく、劉昭注が用いた史料には梁の武帝朝の祕閣所藏になる圖籍がふくまれると推定されることから、當代の最高水準にあったと考えられることも一言しておく(39)。

最後に、諸家後漢書類の一册としての范曄『後漢書』に附言するならば、その書は劉昭の補志と注釋とを受けてその史料的價値が倍舊し、今日にまで傳わる命運を得たのではなかろうか。當然ながらそれには劉昭が絕贊した『後漢書』自體の優れた內容も理由となり得ようが、それだけではその書と同樣に高い評價を得ていた華嶠『漢後書』や司馬彪『續漢書』[40]などをふくむすべての正史後漢書類が散佚し、范曄『後漢書』のみが現存することへの十分な說明にはならないであろう。もちろん諸家後漢書類の散佚には戰亂や王朝の滅亡などが關與する例も少なくないのであるが、范曄『後漢書』に限定すると、この書が散佚を免れて今日に傳わる決定的な理由は、以上縷述してきた劉昭の補志と注釋とにあることは間違いないところであろう。[41] このように見てくると、現在ではその大部分を占めた紀傳注は散佚して八志注のみが殘存する狀態ではあるが、後漢時代を綜述する唯一の正史として八志を具備する范曄『後漢書』が通行する事實は、補志と注釋とに込めた劉昭の意圖が完遂されたことを物語るものにほかならない。

さて、補志と注釋とに込めた劉昭の意圖が明らかになったところで、前掲の劉知幾による劉昭注批判について一言したい。はじめに注意しなければならないのは、劉知幾は劉昭注を言うのみで補志には言及していないことである。當然ながら、この一點のみで劉昭がなした八志補成の事實を知らなかったと斷定することには無理があり、その歷史書に對する該博な知識から推測すると、認知していたと考える方が自然であろう。しかし、さきの皮相な批判を見るかぎりにおいて、劉知幾は、劉昭注と補志とが同軸上に作成されている事實とそこに込められた劉昭の意圖を深く檢討することなく論じたと思わざるを得ない。すなわちそこには何ゆえ異聞・異事の收錄に執着せねばならなかったかという劉昭の內奧にせまる視點が缺落しているのである。

(iv)『續漢書』劉昭注の存在

最後に、『續漢書』劉昭注の存在について考察する。さきに私は、『集注後漢』劉昭注は劉昭によって新たに補成『後漢書』中に書き込まれたことを明らかにし、またその八志注において書名を明記せずに紀傳名のみで引用する記事はいずれも范曄『後漢書』のものと考えられることを述べた。したがってこの二點から、『集注後漢』の八志注は『續漢書』劉昭注なるものが存在すると假定して、その八志部分の注釋だけを斷裁してそのまま補成『後漢書』に附綴したものではないことが明らかである。だがはたして、『集注後漢』劉昭注とは別個に『續漢書』紀傳部と八志とを通貫する劉昭の注釋が作られたのであろうか。これについて私は以下のように考える。①「隋志」やそれにつづく歴代正史の經籍（藝文）志や私撰の圖書目錄など[42]に『續漢書』劉昭注の存在を示唆するものは皆無である。②さきに確認したように、劉知幾『史通』は歴代正史や諸氏の注釋を詳細に考察し、なかんづく『集注後漢』劉昭注については嚴しい評價を下している。よってもし『續漢書』劉昭注が存在するならば當然それに言及したと思われるが、その事例は皆無である。③同様に、劉昭は范曄『後漢書』を諸家後漢書類に冠絶すると評價し、その志部の全缺を惜しんで八志を補い、注釋を施すと明言している。この言葉にしたがえば、みずから『後漢書』よりも劣ると判斷した『續漢書』紀傳部にあえて注釋を施す必要を認めたであろうか。ここで劉昭注の內容とそこに込められた劉昭の意圖を顧みると、それは當該書の字句を解釋していかに讀み込むかを導くものではなく、異聞・異事の收錄に徹して本文を補完し、最終的に本文と注釋からなる後漢時代を綜述する當代隨一の史料集成を作成することにあった。この點からすれば、『後漢書』と『續漢書』のうちで內容が優ると判斷した一方の書に注釋を施して史料を集中させれば事足りるのであって、同時代を對象とする二つの歴史書に同様の史料を並列させる意義は見出しがたいとしなければならない。このように見てくると、劉昭は補志をなした『後漢書』に注釋を挾入して『集注後漢』を完成させることに全力を傾注したと考えるのが妥當であろう。以上の諸點は間接的ながら『續漢書』を對象とする劉昭注は作成されなかったことを示すものと考えられる[43]。

むすび

以上の論考を通じて、劉昭が范曄『後漢書』紀傳部に司馬彪『續漢書』八志を補成し、その全巻にわたって注釋を挾入して作成した『集注後漢』とその劉昭注の内容がほぼ明らかになったと思われる。その要點をまとめると左のごとくなる。

（1）劉昭は、紙を用いて紀傳部および八志の各本文を新たに大字で筆寫し、その本文中の必要箇所に細字（小字）で注釋を書き入れて『集注後漢』を作成した。

（2）『集注後漢』は巻子本の形態をとると推定され、その篇次は帝后紀・列傳・八志の順であったと考えられる。

（3）『集注後漢』における紀傳部と八志はもともと別個の書籍であったが、この書中では對等の篇部として一書を構成した。すなわち劉昭によって補成された八志は『後漢書』に吸收されてその一篇を構成し、もとの『續漢書』紀傳部とは完全に別個の書籍と認識された。

（4）『集注後漢』の總巻數は、その撰述過程において紀傳部と八志の本文中に大量の注釋を挾入したため元來は八巻ほどであった八志を三十巻に、同じく九十巻ほどであった紀傳部を百五十巻近くにまで增巻し、この二部に「補志序」等の巻數を加えて百八十巻にしたと考えられる。よって總巻數を百三十巻と考える王鳴盛およびそれに依據する中華書局標點本『南史』の校勘は誤りとしなければならない。

（5）『集注後漢』劉昭注は、大字の本文一行に對して、細字（小字）の注記を雙行の割合で記すいわゆる割注の形式をとるものと推定され、本文とは別個に注釋のみを收錄する單注本の形態ではなかった。

（6）　劉昭注は、紀傳部分を對象とする紀傳注と八志部分を對象とする八志注とに二分されるが、現在、劉昭注の大部分を占めたと考えられる前者は完全に佚亡し、その一部分であった後者のみが殘存する狀態である。

（7）　紀傳注と八志注とは注釋の內容に粗密の差があり、前者に比べて後者はかなり詳密な注釋が施されたと考えられる。またこの二部の注釋は個々に獨立したものではなく、內容によって相互に補完し合う構造であった。

（8）　劉昭注の內容は語句や事柄の解釋を中心にして、本文をいかに讀み込むかに力點を置くものではなく、本文の異聞・異事の集錄に徹してその補完をめざすものであった。

（9）　劉昭注には江南の注釋學の傳統が反映されているが、その特徵の一つとされる自己の該博を誇示する例は少ない。すなわち劉昭は時代的な隔たりや自己の能力不足によって結論が下せぬ事柄には異說の收集に專心し、その判斷は後學に委ねることに徹している。この着實な姿勢はまさに劉昭注の本質であり、劉昭の注釋觀を示すものと考えられる。

（10）　劉昭注の作成意圖は補志のそれと一致する。劉昭は補志によって范曄『後漢書』を當代隨一の正史として再生し、さらにその補成『後漢書』にみずからの注釋を重ねることによって後漢王朝史を綜述する當代隨一の歷史書かつ一大史料集成とも稱すべき『集注後漢』を完成させて、史料の散佚を防ぐとともに後世に寄與することをめざした。

（11）　『續漢書』を對象とする劉昭の注釋は作成されなかったと推定される。

以上、明らかにした劉昭の補志と注釋とは後世に大きな影響をあたえたと言えよう。しかし歷朝を通じて、その功績が正しく語られることはほとんどなかったのである。それはいかなる理由によるのか。その問題を究明するためには、唐代における『集注後漢』の評價、なかんづく劉昭注と章懷太子李賢注との關係を確認することが必要になると考えられる。それについては第二部において論ずることにしたい。

注

（1）諸家後漢書類については、鄭鶴聲「各家後漢書綜述」（『史學與地學』第一期、中國史地學會、一九二六年）、齋藤實郎「東觀漢記・七家後漢書・後漢書の史料問題」（『中國正史の基礎的研究』所載、早稲田大學文學部東洋史研究室編、一九八四年）、周天游『八家後漢書輯注』（上海古籍出版社、一九八六年）、吳樹平『東觀漢記校注』（中州古籍出版社、一九八七年）などを參照。

（2）『後漢書』十志については、吉川忠夫「范曄と劉知幾」（『東海史學』第四號、一九六七年。のちに同氏『六朝精神史研究』所收、同朋舍出版、一九八四年）。吳樹平「范曄『後漢書』的志」（同氏『秦漢文獻研究』所收、齊魯書社、一九八八年）を參照。

（3）それを詳述するものに、惠棟「後漢書補注序」、王鳴盛『十七史商榷』巻二九「范氏後漢書用司馬彪志補」、趙翼『陔余叢考』巻五「後漢書」、錢大昕『十駕齋養新錄』巻六「司馬彪續漢書志附范史以傳」、成瓘『蒻園日札』巻五「范蔚宗司馬彪後漢書」、施之勉「續漢書集解補第一巻志」（同氏『後漢書集解補』第四册所收、中國文化大學出版部、一九八四年）および勝村哲也「目錄學」（『アジア歷史研究入門』第三巻所載、同朋舍出版、一九八三年）などがある。

（4）司馬彪と『續漢書』に關しては、B.J.Mansvelt Beck、“The Treatises of Later Han”（Sinica Leidensia, Vol.21, 1990）、渡邉義浩「司馬彪の修史」（『大東文化大學漢學會誌』第四五號、二〇〇六年）を參照。

（5）以下、八志とその注釋を引用するばあいは『續漢書』はもとより、とくに『集注後漢』における各篇の巻數が不明であるため篇名のみを記すこととする。

（6）左のように前四史の各注にも①と②の原則が遵守されていることが確認される。

［1］『史記』三注の例

集解　①皇覽曰、黃帝冢在上郡橋山。（巻一五帝本紀集解）

集解　②封禪書曰、南伐至于召陵登熊山。（同右）

索隱　①案國語云、少典娶有嶠氏女、生黃帝、炎帝。（巻一五帝本紀索隱）

索隱　②案秦本紀云、顓頊氏之裔孫曰女脩、呑玄鳥之卵而生大業、大業娶少典氏而生柏翳。（同右）

正義　①漢書百官表云、王莽改太常曰秩宗。（巻一五帝本紀正義）

正義　②封禪書云、鬼臾區號大鴻、黃帝大臣也。死葬雍、故鴻冢是。（同右）

［2］『漢書』顏師古注の例

師古曰、①史記樂書曰、紂爲朝歌北鄙之音。（巻一高帝紀顏師古注）

師古曰、②又叔孫通傳云、二年漢王從五諸侯入彭城。（同右）

［3］『後漢書』李賢注の例

臣賢案、①東觀記、續漢書並無右字、此加右誤也。（巻一光武帝紀李賢注）

臣賢案、②陳敬王傳云、國相師遷。（巻八靈帝紀李賢注）

［4］『三國志』裴松之注の例

臣松之案、①司馬彪序傳、建公不爲右丞、疑此不然。（『三國志』巻一武帝紀裴松之注）

臣松之、　②（中略）、按鍾繇傳云、公與紹相持、繇爲司隸、送馬二千餘匹以給軍。（同右）

（7）沈家本『續漢書八志補注所引書目』は、その序文に八志注の引用書籍について「經部六十六家、史部一百一十二家、子部四十二家、集部二十二家共二百四十二家」と記すが、小論の統計は少しくそれを上回る。

（8）禮儀志下劉昭注に「續漢書曰、明帝崩、司徒鮑昱典喪事、葬日、三公入安梓宮、還至羨道半、逢上欲下、昱前叩頭言、禮、天子鴻洞以贈、所以重郊廟也。陛下奈何冒危險、不以義割哀。上卽還」とあり、五行志一劉昭注に「續漢書曰、建武二年、尹敏上疏曰、六沴作見、若是供御、帝用不差、神則大喜、五福乃降、用章于下。若不供御、六罰既侵、六極其下。明供御則天報之福、不供御則禍災至。欲尊六事之禮、則貌言視聽思心之用、合六事之揆以致乎太平、而消除轗軻孽害也」とある。その内容から判斷するといずれも『續漢書』紀傳部の一文とするのが妥當であろう。

（9）祭祀志中劉昭注に「晉武帝初、司馬紹統表駮之曰」として以下六宗に關する長文の解說を記す。

（10）當然ながら劉昭は、このような認識によってなされた補志の事實を明示する義務を認識したと考えられる。私はそれがゆえに「補志序」が著述されて『集注後漢』に附綴されたと推測するが、後世何らかの事情で「補志序」と紀傳部や八志が別行する事態が生じると、各本文および劉昭注の內容のみでは補志の事實を認識することに困難が生じるはずである。後世、八志を范曄撰や劉昭撰と誤る一因はここにあると考えられる。何焯『義門讀書記』巻二五後漢書志は「八志司馬紹統之作。本漢末諸儒所傳而述于晉初。劉昭注補別有總敍。緣諸本或失刊劉敍。故孫北海藤陰劄記亦誤出蔚宗志律歷之文」として、その誤認の例を指摘する。これについては本書第五章・第八章および小林岳「唐宋における『後漢書』の合綴と合刻について――李賢『後漢書注』に劉昭『集注後漢』八志を補うこと――」（榎本淳一編『古代中國・日本における學術と支配』所載、同成社、二〇一三年）を參照されたい。なお「補志序」の英文抄譯はベック氏の「Liu Zhao on Later Han Treatises」（ベック氏前掲書五〇〜五二ページ）に見える。またその全文の譯注は第五章を參照。

（11）『後漢書』の撰修年代は、吳樹平「范曄『後漢書』的撰修年代」（同氏前掲書注（2）所收）によると、宋文帝の元嘉一六年（四三九）ごろにはほぼその主要部分が完成したとする。また『史通』のそれは西脇常記「解說」（同氏譯註『史通內篇』所收、東海大學出版會、一九八九年）によると、唐の景龍四年（七一〇）に完成し、さらにその後も改篇が續けられたとする。よって兩書の完成年次は二百七十年あまり隔たることになる。なおこの編次篇の解釋は、增井經夫譯『史通』（平凡社、一九六六年）五七頁および西脇氏同右書三六〇頁の注に依據するものである。ただし浦起龍『史通通釋』は劉知幾のこの一文を「陳氏書錄解題謂范曄後漢志、借舊志注補之、其後紀傳孤行。（中略）、今觀蔚宗釐革之語、知唐時舊本尙自合行、但付置紀傳後耳、不知何時析去。再觀外篇古今正史篇云、曄十志未成而死。則此云蔚宗釐革者、祇就現行范本指其位置如此、勿泥作范自手定也」と解釋する。すなわち劉知幾が「蔚宗釐革」と記したのは、その所見の『後漢書』が本紀・列傳・志の篇次であったというだけで、それを范曄の手定と見るべきではないと解釋するのである。この說にしたがうならば、『集注後漢』の篇次を帝后紀・八志・列傳とした後掲の注（12）に記した私の舊說も成立する可能性が見出されるが、それには本論に記したように、劉知幾の說を否定する確實な證據を示さねばならず、清の浦起龍のこの言說だけではやはり根據が薄弱であるとしなければならない。なお右の浦說でもう一つ問題となるのは、劉知幾所見の『後漢書』の本紀・列傳・志という篇次が范曄の手定でないとするならば、唐代以前に『後漢書』の篇次に關與した人物として劉昭が浮上してくることである。それについて私は以下のように考える。すなわち本論で縷述したごとく、『後漢書』の再生を希求する劉昭の立場からすれば范曄の篇次を改めることはありえないことを強調するとともに、假に劉昭が篇次を改めたとすれば必ずや劉知幾が指摘したであろうことを一言しておきたい。よって右の浦起龍の見解に附言するならば、その說にしたがうばあいは劉知幾所見の『後漢書』は劉昭以降の人物が新たに篇次したものと考えるべきである。

(12) 舊稿「劉昭の『後漢書』補志について――『後漢書』補成考――」(『研究年誌』第三八號、早稲田大學高等學院、一九九四年)において私は、①『史通』外篇巻一二古今正史篇に「范曄、(中略)、作後漢書、凡十紀、十志、八十列傳、合爲百篇」とする『後漢書』の篇目および②紀・書(志)・傳と配する『史記』・『漢書』の前例に倣うことの二點から劉昭は帝后紀・八志・列傳のごとく篇次したと考えたが、本章において帝后紀・列傳・八志の順次に配列したと改めた。

(13) 『隋書』經籍志とその成書過程については、興膳宏・川合康三『隋書經籍志詳攷』(汲古書院、一九九五年)を參照。

(14) ここでは王先謙「後漢書集解述略」の「篇各爲巻計之」にしたがって「篇」と「巻」は同義と考える。

(15) 『後漢書序例』については、吉川忠夫前掲論文注(2)に詳しい。なおこれ以外の范曄撰になる『後漢書』關連書には『後漢書紀傳例』などが知られている。その詳細については、吳樹平「范曄『後漢書』的『紀傳例』」(同氏前掲書注(2)所收)を參照。

(16) 『日本國見在書目錄』正史家に「後漢書百卅巻。范曄本唐臣賢太子。但志卅巻、梁剡令劉昭注補」とあり、唐より將來したこの『後漢書』は章懷太子李賢注後漢書百巻と劉昭注補『續漢書』八志三十巻よりなるもので、北宋時代におこなわれた『後漢書』紀傳部と『續漢書』八志の合刻より以前にかかる構成の本が通行していた證左となるものである。この李賢注紀傳部と劉昭注八志部を併せた『後漢書』については本書第八章で詳述する。なお小川琢治「李唐本後漢書の考察」(『桑原博士還暦記念東洋史論叢』所載、弘文堂、一九三一年)および矢島玄亮『日本國見在書目錄――集證と研究――』(汲古書院、一九八四年)を參照。

(17) 『新唐書』藝文志に「劉熙注范曄後漢書一百二十二巻」とあり、章宗源『隋書經籍志考證』は「新唐志有劉熙注蔚宗書一百二十二巻。熙乃昭字之訛」と考える。假にこの考證にしたがうと、前掲の「劉昭補注後漢書五十八巻」とあわせて劉昭の『後漢書』紀傳部注と『續漢書』八志注の合計は百八十巻となって『集注後漢』の巻數と一致することから『集注後漢』の紀傳部注が唐代後期以降にも殘存したこと示す證左になると考えられよう。ただし劉昭の紀傳部注は、章懷太子李賢の紀傳部注の完成によってほどなく散逸したと考えられることから「一百二十二巻」という大部のまま殘存したとは考えがたい。これについては本書第八章を參照。なお吉川忠夫氏は劉熙なる人物について知られるところは皆無であるとする。同氏「『後漢書』解題」（同氏訓注『後漢書』第一册本紀一所收、岩波書店、二〇〇一年）。

(18)　このように「隋志」以下の三志が傳える『後漢書』の巻數が相違することについて、王先謙「後漢書集解述略」は一巻の篇章を數巻に分ける子巻の作成に理由を求める。傾聽すべき指摘であるが、小論は論述のごとく『後漢書』の關連書が附せられたものもあると解釋する。

(19)　列傳部で子巻に分けるものは巻二八桓譚馮衍傳、巻三〇蘇竟楊厚郎襄楷傳、巻四〇班彪班固傳、巻六〇馬融蔡邕傳、巻七四袁紹劉表傳、巻七九儒林傳、巻八〇文苑傳、巻八二方術傳の各巻である。

(20)　宋版『後漢書』については、尾崎康「正史宋元版書誌解題三後漢書」（同氏『正史宋元版の研究』二七一～三一一頁所收、汲古書院、一九八九年）に詳述されている。

(21)　ここでは概數を用いているが、紀傳部と八志の本文および注釋の字數は百衲本のものである。

(22)　書籍の書寫材料とその形態については、藤枝晃『文字の文化史』（岩波書店、一九七一年）、錢存訓『中國古代書籍史――竹帛に書す――』（宇都木章他譯、法政大學出版局、一九八〇年）、劉國鈞・鄭如斯『中國書物物語』（松見弘道譯、創林社、一九八三年）などを參照。

(23)　標點本『南史』文學傳の校勘記は「集注後漢一百三十卷。（中略）、按今本范曄後漢書一百卷、益以司馬彪續漢志三十卷、凡一百三十卷。一百三十卷各本作一百八十卷、王鳴盛十七史商権二九訂其誤、今從改」と記す。

(24)　天文志下の注釋は全缺し、五行志四の注釋は永康元年五月丙午の條に「工玄反」とする三字のみ殘存する。

(25)　六種の『論語鄭氏注』鈔本とは唐景龍四年卜天壽本、敦煌本四種（スタイン文書三三三九號・スタイン文書六一二一號・ペリオ文書二五一〇號・書道博物館藏）、トルファン本（龍谷大學藏）をさす。その各本の寫眞版は金谷治編『唐抄本鄭氏注論語集成』（平凡社、一九七八年）に収められている。

(26) 本書第二章において私は、『集注後漢』の完成時を梁の武帝天監年間（五〇二～五一九）の末年ころと推定した。『史通』のそれは、前掲注（11）の西脇氏の「解説」によると、唐の景龍四年（七一〇）に完成し、さらにその後も改篇がつづけられたとする。したがって兩書の完成は百九十年あまり隔たることになる。

(27) 裴松之の『三國志注』については、崔凡芝著・小林岳譯「裴松之『三國志』注の史學的意義について」（『研究年誌』第四〇號、早稲田大學高等學院、一九九六年）、張孟倫著・小林岳譯「裴松之の『三國注志』」（同第四一號、一九九七年）、楊翼驤著・小林岳譯「裴松之と『三國志注』」（同第四二號、一九九八年）、李曉明著・小林岳譯「裴松之の史學初論」（同第四三號、一九九九年）、崔曙庭著・小林岳譯「『三國志』本文と裴松之注の字數比——本文は注文より確實に多いことについて——」（同第四四號、二〇〇〇年）、張子俠著・小林岳譯「『三國志』裴松之注研究三題」（同第四五號、二〇〇一年）を參照。

(28) 陸澄の『漢書注』については、吉川忠夫後掲論文注（31）に詳しい。

(29) 劉彤は、「劉昭傳」に「（劉）昭伯父　集衆家晉書注干寶晉紀爲四十卷」とあり、伯父として劉昭の注釋學に多大なる影響をあたえた人物と推定される。詳細は本書第一章を參照。

(30) 劉孝標『世說新語注』については、李穎科著・小林岳譯「『世說新語注』試論」（『研究年誌』第三九號、早稲田大學高等學院、一九九五年）を參照。

(31) 顏師古の『漢書注』については、吉川忠夫「顏師古の『漢書』注」（『東方學報』京都第五一冊、一九七九年、のちに同氏前掲書注（2）所收）を參照。吉川氏によると顏師古注は貞觀十五年（六四一）に完成してより漢書注の最高權威としての地位を確立したとする。なお西脇常記「劉知幾——史評者の立場——」（『人文』第三〇集、京都大學教養部、一九八四年。のちに同氏『唐代の思想と文化』所收、創文社、二〇〇〇年）は、景龍四年（七一〇）に完成した『史通』は顏師古の名を伏せるものの、その史識や意見をそのまま活用している箇所が多いことを指摘する。

(32) 劉昭が「補志序」において八志の疎漏を指摘することは本書第三章を參照。

(33) 「隋志」に「漢官典職儀式選用二卷、漢衞尉蔡質撰」とあることから、「立宋皇后儀」はこの書の一部と考えられる。

(34) 現行の『風俗通義』にこの一文はなく、王利器『風俗通義校注』（中華書局、一九八一年）は佚文としてこれを收錄する。

(35) たとえば郡國志四注に「漢官云、刺史治、去雒陽千三百里、與志不同」、百官志三注に「荀綽晉百官表注曰、漢制、太官令秩千石。丞四人、秩四百石。不與志同」、輿服志上注に「胡廣曰、鑾旗、以銅作鸞鳥車衡上。與本志不同」とある。

(36) ただし當然ながら、「世本云、奚仲始作車。古史考曰、黃帝作車、引重致遠、其後少昊時駕牛、禹時奚仲駕馬。臣昭案、服牛乘馬、以利天下。其所起遠矣、豈奚仲爲始。世本之誤。史考所說是也」（輿服志上劉昭注）とあるごとく、劉昭が先學の是非を判斷する事例も確認される。

(37) 江南の注釋學については、吉川忠夫前揭論文注（31）を參照。

(38) 本書第五章を參照。

(39) 本書第二章第二節を參照。

(40) 南北朝期から唐初にかけて華嶠『漢後書』・司馬彪『續漢書』を高く評價するものとして、たとえば劉勰は『文心雕龍』卷四史傳篇に「至於後漢紀傳、發源東觀。袁張所製、偏駁不倫。薛謝之作、疎謬少信。若司馬彪之詳實、華之準當、則其冠也」と記し、劉知幾は『史通』外篇卷一二古今正史篇に「華嶠刪定東觀記爲漢後書、（中略）、自斯已往、作者相繼、爲編年者四族、創紀傳者五家、推其所長、華氏居最」と記す。また福井重雅氏は南北兩朝を通じて『續漢書』がひろく普及し尊重されたことを指摘する。同氏「南北朝成立三注所引各種『後漢書』類索引・補考」（『アジア史における年代記の研究』所載、早稻田大學東洋史研究室編、一九八六年。のちに同氏『陸賈『新語』の研究』所收、汲古書院、二〇〇二年）。

(41) 八志を具備する范曄『後漢書』が現行することについては、小論でとりあげた劉昭の補志と注釋とに加えて、北宋時代におこなわれた『後漢書』紀傳部と『續漢書』八志との合刻が重要な意味をもつことは言うまでもない。合刻については尾崎康前揭「解題」注（20）および小林岳前揭論文注（10）を參照。

(42) たとえば宋代までに限定すると、鄭樵『通志』・洪邁『容齋隨筆』・尤袤『遂初堂書目』・高似孫『史略』・晁公武『郡齋讀書志』・陳振孫『直齋書錄解題』・王應麟『玉海』・馬端臨『文獻通考』などが實見しうる。

(43) 洪頤煊『讀書叢錄』卷二二「劉昭志補注」に「昭注補志序云、乃借舊志、注以補之。分爲三十卷、以合范史。是昭未嘗注司馬

彪全書。惟取八志以合於范史」として、その理由や具體的方法には言及しないが、劉昭が司馬彪全書に附注しなかったことを指摘する。

第五章　劉昭「後漢書注補志序」の譯注および解説

はじめに

「後漢書注補志序」（以下「補志序」とも稱する）は、その成立時から志部を缺落させていた范曄『後漢書』に對して、梁の劉昭が司馬彪『續漢書』の八志を斷裁して補い、その補成『後漢書』の全篇にみずからの注釋を挾入して作成した『集注後漢』の自序にあたるものである。この序文は、文化や制度などの歴史を綜述するものとして創始された『史記』八書をついで『漢書』十志にいたり、さらに諸家後漢書類の志部につづく各志の變遷とその評價、また史漢の續成に範をとる『後漢書』補志の實體を詳述する極めて重要な史料であるが、駢儷文の常として故實や比喩を驅使するために、管見のかぎりでは、その來歴や寓意を明確になし得ぬ部分も存在する。以下、「補志序」の《原文》を三つの段落に分けて《訓讀》・《語釋》・《通釋》を通して分析し、最後に《解說》と題してこの一文に込められた劉昭の意圖を考察することにしたい。なおテキストは中華書局版『後漢書』に附綴されたものを用い、語釋および注は最小限におさめた。

《原　文》

後漢書注補志序

第一段落

臣昭曰、昔、司馬遷作史記、爰建八書。班固因廣、是曰十志。天人經緯、帝政紘維、區分源奧、開廓著述、創藏山之祕寶、肇刊石之遐貫。誠有繁於春秋、亦自敏於改作。

至乎永平、執簡東觀、紀傳雖顯、書志未聞。推檢舊記、先有地理。張衡欲存炳發、未有成功。靈憲精遠、天文已煥。自蔡邕大弘鳴條、寔多紹宣。協妙元卓、律曆以詳。承洽伯始、禮儀克舉、郊廟社稷、祭祀該明、輪騑冠章、車服贍列。於是應譙纘其業、董巴襲其軌。

司馬續書、摠爲八志。律曆之篇、仍乎洪邕所構、車服之本、卽依董蔡所立。儀祀得於往制、百官就乎故簿。並籍據前修、以濟一家者也。王教之要、國典之源、粲然略備、可得而知矣。既接繼班書、通其流貫、體裁淵深、雖難踰等、序致膚約、有傷懸越、後之名史、弗能罷意。

叔駿之書、是爲十典。矜緩殺青、竟亦不成。二子平業、俱稱麗富、華轍亂亡、典則偕泯。雅言邃義、於是俱絕。沈松因循、尤解功創、時改見句、非更搜求。加藝文以矯前棄、流書品採自近錄。初平永嘉圖籍焚喪、塵消煙滅、焉識其限。借南晉之新虛、爲東漢之故實。是以學者亦無取焉。

第二段落

范曄後漢、良誠跨衆氏、序或未周、志遂全闕。國史鴻曠、須寄勤閑、天才富博、猶俟改具。若草昧厥始、無相憑據、窮其身世、少能已畢。遷有承考之言、固深資父之力。太初以前、班用馬史、十志所因、實多往制。升入校部、出二十載、續志昭表、以助其閒。成父述者、夫何易哉。

況曄思雜風塵、心橈成毀。弗克員就、豈以茲乎。夫辭潤婉贍、可得起改、覈求見事、必應寫襲。故序例所論、備精與奪。及語八志、頗褒其美、雖出拔前羣、歸相沿也。又尋本書、當作禮樂志、其天文、五行、百官、車服。爲名則同。此外諸篇、不著紀傳、律曆、郡國、必依往式。曄遺書自序、應徧作諸志、前漢有者、悉欲備製。卷中發論、以正得失。書雖未明、其大旨也。曾臺雲構、所缺過乎榱桷、爲山霞高、不終踰乎一簣。鬱絕斯作。吁可痛哉。

第三段落

徒懷纘緝、理慙鉤遠、迺借舊志、注以補之。狹見寡陋、匪同博遠、及其所值、微得論列。分爲三十卷、以合范史。求於齊工、孰曰文類。比茲闕恨。庶賢乎已。

昔、褚生補子長之削少、馬氏接孟堅之不畢。相成之義、古有之矣。引彼先志、又何猜焉。而歲代逾邈、立言湮散、義存廣求、一隅未覿。箝鍾律之妙、素揖校讎、參曆筭之微、有慙證辨。星候祕阻、圖緯藏嚴、是須甄明。每用疑略、時或有見、頗邀傍遇。非覽正部、事乖詳密。今、令行禁止、此書外絕、其有疎漏、諒不足誚。

《訓　讀》

後漢書注補志の序

第一段落

臣昭曰く、昔、司馬選史記を作り、爰《ここ》に八志を建つ。班固因りて廣め、是れを十志と曰う。天人の經緯と、帝政の紘維との、源奧を區分し、著述を開廓して、藏山の祕寶を創り、刋石の遐貫を肇む。誠に春秋より繁なること有りて、亦た自らも改作に敏《つと》む。

永平に至りて、簡を東觀に執り、紀傳顯ると雖も、書志は未だ聞せず。舊記を推檢するに、先ず地理有り。張衡、炳《へい》發を存《すす》めんと欲するも、未だ成功有らず。靈憲は精遠にして、天文已に煥《あきら》かなり。蔡邕の大いに鳴條を弘めてより、寔《まこと》に紹宣すること多し。妙を元卓と協《あわ》せ、律曆以て詳かなり。洽を伯始に承けて、禮儀克《よ》く擧がり、郊廟、社稷は、祭祀に該明にして、輪騑、冠章は、車服に贍《せん》列す。是に於いて應と譙、其の業を纉《つ》ぎ、董巴、其の軌を襲う。司馬の續書は、揔《すべ》て八志を爲す。律曆の篇は、洪と邕の構する所に仍り、車服の本は、卽ち董と蔡の立つる所に依る。儀と祀は往制に得、百官は故簿に就く。並びに前修に籍據して、以て一家を濟《な》す者なり。王教の要、國典の源、粲然として略備すること、得て知るべし。既に班書に接繼し、其の流貫に通じて、體裁は淵深なるも、雖《ただ》等を踰えるは難く、序致は膚約にして、縣越に傷む有れば、後《のち》の史と名づくるは、意を罷む能わず。

叔駿の書は、是れを十典と爲す。殺青に矜緩して、竟に亦た成らず。二子、業を平げ、倶に麗富を稱《たた》えらるるも、華の轍は亂に亡び、典も則ち偕に泯《ほろ》ぶ。雅言、邃義、是に於いて倶に絕す。

沈と松は因循にして、尤も功創を解《おこた》り、時に見《げん》句を改むるのみにして、更には捜求するに非ず。藝文を加えて以て前棄を矯《ただ》すも、書品を流《もと》むるに近錄より採るのみ。初平、永嘉に圖籍焚喪し、塵消、煙滅すれば、焉くんぞ其の限を識《みと》めん。南晉の新虚に借りて、東漢の故實と爲すのみ。是を以て學者亦た焉《これ》を取ること無し。

第二段落

范曄の後漢は、良誠なること衆氏に跨するも、序は未周なること或りて、志は遂に全闕す。國史は鴻曠なれば、須く勤閑に寄せて、天才の富博もて、猶お改具を俟つべし。若し草昧より厥始して、相い憑據するところ無くんば、其の身を世に窮むるも、能く已に畢ること少なし。遷は考の言を承くること有りて、固もまた父の力に資すること深し。太初以前は、班、馬史を用い、十志の因る所は、實《まこと》に往制多し。校部に升入すること、二十載を出で、續が志を昭が表を、以て其の閒を助く。父の述を成すことだに、夫れ何ぞ易からんや。

況んや曄は思いを風塵に雜え、心を成毀に橈《みだ》す。員就を克《な》さざるは、豈《そ》れ茲を以てなり。夫の辭は潤婉にして贍《せん》なれば、得て起改すべく、覈《かく》求して事を見るも、必ず應に寫襲すべきのみ。故に序例の論ずる所に、精を與奪に備う、と。八志を語るに及び、頗る其の美を褒め、雖《こ》れ前羣より出拔すれば、歸して相い沿わん、と。又た本書を尋ぬるに、當に禮樂志、其れ天文、五行、百官、車服を作るべし。名を爲すこと則ち同じ。此の外の諸篇は、紀傳に著さざるも、律曆、郡國は、必ずや往式に依るべし。曄、遺書に自ら序ずるに、應に徧く諸志を作らんとして、前漢に有る者は、悉く備製せんと欲す。巻中に論を發し、以て得失を正さん、と。書は未だ明ならずと雖も、其れ大旨なり。曾臺、雲構も、榱桷に缺過する所あれば、山の霞高たるを爲《おも》えども、終に一壜を踰えず。斯の作の絶するを鬱《うら》む。吁《ああ》痛むべき哉。

第三段落

徒《た》だ纉緝《さんしゅう》を懐《おも》い、理は鉤遠を慙ずるも、迺ち舊志を借り、注して以て之《これ》を補う。狹見寡陋にして、博遠に同じに匪《あら》ざるも、其の値《あ》う所に及べば、微《わず》かに論列するを得ん。分かちて三十巻と爲し、以て范史に合す。齊工を求むれば、孰れも文類すと曰わん。茲れに比《よ》りて恨みを闕く。賢を庶《こいねが》うのみ。

昔、褚生は子長の削少せらるるを補い、馬氏は孟堅の畢らざるを接ぐ。相い成すの義、古に之有り。彼の先志を引くこと、また何をか焉を猜《うたが》わんや。而して歳は代わるごとに逾《ます》ます邈《とお》く、立言は湮散して、義の存するを廣く求むるも、一隅だに未だ覿《しめ》されず。鍾律の妙を兼ねんとして、素より校讎を揖《すす》め、暦筭《さん》の微を參せんとして、證辨に慙ずる有り。星候の祕阻、圖緯の藏嚴も、是れ須べからく甄明すべし。每《つね》に疑略を用い、時に或いは見るべきこと有れば、頗る傍遇に邀《むか》う。正部を覽るに非ざれば、事は詳密より乖る。今、令行禁止なるも、此の書の外は絶すれば、其れ踈漏有るも、諒《まこと》に誚《そし》るに足らざるなり。

《語　釋》

①後漢書注補志序　『集注後漢』の自序。この一文において劉昭は司馬遷の『史記』八書から范曄の『後漢書』十志にいたる志部の系譜および志部を缺落させた『後漢書』に司馬彪の『續漢書』八志を補成する理由と、その具體的な方法について詳述する。これは後漢王朝の當代史として撰述された『漢記』の志部が魏晉および南朝において撰述された諸家後漢書類に繼承される情況および梁代における各志の評價などを傳えるものとして極めて重要である。[1]

②臣昭曰　この「稱臣」は、現行の八志劉昭注に散見するものと同じく、劉昭の起家後に『集注後漢』の撰述が完了し、梁の武帝に奉呈されたことを示す證左になると考えられる(2)。

③司馬選　前漢の歴史家。字は子長（前一四五?～前九三?）、太史令司馬談の子。『史記』巻一三〇太史公自序によると、父の遺囑によって太司令となり、またその著述をついで『史記』を完成させた(3)。

④史記　書名、司馬遷の撰。司馬遷によって創始された紀傳體によって記された通史。十二本紀、十表、八書、三十世家、七十列傳の一百三十巻で構成される。

⑤八書　『史記』の八書。禮書、樂書、律書、曆書、天官書、封禪書、河渠書、平準書をいう。なお『史記』巻二三禮書に附された司馬貞『索隱』に「書は、五經六籍の總名なり。此の八書は、國家の大禮を記す。班氏は之を志と謂う。志とは、記なり」とあり、また劉知幾は『史通』内篇巻四題目篇に「子長の史記は別に八書を創り、孟堅は既に漢を以て書と爲し、更に書の號を標す可からずして、書を改めて志と爲す、義は互文に在り」と記して「志」は「書」を改稱したもので同義とする。

⑥班固　後漢の歴史家。字は孟堅（後三二～後九二）、司徒掾班彪の子。『漢書』巻一〇〇敍例によると、父の遺志をついで十二帝紀、八表、十志、七十列傳からなる『漢書』一百巻を撰述した。西域都護班超は弟、未完であった『漢書』の八表を補成した班昭（曹大家）は妹にあたる(4)。

⑦十志　『漢書』十志。律曆志、禮樂志、刑法志、食貨志、郊祀志、天文志、五行志、地理志、溝洫志、藝文志をいう。

⑧天人經緯　天と人との相互の關係を治める常道、道理。

⑨帝政紘維　皇帝がおこなう理想的な政治の大綱。皇帝政治の道理をささえる大綱。

⑩藏山之祕寶　山に隱し納めた祕寶。ここでは『史記』太史公自序の「凡そ百三十篇、五十二萬六千五百字、太史公

書と爲す。序略は以て遺を拾い、藝を補い、一家の言を成す。厥《そ》れ六經の異傳を協《あわ》せ、百家の雜語を整齊す。之を名山に藏し、副は京師に在り、後世の聖人君子を俟つ」とする『史記』の故事を踏まえる。

⑪刋石之遐貫　石に文言を刻んで永遠のものとする。班固と「刋石」とをむすぶ例は永元元年（八九）に車騎將軍竇憲の北匈奴征伐に中護軍として從軍したおり、漢の威德を讃えて「燕然山銘」をつくり「乃ち遂に封山刋石して、上德を昭銘」した『後漢書』卷二三竇憲傳の例が知られる。しかしこれは銘文を刻すもので『漢書』に直結するものではない。管見のかぎりでは『漢書』を「刋石」した記事は見出せないが、ここでは靈帝の熹平四年（一七五）から光和六年（一八三）にかけて蔡邕らが四書五經の校定をおこない、それを石刻して洛陽の太學門外に設置したいわゆる「熹平石經」の故事を踏まえるものと考えられる。この表記は「藏山之祕寶」とする『史記』の對句となるものであるが、名著である『漢書』は石刻して永保すべしとする劉昭の認識を反映するものであろう。

⑫春秋　孔子が魯國の記錄を筆刪したとされる歷史書『春秋』をいう。

⑬永平　後漢の第二代皇帝である明帝の年號（五八～七五）。

⑭執簡東觀　洛陽城の南宮に建てられた史書編纂所である東觀において當代史である『漢記』が執筆されたこと。この書は明帝（在位五八～七五）が創修し、靈帝の熹平年間（一七二～一七八）に完成したとされる紀傳體の歷史書で、その撰者は班固・劉珍・張衡・蔡邕など前後數十人におよび、ほぼ後漢王朝一代を通してその編纂事業が繼續された。のちの諸家後漢書類の根本史料となるものであるが、當代史としての制約や長年にわたり衆手の編纂を經たことで史觀の不統一や文體に繁雜な部分が見られるとして、その評價には成立當初から毀貶が見られる。ただし、三國から六朝時代には『史記』、『漢書』とともに三史を構成したとされる。(5) なお、この書の成書過程と史料的價値については早くから注目されるところで、『隋書』卷三三經籍志二や『史通』外篇卷一二古今正史篇などに詳解されている。(6)

⑮先有地理　『史通』古今正史篇に「復た侍中の伏無忌と諫議大夫の黄景とに命じて諸王、王子、功臣、恩澤侯の表、南單于、西羌の傳、地理志を作らしむ」とあり、『漢記』志部中で最初に編纂された地理志は伏無忌と黄景の撰になることが確認される。

⑯張衡　後漢の學者、字は平子（七八～一三九）。『後漢書』卷五九張衡傳によると、賦を善くし天文數術に精通して「二京賦」・『靈憲』などを撰述した。また安帝の永初年間（一〇七～一一三）、東觀において張衡が『漢記』中の「漢家の禮儀」の撰定に參畫したことは、同傳に「永初中、謁者僕射の劉珍、校書郎の劉騊駼ら東觀に著作して、漢記を撰集し、因りて漢家の禮義を定む。上言して衡をして其の事に參論せしむるを請うも、會たま並びに卒す。而して衡常に歎息し、之を終成せんと欲す。侍中と爲るに及びて上疏し、事を東觀に專らにし、遺文を收撿し、力を畢《つ》くして補綴するを得んことを請う」とあるごとくである。

⑰靈憲精遠　宇宙の生成について說く張衡『靈憲』の內容が精緻で博遠であること。劉昭がこの書を絕贊することは、『續漢書』天文志上劉昭注に「臣昭以えらく、張衡の天文の妙は、一代に冠絕す。著す所の靈憲、渾儀は、略《ほ》ぼ辰燿の本を具えれば、今、寫載して以て其の理を備う。靈憲に曰く」と記して千三百六十餘字におよぶ本文を引用することからも確認できる。

⑱蔡邕　後漢の學者、字は伯喈（一三三～一九二）。『後漢書』卷六〇下蔡邕傳によると漢代の有職故實に通曉した文人として知られ、師の胡廣より受けついだ資料をもとに『漢記』の紀傳や十意および『獨斷』などを撰述した。なお十意の「意」は「志」と同義で桓帝の諱（志）を避けたものとされる。その題目は律曆意、禮意、樂意、郊祀意、天文意、五行意、郡國意、百官意、車服意、朝會意の各篇である。[7]

⑲鳴條　鳴條については、①郡國志一劉昭注に「帝王世記に曰く、縣西に鳴條陌有り。湯、桀を伐ち、昆吾亭に戰う、

と。左傳に昆吾、桀と日を同じくして亡ぶ、と」とあり、『後漢書』巻八三逸民傳李賢注に「帝王紀に曰く、孟子を案ずるに、桀は鳴條に卒す、乃ち東夷の地に在り、と。或いは言わく、陳留の平丘に今、鳴條亭有り、と。唯だ孔安國は尚書に注して云わく、鳴條は安邑の西に在り、と。三說の驗を考うるに、孔を之に近しと爲す」とあるごとく、殷の湯王が夏の桀王を敗死させた地名をいう。[8]また②桓譚『桓子新論』琴道篇に「秋風に鳴條すれば則ち心を傷ましむ」とあるごとく、風に鳴る枝の謂で傷心をあらわす。管見のかぎりでは、いずれのばあいも蔡邕と直結する事例は見出しがたく「蔡邕大弘鳴條」の故事・出典は不明であるが、ここでは『後漢書』蔡邕傳の「邕は前に東観に在りて、盧植、韓說らと與に後漢記を撰補せしも、會たま事に遭いて流離し、成ることを得るに及ばず。因りて上書して自ら陳べ、其の著す所の十意を奏し、首目を分別して連ねて章左に置く」とする一文およびその李賢注に引く『蔡邕別傳』に「會たま臣は罪を被りて邉野に放逐せらる。所懷の軀に隨いて朽腐し、恨みを黃泉に抱き、遂に設け施されざらんことを恐る。謹みて顚踣《てんぼく》に先だちて、諸志を科條す」を參照して②をとり、朔方郡に流された蔡邕が未完のまま十意がおわることに怨恐、傷心し、恩赦を得て續成に從事することを歎願したと解釋する。[9]

⑳元卓　後漢の學者劉洪（生沒年不明）の字。天文數術に詳しく、『七曜術』・『乾象術』を著す。『續漢書』律曆志中劉昭注に「袁山松書に曰く、劉洪字は元卓、泰山蒙陰の人なり。（中略）、洪、筭を善くし、當世に偶《なら》ぶもの無し。七曜術を作る。東観に在るに及びて、蔡邕と共に律曆記を述ぶ。天官を考驗して乾象術を造るに及ぶ。十餘年、日月を考驗し、象と相應じ、皆な世に傳わる」とあり、東觀において蔡邕とともに律曆の編纂に從事したことが知られる。

㉑伯始　後漢の學者・政治家胡廣（九一〜一七二）の字。『後漢書』巻四四胡廣傳によると、漢代の諸制度に精通した學者として、また安帝、順帝から桓帝、靈帝にいたる六帝に歷事し、三公の要職を歷任した後漢王朝後期における隨一の政治家として名高い。また『續漢書』律曆志下劉昭注に「蔡邕の戍邊上章に曰く、（中略）、臣の師事する所の故

の太傅胡廣は、臣の頗《いささ》か其の門戸を識るを知り、略ぼ有《たも》つ所の舊事を以て臣に與う。未だ備悉ならずと雖も、粗ぼ首尾を見る。思惟を積累すること二十餘年なり」とあり、また同禮義志上劉昭注に「謝沈書に曰く、太傅の胡廣舊儀を博綜し、漢制度を立つ。蔡邕依りて以て志を爲《つく》り、譙周後に改定し以て禮義志を爲る、と」とあることからすると、胡廣が漢代の「舊事・舊儀」を博綜した「漢制度」を弟子蔡邕が繼承して「十意」を執筆したこと、さらに譙周が改定して禮義志を撰述したことが確認できる。(10)

㉒郊廟社稷　郊は天地、廟は祖先、またそれらをまつる祭。社は土地の神、稷は五穀の神、またそれらをまつる祭。

㉓輪騑冠章　輪騑は乘輿、乘り物。冠章は冠冕や徽章、服飾をいう。

㉔應　應劭（生沒年不明）、後漢後期の學者。字は仲遠。『後漢書』巻四八應奉傳に「劭、字は仲遠。少きより學に篤く、博覽多聞。（中略）、又た漢書に集解し、皆な時に傳えらる」とある。靈帝、獻帝に仕えて黄巾の賊を擊破する戰功をあげ、のちに袁紹の軍謀校尉に任ぜられた。その著書に『漢官禮儀故事』・『漢官儀』・『風俗通義』・『集解漢書』などがある。

㉕譙　譙周（二〇一〜二七〇）、蜀漢の學者、字は允南。『三國志』巻四二譙周傳に「譙周、字は允南、巴西西充國の人なり。（中略）、凡そ著述する所は、法訓、五經論、古史考の屬、百餘篇を撰定す」とあり、六經・圖緯・天文などに通曉した人物として知られる。また蜀漢の後主に仕えて中散大夫・光祿大夫などを歴任し、魏の侵攻を受けると後主に「乞降請命」を進言した。のち魏に仕えて陽城亭侯に封ぜられた。『續漢書』天文志上劉昭注に「謝沈書に曰く、蔡邕は建武已後を撰し、星驗著明なれば、以て前志に續ぐ。譙周は其の下に接繼する者なり」とあることから、建武以後の星驗については蔡邕が著明して『漢書』天文志につなげ、また蔡邕以降の事例については譙周が接繼したことが確認できる。なお陳壽の師としても著名である。

㉖董巴　字および生沒年不明、三國魏の學者。『三國志』巻二文帝紀裴松之注引『獻帝傳』によると、魏の給事中および博士を歴任し、また曹丕の禪讓工作にも關與した。なお『續漢書』五行志一に「五行傳の說及び其の占應は、漢書五行志に之を錄すること詳らかなり。故に泰山太守應劭、給事中董巴、散騎常侍譙周、並びに建武以來の災異を撰す。今合して之を論じ、以て前志に續くと云う」とあり、應劭、董巴、譙周らによって建武以來の災異が編纂され、それが『續漢書』五行志に繼承されたことが知られる。その著書に『大漢輿服志』がある。

㉗司馬續書　司馬は司馬彪（二四〇頃〜三〇六頃）、西晉の歴史家。字は紹統。『晉書』巻八二司馬彪傳に「司馬彪、字は紹統、高陽王睦《ぼく》の長子なり。（中略）、彪乃ち衆書を討論し、其の聞く所を綴り、世祖より起して孝獻に終り、年二百を編み、世十二を錄し、上下を通綜し、庶事を旁貫し、紀、志、傳の凡そ八十篇を爲《つく》り、號して續漢書と曰う」とある。惠帝の末年に六十餘歲で卒するまでに『續漢書』のほか『九州春秋』、『莊子注』などを撰述した。(11)

㉘續書八志　司馬彪『續漢書』の八志。律曆志、禮義志、祭祀志、天文志、五行志、郡國志、百官志、輿服志をいう。なお劉知幾は『史通』內篇巻三書志篇に「郊祀を析《わか》ちて宗廟と爲す」と記して『續漢書』には宗廟志が立てられたとするが、劉昭が補成した段階ではすでに散佚して見られなかったようである。(12)

㉙往制　往年の制度。

㉚故簿　光武帝の中興以來の百官簿・職分表。

㉛並籍據前修　前代に修撰された典籍に依據すること。このように『續漢書』八志が『漢記』十意以後の多くの先行文獻を繼承していることは前揭の元卓、伯始、譙周、董巴などの語釋に引用した『續漢書』の諸志およびその劉昭注などから確認できる。

㉜叔駿　華嶠（?〜二九三）の字、西晉の歴史家。『晉書』巻四四華表傳附華嶠傳に「嶠、字は叔駿。（中略）、初め嶠、

漢紀の煩穢《はんわい》を以て慨然として改作の意有り。會たま臺郎と爲り、管制の事を典《つかさ》どり是に由りて徧く祕籍を觀るを得、遂に其の緒に就く。光武より起して孝獻に終る、一百九十五年、帝紀十二卷、皇后紀二卷、十典十卷、傳七十卷及び三譜、序傳、目錄を爲り、凡そ九十七卷たり。嶠、皇后は配天作合にして前史の外戚傳を作りて以て末編に繼ぐは其の義に非ざるが故に、易《か》えて皇后紀を爲り、以て帝紀に次す。又た志を改めて典と爲すは、堯典有るを以てが故なり。而して名を漢後書と改め、之を奏す」とある。この『漢後書』九十七卷は、華嶠の沒後わずか十數年にして勃發した永嘉の亂（三一一～三一六）によって散佚したことは同傳に「永嘉の喪亂に、經籍遺沒し、嶠書の存する者は三十餘卷なり」とあるごとくである。[13]

㉝十典　「堯典」によって「志」を「典」に改めたもの。

㉞矜緩殺靑　矜緩は苦しみ遲れること。殺靑は歷史書や記錄の意、またそれらを執筆すること。ここでは華嶠が『漢後書』の撰述に苦しみ、その執筆が遲れたことをいう。

㉟二子平業　華嶠の二子が十典を續成したこと。それについて華嶠傳は「嶠は性、酒を嗜《この》み、率《おおむ》ね常に沈醉す。撰する所の書の十典は未だ成らずして終《みまか》る。祕書監の何劭、嶠の中子徹を奏して佐著作郎と爲し、踵いで之を成さ使むるも、未だ竟《お》えずして卒す。後監の繆徵、又た嶠の少子暢を佐著作郎と爲し、十典を克成せしむ」と記す。

㊱華轍亂亡　華轍は華嶠および二子が撰述した『漢後書』をさす。亂亡はその書が永嘉の亂に亡んだことを示す。

㊲雅言邃義　雅言は正しい言葉。邃義は大きく奥深い道、意義。

㊳沈　謝沈（二九二～三四二）、東晉の歷史家。字は行思。『晉書』卷八二謝沈傳に「謝沈、字は行思、會稽山陰の人なり。（中略）、沈は史才有り、著作郎に遷りて晉書三十餘卷を撰す。會たま卒す。時に年五十二なり。沈、先に後漢書百卷及び毛詩、漢書外傳を著す。著述する所は詩賦、文論に及び皆な世に行わる」とあり、著作郎となって『漢書

外傳』、『後漢書』百巻、『晉書』三十餘巻、『毛詩外傳』などを撰述した。

㊴松　袁山松（?～四〇一）、字は不詳。東晉の歴史家。『晉書』巻八三袁山松傳に「山松、少きより才名有り。博學にして文章有りて後漢書百篇を著す」とある。晉の呉郡太守として孫恩の亂の討伐に向かい、敗死した。なお『後漢紀』の撰著者袁宏は山松の族従兄にあたる。

㊵因循　舊來の制度や前例を踏襲するのみで進取・改革の精神に乏しいこと。

㊶藝文　藝文志をいう。『廣弘明集』巻三歸正篇に引く阮孝緒『七録』序に「校書郎の班固、傅毅並びに祕籍を典《つかさど》る。固乃ち七略の辭に因りて漢書藝文志を爲る。其の後に著述有る者は、袁山松亦た録して其の書に在り」とあり、『漢書』に立てられた藝文志が袁山松『後漢書』に再生されたことが確認される。そのほかの諸家後漢書類については不明であるが、「藝文を加えて以て前棄を矯す」とする劉昭の文脈から推測すると、謝沈『後漢書』にも藝文志が立てられた可能性が考えられるが、管見のかぎりでは、ほかにそれを示す史料は確認できない。

㊷前棄　謝沈と袁山松に先行する『漢記』、謝承『後漢書』、薛瑩『後漢記』、司馬彪『續漢書』、華嶠『漢後書』などが藝文志を棄てて立てなかったことをいう。

㊸初平永嘉　初平は後漢獻帝の年號（一九〇～一九三）。後漢末期の豪族の抗争が激化し、初平元年（一九〇）には董卓が長安遷都をおこない、洛陽を焼きはらった。永嘉は西晉懷帝の年號（三〇七～三一二）。八王の亂（二九〇～三〇六）を契機とする五胡諸族の反亂が擴大し、永嘉五年（三一一）には匈奴族の劉聰が洛陽を攻略して懷帝を捕らえた。この二度の戰亂によって兩朝の首都洛陽は灰燼に歸し、宮中に祕藏された多くの書籍類も失われた。

㊹南晉之新虛　東晉王朝において新たに撰述された内容の乏しい圖籍類をいう。

㊺東漢之故實　後漢王朝に繼承されて擴充し、さらに創始された禮儀、典故、官職、法令などの諸制度および有職故

實などをいう。

㊻范曄　劉宋の歴史家、字は蔚宗（三九八～四四五）。『宋書』巻六九范曄傳によると、文帝の元嘉九年（四三二）に、廣く學徒を集めて諸家後漢書類を窮覽し、煩を刪り略を補って十帝紀、十志、八十列傳からなる『後漢書』の撰述をめざしたが、同二十二年（四四五）、文帝の弟彭城王劉義康を擁立しようとする謀叛に連座して處刑されたため未完におわった。[14]

㊼衆氏　范曄『後漢書』以外に劉昭が參看した可能性がある諸家後漢書類は、『漢記』・謝承『後漢書』・薛瑩『後漢記』・司馬彪『續漢書』・華嶠『漢後書』・謝沈『後漢書』・張瑩『後漢南記』・張璠『後漢紀』・袁宏『後漢紀』・袁山松『後漢書』・劉義慶『後漢書』・蕭子顯『後漢書』などが考えられるが、このうちいくつかは梁代においてすでに完本が存在しない狀態であったことは、この序文の前半に劉昭が明記するごとくである。[15]

㊽志遂全闕　范曄十志が未完のまま散亡したこと。その事情は『後漢書』巻一〇皇后紀下李賢注に「沈約の謝儼傳に曰く、范曄の撰する所の十志は、一に皆な儼に託さる。搜撰の畢るに垂として、曄の敗るるに遇い、悉く蠟ぬりて以て車の覆とす。宋の文帝、丹陽尹の徐湛之をして、儼に就きて尋ね求めしむるも、已に復た得ず。一代以て恨と爲す。其の志は今闕く、と」と記される。ただし現今の『宋書』謝儼傳にこの一文はない。[16]

㊾勤閑　勤は憂える。閑はふさぐ。ここでは國史の通曉しないことを憂えることをいう。

㊿遷有承考之言　司馬遷が父談から修史のことを遺命され、託された「舊聞」を繼承して『史記』を完成させたこと。これについて『史記』巻一三〇太史公自序は「太史公は遷の手を執りて泣きて曰く、（中略）、余死すれば、汝は必ず太史と爲らん。太史と爲らば、吾が論著せんと欲する所を忘るる無かれ。（中略）、今、漢興りて、海内一統し、明主賢君、忠臣死義の士あれども、余が太史と爲りて論載せず、天下の史文を廢するは、余甚だ焉れを懼る。汝其れ念《おも》

えよや、と。遷、首を俯し流涕して曰く、小子不敏なれども、請う悉く先人の次する所の舊聞を論じ、敢えて闕かじ、と」と記す。

(51)固深資父之力　班固の父班彪が『太史公書』（『史記』）の續成をめざして撰述した『太史公後傳』を班固が繼承して『漢書』を完成させたこと。班彪の『太史公後傳』については『後漢書』巻四〇上班彪傳に「彪既に才高くして述作を好み、遂に史籍の閒に專心す。武帝の時、司馬遷は史記を著すも、太初自り以後、闕きて錄さず。後の事を好む者、頗る時事を綴集する或り。然れども多くは鄙俗にして、以て其の書を踵繼するに足らず。彪乃ち前史の遺事を繼採し、異聞を傍貫して、後傳數十篇を作る」とある。[17]

(52)太初　前漢武帝の年號（前一〇四～前一〇一）。

(53)升入校部出二十載　後漢明帝の永平年閒（五八～七五）のはじめ、班固は宮中の校書部に入って祕書を典校することが許され、そののち二十餘年を經て章帝の建初年問（七六～八三）に『漢書』を完成させたことをいう。

(54)續志昭表　續は後漢の馬續（字は季則、生沒年不明）をさし、昭は班固の妹班昭（字は惠班、曹大家と號す。四五～一一七）をさす。この二人はともに『漢書』の未完部分である天文志と八表を補成したとされる。それについて『後漢書』巻八四列女傳に「扶風の曹世叔の妻なる者は、同郡の班彪の女なり。名は昭、字は惠班、一名は姬。博學にして高才あり。世叔早く卒し、節行法度有り。兄の固は漢書を著すも、其の八表及び天文志は未だ竟《お》うるに及ばずして卒す。和帝、昭に詔して東觀の臧書閣に就いて踵《つ》いで之を成さしむ。（中略）、時に漢書始めて出で、未だ通ずること能わざる者多し。同郡の馬融、閣下に伏して昭に從いて讀を受け、後に又た融の兄の續に詔して昭を繼いで之を成さしむ」とあり、またとくに馬續が天文志を補成したことは『續漢書』天文志上に「孝明帝、班固をして漢書を敍せしめ、而して馬續、天文志を述す」とあるごとくである。

㊺風塵　兵亂をいう。宋文帝の元嘉二二年（四四五）におこった皇弟彭城王劉義康を擁立しようとする謀叛事件にともなう兵亂をさす。范曄はこれに連座して誅殺された(18)。
㊻序例　『後漢書序例』をいう。范曄が『後漢書』執筆に際しての凡例を記したものと考えられる(19)。
㊼又尋本書　『後漢書』巻一〇皇后紀下に「事は百官志に在り」とあり、同巻四二東平憲王蒼傳に「語は禮樂、輿服志に在り」とあり、同六〇下蔡邕傳に「事は五行、天文志に在り」とあることから、『後漢書』十志のうち百官志、禮樂志、輿（車）服志、五行志、天文志の存在が確認される。ここでは劉昭自身も紀傳本文によらなければ志の題目を確認できなかったことに注意したい。
㊽遺書　范曄の「獄中與諸甥姪書」をさす。引用部分は原文の「偏《あまね》く諸志を作り、前漢に有る所の者は悉く備えしめんと欲す。事は必ずしも多からずと雖も、且《しばら》く見文をして盡くすを得しめん。又た事に因りて巻內に就きて論を發し、以て一代の得失を正さんと欲するも、意は復た未だ果たさず」に對應する。字句に多少の異同はあるが、內容は一致する。
㊾曾臺雲構　曾臺は二層以上の高殿、雲構は雲に聳える樓閣をいう。范曄が完成をめざした『後漢書』の完璧なる內容をたとえる。
㊿榱桷　主柱を支える補助材である垂木の柱組みをいう。ここでは『後漢書』の十志をたとえる。
(61)一壇　壇は盛り土。一つのモッコほどの土を盛った小山。わずかの意。
(62)褚生　褚少孫　字、生沒年不明。前漢元帝および成帝のころ（前四八〜前七）の博士。『史記』の削少された篇目のうち數篇を補成したとされる。それについて『史記』太史公自序の裴駰『集解』に「張晏曰く、遷沒するの後、景紀、武紀、禮書、樂書、律書、漢興已來將相年表、日者列傳、三王世家、龜策列傳、傅靳蒯成列傳を亡ず。元成の閒、褚先生補闕し、武帝紀、三王世家、龜策、日者列傳を作る。言辭は鄙陋にして、遷の本意に非ざるなり」とあり、また同書の司馬貞『索隱』に「案ずるに、兵權とは卽ち律書なり。遷歿するの後亡ず。褚少孫、律書を以て之を補う。今の律書は亦た略ぼ兵を言うなり」とある。

㊸馬氏　馬續をいう。

㊹鍾律　鐘律に同じ。鍾（鐘）の音律をいい、轉じて音樂全般をさす。

㊺校讎　書物を比較對照して、その正誤異同を正すこと。

㊻曆筭　曆算に同じ。曆に關する數理、曆の算法、曆術をいう。

㊼星候　星占い、天文占いをいう。

㊽圖緯　河圖と緯書。未來のことや占術に關する事柄を記した書籍。

㊾疑略　疑は擬と同じ。なぞらえること、略はあらまし。ここでは司馬彪『續漢書』の八志、より具體的には劉昭の注釋を挾入した『集注後漢』の八志部分をさすと考える。

㊿正部　『漢記』十意および『後漢書』十志のオリジナル、正篇をいう。

(71)此書　『集注後漢』をさすと考える。

(72)令行禁止　令すれば行い、禁ずれば止む。庶民が法令を遵守する意で、轉じて太平の世をいう。ここでは劉昭が仕えた梁武帝の治世下とくに『集注後漢』の撰述および奉呈がなされた天監年間（五〇二～五一九）をさすと考えられる。

《通　釋》

後漢書注補志の序

第一段落

臣昭いう、昔、司馬遷は『史記』を撰述して「八書」を立てた。ついで班固は『漢書』を選述し、その體裁を敷衍して「十志」を作成した。それらはいずれも天と人とを治める常道や、帝政の道理の奥深い源奥を部門別に區分して著述するものであったため、この二書は祕寶として山に隱し納め、また石に刻して永遠たらしめんとされた。その內容は『春秋』よりも繁多であり、またおのおの改作をこらした部分がある。

そののち後漢の明帝永平年閒（五八～七五）になると、宮中の東觀で當代史である『漢記』の編纂が開始されて、多くの「本紀」や「列傳」が執筆されたが、「書」や「志」は著述されず、上聞に達することはなかった。そこで古記錄を調べてみると、はじめに「地理志」が作成されたことが確認される。ついで志部の編纂に張衡が參畫して漢朝の輝かしい儀禮を記そうとしたが、ついに完成させることはできなかった。しかし、その著書である『靈憲』の精緻な內容からすると、天文に關する確實な記述がなされたに相違ない。さらに蔡邕が配所から諸志を繼續するために恩赦を歎願してより、まことに多くの志が編纂されることとなった。すなわち蔡邕は劉元卓（洪）と協力して、「律曆意」を詳述した。また胡伯始（廣）から漢の「舊儀」に關する敎えを承けて「禮儀意」を完成させ、さらに郊廟と社稷については「祭祀意」に、乗物と冠服については「車服意」に詳細な記錄をなしたのである。その業績はのちに應劭と譙周とが繼承し、さらに董巴が受け繼いだ。

司馬彪の『續漢書』はつごう「八志」からなる。そのうち「律曆志」は劉洪と蔡邕の構成にしたがい、「車服志」の大本は蔡邕と董巴の著作に依據している。また「禮儀志」と「祭祀志」は往年の諸制度をもとに撰述し、「百官志」は舊來の官簿にもとづいている。このように、その志はいずれも前代に修撰された典籍に借りて一家の言となしているのである。したがってそこには帝王の教えの要諦や、國家制度の淵源などの大略がはっきりと記されていることは、手に取ればすぐに了解できるのである。また、それは班固の『漢書』に繼續して、首尾一貫してそれに準じているので、その體裁は深淵で、ほとんど『漢書』の「十志」に等しいほどではあるが、やはりどこかしら文辭が淺薄で、「十志」との懸隔に惜しむべき部分があるため、『漢書』の後繼書と名づけるには疑念を抑えられぬのである。

華叔駿（嶠）の『漢後書』は「十典」という。しかしその撰述に苦しんで執筆が遲れ、ついに完成させることはできなかった。そこで中子華徹と少子華暢の二人が相次いで筆を執って續成をなしとげて、その文辭はいずれも秀麗で周到と讚えられたが、この華氏がつけた轍《みち》と言うべき『漢後書』は、やがて永嘉の戰亂のなかに散亡し、「十典」もまたすべて滅んだ。こうして正しい言葉や奥義を記した文章はことごとく斷絕したのである。

謝沈と袁山松の『後漢書』は前例を踏襲するのみで、新たな見地からなる創作を怠り、時に現行の字句を改めるのみで、さらなる史料の搜求はなしていない。ただ「藝文志」を加えて、先行の諸家後漢書類がそれを破棄した誤りを正したが、その內容は圖籍の解題や分類について、ごく近い時代の圖書目錄からとるのみであった。すなわちそれは後漢獻帝の初平年間（一九〇～一九三）や西晉懷帝の永嘉年間（三〇七～三一二）の大亂によって圖籍が焚喪煙滅した以降の史料に依據するものであるから、どうしてそのような限られたものを認めることができようか。かくのごとく謝沈と袁山松の志は東晉の新しく乏しい史料と知識によって後漢の充實した有職故實を記すものであるから、學者たるものは誰一人として用いないのである。

第二段落

范曄の『後漢書』は、その良質な內容と誠實な執筆によって諸家後漢書類に冠絕するものであるが、その『後漢書序例』には不完全なところがあり、また「十志」にいたってはすべて缺落しているのである。そもそも一朝の國史というものは廣く明らかであるべきだから、通曉せぬ部分に憂いを傾け、天賦の博識によって改め補われることが俟たれている。そしてその折、もし國初から起草して、前修の圖籍類に依據することなく著述をなせば、著者の生涯を盡くしても、終章まで書き通すことはほとんど稀であろう。司馬遷は父談から託された言辭を承け、班固もまた父彪の力に據るところが大きい。しかも、その『漢書』における武帝の太初年閒（前一〇四〜前一〇一）以前の記事は『史記』を用い、またその「十志」も實に往年の制度に據るところが多いのである。その事實に加えて班固は、二十年以上も宮中の校書部に出入し、その死後には馬續が「十志」の、班昭（曹大家）が「八表」のそれぞれ未完部分の閒隙を補っている。このように父親の記述を續成することですら、何と難しいことであろうか。

それに比べると范曄は、謀叛事件に卷き込まれたことによって撰述を完遂できるか否か、おおいに心亂したのである。『後漢書』が完成しなかった理由は、まさにこの點にこそあるのである。しかし、かの『後漢書』の文辭は流麗で、その內容は豐かである。どこか改める箇所はないかと、全文を嚴しく調べてみても、そのようなものはなく、ひとえに筆寫を思うのみである。それゆえにこそ范曄は、『後漢書序例』に「その記述の與えるところ、奪うところに精根を傾けた」と記すのである。つづけて范曄は司馬彪『續漢書』の「八志」にも言及し、その美點を贊えて「これは先行する諸家後漢書類の志部に秀拔するので、（わが「十志」は）その內容にしたがおう」と記しているのである。そこで『後漢書』紀傳部の本文を精査すると、「禮樂志」・「天文志」・「五行志」・「百官志」・「車服志」が立てられたことが確認され、それらは「八志」の題目と一致する。これ以外の諸篇は紀傳部に記されぬが、「律曆志」と「郡國志」が立てられたはずで、それは必ずや從來の樣式に依據したものであろう。また范曄は「獄中與諸甥姪書」とする遺書でみずから述べて、「あまねく志を作って、『前漢書』にあるものは、ことごとく備えたいと思った。また巻中に論を發して、その得失を正したいと願った」と記している。それを『後漢書』に結實させることはできなかったが、その趣旨は偉大である。まさにそれは遙かな高殿や雲の聳える樓閣のごとくであるが、「十志」という垂木《たるき》の柱組みが缺けているので、霞にけむる山の頂をめざしながら、一つのモッコほどの盛土すら越えることができなかったのである。この著作の斷絶を鬱《うら》む。嗚呼、痛ましいかな。

第三段落

私はひとえに補成ばかりを思い、條理として、みずから志を撰述することができず、時代的に遠いものを引き出すことに慙じ入るばかりであるが、司馬彪の舊志を借りて范曄『後漢書』に補い、注釋を施そうと思う。この「八志」は見識が狹く、表現に頑なところがあり、博遠をめざした范曄の「十志」と同列にはできないが、その淵源とする史料からすると、なんとか並べて論ずることができよう。そこでこの「八志」を分けて三十巻とし、『後漢書』に合するのである。ほぼ等しい題目と內容のものを求めたのであるから、誰しもその文辭は同類と言うであろう。これによって『後漢書』が志を缺く恨みを闕《のぞ》こうと思う。その賢明たるを願うばかりである。

昔、褚少孫は司馬子長（遷）の削除された部分を補成し、また馬續は班孟堅（固）の完成できなかった部分を續成した。このような補續の儀は、まさに古《いにしえ》にその例が見られるのである。よって私がかの「八志」を引くことは何ら疑いのないことなのだ。そもそも歲月は替わるごとに遠く去り、記された言辭は煙のごとく散じて、眞義の存するところを廣く求めようとしても、その一端さえ示されなくなる。私は、鍾律の微妙な教理をまとめ、暦算の微細な內容を證明しようとして、平素より校讎を進めているが、そこでは、わが力量不足に慙じ入るばかりである。また星占・河圖・緯書など嚴祕とされる敎義にも、必ずや通曉しなければならない。よって私はつねに范曄「十志」に擬えるこの司馬彪「八志」を紐解くが、そのたびごとに有用な記事が見られるので、手近に置いて釋義を求めている。ただしながらそれは蔡邕十意や范曄十志などの正部《オリジナル》を覽るわけではないので、詳密さから乖離する部分も見受けられる。しかし今上陛下が治める太平の御世においても、この「八志」と私の注釋からなる『集注後漢』のほかには絶えて無いので、わずかばかり疎漏があっても、責めるべきではないのである。

《解　說》――「後漢書注補志序」に見える志部の系譜と劉昭の意圖――

ここでは語釋を補助線として「補志序」の分析をおこない、その言辭に込められた劉昭の意圖を確認することにしたい。

第一段落は志部の創設とその系譜およびその散佚と評價を論ずる部分である。ここで劉昭は、まず司馬遷が創始した『史記』八書を受けて班固の『漢書』十志が撰述されたことを提示し、つづいて、その「書」と「志」の形式を繼承して後漢王朝の制度の綜述をめざした諸家後漢書類の志部にいたる系譜を詳述する。すなわちその原典となる後漢王朝の當代史である『漢記』志部は伏無忌と黄景に撰述された「地理志」を初例とし、ついで張衡が諸志の作成に臨んだが完成できなかったとする。ただし張衡の『靈憲』の秀逸たる内容からすると、未完ながらその「天文志」は確かな内容であろうと推測する。つづいて『漢記』志部を集大成した蔡邕の十意に言及して、蔡邕は劉洪と協力して「律曆意」を、師の胡廣から『漢制度』などの漢の舊事を受けて「禮儀意」、「祭祀意」、「車服意」を完成させたとし、さらに、その業績は後漢末の應劭『漢官』や『風俗通義』、蜀漢の譙周『古史考』や『法訓』さらには魏の董巴『大漢輿服志』などの著作に繼承されたことを説明する。

つづいて劉昭は司馬彪の『續漢書』八志を論評して、その「律曆志」は蔡邕と劉洪の著作に、「車服志」は蔡邕と董巴の著作に、「禮義志」は往年の制度に、「百官志」は舊來の官簿に依據するというように、いずれも前代の信頼できる著作に借りて撰述したものであるから、そこには帝王の教旨の要諦や國家の制度の源奥などの大略が記されていると評價する。ついで西晉の華嶠の『漢後書』十典に言及して、華嶠はその撰述に苦慮して執筆が遲れ、未完のままで沒したため、華徹と華暢の二子が補成をおこなってようやく完成させて、その文辭は秀麗・周到と評價されたが、やがて戰亂のなかに散佚したとする。そして最後に、東晉の謝沈および袁山松『後漢書』の志部をとりあげ、それらはともに因循で創作を怠り、在來史料の字句を改編するのみで、新たな史料の搜求はしていないと批判する。ただし「藝文志」を復活させて先行諸家後漢書類がそれを廢した誤謬を正したことを褒賞するが、その內容は東晉の新しい史料と乏しい知識によって後漢の充實した有職故實を記すものであるから、現今の學者は誰も用いないと斷言する。

この段落において注目すべきは、司馬遷「八書」から班固「十志」を經て後漢王朝の當代史である『漢記』の執筆に伏無忌、黃景、張衡、胡廣、劉洪らが參畫し、その業績を蔡邕が「十意」に集大成したこと。ついでそれが應劭、譙周、董巴らの著書に繼承され、さらに華嶠「十典」、司馬彪「八志」および謝沈や袁山松の志部につづき、最後に范曄十志に到達すると說く志部編纂の系譜と同時代人の生の聲とも言うべき劉昭の評價である。すなわちこの系譜と評價は諸家後漢書類を論ずる重要史料であることは何人も異論を差し挾まぬであろう。

第二段落は范曄『後漢書』への高い評價と「十志」の缺落を論ずる部分である。ここで劉昭は諸家後漢書類に冠絕すると評價する『後漢書』が「十志」を全缺することを惜しんで志部の補成を主張する。ただし前修の圖籍に依據せず、新たに志部の撰述をなすことは難しいとして、司馬遷は父談の言辭を受け、班固も父彪の力作に負うとする史漢補成の事例を提示し、とくに『漢書』の太初以前の記事は『史記』に、また「十志」は往制に依據することに加えて、班固は二十年以上も校書部で祕書を閱覽し、さらにその死後は馬續が「十志」の、班昭（曹大家）が「八表」の未完部分を補成したことを指摘して、父の著作の續成ですら容易ではないことを強調する。

そして劉昭は、このような史漢に比べて劣惡な情況下に置かれた『後漢書』を指摘して、范曄は謀叛事件に巻き込まれて惑亂したとして『後漢書』が未完におわった理由はここにあるとする。つづいて劉昭は『後漢書』紀傳部の內容は豐かで、その文辭は流麗と稱贊し、それは范曄が『後漢書序例』に「記述の與と奪とに精根を傾けた」とする編纂方針に對應することを明らかにし、さらに同序例の「『續漢書』八志は先行する諸家後漢書類の志部に秀拔するので、わが十志はそれに從わん」とする一文を引いて、范曄が「八志」を贊美し、自己の「十志」の手本に据えたことを確認する。これに加えて劉昭は『後漢書』紀傳部を精査して「禮樂志」・「天文志」・「五行志」・「百官志」・「車服志」が立てられたことを述べ、その題目が「八志」のそれと一致することを示し、また、それ以外にも「律曆志」と「郡國志」が立てられたことを推測する。そして最後に、范曄の遺書「獄中與諸甥姪書」を引いて「偏く志を作って『前漢書』にあるものは、悉く備えたいと思っていた。また巻中に論を發し、その得失を正したいと願う」とする宿願を紹介して讚えるが、最終的に『後漢書』は「十志」という垂木の柱組みを缺くために、雲に聳える高殿をめざしながら、わずかな盛土すら越えられなかったと喩えて、その未完成に慨歎するのである。

この段落において劉昭は志部補成の方法を述べるが、そこでは新たな著述は困難として史漢補成の前例に準據すべきことを示し、補うべき志部として范曄自身が「十志」の手本に据えるとした司馬彪「八志」を選定したことに注意したい。そこに見られる史漢續成の見解と范曄『後漢書』に對する高い評價は、劉昭の個人的な見解が述べられたものであろうが、その背後には梁の武帝朝における學術的な認識が色濃く反映していると見るべきであろう。

第三段落は『後漢書』補志の正當性と『集注後漢』を論ずる部分である。ここで劉昭は志部を全缺する范曄『後漢書』に補志を願うものの、新規の著述ができぬために舊志を借りることを「慙」とするが、司馬彪「八志」を引いて『後漢書』に補成し、注釋を施すとする。ついで「八志」を論じて、その內容は范曄「十志」に比ぶべくもないが、その依據する史料からすると並べて論ずることができるとし、これを三十卷に分けて『後漢書』に補綴し、その書の缺陷を正すとするが、それは褚少孫による『史記』の、馬續による『漢書』の補成に準據するものであることを確認する。

ついで劉昭は歳時とともに言辭は煙散し、眞義は示されなくなるという一般的な原則を示したあとで、注釋を作るために鍾律の微妙な敎理に校讎を進め、また曆算の內容を究明しているが、そこには不備や不足が目立つので「慙」じ入るばかりと告白する。同じく星占・河圖・緯書など祕義にも通曉するため「十志」に擬える「八志」を用いるが、その度ごとに有爲な記事が見えるので、身近に置いて釋義を求めるとする。ただしそれは『漢記』十意や『後漢書』十志の正部《オリジナル》ではないので詳密さに缺ける部分もある。ただしながら現在では、この「八志」を補い、注釋を施した『集注後漢』のほかは絶えてないので、わずかばかり疎漏があっても責めるべきではないと斷り、擱筆とするのである。

この段落において劉昭は二度にわたって自己の能力的限界を告白する「慙」という文字を用いることに注意しなければならない。第一は「徒《た》だ纘緝《さんしゅう》を懷《おも》」うものの、みずから新志を撰述することができぬために「舊志を借りて補」うことに「慙」じるもの。第二は「鍾律の妙を兼」ねようと揖《すす》める「校讎」と「曆筭《さん》の微を參」せんとする「證辨」すなわち劉昭注の不備と不足に「慙」じるものである。本書第三章・第四章で論じるごとく、この二つの「慙」は通底するもので、劉昭の補志と注釋とに對する謙虛かつ眞摯な姿勢を物語るものにほかならない。

ただしながら最後に一言するならば、このように撰述された『集注後漢』に對して、當然ながら劉昭はかぎりない自信と誇りとを懷いたと考えられる。それは、その補志や注釋において謙讓に徹する劉昭ではあるが、「補志序」において司馬遷から班固を經て范曄にいたる錚々たる學者たちの系譜を提示し、その殿軍にみずからを任じていることから推測できるのではなかろうか。それは後漢の滅亡から三百年餘を經た梁代にあって、あらんかぎりを盡くして最善をめざした劉昭の祕めたる自負であったと考えられるのである。

注

（1）「後漢書注補志序」の校勘は渡邉義浩主編『全譯後漢書』第三册志（一）の「後漢書注補志序」（汲古書院、二〇〇四年）を參照。なお散逸した劉昭の紀傳部注については不明であるが、現行八志注には補志を示す痕跡が皆無であることから判斷すると、のちに「補志序」と紀傳部および八志が別行する事態がおこると、八志本文を范曄撰や劉昭撰と誤る事例が生じるのである。それについては本書第四章・第八章および小林岳「唐宋における『後漢書』の合綴と合刻について――李賢『後漢書注』に劉昭『集注後漢』八志を補うこと――」（榎本淳一編『古代中國・日本における學術と支配』所載、同成社、二〇一三年）を參照されたい。

（2）『後漢書』十志については、吉川忠夫「范曄と劉知幾」（『東海史學』第四號、一九六七年。のちに同氏『六朝精神史研究』所收、同朋舍出版、一九八四年）。吳樹平「范曄『後漢書』的志」（同氏『秦漢文獻研究』所收、齊魯書社、一九八八年）を參照。

（3）司馬遷については、佐藤武敏『司馬遷の研究』（汲古書院、一九九七年）、藤田勝久『司馬遷とその時代』（東京大學出版會、二〇〇一年）、福井重雅編『中國古代の歷史家たち』（早稻田大學出版部、二〇〇六年）の第一篇「『漢書』司馬遷傳譯注」など、史記については、藤田勝久『史記戰國史料の研究』（東京大學出版會、一九九七年）、同氏『史記戰國列傳の研究』（汲古書院、二〇一一年）などを參照。

（4）班固については、福井重雅編前揭書注（3）第二篇「『後漢書』班彪・班固列傳譯注」を參照。

（5）三國から六朝時代の三史については諸說あるが、ここでは錢大昕『十駕齋養新錄』卷六三史に「三史とは史記、漢書及び東觀記を謂うなり。（中略）、唐自り以來、東觀記傳を失すれば乃ち范蔚宗の書を以て當に三史の一にするなり」とする說に依據する。また本書第八章を參照。

（6）東觀の執筆については、小林春樹「後漢時代の東觀について――『後漢書』研究序說――」（『史觀』第一一一冊、一九八四年）、同「中國古代における「合理的」史學の成立――『漢書』から『東觀漢記』『續漢書』へ――」（『東洋文化』復刊七四號、一九九五年）安部聰一郎「後漢時代關係史料の再檢討――先行研究の檢討を中心に――」（『史料批判研究』第四號、二〇〇〇年）を參照。また『隋書』經籍志については興膳宏・川合康三『隋書經籍志詳攷』（汲古書院、一九九五年）、『史通』については西脇常記譯注『史通內篇』（東海大學出版會、一九八九年）および同氏『史通外篇』（同、二〇〇二年）を參照。

（7）蔡邕については、丹羽兌子「蔡邕傳おぼえがき」（『名古屋大學文學部研究論集（史學）』第一九號、一九七二年）、福井重雅「蔡邕と『獨斷』」（『史觀』第一〇七冊、一九八二年。のちに「蔡邕『獨斷』の研究――『後漢書』編纂外史――」と改題して同氏『陸賈『新語』の研究』所收、汲古書院、二〇〇二年）に詳述される。また『獨斷』については同氏編『譯注 西京雜記・獨斷』（東方書店、二〇〇〇年）に全文の譯注がある。

（8）吉川忠夫『訓注後漢書』第九册（岩波書店、二〇〇五年）の逸民列傳の注六（五三八頁）は「桀は舜の誤り」とする。

（9）渡邉義浩・小林春樹編『全譯後漢書』第三册志（一）律曆の第五頁（補注七）は、陸機「猛虎行」を引用して鳴條を壯士が僻地にあって志を遂げられず悲憤慷慨する表現とし、蔡邕が十意完成の志を遂げられぬ焦燥感の高まりを言うものと解する。小論と同根の發想であろうが、その差異はつまるところ蔡邕に對する執筆者の心象が微細に相違することによるのではなかろうか。

（10）胡廣については、福井重雅前揭論文注（7）および西川利文「胡廣傳覺書――黨錮事件理解の前提として――」（『佛教大學文學部論集』第八二號、一九九八年）を參照。

（11）司馬彪については、渡邉義浩「司馬彪の修史」（『大東文化大學漢學會誌』第四五號、二〇〇六年）を參照。

（12）宗廟志の佚亡については、西脇常記『史通內篇』卷三書志篇一六七頁を參照。

（13）福井重雅「華嶠『後漢書』について」（福井重雅編前揭書注（3）所收）を參照。

（14）范曄については、小嶋茂稔「范曄『後漢書』の史料的特質に關する考察――從來の諸說の檢討を中心に――」（『史料批判研究』第一號、一九九八年）、安部聰一郎「袁宏『後漢紀』・范曄『後漢書』史料成立の過程について――劉平・趙孝の記事を中心に――」（『史料批判研究』第五號、二〇〇〇年）および福井重雅編前揭書注（3）第三篇「『宋書』范曄傳譯注」を參照。

（15）諸家後漢書類については、鄭鶴聲『各家後漢書綜述』（『史學與地理』第一期、中國史地學會、一九二六年）、周天游『八家後漢書輯注』（上海古籍出版社、一九八六年）、吳樹平『東觀漢紀校注』（中州古籍出版社、一九八七年）を參照。

（16）『後漢書』十志の佚亡については、吉川忠夫前揭論文注（2）を參照。

（17）『太史公後傳』については、福井重雅「班彪『後傳』淺議」（『天臺思想と東アジア文化の研究』所載、山喜房佛書林、一九九一年。のちに「班彪『後傳』の研究――『漢書』編纂前史――」と改題して同氏前揭書注（7）所收）に詳述される。

（18）范曄の謀叛事件については、吉川忠夫「史家范曄の謀叛」（『歷史と人物』一九七一年十一月號、中央公論社）を參照。

（19）『後漢書序例』については、吉川忠夫前揭論文注（2）を參照。

第二部　章懐太子李賢と『後漢書注』

第六章　唐高宗の八子三女と章懷太子李賢

はじめに

唐の高宗と則天武后[1]の第二子として生まれた章懷太子李賢は、范曄『後漢書』の注釋者として著名であるばかりでなく、生母の則天武后と對立して流刑に處せられ、自殺に追い込まれた悲劇の人としても知られている。私は、章懷太子李賢とその『後漢書注』の全容解明をめざして考察を進めているが、そこでは傳世文獻に加えて一九七二年に章懷太子李賢墓から出土した「大唐故雍王墓誌」（以下「雍王墓誌」とも稱す）および「大唐故章懷太子幷妃清河房氏墓誌」（以下「章懷墓誌」とも稱す）などの新出資料を援用することは言うまでもないことである[2]。本章は、章懷太子李賢と『後漢書注』と題する研究のいわば導入部にあたるもので、管見のかぎりでは從來ほとんど專門に論ぜられることがなかった李賢の人物像と[3]、その兄弟姉妹に關する基礎的な事績の究明をめざすものである。

第一節　高宗の八子三女と李賢

章懷太子李賢は、高宗と則天武后の間に生まれた李弘（贈孝敬皇帝、六五二～六七五）・李賢（贈章懷太子、六五四～六八四）・李顯（中宗、六五六～七一〇）・李旦（睿宗、六六二～七一六）の四子のうちの第二子にあたるが、『新唐書』卷八一三宗諸子傳に「高宗八子。後宮の劉は忠を生む。鄭は孝を生む。楊は上金を生む。蕭淑妃は素節を生む。武后は弘、賢、中宗皇帝、睿宗皇帝を生む」とあって、その異母兄として高宗の第一子燕王忠（生母劉氏、六四三～六六四）、第二子原王孝（生母鄭氏、？～六六四）、第三子澤王上金（生母楊氏、？～六九〇）、第四子許王素節（生母蕭淑妃、六四八～六九〇）の四子を數えることから、「高宗八子」の順次にしたがえばその第六子にあたる。また、これに加えて『新唐書』卷八三諸帝公主傳には「高宗三女」として義陽公主（生母蕭淑妃、生沒年不明）、高安公主（同前、同前。始封は宣城公主）、太平公主（生母則天武后、六六五？～七一三）ら三人が記されることから、義陽公主と高安公主は李賢の異母姉、太平公主はその同母妹にあたることを確認しておきたい。

ここで『舊唐書』卷八六高宗中宗諸子傳（以下、その諸王傳は『舊唐書』李賢傳のごとく記す）、『新唐書』三宗諸子傳（同じく『新唐書』李賢傳のごとく記す）、『舊唐書』卷四高宗本紀（以下『舊唐書』高宗本紀とする）、『新唐書』卷三高宗本紀（以下『新唐書』高宗本紀とする）などにもとづいて高宗の八子三女に關する年表を記すと次頁の**高宗八子三女關係年表**のようになる。

なお、李賢の出生年月に關しては『舊唐書』高宗本紀永徽五年の條に「十二月、（中略）、戊午、京師を發して昭陵に謁せんとす。路に在りて皇子賢を生む」とあることから、永徽五年（六五四）十二月、高宗の昭陵親謁に從駕する則天武后が、その途上において李賢を出產したことを確認しておきたい。なお同本紀は、この記述につづけて「六年春正月壬申朔、昭陵に親謁す。（中略）、甲戌、昭陵より至る。（中略）、庚寅、皇子弘を封じて代王と爲し、賢を潞王と爲す」(4)と記すことから、太宗の昭陵親謁より歸京した永徽六年正月庚寅（十九日）に李賢は潞王に封冊され、食邑一萬戶を賜

高宗八子三女關係年表

貞觀十七年（六四三）		李忠誕生。
		李孝誕生。
		李上金誕生。
		義陽公主誕生？
		高安公主誕生？
貞觀二十二年（六四八）		李素節誕生。
貞觀二十三年（六四九）	五月	太宗崩御。
	六月	皇太子李治卽位（高宗）。
永徽三年（六五二）		李弘誕生。
同	七月	李忠立太子。
永徽五年（六五四）	十二月	李賢誕生。
永徽七年（六五六）（顯慶元年）	正月	廢皇太子忠爲梁王　立代王（弘）爲皇太子　大赦　改元爲顯慶。
	十一月	李顯（中宗）誕生。
顯慶五年（六六〇）	七月	廢梁王爲庶人　徙於黔州。
龍朔二年（六六二）	六月	李旦（睿宗）誕生。
麟德元年（六六四）		原王李孝薨。
	十二月	庶人忠坐與謀反　賜死　享年二十二。
麟德二年（六六五）		太平公主誕生？
上元二年（六七五）	四月	皇太子弘薨于合璧宮　享年二十四。
	六月	以雍王賢爲皇太子。
調露二年（六八〇）（永隆元年）	八月	廢皇太子賢爲庶人　幽於別所。立英王哲（顯、中宗）爲皇太子。葬孝敬皇帝于恭陵。
開耀元年（六八一）	十一月	徙庶人賢于巴州。
弘道元年（六八三）	十二月	高宗崩御　享年五十六。中宗卽位。
文明元年（六八四）（嗣聖・光宅）	二月	中宗廢位　睿宗卽位。庶人李賢死于巴州　享年三十一。
載初元年（六九〇）	七月	澤王李上金自縊死　許王李素節被縊死、享年四十三。
神龍元年（七〇五）	一月	中宗重祚。
	十一月	則天武后崩御　享年八十三。
景龍四年（七一〇）	六月	中宗遇毒崩御　享年五十五。
景雲元年（七一〇）	六月	睿宗重祚。
先天二年（七一三）	七月	太平公主賜死　享年四十九。
開元四年（七一六）	六月	睿宗崩御　享年五十五。

與されたことが知られる。ただし、その折の李賢は數え年で二歳とはするものの、實質的には生後二か月にも満たぬ襁褓に包まれた嬰兒であったことに注意しなければならない。

さて李賢は、その生涯を通じて好學の士として知られているが、その幼少時について『舊唐書』李賢傳（以下、李賢傳また本傳とも稱する）は左のごとく記す。

①時始出閤、容止端雅、深爲高宗所嗟賞。②高宗嘗謂司空李勣曰、此兒已讀得尙書、禮記、論語、誦古詩賦復十餘篇、暫經領覽、遂卽不忘。③我曾遣讀論語、至賢賢易色、遂再三覆誦。我問何爲如此、乃言性愛此言、方知夙成聰敏、出自天性。④龍朔元年、徙封沛王。

これは「顯慶元年（六五六）、岐州刺史に遷授さる。其の年、雍州牧、幽州都督を加えらる」とする前文につづくもので、ここでとくに①「時に始めて閤に出ずるに、容止端雅にして、深く高宗の嗟賞する所と爲る」とする部分は、刺史・州牧・都督に補任された謝辭を奏上するために、はじめて公式參內をした李賢の身のこなしの優雅さが高宗に絶賛されたことを強調するものであろう。この推察に大過なければ、その時點における李賢は數え年の三歳の幼兒に過ぎず、その年齢では②「高宗嘗て司空李勣に謂いて曰く」につづいて、「此の兒已に尙書、禮記、論語を讀得し、古詩賦を誦すること復た十餘篇。暫く領覽を經れば、遂に卽ち忘れざるなり」および③「我曾て論語を讀ましむるに、賢賢易色に至り、遂に再三覆誦す。我問う、何すれぞ此の如きを爲すや、と。乃ち性此の言を愛すと言えり」と記される古典の讀得に少しく無理が生じると見るべきであるかもしれない。あるいはこの三歳とする年齢に數歳の年次を重ねた方が妥當であろうか。また古典の「讀得・覆誦」についても後宮を訪れた高宗の面前においてしばしばくり返された出來事と見る方が理にかなうのではあるまいか。しかしいずれにもせよ、このエピソードは④龍朔元年（六六一）に李賢が沛王に改封される以前の、八歳までのことと考えて閒違いなかろう。ところで『新唐書』李賢傳は同所を「容止端重、少くして帝に愛さる。甫め數歳にして、書を讀むに一覽して輒ち亡《わす》れず。論語の賢賢易色に至り、一再之を誦す。帝、故を問う。對えて曰く性實に此を愛す、と。帝、李世勣に語り、其の夙敏を稱《ほ》む」と抄述するが、この兩書に共通するのは「賢賢易色」の四字を提示して幼兒が自己の名と同じ文字を重ねる著名な一句を得意げに復唱する微笑ましい情景を示しながら、李賢の「夙敏」を強調していることである。ここで注意すべきは、『論語』學而篇に收められるその句は左のごとく「孝忠信」の實踐を説く內容であることである。

子夏曰、賢賢易色、事父母能竭其力、事君能致其身、與朋友交、言而有信、雖曰未學、吾必謂之學矣。

周知のことながら、この句は『論語』のなかでも難解とされ、とくに「賢賢易色」については古來より實にさまざまな解釋があるのであるが(5)、その是非は措くとして、ここでは高宗の御前において「父母に事えては能く其の力を竭《つく》し、君に事えては能く其の身を致し、朋友と交わり、言いて信あらば、未だ學ばずと曰うと雖も、吾は必ず之を學びたりと謂わん」とする言葉が李賢によって「再三覆誦」された事實に注意しなければならない。何となれば、幼い李賢が懸命に唱える「父母に事えて」の文言は必ずや高宗の耳底に殘り、則天武后の所生になる第六子の存在を強く刻みつけたに相違ないからである。もとより李賢の資質は天性のものであろうが、三歳ほどの幼兒が自己の「夙敏」を父の腦裏に刻むべく「再三にわたって覆誦」したとは考えがたい。そこには間違いなく則天武后の計略が介在し、その意を受けた傅育者たちによって「夙敏」となるべき教育が徹底して施され、高宗に拜謁する折の所作から古典の暗唱にいたるまで身體に刷り込まれたに相違ないのである。その目的は言うまでもなく、永徽三年(六五二)に十歳で立太子してから存在感を增しつつある高宗の第一子李忠を廢位に追い込み、おのが所生子を皇太子とすることにあることは疑いない。このエピソード自體は、あるいはすでに李忠を廢太子に追いこんだあとのものかもしれないが、同樣の事例は兄李弘のばあいにも十分にあり得たと見るべきであろう。いずれにもせよ、野心を懷く則天武后にとって李賢は一の矢たる兄李弘につづく二の矢と目されたことは間違いない。そして、かくあるべしとの期待に反することなく李賢が成長していることは、前掲史料のごとく、高宗がその夙敏を李勣に語り、かぎりない賛辞をあたえたことから誤りなく導かれるのではなかろうか。すなわち則天武后の所生になる四子なかんづく李弘と李賢の二人には皇太子李忠をはじめとする異母兄らを驅逐して大唐の皇位を繼承すべく特別な教育が施されたはずで、それが二人の成長と人格形成にいかなる影響をあたえたか。以下、第二節において李忠と李弘の立太子と廢位について、つづく第三節では李賢のそれについて考察するなかで論ずることにしたい。

第二節　李忠と李弘の皇太子册立と廢位

（i）　李忠の皇太子册立と廢位

『舊唐書』李忠傳によると、李忠は太宗の貞觀十七年（六四三）に皇太子李治（高宗）と劉氏の第一子として誕生した。(6)その月日は不明であるが、同傳に「高宗初めて東宮に入り、忠を生む」とあることを勘案すれば同年四月丙戌になされた李治の皇太子册立より以後となろう。その誕生が祝福されたものであることは、同傳に東宮で催された祝宴に幸した太宗が「朕に初めて此の孫有り、故に相い就《ひさ》しく樂しみを爲さんのみ」と語り、また「太宗、酒酣にして起ちて舞い、以て羣臣に屬《すす》むれば、是に在位するもの遍《あまね》く舞い、日を盡くして罷む。賜物差有り」とあるごとくであるが、ここでは初孫を得て喜びに舞う太宗とそれに和する群臣の歡喜を確認しておきたい。

ついで李忠は、貞觀二十年（六四六）に四歳で陳王に封ぜられ、高宗卽位後の永徽元年（六五〇）正月には雍州牧に補任、さらに同三年（六五二）七月には皇太子に册立されている。(7)時に李忠は十歳であるが、この立太子について同傳は左のごとく記す。

永徽元年、（中略）。①時王皇后無子。其舅中書令柳奭說后謀立忠爲皇太子。以忠母賤、冀其親己、后然之。②奭與尚書右僕射褚遂良、侍中韓瑗諷太尉長孫無忌、左僕射于志寧等、固請立忠爲儲后、高宗許之。③三年、立忠爲皇太子、大赦天下、五品已上子爲父後者賜勳一級。

これによると、①高宗の王皇后は子がなかったため、その外祖父柳奭(8)は微賤の出とされる後宮の劉氏が生んだ李忠を王皇后の後見のもとで皇太子に册立することを謀り、皇后の內諾を得たとする。ついで柳奭は、②太宗朝以來の舊臣である褚遂良および韓瑗とともに長孫無忌、于志寧らに諮り、その總意として李忠の立太子を奏請して高宗の敕許を得たことが確認できる。③は永徽三年に擧行された李忠の立太子禮にともなう大赦と五品以上の官員になされた賜勳である。

ここで、李忠册立の要因となった王皇后と蕭淑妃の確執について一言しておくと、太原王氏の流れをくむ名門出身の王皇后は、太宗の承認のもとで晉王李治に入內し、その即位にしたがって皇后に册立されたが、「無子」ゆえに地位が安定せぬ情況であった。これに對して蕭淑妃は姓から推して南朝梁の皇胤と考えられるが、すでに高宗の第四子李素節に加えて第一女義陽公主および第二女高安公主をあげるなど高宗の寵愛をほしいままにし、なかんづく素節は蕭淑妃をはじめとする傅育者の良導を得たためか、李忠が皇太子に册立される前後には「能く日に古詩賦五百餘言を誦す。學士徐齊聃《たん》に受業し、精勤して倦まず。高宗甚だ之を愛す」（『舊唐書』李素節傳）とする俊英の兆を見せはじめて王皇后の警戒心をことさら增幅させることとなった。すなわち第一子李忠を抑えて五歲年下の第四子素節が皇太子に册立される可能性は十分にあり、それは閒違いなく王皇后の廢位と蕭淑妃の立后に連動するのである。この動きを阻止し、王皇后を守るために講じられたのが李忠の册立であることは多言を要さぬが、永徽三年の立太子ののちも蕭淑妃に對する高宗の寵愛は衰えず、また素節の英才は隠れなきものとなって王皇后の地位は依然として安定を闕くままであった。そこで王皇后が弄したつぎなる策謀は、高宗に故太宗の才人武氏の「復召入宮」を勸言することであった。すなわち『舊唐書』巻五一后妃傳上＝高宗廢后王氏傳に「武皇后は、貞觀の末、太宗の殯御に隨して感業寺に居す。后及び左右數しば之が爲めに言う。高宗是に由りて復た召して宮に入れ、立てて昭儀と爲す」とあるごとくであるが、(9)その目的は蕭淑妃と武昭儀を競わせ、蕭淑妃への寵愛を殺ぐことにあったことは言うまでもない。ただし結論からするならば、そのような策謀を弄した王皇后は武昭儀所生の女兒を扼殺したとの罪を着せられ、永徽六年（六五五）には蕭淑妃ともども廢されて庶人に落とされ、宮中に幽閉されて悲慘な末路を迎えたことは詳述するまでもないことであろう。(10)以上、縷述した皇太子册立の內情からすると、その後見役であった王皇后の廢位が李忠のそれに直結することは自明のことであろう。『舊唐書』高宗本紀は王皇后の廢位について「（永徽六年）冬十月己酉、皇后王氏を廢して庶人と爲し、昭儀武氏を立てて皇后と爲す」と記し、また皇太子李忠の廢位について「（永徽）七年春正月辛未、皇太子忠を廢して梁王と爲し、代王弘を立てて皇太子と爲す。壬申、大赦して改元し、顯慶と爲す」と記す。ここでは永徽七年（六五六）正月辛未の同日中に李忠（十四歳）の廢太子と李弘（五歳）の立太子がおこなわれたこと、さらにその翌日には大赦改元されて顯慶元年とされたことに注意したい。

つづいて左の『舊唐書』李忠傳によって廢位後の李忠の動向を確認しておく。

①顯慶元年、廢忠爲梁王、授梁州都督。（中略）、其年、轉房州刺史。②忠年漸長大、常恐不自安、或私衣婦人之服、以備刺客。又數有妖夢、常自占卜。事發、五年、廢爲庶人、徙居黔州、因於承乾之故宅。③麟德元年、又誣忠與西臺侍郎上官儀、宦者王伏勝謀反。賜死於流所、年二十二、無子。（中略）、④明年、皇太子弘表請收葬、許之。

これによると、①皇太子を廢されて梁王に降封された李忠は梁州都督として出鎮し、同年中さらに遠方の房州刺史に左遷されることとなった。②かの地において成年に達した李忠は、刺客の襲撃を恐れて婦人の服を常用し、またしば しば妖夢を見てみずから占卜をおこなったが[11]、顯慶五年（六六〇）、その不審な行動が發覺すると庶人とされて黔州に流され、高宗の長兄廢太子李承乾の配所であった故宅に幽囚されたのである。そののち李忠は、③麟德元年（六六四）、則天武后の廢位を謀った上官儀と王伏勝に關與したとの誣告を受け、死を賜った。享年二十二、無子であったと記される。そして④明年、皇太子李弘が葬儀の執行を上表して裁可されるが、李弘は時に十四歲であることを顧みると、その上表は高宗の意を受けたものと見るべきであろう[12]。すなわちそれは皇后位をめぐる權力鬪爭に翻弄されて生涯を閉じた長子李忠に對して、高宗が果たそうとした父の責務ではなかろうか。

それでは最後に、皇太子に册立された李忠は、その初期においていかなる待遇をあたえられていたか、左に引用する『舊唐書』高宗本紀によって確認しておきたい。

①秋七月丁巳、立陳王忠爲皇太子、大赦天下。五品已上子爲父後者賜勳一轉、大酺三日。

②乙丑、左僕射于志寧兼太子少師、右僕射張行成兼太子少傅、侍中高季輔兼太子少保、侍中宇文節兼太子詹事。

③九月丁巳、改太子中允爲內允、中書舍人爲內史舍人、諸率府中郎將改爲旅賁郎將、以避太子名。

④二月乙巳、皇太子忠加元服、內外文武職事五品已上爲父後者、賜勳一級、大酺三日。

右の①〜③は永徽三年になされた李忠の立太子に關するもの、④は同六年の元服時のものであるが、その大赦、賜勳、大酺の規模は同本紀に記された李弘の例に比して遜色ないものである[13]。すなわち②は李忠を補弼する東宮の要職に于志寧、張行成、高季輔、宇文節らを任じたことを記す。この四人は貞觀の治の功臣として太宗の信任厚く、高宗朝でも重んぜられており、とくに于志寧はつづく李弘の東宮職を總裁する太子太傅に就官していることにも注意したい[14]。③は李忠の諱に通ずる「中」を避けるために「太子中允」を「內允」に、「中書舍人」を「內史舍人」に、さらに太子の屬官たる諸もろの率府の「中郎將」を「旅賁郎將」に改めたとするものである。[15] 以上①〜④を通覽すれば明らかなように、皇太子李忠が高宗朝において重く遇されたことは間違いないところであろう。たとえそれが王皇后の保身によるものであったとしても太宗の遺命を受けて高宗朝を補弼する元勳らの贊意を得たかぎり、早々の廢位を予期させるものは史料の上に見られぬことに注意したい。言うまでもなく、李忠の轉落は則天武后の周到な計畫と飽くなき執念によるのであるが、それは李忠冊立の年に生まれた李弘の成長にともなって次第に形象をむすぶのである。

(ii)　李弘の皇太子冊立と廢位

『舊唐書』李弘傳（以下、李弘傳また本傳とも稱する）に李弘は高宗の第五子と記されるが、則天武后の所生としては第一子となる。その誕生の詳細は記されぬが、上元二年（六七五）四月に二十四歳で薨じたことからすると永徽三年（六五二）の出生となる。すなわちそれは前述した「復召入宮」によって則天武后が宮中に迎えられた以後のことで、同年七月におこなわれた李忠の立太子前後のことと推定される。

永徽七年（六五六）正月、五歳となった李弘は異母兄李忠の廢位にともなって皇太子に冊立された。その短い生涯において特筆すべきことは生眞面目な性格と儒敎的な正義の實現に勇往邁進したことの二點であるが、そのような性格や言動が形成された背景には、前述した李賢のばあいと同様に「夙敏」たらしむる教育が徹底して施されたことが要因となったであろうことは想像にかたくない。ただし後述するごとく、その李弘の言行はやがて生母である則天武后との對立を惹起し、その手にかかって鴆殺されるという悲劇的な最後につながるのである。

それでは『舊唐書』李弘傳にもとづいて、その人物像を考察することにしたい。まずは十歳に滿たぬ李弘が師の郭瑜について『春秋左氏傳』を受講した折のことである。その講義が楚の太子商臣（穆王）によって父成王（楚子頵）が弑殺される箇所におよぶと李弘は巻子を閉じて歎聲をあげ、「此の事、臣子として聞くに忍びざる所なり。經籍は聖人の垂訓なり。何故に此を書するや」と質した。それは『春秋左氏傳』文公元年の「冬、十月丁未、楚の世子商臣、其の君頵を弑す」とする經文への疑義であるが、それに對して郭瑜が「孔子、春秋を修むるの義は褒貶に存《あ》り。故に善悪は必ず書す。善を褒めて以て代に示し、悪を貶めて以て後に誡む。故に商臣の悪をして、千載に顯わしむるなり」と說くと、李弘は「唯だ口に道うべからざるに非ず。故に亦た耳に聞くに忍びず。請う改めて餘書を讀まん」として、かかる汚濁の故事は口耳に憚るとして『春秋左氏傳』の講讀を拒否し、改めて郭瑜が推した『禮記』を選擇するのである。[16] この插話は生涯を通じて儒敎的な正義を奉じた李弘の性格を象徴するものであるが、十歳に滿たぬ少年の言動であることを想起すれば、そこには則天武后およびその意向を奉じた傅育者による教育の影響を認めざるを得ないであろう。否むしろ則天武后の嚴しい管理下に置かれた幼少期に徹底された帝王敎育によって李弘生來のすぐれた資質が感化され、生眞面目で潔癖に過ぎる性格が形成されたのではなかろうか。ここで附言するならば、則天武后の過重なる期待のもとで過ごす緊張感と傅育者から身體に刷り込むがごとく施された教育は、李弘の性格を少なからず歪め、偏向させて自己の正義に固執する性癖を形成、助長したと考えられる。後述するごとく、それは父高宗や母則天武后に對しても憚ることなく批判し、頑なに自己の主張を貫こうとする姿勢につながると考えられるのである。以下、その問題について考察を進めることにしたい。

まずは龍朔元年(六六一)に十歳の李弘が許敬宗、許圉師、上官儀、楊思儉ら東宮の補弼者に下命した『瑤山玉彩』の編纂であるが、[17] この五百巻の大册は歴代の英詞麗句をまとめたもので、同三年二月に完成して十二歳となった李弘から高宗に奉呈され、賜物三萬段が褒賞されている。この事業は皇太子李弘の名を高めたであろうが、李弘自身が編纂の意義を說いて推進したとは考えがたく、總裁職は名譽的なものであろう。したがってこれは李弘の發意によるとはなし得ぬのである。これに對して左に引用する李弘傳の⑴〜⑷は李弘の確固たる意志が反映したものと考えられる。

⑴總章元年二月、親釋菜司成館、因請贈顏回太子少師、曾參太子少保、高宗並從之。

これは、總章元年（六六八）二月、十七歳の李弘が司成館（國子監）において先聖先師を祭る釋菜の儀式をみずから司るとともに、顏回に太子少師を、曾參に太子少保を追贈することを請い、高宗は「並びに之に從う」とするものである。短文ながらこの一文は儒教の世界に生きる李弘の姿を活寫するものと考えられる。

⑵①時有敕、征邊遼軍人逃亡限內不首及更有逃亡者、身並處斬、家口沒官。②太子上表諫曰、竊聞所司以背軍之人、身久不出、家口皆擬沒官。亦有限外出首、未經斷罪、諸州囚禁、人數至多。③或臨時遇病、不及軍伍、緣茲怖懼、遂卽逃亡。或因樵採、被賊抄掠。或渡海來去、漂沒滄波。或深入賊庭、有被傷殺。④軍法嚴重、皆須相傔、若不給傔、及不因戰亡、卽同隊之人、兼合有罪。遂有無故死失、多注爲逃亡。⑤軍旅之中、不暇勘當、直據隊司通狀、將作眞逃、家口令總沒官。⑥論情實可哀愍。⑦書曰、與其殺不辜、寧失不經。伏願逃亡之家、免其配沒。⑧制從之。

①これは高宗の詔敕で、遼水方面に出征した軍の逃亡者で期限內に自首せざる者および逃亡をつづける者はならびに斬刑に處し、その家族は沒官せよとするものである。これに對して、②皇太子李弘は上表して諫言し、「竊かに聞くならく」として、所司は軍より背《に》げて久しく出頭せぬ者の家屬は皆な沒官に擬定している。また期限外の出頭者には詳細な吟味もなく罪を斷じるため、諸州の囚禁數は至多となっている。ただし逃亡者とされるなかには、③急病で軍伍に出頭できず、緣坐を怖懼して逃亡した者、山野で樵採するおり賊徒に抄掠された者、渡海して來去するおり滄波に漂沒した者、深く賊庭に侵攻して傷殺された者などさまざまである。しかしながら④軍法は嚴重で、兵士は皆なすべて傔《た》りていなければならず、若し兵士が給《た》りないばあい、戰亡に因るのでなければ、同隊の人はともに有罪となる。

このように理由がわからぬ死亡や失踪は、ほとんど逃亡と注記されるのである。そして⑤軍旅中はその當否を勘審する暇がなく、隊司の通狀のみで眞の逃亡者と見なし、その家屬はのこらず沒官されてしまうのである。以上が李弘のもとに屆いた遼東方面軍の實情であるが、ここで一言するならば、かかる詳細な情報を收集し、分析を加えた李弘の偉才と配下の有能に刮目すべきであろう。そして李弘は、⑥その論情は實に哀愍すべきとして、⑦『書經』大禹謨の「不辜《ふこ》を殺さんよりは、寧ろ不經《ふけい》に失せよ」を提示し、罪なき民を處刑するよりは、むしろ常法に沿わずとも赦せとする大禹の言葉にもとづき、逃亡者の家でも配沒は免除して廣く君德を施すことを願うのである。この上表に應じて⑧高宗は「制して之に從う」と記されるが、言うまでもなくこれは高宗朝の政治の誤りを指摘し、是正を求めたものにほかならない。もちろん李弘に全幅の信頼を寄せる高宗はもとより、大上段に『書經』をかかげる皇太子を面駁する官人はおらぬであろうが、君側からはその驕傲を指彈する囁きが洩れたのではあるまいか。もとより李弘はそれを想定していたと思われるが、自己の主張する大義に比べれば瑣事に過ぎぬとしたのであろう。ただし、このような李弘の言動はしだいに宮中の批判を集める結果になることは想像にかたくなく、また李弘自身も年齢とともに自己の正義と現實の社會との落差を認識し、それに苦惱するようになったと推測される。すなわち『資治通鑑』巻二〇二唐紀咸亨三年（六七二）の條に見える「太子、宮臣に接すること罕《まれ》なり。典膳丞たる全椒の邢文偉は輒ち供膳する所を減らし、幷せて上書して太子を諫む。太子復書して、謝するに多疾及び入侍の少暇を以てし、其の意を嘉納す」とする一文は左に引用する本傳の「太子は疾病多し」とあわせて、心身ともに病み疲れた李弘は食欲をなくし、宮臣と面談することもままならなくなって、次第に孤立していくさまを示していると考えられる。

⑶①咸亨二年、駕幸東都、留太子於京師監國。時屬大旱、關中饑乏、令取廊下兵士糧視之、見有食楡皮蓬實者、乃令家令等各給米使足。②是時戴至德、張文瓘兼左庶子、與右庶子蕭德昭同爲輔弼、太子多疾病、庶政皆決於至德

等。（中略）、③又請以同州沙苑地分借貧人。詔並許之。

さて、右の①は、咸亨二年（六七一）高宗の洛陽行幸にともない、國政を代行する監國となって長安に留守した李弘が折柄の旱魃による關中の饑乏に直面して宮中の回廊下につめる兵士の糧食を取り寄せ、そこに楡の皮や蓬の實が混ざるのを視て、家令をして給米させたとするもの。また③は、朝廷の養馬の地である同州沙苑監が治める土地を貧人に分貸することを請い、敕許を得たことを記すもので、これは前掲(2)の上表文とともに李弘が下級官吏や細民の實情に配慮したことを示唆するものである。ただし②に見られるごとく、このころ李弘は疾病が多く、庶政はあげて戴至德、張文瓘、蕭德昭ら東宮の輔弼者が決したとする一文に注意しなければならない。もちろん李弘が民情に精通したのは事實であろうが、それは補弼者によるさまざまな助言の結果ではあるまいか。ただし、ここで問題となるのは助言の有無ではなく、李弘の名において上表がなされた事實である。すなわちそれは(2)のごとく、高宗への批判ととられる危うさをはらむのであるが、李弘はすべてを承知した上で自己の大義を貫いたのであろう。そして、その視線が則天武后に向けられることは、もはや時間の問題とすべきであり、武后もまた李弘の動向に警戒を高めていたことは想像にかたくない。

さて、この二人の相互不信が決定的な對立にかかわる契機となったのが左の(4)に引く一文である。ここでは(5)『新唐書』李弘傳および(6)『資治通鑑』上元二年（六七五）の條を併記して考察したい。

(4)時義陽、宣城二公主以母得罪、幽于掖庭、太子見之驚惻、遽奏請令出降。（『舊唐書』李弘傳）

(5)義陽、宣城二公主以母故幽掖庭、四十不嫁[19]、弘聞眙惻、建請下降。武后怒、即以當上衛士配之、由是失愛。（『新唐書』李弘傳）

(6)義陽、宣城二公主、蕭淑妃之女也。坐母得罪、幽于掖庭、年踰三十不嫁。太子見之驚惻、遽奏請出降、上許之。

天后怒、卽日以公主配當上翊衞權毅、王遂古。（『資治通鑑』上元二年の條）

これは永徽六年（六五五）に廢された蕭淑妃の所生になる義陽公主と宣城公主が母の罪に坐して二十年あまり掖庭に幽閉され、「年三十を踰えて不嫁」のままであることに驚惻した李弘が高宗に出降を奏請し、敕許を得たとするものである。この二公主は李弘の異母姊にあたるが、それを知った則天武后は激怒し、その日のうちに家格の低い近衞軍の中堅將校である權毅に義陽公主を、王勗（遂古）に宣城公主を降嫁させることを決めたのである。それが高宗と李弘への意趣返しであることは說明するまでもないが、こうして李弘は則天武后が王皇后と蕭淑妃になした舊惡を知ることになったと思われるのである。ただしこの一件は李弘鴆殺の主因ではないことを一言しておきたい。すなわち『資治通鑑』はこの插話を上元二年（六七五）四月の條に置き、前掲(6)につづけて「己亥、太子合璧宮に薨ず。時人以爲えらく、天后之を酖す、と」と記してその因果關係を示唆するが、兩唐書は(4)・(5)につづけて李弘の納妃を記すのである。すなわち本傳に「召されて東都に詣り、右衞將軍裴居道の女を納れて妃と爲す」とあるごとくであるが、その期日は『舊唐書』高宗本紀に「（咸亨）四年二月壬午、左金吾將軍裴居道の女を以て皇太子弘の妃と爲す。（中略）、（十月）乙未、皇太子弘の納妃畢る」とあることから、咸亨四年（六七三）、洛陽において一連の婚儀が擧行されたことが確認できる。時に李弘は二十二歲であるから、鴆殺まではなお二年近い歲月があるのである。ここで敢えて一言するならば、則天武后は母として李弘に納妃させることによって、自己の正義に固執する頑なな性格をわずかなりとも和らげ、自分に向ける批判を減免させようとしたのではなかろうか。李弘夫妻の睦まじい樣子は本傳に「裴氏甚だ婦禮有り。高宗嘗て侍臣に謂いて曰く、東宮の內政に吾憂うること無し、と」とあるごとくである。ただし、そのような母の深慮も李弘の言動を變えることはなかったようで、この納妃の完了から一年半後、李弘は高宗に扈從して洛陽城西郊の合璧宮に赴き、卒然と薨去するのである。それについて本傳は「上元二年、太子は合璧宮に幸するに従い、尋いで薨ず。

年二十四」と記して自然死のごとく裝うが、『新唐書』高宗本紀は「天后、皇太子を殺す」と記し、『資治通鑑』は「天后、之を酖す」とするごとくである。したがって李弘は則天武后に鴆殺されたと見て間違いなかろう。さて、ここで問題となるのはその理由であるが、この母子對立について『資治通鑑』は「太子弘は仁孝、謙謹にして、上甚だ之を愛す。禮もて士大夫に接すれば、中外屬心す。天后方に其の志を逞しうす。太子奏請して數しば旨に迕《さか》らう。是に由りて愛を天后に失う」と記す。ここで注目すべきは、李弘は增大する則天武后の野望を抑えるべく高宗への奏請をくり返したため、その後方に控える武后の愛を喪失したとする部分であろう。その志とは垂簾聽政の繼續にほかならぬが、李弘の正義からすると、それは直ちに廢さねばならぬもので、そのために生じる母との對立は瑣事にほかならぬのである。左は、その具體的な情況を傳える『舊唐書』高宗本紀上元二年三月の一文である。

①時帝風疹不能聽朝、政事皆決於天后。②自誅上官儀後、上毎視朝、天后垂簾於御座後、政事大小皆預聞之、內外稱爲二聖。③帝欲下詔令天后攝國政、中書侍郎郝處俊諫止之。

すなわちこれは、①このころ高宗は「風疹」[20]のために聽朝ができぬため、政事はすべて天后が決裁した。それは②則天武后の廢位を畫策した上官儀を誅殺した麟德元年（六六四）にはじまるもので、高宗が視朝するたびに御座のうしろに天后が垂簾して座し、政事は大小となくすべて預聞するので、宮中內外は高宗と武后を二聖と稱した。そしてここにいたって③高宗は詔を下して天后に國政を攝らせようとしたため、郝處俊が諫止したとするものである。[21]この一事は結果的に諫止が容れられたとはいえ、李弘を驚愕させて深い不信感に沈ませたことであろう。則天武后の垂簾聽政はすでに十二年の長きにわたるが、ここで李弘の心中を忖度すると、高宗の病が篤く、皇太子たる自分が幼少であるかぎりは垂簾の政も許されようが、氣力、學識、體力ともに充實した二十四歳の今にあってはとうてい許容できるものではないとしたに相違ない。父の卽位年齡を二歳超過していることも意識したであろう。ここではすみやかな卽位

こそが正義なのである。高宗本紀はこの一文の直後に、

（四月）己亥、皇太子弘、合璧宮の綺雲殿に薨ず。時に帝は合璧宮に幸するも、是の日、東都に還る。

と記して、この二者の因果關係を示唆するごとく編纂されている。ここで推察するならば、三月の詔令降下から鴆殺にいたるまでの一月餘の間に、李弘は天下公道のために母子の縁を絶ち切って則天武后を糾彈し、高宗にすみやかな讓位を迫ったのではなかろうか。史料はおしなべて沈默するが、李弘がくり返して正論を上奏したであろうことは想像にかたくない。その結果、少なくとも高宗が讓位に傾いたことは鴆殺の直後に出された詔に「朕、方に皇太子に禪位せんと欲するも、疾遽《にわか》にして不起たり」（『資治通鑑』上元二年五月の條）とあることから首肯できよう。そして、このような情況に危機感をもった則天武后は李弘を排斥すべき敵と見なし、その殺害を急いだのではあるまいか。その斷固たる決意の前に李弘の正義は敢えなく滅び去ったのである。

最後に一言すると、皇太子李弘の鴆殺は、「是の日」のうちに洛陽に逃げ歸った高宗をはじめとして宮中内外の人士を震撼させたことは間違いなかろう。『新唐書』高宗本紀は事件後の動向について、

五月戊申、皇太子に追號して孝敬皇帝と爲す。六月戊寅、雍王賢を立てて皇太子と爲し、大赦す。

と記す。すなわち李弘の鴆殺から九日後に孝敬皇帝の追贈がなされ、(22)三十九日後に次弟雍王李賢の皇太子冊立がなされているのである。前述のごとく、皇太子李忠の廢太子と李弘の立太子は永徽七年（六五六）正月辛未の同日中に實施され、また後述するごとく、皇太子李賢は調露二年（六八〇）八月甲子に廢位され、翌乙丑に弟の英王哲（顯）の立太子がおこなわれている。この二例に比べると、皇太子李弘のばあいは後繼者の擁立に四十日近い時間が費やされていることに注意しなければならない。それは間接的ながら、李弘の鴆殺はあまりにも突發的な事件で、かつ衝撃的なものであったがために、その混亂の收拾には多くの時間と勞力を必要としたことを物語るものであろう。

第三節　李賢の皇太子册立と廢位

（i）　李賢の履歴と二つの納妃

李賢は、上元二年（六七五）六月に兄李弘に替わって皇太子に册立された。時に二十二歳である。その出生および幼少時の情況については第一節で論じたが、ここでは『舊唐書』李賢傳および「雍王墓誌」・「章懷墓誌」を基本史料として、その人物像を論ずることにしたい。

まず李賢の名字について考察すると、兩唐書本傳はともに字を明允につくる。ただし「雍王墓誌」は字の部分を空格にして刻さず[23]、また「章懷墓誌」は「仁」につくる。また兩本傳は咸亨三年（六七二）、李賢十九歳の折に名を德に改め、上元元年（六七四）に舊名の賢に復したとする。賢と明允、德と仁とは名と字が對應するものと考えられるが、その改名の事情および兩墓誌の一方が空格とし、他方が仁と刻している理由については不明である。

つづいて立太子以前に封授された王號および主要な官職を確認すると、前述のごとく、李賢は永徽五年（六五四）十二月に誕生し、翌六年一月に潞王に封ぜられて食邑一萬戸を賜與されている。そののち顯慶元年（六五六）に岐州刺史、雍州牧、幽州都督に拜せられ、龍朔元年（六六一）には沛王に改封されて使持節都督、楊、和、滁、潤、常、宣、歙七州諸軍事を加授され、また揚州都督（刺史）、左武衞（候）大將軍を兼職した。さらに翌龍朔二年（六六二）に揚州大都督を兼任し、麟德二年（六六五）には右衞大將軍を加授されて兗州都督を兼職したのである[24]。

さて、李賢が沛王であったのは八歳から雍王となる十九歳までであるが、この時代に特筆すべきは初唐の四傑[25]に名を連ねる王勃を召して書を編纂させるとともに、文史に關する教授を命じたと考えられることである。ここではとくに王勃と顏師古『漢書注』の密接な關係に言及する『新唐書』卷二〇一文藝傳上＝王勃傳を引いて考察を進めることにしたい。[26]

①王勃字子安、絳州龍門人。六歲善文辭。②九歲得顏師古注漢書讀之、作指瑕以擿其失。③麟德初、劉祥道巡行關內、勃上書自陳。祥道表于朝、對策高第。年未及冠、授朝散郎、數獻頌闕下。④沛王聞其名、召署府脩撰、論次平臺祕略。書成、王愛重之。⑤是時、諸王鬭雞、勃戲爲文檄英王雞。高宗怒曰、是且交構。斥出府。

右を分析すると、①「王勃字は子安、絳州龍門の人なり。六歲にして文辭を善くす」と起筆される王勃傳のなかで注目に値するのは，②九歲にして顏師古『漢書注』を讀了して、その失短を指摘する『顏氏漢書注指瑕』十卷を著述したことである。ただし、その書はつとに散逸したようで詳細については不明である。[27]ついで③麟德年間（六六四〜六六六）のはじめに關內を巡行する沛王府長史の劉祥道に、「勃、上書して自ら陳ぶ。祥道、朝に對策高第を表す。年未だ冠するに及ばざるも、朝散郎を授けられ、數しば頌を闕下に獻ず」と記される。すなわち王勃は劉祥道に自進した對策が高第と判定されて朝廷に推擧され、[28]加冠前ながら朝散郎を授けられて數しば闕下に頌を獻じたとされるのである。同所を『舊唐書』卷一九〇文苑傳上＝王勃傳は左のようにつくる。

勃年未だ冠するに及ばざるも、幽素擧に應じて及第す。乾封の初、闕に詣《いた》りて宸遊東嶽頌を上る。時に東都に乾元殿を造くれば、又た乾元殿頌を上る。沛王賢其の名を聞き、召して沛府修撰と爲し、甚だ之を愛重す。

徐松『登科記考』は王勃の幽素擧及第を乾封元年（麟德三年正月改元、六六六）に比定することからすると、[29]時に王勃は十七歲、李賢は十三歲となる。④そののち奏上した「宸遊東嶽頌」および「乾元殿頌」の高評を聞いた沛王李賢は王勃を召して脩撰に署し、『平臺祕略』を論次させて愛重したとする。その書の內容は、現存する論贊から推測するかぎり、[30]ひろく君子の規範を論じたものと思われるが、ここではその執筆時に王勃が就官した脩撰に注目しなければならない。すなわちその職掌は『新唐書』巻四七百官志二に「史館、脩撰四人、國史を脩するを掌る」とあるごとくである。もちろんこれは中央官で王府の宮臣とは同一にできぬが、李賢はそれに擬える沛王府脩撰に王勃を任じて、顔師古注の失短をふくむ『漢書』全般の講義を求めたのではなかろうか。ここで想像するならば、これを機縁に『後漢書注』の撰述がなされたと見ることもできよう。つづく⑤は王勃の罷免を言うもので、是の時、諸王は鬭雞を好んだため戯れに「檄英王雞文」を獻じたところ、高宗は「兄弟の親誼を欺き、爭わせるもの」と怒り、沛王府から王勃を斥出させたとする。その年時を明確に記す史料はないが、劉汝霖「王子安年譜」は總章元年（六六八）に比定する[31]。時に王勃十九歳、李賢十五歳、李顯十三歳である。さて、そこで問題となるのが左に提示する『資治通鑑』の一文である。

（龍朔元年九月）壬子、徙潞王賢爲沛王。賢聞王勃善屬文、召爲修撰。勃、通之孫也。時諸王鬭雞、勃戲爲檄周王雞文[32]。上見之、怒曰、此乃交構之漸。斥勃出沛府。

すなわち、ここでは王勃の沛王府出仕と罷免をともに龍朔元年（六六一）九月に置くが、右で確認した王勃の自進から招聘さらに王府での職務にいたる經過を顧みれば、それは年時を誤るものとしなければならまい。もちろん通史という觀點から王勃の記事を一條にまとめる必要はあろうが、何ゆえここに置くのか、その理由は不明としなければならないのである。なお、これに準じて鈴木虎雄「王勃年譜」は王勃の沛府斥出を翌龍朔二年（六六二）に比定するが[33]、私は右の總章元年を取ることから、これには與しないこととする。

さて、これに加えて潞王（二～八歳）および沛王（八～十九歳）時代の李賢については左の二點を特記しておく必要がある。

その一は、『文選』の注釋者として著名な公孫羅と李善が王府に出仕したことである。すなわち『文選音義』十巻を著した公孫羅は沛王府參軍として、また『文選注』六十巻と『漢書辯惑』三十巻を撰述した李善は潞王府記室參軍ならびに沛王府侍讀に就官しているが、[34]この二人はともに揚州江都を本貫とすることから南朝における史書注釋學の傳統を李賢に傳えたと推測されるのである。[35]とくに李善『文選注』と李賢『後漢書注』の間には極めて濃密な關係が認められるのであるが、これについては第九章で詳述する。

その二は、龍朔二年（六六二）四月に高宗が下した「命有司議沙門等致拜君親敕」に關わる僧尼拜君親の可否をめぐる論爭において、佛教側を代表する道宣から「論沙門不應拜俗啓」を上られ、佛法の擁護者となるべく懇請を受けたことである。これについて西脇常記氏は、天子に近く、また政治の中樞に位置する沛王に側面からの働きかけを期待したのではないかと指摘される。[36]時に李賢は九歳であることを顧みると、その影響力は限定されたものであろうが、道宣らは高宗朝における唐室の有力者として李賢に陳情したとして誤りなかろう。あるいは西脇氏がその崇佛ぶりを指摘する則天武后およびその母榮國夫人楊氏の直系であることから、その良導のもとで沛王李賢の庇護と協力とが期待されたのかもしれない。

こののち李賢は咸亨三年（六七二）に雍王に改封されるとともに涼州大都督を加授され、さらに上元二年（六七五）六月には皇太子に冊立されるのである。以上、明らかにした事例に加えて後述する皇太子時代の事績および妃良娣と三子の關連事項を考慮して作成したのが次頁の**章懷太子李賢關係年表Ⅰ**である。

さて、その年表に示すごとく、李賢は咸亨三年（六七二）九月から上元二年（六七五）六月の立太子までほぼ三年間にわたって雍王に在位している。この時代に特筆すべきことは、(1)南陽張氏および(2)清河房氏の納妃である。ここでは、この二人の人物像と納妃の概略について確認しておくことにしたい。なお論述は番號の順次にはしたがわない。

(1)南陽張氏に關する史料は『文苑英華』卷九三三所收「章懷太子良娣張氏神道碑」に見られる。以下、その要點を記述順に抄出すると左のごとくなる。

章懷太子李賢關係年表Ⅰ

貞觀十九年（六四五）		南陽張氏誕生。
永徽五年（六五四）	李賢一歳	十二月、李賢誕生。
永徽六年（六五五）	二歳	正月、李賢潞王に始封。
顯慶三年（六五八）		清河房氏誕生。
龍朔元年（六六一）	八歳	九月、李賢沛王に徙封。
麟德二年（六六五）		太平公主誕生？
咸亨三年（六七二）	十九歳	九月、李賢雍王に徙封。
		德と改名。この年までに李守禮（生母南陽張氏）誕生。
上元元年（六七四）	二十一歳	舊によりて賢と名づく。
上元二年（六七五）	二十二歳	二月、清河房氏納妃。
		六月、雍王李賢皇太子に册立。
儀鳳元年（六七六）	二十三歳	第一次監國就任。
		十二月、李賢『後漢書注』を奉呈。
儀鳳四年（六七六）	二十六歳	五月、第二次監國就任。
調露二年（六八〇）（永隆元年）	二十七歳	八月、皇太子李賢廢位、庶人に下されて長安の別所に幽閉。
永淳二年（六八三）	三十歳	十一月、李賢巴州に謫徙。
弘道元年（六八三）	三十歳	十二月、高宗崩御享年五十六。皇太子李顯即位（中宗）。則天武后臨朝稱制。
文明元年（六八四）（嗣聖・光宅）	三十一歳	二月、中宗廢位、皇太子李旦即位（睿宗）。
		二月二十日、薨於巴州之別館（「雍王墓誌」）。
		二月二十七日、終于巴州之公館（「章懷墓誌」）。
		九～十一月、李敬業の亂。

垂拱元年（六八五）	三月二十九日、恩制追贈雍王謚曰悼、葬於巴州化城縣境（「雍王墓誌」）。
垂拱四年（六八八）	李賢の第三子李守義病卒。
天授元年（六九〇）	九月、武周革命。
天授中（六九〇～九一）	李賢の第一子李光順被誅。
神龍元年（七〇五）	一月、皇太子李顯重祚（中宗）、唐朝の再興。
	十一月、則天武后崩御、享年八十三？
神龍二年（七〇六）	七月一日　故雍王李賢を乾陵に陪葬。
景龍二年（七〇八）	四月、南陽張氏薨去、享年六十四。
	雍王李賢墓に埋葬。
景龍四年（七一〇）唐隆元年（七一〇）	六月、中宗遇毒崩御享年五十五。
	六月、臨淄王李隆基擧兵，韋后、安樂公主を誅殺。
景雲元年（七一〇）	六月、相王李旦重祚（睿宗）。
景雲二年（七一一）	四月十九日、故李賢に章懷太子追贈。
	六月十六日、清河房氏薨去、享年五十四。
	十月十九日、房氏を章懷太子李賢墓に埋葬。
延和元年（七一二）	八月、睿宗讓位、皇太子李隆基即位（玄宗）。
先天二年（七一三）	七月、太平公主賜死、享年四十九。
開元四年（七一六）	六月、太上皇帝（睿宗）崩御、享年五十五。
開元二十九年（七四一）	十一月、李賢の第二子李守禮薨去、享年七十（『新唐書』）。享年七十餘（『舊唐書』）。

①我唐章懷太子有良娣曰南陽張氏子也。邠王守禮之母也。②初章懷封於雍、良娣選以入。③後章懷謫於巴、良娣隨而邁。④終六十四違吾子。⑤隋上儀同甘泉府別將嚴之曾孫、侍御史睦州刺史詳之孫、朝議郎行貴州都督府始安縣令明之女也。⑥景龍二載孟夏之月、遘疾棄養於京延康第之寢。(37)

これによると、①章懷太子李賢の良娣張氏は、邠王守禮の生母であるとする。その出自は、⑤南陽を本貫とする隋の上儀同甘泉府別將張嚴之の曾孫、唐の侍御史、睦州刺史張詳之の孫、同じく朝議郎、行貴州都督府始安縣令張明之の女であるとされ、その生沒年は、④「終《みまか》るとき六十四、吾子に違《はな》る」とあり、また⑥中宗の景龍二載（七〇八）四月、長安城延康里の私第において病沒したとされることから、貞觀十九年（六四五）の生まれとなって李賢より九歲年長となる。その納妃については、②李賢の雍王在位時に良娣に選ばれて入輿したことが知られるのみで、その年時などの詳細は不明である。なおのちに張氏は、③廢太子とされた李賢が巴州に謫徙されるとこれに隨從したことが確認される。以上ここでは南陽張氏の概歷を確認したが、その年齡や納妃の年時およびその所生になる李守禮の事績をふくめた廢太子後の情況については第七章で論ずることにしたい。

⑵清河房氏に關する史料は「章懷墓誌」に見られる。以下、その要點を記述順に抄出すると左のごとくなる。

①妃清河房氏、皇朝左領軍大將軍、衞尉卿、贈兵部尙書仁裕之孫、銀青光祿大夫、宋州刺史、贈左金吾衞大將軍先忠之女也。②妃稟柔明之姿、包和淑之性、十年不出、四德允修。③以上元年中、制命爲雍王妃。三星在戶、芳春仲月之辰、百輛遵途、雙鳳和鳴之兆。④媞媞左辟、敬行於舅姑。⑤以景雲二年龍集荒落六月十六日、遘疾薨於京興化里之私第、春秋五十有四。

これによると、①章懷太子妃の房氏は、清河を本貫とする左領軍大將軍、衞尉卿、贈兵部尙書房仁裕の孫、銀青光祿大夫、宋州刺史、贈左金吾衞大將軍房先忠の女である。その生沒年は、⑤に睿宗の景雲二年（七一一）六月に五十四歲で薨去したことから、顯慶三年（六五八）となり、李賢より四歳年少となる。②房氏は穩やかな性格で、十年にわたって生家の門外に出ることはなく、婦人の四德（貞順・辭令・婉娩・絲枲）を修得し、③上元年閒（六七四年八月〜六七六年十一月）に制命が降下して雍王の妃となった。なお碑文に見える「三星在戸」は三星（心星）が戸の方向に在る時期の意で五月末から六月半ばをさし、「芳春仲月之辰」は百花咲き薰る二月（陽暦のほぼ三月）を言う。この上元元年は咸亨五年八月の改元を受けたものであるから、[38]李賢の雍王在位時における二月は上元二年にのみ存在する。よってここでは、上元元年（六七四）五月末から六月半ばにはじまる婚禮の諸儀式を經過して翌上元二年二月、房氏は奉迎の車駕に座乘して雍王に嫁し、その納妃が完了したと考えられる。時に李賢は二十二歳、房氏は十八歳である。なお宮中に伺候した房氏は、④輕やかに歩み、左辟の禮にしたがって舅姑である高宗と則天武后に敬侍したと記される。以上、ここでは清河房氏の概歷を確認したが、その廢太子後の生活なかんづく李賢の名譽回復にともなう諸情況については稿を改め、第七章において論ずることにしたい。

（ii）　李賢の皇太子册立と『後漢書注』の奉呈

前述のごとく、李賢が皇太子に册立されたのは則天武后によって兄の皇太子李弘が鴆殺されてから四十日ほど經過したのち、その衝撃と混亂とがようやく沈靜に向かうころであった。『舊唐書』李賢傳はそれについて「上元二年（六七五）、孝敬皇帝薨ず。其の年六月、立ちて皇太子と爲る。天下に大赦す」と記す。後述するごとく、李賢は調露二年（六八〇）八月に廢太子となったことを勘案すると、その在位期間は五年二か月となるが、その前半期において注目すべき事績は、監國として示した高い事務處理能力と『後漢書注』の奉呈である。それについて本傳は左のごとく記す。

①尋令監國。賢處事明審、爲時論所稱。②儀鳳元年、手敕褒之曰、③皇太子賢自頃監國、留心政要。撫字之道、

既盡於哀矜、刑網所施、務存於審察。④加以聽覽餘暇、專精墳典。往聖遺編、咸窺壼奥。先王策府、備討菁華。⑤好善載彰、作貞斯在。家國之寄、深副所懷。可賜物五百段。⑥賢又招集當時學者太子左庶子張大安、洗馬劉訥言、洛州司戸格希元、學士許叔牙、成玄一、史藏諸、周寶寧等、注范曄後漢書。表上之、賜物三萬段、仍以其書付祕閣。

これによると李賢は、①立太子後まもなく監國に就任して國政を統べたが、その處事は明審で、時論の稱贊を得たため、②儀鳳元年（六七六）、高宗は手敕をもって、③「皇太子賢は、頃《このごろ》監國たりてより、心を政要に留む。撫字の道は、哀矜に既盡し、刑網の所施は、審察に務存す」として、その執政は慈しみを旨として哀矜を盡くし、刑網の所施には審察に努めたとする。また④「加うるに餘暇に聽覽し、墳典に專精す。往聖の遺編は咸《み》な壼奥に窺《うかが》い、先王の策府は備《つぶさ》に菁華を討《たず》ぬ」として餘暇は經典の聽覽に專精し、往聖の遺編や先王の策府に窺《うかが》い、討《たず》ねるという眞摯な姿勢を指摘し、それはいずれも御意にかなうとして、⑤「好善載彰にして、貞を作すこと斯れ在り。家國の寄《たのみ》たること、深く所懷に副う」と褒贊して賜物五百段を下すとする。この手敕は李賢の眞面目な性格と學問を好む姿勢、さらにはその高い行政能力と慈愛に滿ちた施政を宮中內外に示して、新たな皇太子が國家の柱石たり得ることを確認したものにほかなるまい。すなわち高宗は、これによって前皇太子の鴆殺に動搖する人心の沈靜化をめざしたのである。

つづく⑥は『後漢書注』の編纂に關する記事で、これによって李賢は張大安、劉訥言らを召して范曄『後漢書』に注釋を施して奉呈し、高宗から賜物三萬段を下されるとともに、その書が宮中の祕閣に藏されたことが確認できる。なお、その年次は『舊唐書』高宗本紀に「（儀鳳元年）十二月丙申、皇太子賢、注する所の後漢書を上る」とあることによって李賢二十三歳の歳晩であることが知られるが、この編纂グループをふくむ『後漢書注』の總合的な考察については稿を改め、第八章および第九章において論ずることにしたい。

（iii）『後漢書注』の外戚批判と李賢の廢位

それではつぎに、李賢の廢位について考察を進める。まずは本傳によってその概要を確認することにしたい。

①時正議大夫明崇儼以符劾之術爲則天所任使、密稱英王狀類太宗。②又宮人潛議云、賢是后姉韓國夫人所生。③賢亦自疑懼。④則天又嘗爲賢撰少陽政範及孝子傳以賜之。仍數作書以責讓賢、賢逾不自安。⑤調露二年、崇儼爲盜所殺。則天疑賢所爲、俄使人發其陰謀事。⑥詔令中書侍郎薛元超、黄門侍郎裴炎、御史大夫高智周與法官推鞫之。於東宮馬坊搜得皁甲數百領、乃廢賢爲庶人、幽于別所。

これによると李賢の廢位は、①「時に正議大夫明崇儼、符劾の術を以て則天の任使する所と爲り、密かに英王の狀《すがた》は太宗に類《に》ると稱す」とする言行および②「また宮人潛議して云う、賢は是れ后の姉韓國夫人の生む所なり、と」を發端にするとされる。①について『資治通鑑』高宗永隆元年（六八〇）の條はより詳しく「明崇儼、厭勝の術を以て天后の信ずる所と爲り、常に密かに稱すらく、太子は承繼に堪えず。英王の貌は太宗に類《に》、また相王の相は最貴なりと言う、と」と記す。すなわち明崇儼は李賢は皇位繼承に堪えぬとした上で、英王（李顯）の貌《かお》は太宗に似るとし、さらに相王（李旦）の相貌こそ最貴とする密告を則天武后にくり返したとするのである。これは李賢の更迭と弟の立太子を寓するものであることは閒違いなかろう。『新唐書』李賢傳は「賢聞き、之を惡む」として明崇儼に向けた李賢の憎惡を強調する。符劾は厭勝と同じく、まじないによって鬼神を役使する術を言うが(39)、これによって則天武后に寵を得た明崇儼との閒に生じた確執が李賢を破滅に導くのである。

つづいて李賢の出生の祕密に關する②について考察すると、當然ながら李賢は則天武后の所生として誤りなかろうが、ここで問題となるのは、そのような風聞が流布された背景である。前述のごとく、李賢は永徽五年（六五四）十二月戊午、高宗の昭陵親謁に随従する途上で誕生した。その兄李弘は同三年（六五二）に生まれ、また則天武后は李賢に前後して一女を生み、それが王皇后に扼殺されたとされることは前述のごとくである。これら三人の出産は身體堅固にして多産系である則天武后なればこその所爲と考えるべきであろう。なお、則天武后の實姉である韓國夫人については『資治通鑑』乾封元年（六六六）の條に「韓國夫人及び其の女は、后の故を以て禁中に出入し、皆《とも》に幸を上に得る。韓國尋いで卒すれば、其の女に魏國夫人を賜號す。上、魏國を以て内職に爲さんと欲するも、心、后に難《うれい》て未だ決せず。后之を惡む。（中略）、后密かに毒を醢中に置き、魏國をして之を食せしむ。暴かに卒す」と記される。すなわち武后の縁故によって禁中に出入した韓國夫人は女ともども高宗の寵愛を受けたが、まもなく卒したとするのである。その死因は不明であるが、のちに魏國夫人を賜號された女も叔母の武后に惡まれて鴆殺されたことからすると、同じく武后に殺害された可能性が高いのではなかろうか(40)。その眞義は確認できぬのであるが、ここで注目すべきは、知らぬもののない韓國夫人の不審死に李賢の出生を重ねる流説が放たれたことである。その目的は李賢の心を亂して不測の言行を誘發させ、それを理由に廢位を狙ったのではないかと考えられるが、その首謀者は則天武后自身あるいは武后に阿り、取り入ろうとする人物との推測も成り立つであろう。

さて①・②の事態に直面した李賢は、③「賢は亦た自ら疑懼」したとするが、管見のかぎりでは①〜③の年次を明確に示す史料は見られぬのであるが、明崇儼の正諫大夫累遷が儀鳳二年(41)、またその殺害が同四年であることを勘案すると、それは儀鳳二年以降として誤りなかろう。ここで問題とすべきは、何ゆえ李賢は、かかる時點でそのような事態に直面したかと言うことである。それについて私は、儀鳳元年十二月に奉呈された『後漢書注』の内容に則天武后とその近臣を著しく刺激する内容が認められ、それを問題として①・②とする警告が李賢に放たれたのではないかと考える。

そこでまず、則天武后の禁忌に觸れ、その警戒心を惹起したと考えられる『後漢書注』の事例を左に提示し、その内容を確認することにしたい。

(1)前書曰、高帝與功臣約、非劉氏不王、非有功不侯。不如約、天下共擊之。

（『後漢書』巻一〇皇后紀上李賢注）

(2)高帝呂后、昭帝上官后、宣帝霍后、成帝趙后、平帝王后、章帝竇后、和帝鄧后、安帝閻后、桓帝竇后、順帝梁后、靈帝何后等家、或以貴盛驕奢、或以攝位權重、皆以盈極被誅也。

（『後漢書』巻一六鄧寇傳李賢注）

(3)外家、當爲后家也。二十者、謂高帝呂后產、祿謀反誅、惠帝張皇后廢、文帝母薄太后弟昭被殺、孝文帝竇皇后從昆弟子嬰誅、景帝薄皇后、武帝陳皇后並廢、衞皇后自殺、昭帝上官皇后家族誅、宣帝祖母史良娣爲巫蠱死、宣帝母王夫人弟子商下獄死、霍皇后家破、元帝王皇后弟子莽簒位、成帝許皇后賜死、趙皇后廢自殺、哀帝祖母傅太后家屬徙合浦、平帝母衞姬家屬誅、昭帝趙太后憂死是也。四人者、哀帝母丁姬、景帝王皇后、宣帝許皇后、王皇后、其家族並全。

（『後漢書』巻五二崔駰傳李賢注）

(4)呂后專制、以兄子祿爲趙王上將軍、產爲梁王、相國、各領南北軍。呂后崩、欲爲亂、絳侯周勃、朱虛侯劉章等共誅之。立文帝、廟稱太宗。

（『後漢書』巻七四上袁紹傳李賢注）

右はいずれも漢代の皇后および外戚に關する李賢の注釋であるが、そこでは皇后の廢位や外戚の誅殺が忌憚なく記されていることに一驚せざるを得ない。ここで内容を確認すると、(1)は前漢建國時の高祖の著名な約定であるが、ここではとくに「劉氏に非ざれば王たるべからず。有功に非ざれば侯たるべからず。約に如らざれば、天下共に之を擊つべし」とする内容に注目すべきである。(2)は前漢時代の高帝の呂皇后、昭帝の上官皇后、宣帝の霍皇后、成帝の趙皇后、平帝の王皇后および後漢時代の章帝の竇皇后、和帝の鄧皇后、安帝の閻皇后、桓帝の竇皇后、順帝の梁皇后、靈帝の何皇后らの生家は「或いは貴盛を以て驕奢となり、或いは位を攝するを以て權重きも、皆な盈の極みを以て誅せらる」と指摘するものである。(3)は竇太后の臨朝稱制時に、その兄竇憲が詔命を私したことを誡告する崔駰の上書に附せられた注釋で、前後漢を通じて皇后を輩出した二十家の概況を記すものである。そこでは十七人の皇后および皇太后の廢位・賜死・自殺に加えて外戚の族誅、下獄死などの事例を詳述するとともに、その身と家族とを全うし得たのは哀帝の母丁姬、景帝の王皇后、宣帝の許皇后と王皇后のわずか四氏のみであることを特記しているのである。(4)は呂后の專制時代に、その次兄の子呂祿を趙王および上將軍に任じて禁衛の北軍の指揮權を委ね、長兄の子呂產を梁王および相國に任じて南軍を指揮させたが、この二人は呂后が崩ずると叛亂を企てたため、絳侯周勃と朱虛侯劉章らが誅滅し、ついで文帝を立てて廟を太宗と稱したことを記すものである。

これらは一見して明らかなように、後漢王朝史の注釋のなかに前漢にまで遡及する事例を示すことによって、高宗朝の政治體制なかんづく垂簾聽政を繼續している則天武后およびその周邊に蟠踞する武氏派や佞臣への批判的、挑發的な指彈を織り込むものと解することができる。言うまでもなく李賢は「非劉氏不王」、「皇后廢自殺」、「太后憂死」、「皇后家族誅」などと記す危險については通曉していたであろう。あるいは編纂グループから抑筆の諫言もあったのではないかと考えられるが、それもふくめて注釋はすべて皇太子李賢の責任において作成され、その名のもとで奉呈されたことは明らかである。したがってそれは、『後漢書』に記された往古の皇后や外戚に限定した注釋上のこととして追求を躲せると判斷したならば、甘きに過ぎるのではあるまいか。それではなぜ李賢はこのような一文を挾入したのであろうか。ここで一言するならば、李唐の皇太子たる李賢は當然ながら現今の垂簾聽政を否定し、則天武后および武氏派の排斥を冀求したであろうことは間違いなく、また兄李弘と同じく、その年齡、氣力、學識ともども皇位繼承に不足するものはないと自負したことであろう。ただし李賢の腦裏には肝を据えて直言したあげく母に鴆殺された兄の末路が生々しく残り、そのような行動は尙早との判斷が過半を占めたのではなかろうか。そこで李賢は高宗に對する間接的なメッセージを『後漢書注』に込め、あわせて現況を俯瞰するバロン＝デッセーとなしたのではなかろうか。ただし李賢が得たものはありきたりの褒稱を並べた手敕のみで、父高宗の眞意はついに明かされることがないばかりか、注釋を一見した母則天武后の反應は想定外に嚴しいもので李賢の身命に迫る警告が發せられたのは前述のごとくである。そこに示された長子李弘ですら鴆殺したのであるから姉の子など容赦はせぬとする諷諭は李賢を戰慄させずにはおかなかったであろう。

こうして皇太子李賢と則天武后の驅け引きがはじまるのであるが、その期間は儀鳳元年（六七六）十二月に『後漢書注』が奉呈されてより李賢が廢詘される調露二年（六八〇）八月まで、最長で三年八か月ほどとなろう。さて、右の警告につづいて則天武后の動きを示すものが④である。そこには「則天また嘗て賢の爲めに少陽政範及び孝子傳を撰し、以て之に賜う。仍ち數しば書を作り以て賢を責讓す」と記され、則天武后は北門の學士に撰述させた『少陽政範』および『孝子傳』(42)を李賢に賜い、また書簡をもって責讓をくり返したとするのである。それは聽政者として宮中內外を意識した視線に母のまなざしを重ねたものであろうが、それに對する李賢は「逾《いよ》いよ自から安んぜず」とするのみであった。そのような李賢の鬱情を傳えるものに「黃臺瓜の辭」がある。左はやや長文にわたるが、それが作成された經緯を記すもので、はるかのちの安史の亂に際して肅宗（位七五六～七六二）が宦官の讒言によって第三子建寧王李倓に死を賜ったことに對する李泌の上奏文である。

臣は幼稚の時、黃臺瓜の辭を念ず。陛下嘗て其の說を聞くや。高宗大帝に八子有り、睿宗は最も幼し。天后の生む所は四子、自ら行第を爲す。故に睿宗は第四なり。長は孝敬皇帝と曰い、太子監國と爲りて、仁明孝悌なり。天后方に臨朝を圖らんとして、乃ち孝敬を鴆殺し、雍王賢を立てて太子と爲す。賢日毎《ごと》に憂い惕《おそ》れ、必ずや保全せざるを知る。二弟（李顯と李旦）と同《とも》に父母の側に侍するも、敢て言うに由無し。乃ち黃臺瓜の辭を作り、樂工をして之を歌わしめ、天后之を聞きて省悟し、卽ち哀愍の生ぜんことを冀う。(43) 辭に云く、瓜を種《う》う黃臺の下、瓜熟せば子《み》離離たり。一たび摘めば瓜をして好《よ》からしめ、再たび摘めば瓜をして稀ならしむ。三たび摘めば猶お尙お可なるも(44)、四たび摘めば蔓を抱きて歸る、と。而して太子賢終に天后の逐う所と爲り、黔中に死す、と。

（『舊唐書』卷一一六肅宗代宗諸子傳＝承天皇帝倓傳）

ここでは肅宗の曾祖母である則天武后と大伯父にあたる李弘李賢兄弟との軋轢なかんづく則天武后に強いられた二人の悲慘な末路が示され、さらに母との對立に懊惱する李賢の哀詩を幼少時の李泌が吟唱したことが語られている。これは李賢の薨去から七十年あまりのちの事例であるが、かかる話柄が宮中內外に禁忌とされることなく、ひろく知られ、語り繼がれたことを物語るものであろう。そして當然ながら、それは高宗朝の宮中にあっても一人として知らぬもののない「祕密」であったはずである。

さて、そのような內訌のはてに勃發したのが明崇儼の殺害である。それは『資治通鑑』調露元年（六七九、儀鳳四年六月改元）の條に、

五月壬午、崇儼盜の殺す所と爲り、賊を求むれど竟に得ず。崇儼に侍中を贈る。丙戌、太子をして監國とす。太子の處事は明審にして、時人之を稱む。

とあるごとくであるが、ここでは犯人が特定されぬまま事件の四日後に李賢の監國就任が實現していることに注意しなければならない。そもそも李賢のそれは兩『唐書』に二度確認されるが、前述のごとく第一次は儀鳳元年（六七六）の就任で、第二次は左のごとくである。

(1)（儀鳳四年）五月壬午、盜殺正諫大夫明崇儼。丙戌、皇太子賢監國。

（『舊唐書』高宗本紀）

(2)（調露元年）五月丙戌、皇太子監國。　（『新唐書』高宗本紀）

ここで一言すると、第一次は命ぜられるままの就任と推測されるが、今次は眦を決して受諾したと考えるべきであろう。後述するごとく、ここで李賢は則天武后との權力闘爭においてはじめて攻勢に轉じたと判斷できるのである。ただし結論からすると、その一年三か月後の調露二年八月に李賢は庶人に下され、長安に幽閉されることになるのである。その間にいかなる事態が出來したのか。史料はおしなべて沈默するが、武后一黨との間にはげしい暗闘があったであろうことは想像にかたくない。それをふくむ李賢の廢詘については後述するとして、ここではまず、その第二次就任時の李賢に見られた亂倫・放蕩について確認しておきたい。

すなわちそれは『舊唐書』卷八八韋承慶傳に見えるもので、以下やや長文にわたるが、韋承慶の爲人と七百三十字にせまる諫言の要諦部分を左に抄寫し、分析を加えることにする。

(イ)（韋）承慶は、弱冠にして進士に擧げられ、雍王府の參軍に補せらる。府中の文翰は皆な承慶より出で、辭藻の美は一時を擅《ほしいまま》にす。太子司議郎に累遷す。(ロ)儀鳳四年五月、詔して皇太子賢を監國とす。時に太子頗る聲色を近づけ、戶奴等と款狎《かんこう》す。承慶上書して諫めて曰く、(ハ)伏して北門の內を承《あお》ぐに、造作は不常にして、翫好の所營は、或いは煩費する有り。(ニ)倡優の雜伎は、前に息まず、鼓吹の繁聲は、亟《しば》しば外に聞こえ、既に聽覽を喧しくし、且つ宮闈《い》を黷《けが》す。(ホ)之に竝《なら》べる僕隸小人は、此に緣りて左右に親しむを得れば、亦た既に顏色を奉承し、能く恩光に恃託せず。福を作《な》し威を作すこと、此に由らざるは莫く、防愼を加えざれば、必ずや愆非《けんぴ》有らん。(ヘ)儻《も》し德音を累ねること微《な》ければ、後に之を悔むも何をか及ばんや。書に云う、無益を作して有益を害することなかれ、と。此は皆な無益の事、固より耽して之を悅ぶべからず。(ト)伏して願うらくは、經書を博覽し、以て其の德を廣げ、聲色を屏退し、以て其の情を抑えよ。靜默にして無爲、恬虛にして寡欲、禮に非ざれば動く勿かれ、法に非ざれば言う勿かれ。(チ)居處服玩は、必ず節検に循《したが》い、畋獵遊娯は、縱逞を爲すなかれ、と。

（『舊唐書』巻八八韋承慶傳）

右を一覧すると、(イ)は韋承慶の履歴と文才を示すものであるが、ここで注目すべきは(ロ)で、儀鳳四年五月、詔を奉じて監國となった李賢は音樂と女色に溺れ、奴僕と狎れ合っていたため諫言すると述べることである。言うまでもなく、これは血眼になって李賢の非を捜求する武后一黨に危機感を覚えた韋承慶の忠言にほかならない。以下、韋承慶は皇太子に悖るとする行爲を具體的に示し、その改善を求めるのである。すなわち(ハ)東宮の装飾は常識から離れ、好みのままの造營は濫費をまねくと指摘し、加えて、(ニ)その前庭では倡優の雜伎が止まず、鼓吹の繁聲は牆外に洩れて、天子の聽覽をさわがし、後宮を穢すとする。これは前掲の「黄臺瓜の辭」の一件を彷彿させるが、その歌唱と音樂は間違いなく宮中の秩序を亂すとされたはずである。ついで太子の取巻きに言及して、(ホ)その僕隷や小人らは太子をたのみ、顏色を奉承するのみで、君恩に應えることはしないとして、かかる奴輩は福も威も太子に依存するしかないので、その交じわりを卽座に斷たねば必ずや愆非が出來するとする。そして、(ヘ)德を積まねば、のちに悔いても何になろうかとして、『書經』巻一八旅獒篇の「不作無益害有益」[45]を示し、無益に耽悦すべからずと強く警告するのである。末尾の(ト)と(チ)は、李賢のとるべき行動規範を示すものである。ここではとくに「畋獵遊娯」に言及しているが、それは章懐太子墓から發見された「狩獵出行圖」や「馬毬圖」を想起させるものである。ここで一言するならば、その壁畫は墓主にゆかりの一齣を描いたものであろうから、李賢が好んでそれを實踐したことは間違いなく、それはむしろ騎馬の訓練を兼ねるものとして唐朝の皇子に奬勵されたと見るべきであろう[46]。したがって韋承慶が戒めたのはその「縱逞」の部分であることに注意しなければならない。以上、明らかにしたことからすると諫言の主體が(ハ)〜(ヘ)にあることは明確で、韋承慶が李賢に強く迫ったのは不常なる所營と煩費の停止および悪害をもたらす僕隷小人らの追放であることは言うまでもない。

　このように見てくると、冊立當初に見られた李賢の實直な言動が消滅していることに驚かざるを得ないが、問題は何ゆえここまで墮落したかということである。私はそこに『後漢書注』の奉呈を契機とする則天武后の壓力を躱す意圖があったのではないかと考える。すなわち儒教的な正義を掲げて高宗および則天武后に譲位を迫った兄李弘とは異なり、ひたすら自己の世界に惑溺することをもって政治的野心のないことを示すとともに、母たる武后に哀愍の情を促すべく擦り寄り、その魔手を逸らそうとしたのではないかと推測するのである。それはまさに生き殘りをかけた戰略にほかならぬが、結論からすると、そこで生じた僕隷小人との交流が明崇儼の殺害につながり、その直後の監國就任と相俟って李賢は一時的に攻勢に轉ずるものの、そののちは史料に現れぬ一年餘の暗闘のはてに廢詘、自殺へと追いこまれていくのである。そこでまず『資治通鑑』永隆元年（六八〇）の條によって明崇儼の殺害と李賢廢詘の顛末を把握し、その詳細を考察することにしたい。

> (イ)崇儼死して賊得ざるに及び、天后、太子の爲す所を疑う。(ロ)太子頗る聲色を好み、戶奴趙道生等と狎昵《こうじつ》し、多く之に金帛を賜う。司議郎韋承慶上書して諫むるも、聽かず。天后人をして其の事を告げしむ。薛元超、裴炎に詔して御史大夫高智周等と與に雜《あつま》りて之を鞫《せめただ》し、東宮の馬坊に皁甲數百領を搜得し、以て反具と爲す。道生も又た太子、道生をして崇儼を殺せしを款稱す。(ハ)上素より太子を愛し、遲回して之を宥さんと欲す。天后曰く、人の子爲りて逆謀を懷くは、天地の容れざる所なり。大義は親をも滅す。何ぞ赦すべけんや、と。(ニ)甲子、太子を廢して庶人と爲し、右監門中郎將令狐智通等をして賢を送りて京師に詣り、別所に幽せしむ。黨與は皆な誅に伏す。仍《な》お其の甲は天津橋の南に焚き、以て士民に示す。

すなわち(イ)は、明崇儼の殺害から一年餘が經過するも、犯人を得られぬことに業を煮やした則天武后は李賢の關與を疑ったとするものである。この間の李賢の動向は明らかでなく、管見のかぎりでは左の一件を見るのみで、監國の解任時も確認できないのである。

（永隆元年）春二月癸丑、上、汝州の溫湯に幸す、戊午、嵩山の處士三原の田遊巖の所居に幸す。己未、道士宗城の潘師正の所居に幸す。上及び天后、太子皆な之を拜す。乙丑、東都に還る。（『資治通鑑』永隆元年の條）

これは洛陽周邊をめぐる高宗の巡幸に扈從したことを記すもので、このような十日餘の小旅においても深く潛行した母子の闘爭は止まることはなかったと考えられるが、やがて、それに勝利した則天武后は李賢の關與を告發するにいたるのである。すなわち(ロ)は、さきに韋承慶が迫った是正のうちで實行されなかった小人との絕緣を武后に衝かれて東宮の捜査がおこなわれ、逮捕された趙道生の自白から李賢の殺害敎唆が判明するとともに、東宮の馬坊から捜得した大量の武器が叛亂の具と認定されたことを記すものである。(47)これによって李賢の廢太子は動かぬものとなるのであるが、その眞相はつまるところ那邊にあるのか。ここでは、その三十一年後に作製された「章懷墓誌」が、その冤罪を諷することを一言しておきたい。(48)つづく(ハ)は、李賢の危機に直面した高宗が裁可を逡巡して贖宥を願うものの、逆謀を主張する則天武后の一喝に竦み上がったこと、また(ニ)は、廢詘されて庶人とされた李賢は長安に護送されて別所に幽閉され、その與黨の多くは誅殺されるとともに押收された皁甲數百領は洛陽城天津橋の南で焼かれ、天下に示されたことを記す。なお、一九二頁に揭げた李賢傳は⑤「調露二年、崇儼盜の殺す所と爲る。則天、賢の爲す所を疑い、俄かに人をして其の陰謀の事を發かしむ」につくるが、この調露二年は、前年になされた明崇儼殺害ののち一年餘を經て則天武后が李賢の陰謀を發いたことを言うものである。また⑥は『資治通鑑』と同旨であることを確認しておく。

最後に、この廢太子について『舊唐書』高宗本紀は、

（八月）甲子、皇太子賢を廢して庶人と爲し、別所に幽す。乙丑、英王哲を立てて皇太子と爲す。調露二年を改め

て永隆元年と爲し、天下に赦し、大酺すること三日。

と記すが、これは李賢を廢位とした翌日に弟李哲（顯）の立太子をおこなうとともに大赦改元と大酺を實施したとするもので、則天武后が周到な計略と果斷なる處置をもって李賢との權力鬪爭に完勝したことを物語るものである。

(.iv)　李賢の巴州謫徙と李敬業の亂

さて、李賢は長安別所に幽閉されたのち巴州に謫徙され、文明元年（六八四）二月に自殺を強いられるのであるが、それについて『舊唐書』李賢傳は左のごとく記す。

①永淳二年、遷於巴州。②文明元年、則天臨朝、令左金吾將軍丘神勣往巴州檢校賢宅、以備外虞。神勣遂閉於別室、逼令自殺、年三十二。③則天擧哀於顯福門、貶神勣爲疊州刺史、追封賢爲雍王。

ここで問題となるのは、①「永淳二年、巴州に遷せらる」として巴州謫徙を永淳二年に置くことである。その年次については「雍王墓誌」は言及せず、「章懷墓誌」は「以永淳二年、奉敕徙於巴州安置」として同年とするが、『新唐書』李賢傳は「開耀元年、賢を巴州に徙す」、兩『唐書』高宗本紀は「（開耀元年）、十一月癸卯、庶人賢を巴州に徙す」、『資治通鑑』は「（開耀元年）、十一月癸卯、故太子賢を巴州に徙す」とすることに注意しなければならない。すなわち巴州謫徙の年次には開耀元年（六八一）と永淳二年（六八三）の二説があるのである。そのいずれを是とすべきか。まずは左の(1)〜(4)において情況を確認することにしたい。

(1)永淳二年說では長安別所の幽閉期間は三年餘となる。そこでは嚴しい監視がなされたであろうが、李賢に連坐する諸王や大官も多いことから[(49)]、後述する李敬業の亂を出すまでもなく、李賢を謀叛の主に据えようとする勢力の跋扈や、これは極めて特殊な事例ではあるが、吐蕃などの西方勢力が長安を扼した折に傀儡として擁立されることも絶無ではないことを想定すると、[50] 僻遠の地へのすみやかな謫徙が求められたのではなかろうか。[51] 以上は幽閉期間が一年餘となる開耀元年説を是とする要因となろう。ただしここで一言するならば、逆にそれゆえにこそ李賢を地方に放つのは危險で、長安に幽囚して嚴重な監視下に置くべきであるとの見解も當然ながらなりたつのである。

(2)開耀元年の情況について『新唐書』高宗本紀は、

（開耀元年閏七月）、庚戌、餌藥を以て、皇太子監國とす。（中略）、十一月癸卯、庶人賢を巴州に徙す。永淳元年二月癸未、孫重照生まれて月滿つるを以て、大赦改元し、賜酺すること三日。（中略）、三月戊午、重照を立てて皇太孫と爲す。

と記すが、ここでは十一月の李賢謫徙に前後して、病弱な高宗の餌藥を理由に皇太子李哲（顯）が監國に就任したこと。またその長子李重照（のち重潤と改名。懿德太子）の誕生にともなう大赦改元と立太孫がおこなわれたことに注意したい。すなわち高宗の不例と皇長孫の誕生が目前に迫った時點で李賢が長安に在ることが問題視され、謫徙が論ぜられたと考えられるのである。當然ながらこの年次を記すものは、その折の宮中資料に依據するのであろうが、ここでは高宗の不例と李賢の謫徙とが連動していることに注目すべきである。

(3)右の觀點から『舊唐書』高宗本紀永淳二年十一月以降の要點を抄出すると左のごとくなる。

(イ)十一月、皇太子來朝す。癸亥、奉天宮に幸す。（中略）、上、頭重に苦しみ忍ぶべからず。侍醫秦鳴鶴曰く、頭を刺《はりさ》し微かに血を出せば癒ゆべし、と。（中略）、卽ち百會を刺す。上曰く、吾が眼明らかなり、と。（中略）、(ロ)皇太子に詔して監國とす。丁未、奉天宮より東都に還る。上の疾甚だしく、宰臣已下並びに謁見するを得ず。(ハ)十二月己酉、詔して永淳二年を改めて弘道元年と爲す。（中略）、是夕、帝、眞觀殿に崩ず、時に年五十六。

これによると、(イ)永淳二年十一月に洛陽郊外の奉天宮で重篤な狀態に陷った高宗は、侍醫の治療によって小康を得、

(ロ)洛陽への還御が叶ったが、もはや快癒の見込みはなく、(ハ)十二月己酉に弘道元年と改元したその夜のうちに崩御するのである。ここでは開耀元年と同様に皇太子監國を置いているが、その切迫度は前者の比ではなかろう。結論からするならば、私は高宗の病が重篤となり、その死が旦夕に迫ったこの段階で李賢の巴州謫徙が決定したと考えるものである。當然ながら李賢の謫徙は開耀元年にも提起されたであろうが、それは李賢を庇護する高宗が裁可しなかったと考えるのである。ただしこの史料自體は前述(1)・(2)と同じく二說中の一を決するものとはならぬことは言うまでもなかろう。そこでこの問題の關鍵となるのが「章懷墓誌」に見える左の一文である。

(4)永淳二年を以て、敕を奉じて巴州に徙り、安置せらる。

はじめに確認しておくと、この墓誌は則天武后崩御後の中宗朝において專橫を極めた武韋派を一掃したのちの睿宗景雲二年（七一一）に作製されたもので、李賢の名譽が完全に回復された時代に李賢の第二子李守禮の師傅である盧粲が誌序銘を撰述し、睿宗の第四子李範が書したものである。當然ながらその內容には自制した箇所も見られるのであるが、撰者の意に染まぬ改編が迫られた「雍王墓誌」に比べるとその筆を制するものは少なかったと考えられる。[52]すなわちこの觀點から謫徙の年次を見ると、假にそれが開耀元年になされたとして、それをことさら永淳二年と刻ませる發令者とその理由とを見出すことができないのである。やはりそれは事實をそのまま記したものと考えるべきではなかろうか。以上のことから、私は李賢の巴州謫徙は永淳二年になされたと考え、開耀元年を却けるものである。

さて、李賢が巴州に謫徙された直後の永淳二年十二月、高宗が崩御して同日中に李哲（顯、中宗）が卽位し、皇太后となった則天武后のもとで臨朝稱制が開始された。しかしほぼ二か月が經過した嗣聖元年（六八四）二月戊午に中宗は廢され、その翌日の文明元年二月己未に睿宗（李旦）の卽位と臨朝稱制の繼續が天下に示されるのである。[53]このめまぐるしい情況は李賢の知らぬところであろうが、この朝廷の混亂に起因するみずからの死が李賢に迫ることになるのである。それは李賢傳②に「文明元年、則天臨朝し、左金吾將軍丘神勣をして巴州に往きて賢の宅を檢校し、以て外虞に備えんとす。神勣遂に別室に閉《とざ》し、逼《せま》りて自殺せしむ、年三十二」とあるごとくであるが、この唐突ともいえる死はクーデターに近い形で政權を奪取した則天武后がさらなる混亂を避けるために斷行したとして間違いあるまい。なお、ここでは「年三十二」につくるが、『新唐書』李賢傳は「年三十四」につくるなど李賢の享年には諸說あるのであるが、一九七二年に出土した「雍王墓誌」は「文明元年二月廿日、巴州の別館に薨ず。春秋卅有一」につくり、また「章懷墓誌」は「文明元年二月廿七日を以て、巴州の公館に終《みまか》る。春秋卅有一」につくることに加えて、李賢が生まれた永徽五年十二月より文明元年二月まで三十一年を算えることから、現在では享年三十一が定說とされることを一言しておく(54)。

さらに卒月日については、「(文明元年)三月、庶人賢巴州に死す」(『舊唐書』卷六則天皇后本紀)とする三月說および「(文明元年)二月、庶人賢を巴州に殺す」(『新唐書』卷四則天皇后本紀)とする二月說が並立する。三月說については『資治通鑑』光宅元年(文明元年九月改元)三月の條に「丘神勣巴州に至り、故太子賢を別室に幽し、逼りて自殺せしむ。(中略)、戊戌、顯福門に擧哀す。(中略)、己亥、賢を追封して雍王と爲す」と記し、その胡三省注は、

考異に曰く、則天實錄に賢の死は、二月、丘神勣巴州に往くの下に在り。舊本紀は三月に在りとす。唐曆は遣神勣、擧哀、追封に皆な日有り。今、之に從う。

として、先行史料なかんづく干支の紀日にしたがって三月に置くと解說する。これは傳世文獻に依據するかぎり等閑視できぬものであろう。ただしながら私は、右の「雍王墓誌」は「二月廿日」また「章懷墓誌」は「二月廿七日」と明記することから、そのいずれを是とするか、またそこに見られる七日の差異については不明としなければならぬものの、二月のこの兩日以外に李賢の卒月日はあり得ないと考えるものである(55)。

さて、李賢の訃報に接した則天武后は、李賢傳③「則天、顯福門に擧哀し、神勣を貶して疊州刺史と爲し、賢を追封して雍王と爲す」とあるごとく洛陽城顯福門に出御して擧哀するとともに丘神勣を疊州刺史に貶降し、[56]さらに翌垂拱元年（六八五）には、左のごとく改めて李賢を雍王に追贈封しているのである。

⑴垂拱元年三月廿九日、恩もて制して雍王を追贈し、謚して悼と曰い、巴州化城縣境に葬らしむ。（「雍王墓誌」）

⑵垂拱元年四月廿二日、皇太后、司膳卿李知十をして節を持して冊命追封して雍王と爲さしむ。（「章懷墓誌」）

ここで注意すべきは、右の二墓誌は李賢を改めて雍王とする主要な手續きを重複することなく記していると考えられることである。すなわち⑴は、垂拱元年三月二十九日、則天武后は洛陽において恩愛をもって制書を下し、故李賢に雍王および悼とする謚を追贈するとともに巴州の化城縣境に埋葬することを命じたものである。そこには、當然ながら王にかなう葬禮の執行もふくまれているはずである。⑵は、同年四月二十二日に、則天武后から下賜された節を持して李知十が巴州に下向し、故李賢に冊命して雍王に追封したことを言うものである。その儀式は李賢の配所である巴州の公館あるいは化城縣境において建設中の墳墓において王禮に則って營まれたことであろう。ここで一言すると、李賢の雍王追封に母である則天武后の恩愛を否定することはできぬが、それはあくまでも副次的なものと見なすべきであろう。すなわちそれは、後述する李敬業の亂において李賢の名が掲げられ、多くの人士が呼應したことに對する善後策として、則天武后の恩德を天下に示すことをねらった極めて高い政治性が込められたものと考えるべきだからである。

それでは最後に、李賢と李敬業の亂について考察したい。まずその概略を記すと、それは高宗の崩御後になされた則天武后の專横に憤激した李勣の孫李敬業が揚州を中心に起こした叛亂で、結論からすると光宅元年（六八四）九月から十一月までの三か月餘で鎮壓されるのであるが、その最盛時には十餘萬の勝兵を糺合して揚・潤・楚三州にまたがる大亂となって唐朝を震撼させたのである。またこの亂で李敬業に仕えた駱賓王が起草した檄文は則天武后を指彈して、その罪業を天下に示す名文として名高く、その「一抔の土未だ乾かざるに、六尺の孤安《いず》くにか在る」とする句は則天武后を驚愕させたものとして知られている。(57)

ここで私が注目するのは、この叛亂における左の事例である。

⑴（光宅元年十月）、是より先、太子賢、天后の廢する所と爲り、巴州に死す。敬業乃ち狀貌の賢に似る者を求め、城中に置きて、之を奉じて主と爲して云えらく、賢は本より死せず、と。（『舊唐書』巻六七李勣傳附李敬業傳）

⑵敬業、人貌の故太子賢に類《に》る者を求得し、衆に紿《あざむ》きて云えらく、賢は死せず。亡《のが》れて此の城中に在りて、吾に屬して擧兵せしむ。因りて奉じ以て號令す、と。（『資治通鑑』光宅元年の條）

右の⑴・⑵を通覽すれば明らかなごとく、李敬業は李賢に狀貌の似る者を盟主に仕立てて、その命を奉じて擧兵したことを宣言するが、それは皇太子李賢の廢位と謫徙ならびに薨去とが理不盡なものとして同情を集め、それを強いた則天武后に對する憤怒の聲が天下に滿ち溢れていたことを物語るものであろう。それゆえにこそ「賢は本より死せず」とか「吾に屬して擧兵せしむ」とする言葉が連呼されたのである。ここでは李賢の名が州縣を呼應させるほどの威力をもち、則天武后を彈劾する象徵的なものとして利用されたことに注意しなければならない。

さて、李敬業の亂は中央から派遣された大將軍李孝逸が率いる三十萬の討伐軍によって鎮壓されるのであるが、ここで注目に値するのは、その副將に李知十の名が見えることである。(58)さきに論じたごとく、この人物は則天武后の命を奉じて巴州に下向し、故李賢を雍王に册命追封しているのであるが、それはこの叛亂を平定したのち四か月ほどのこととなるのである。ここで推測するならば、則天武后が平定まもないこの時點で李知十を巴州に派遣したのは、李賢の名を旗印に掲げた大亂に壓勝して、その名を轟かせた副將が手ずから故李賢に雍王の追封と王禮による葬儀の執行を宣することによって李賢の悲運に憤激し、その不死を希う天下の輿論と則天武后を難ずる縦論横議に終止符を打とうとしたからではなかろうか。この觀點からすると、ここで李知十を派遣した則天武后の政治力には瞠目すべきものがあるのである。

第四節　李孝・李上金・李素節と義陽・宣城・太平三公主

以上、縷述したごとく高宗の八子三女のうちで第一子李忠は「賜死」、第五子李弘は「鴆殺」、第六子李賢は「逼令自殺」をとげたのであるが、この三人と第七子李顯（中宗）および第八子李旦（睿宗）をのぞく三子三女に對して則天武后はいかなる關與をなしたか。最後に、その問題を考察することにしたい。

第二子李孝は、『舊唐書』李孝傳に「麟德元年薨ず。益州大都督を贈られ、諡して悼と曰う。神龍の初、原王、司徒、益州大都督を追贈さる」と記される。ここでは異母兄の李忠が同じく麟德元年（六六四）十二月に二十二歳で賜死となったことを勘案すると、それよりも若年で薨じたと見るべきであろう。なお、神龍年間（七〇五～七〇六）の追贈は、復辟した中宗のもとで則天武后の臨朝稱制期および武周時代に迫害された皇親の屬籍を復し、官爵を量敘する方針にしたがうもので、李賢の名譽回復と同じ趣旨でなされたものである(59)。なお、その沒年を李忠と同じくすることについて、管見のかぎりでは則天武后の關與を見出すことはできない。

第三子李上金は、『舊唐書』李上金傳に「乾封元年（六六六）、壽州刺史に累轉し、罪有りて官を免ぜらる。封邑を割きて、仍ち澧州に安置す。上金既に則天の悪む所と爲り、所司旨を希い、罪失を求索して以て之を奏す。故に此の黜有り」とあるごとく、(60)若年時より則天武后に憎悪されて所司の監視と求索を受けつづけたあげく、誣告を受けてみずから縊死をとげる悲惨な生涯を送った。上金は嗣聖元年（六八四）になされた高宗の大葬に際して異母弟の李素節および異母妹の義陽公主・宣城公主らと「赴哀」を聴されたほかは徹底して中央より遠ざけられ、死を迎える載初元年（六九〇）までに壽州・沔州・蘇州・陳州・隨州など五州の刺史として出鎮を強いられたのである。そして、その最後は武周革(61)命を二か月後に控えた載初元年（六九〇）七月、武承嗣の意を受けた酷吏周興によって素節ともども謀叛の誣告を受けて洛陽の御史臺に召喚され、そこで後着した素節が龍門驛にて絞殺されたとの報に接し「恐懼して自から縊死」したとされる。その享年は不明であるが、素節のそれが四十三であることを想起すれば、それを少しく上回るものとなろう。なお、上金には七子あったとされるがいずれも顯州に配流されて六人が死に、神龍年間のはじめ、ただ一人健在であった義珣に官爵の追還と嗣澤王の追封がなされている。また、その經緯を記すものは見出しがたいが、乾陵の陪葬墓に李上金墓があることも附言しておく。(62)以上、李上金一房の鏖殺は武周革命を目前にした則天武后が李氏の一掃を謀ったものとして誤りなかろう。

第四子李素節は、第二節において生母の蕭淑妃に附隨して論じたごとく、幼少時から俊敏をもって高宗に愛されたために則天武后から敵視され、徹底して排除すべき對象とされた。『舊唐書』李素節傳によると、(63)永徽六年（六五五）、皇后となった則天武后が蕭淑妃を殺害すると、中央から遠ざけられて申州刺史に出鎮させられたが、時に素節は八歳であった。ついで乾封年間（六六六〜六六七）のはじめに舊疾を理由に入朝が拒絶されると、素節は『忠孝論』を著して高宗に拜謁を歎願したが、その書を一見した則天武后によって贓賄を誣告されて袁州謫徙とされ、ついで儀鳳二年（六七七）には岳州に終身禁錮とされた。そののち永隆元年（六八〇）に許されて岳州および舒州の刺史に除せられたが朝覲はついに叶わなかった。このように素節には「安置」や「禁錮」がくり返され、また刺史として出鎮が強いられたのである。その最後は舒州刺史在任時に異母兄上金とともに誣告によって洛陽に召喚され、都城南郊の龍門驛で縊殺されたことは前述のごとくである。享年は四十三。則天武后は庶人の禮をもって素節を葬らせるとともに、その九子を誅殺したが、末の四子は年少のゆえをもって雷州に禁錮とした。なお同傳は、中宗が復辟すると故素節を許王に追封するとともに王禮をもって乾陵に改裝したとする。この素節一房に對する則天武后の處遇もまた上金のそれと同じ理由であろう。

第一女義陽公主と第二女宣城（高安）公主は、第二節で論じたごとく、生母の蕭淑妃が廢されたのち則天武后によって長く掖庭に幽閉され、皇太子李弘が出降を奏請すると、それを嫌った則天武后によって義陽公主は權毅に、宣城（高安）公主は王勗（遂古）に降嫁させられた。また二公主が上金・素節とともに高宗の大葬に「赴哀」したことは前述のごとくである。『新唐書』巻八三諸帝公主傳によるかぎり(64)、義陽公主についてはこれ以降の事績を明らかにできないが、妹の宣城（高安）公主が神龍年間に天子の姉たる長公主に進冊されたことからすると、この時點ですでに薨じていたのではなかろうか。なお乾陵の陪葬墓にその名が見えることから(65)、復辟した中宗朝より高宗の第一公主として、重んぜられたことは誤りなかろう。宣城（高安）公主は天授年間（六九〇～六九一）に、則天武后によって王勗が誅殺されたものの、前述のごとく神龍中に長公主に進冊されて實封千戸、開府置官が許されるなど厚遇され、開元年間（七一三～七四一）の薨去時には玄宗が暉政門に哭し、莊重な葬儀が營まれた。

第三女太平公主は、則天武后の所生になる高宗の末女で武周・中宗・睿宗の三朝における政治史に大きな足跡を殘した女性として著名である。『舊唐書』巻一八三外戚傳中の太平公主傳によると(66)、太平公主は母則天武后に容貌と性格が似ていることから愛幸され、その臨朝稱制期から武周朝にいたる二十餘年にわたって天下の公主のなかで貴盛無比と稱せられた。太平公主は、永隆二年（六八一）七月に薛紹に降嫁して二男二女を生んだが、垂拱四年（六八八）十一月、稱制下の李氏壓迫に危機感をいだいた諸王の叛亂に薛紹が連謀して誅殺されると、則天武后は武氏一黨の有力者である武攸曁の妻を殺害して太平公主を配したため、その閒に二男一女を生んだ。そののち太平公主は神龍元年（七〇五）、武后の老衰によって專橫を振るった張易之・昌宗兄弟の誅殺に重要な役割をはたして中宗の復辟に成功し、さらに唐隆元年（七一〇）の韋后一派による中宗鴆殺に際しては臨淄王李隆基（玄宗）に協力して睿宗の卽位を實現させ、睿宗朝に確固たる地位を築くにいたった。このようにして太平公主は武周時代は母の庇護のもとで、中宗朝・睿宗朝では皇妹として重く遇されて、權力を掌握したのであるが、先天元年（七一二）になされた玄宗の卽位によって睿宗が太上皇に退くと、玄宗との閒に權力鬪爭がはじまり、翌二年（七一三）七月、玄宗によって一族もろとも誅殺されるのである。享年は四十九ほどと考えられる。なお、中宗朝および睿宗朝における太平公主の政治的動向については第七章において論ずることにしたい。

むすび

本章は、はじめに章懷太子李賢の異母兄李忠および同母兄李弘の事績を明らかにし、それとの比較によって章懷太子李賢の皇太子册立と廢位の實像、さらには巴州謫徙と薨去の情況などについて考察するとともに、その連枝にあたる李孝・李上金・李素節および義陽・宣城（高安）・太平の三公主の生涯についても概觀した。ここで論じたのは高宗の八子三女のうち中宗と睿宗をのぞく九人で、そのうち太平公主と死因を明確にできぬ原王李孝をのぞいた七人はいずれも則天武后に憎惡され、翻弄されたあげく、その皇子はすべて殺害されたのである。その慘狀はまさに左に引く史臣の總活のごとくである。

史臣曰く、前代、嬖婦《へいふ》、孽子《げつし》を以て國を破り、家を亡す者多し。然れども未だ大帝（高宗）、孝和（中宗）の如く甚だしきはなし。高宗の八子、二王（原王李孝・孝敬皇帝李弘）は早世し、武后の斃す所と爲る者は四人なり。章懷は母子の愛、穎悟《えいご》の賢を以てするも、猶お虎口を免れざるがごとし。況んや燕（燕王李忠）、澤（澤王李上金）、素節（許王李素節）は異腹の胤、胡心を覆載し、鴆毒を產茲す。悲しい夫。孝和の母は、嚚婦《ぎんふ》、傲女《ごうじょ》にして暴なれば、身を群魅の中に置くが如し。安くんぞ其の終吉を保つこと有らん哉。天將に昏氛《こんふん》を滌盪《できとう》せんとすれば、重茂（李重茂、中宗の第四子、殤帝）の能く支うる所に非ざるなり、と。(67)（『舊唐書』高宗中宗諸子傳）

ここで一言すると、史臣は李弘を早世と記すが、それは錢大昕の「天后方に臨朝を圖り、乃ち孝敬を鴆殺すれば則ち孝敬もまた武后の斃す所なり。而れども本傳は書かず。未だ自ずから相い矛盾するを免れず」（『二十二史考異』）とする指摘(68)を俟つまでもなく異論を唱えねばなるまい。本論を一覧すれば明らかなごとく、李弘および李賢をふくむ五人の皇子は則天武后が權勢のために屠り、天に獻げた生贄にほかならないのである。

注

（1）本論は則天武后を通用するが、時に武后、武氏とも稱する。なお則天武后に關する概説は外山軍治『則天武后――女性と權力――』（中央公論社、一九六六年）、澤田瑞穗『則天武后――女傑と惡女に生きて――』（集英社、一九八六年）、氣賀澤保規『則天武后』（白帝社、一九九五年）などを參照。またその擁立と專制については、横田滋「武周政權成立の前提」（『東洋史研究』第一四卷第四號、一九五六年）、松井秀一「則天武后の擁立をめぐって」（『北大史學』第一一號、一九六六年）、松島才次郎「則天武后の稱制と簒奪」（『研究論集』第一九號、信州大學教育學部、一九六七年）、氣賀澤保規「唐代皇后の地位についての一考察――則天武后上臺の一考察――」（『明大アジア史論集』第八號、二〇〇二年）を參照。

（2）本書第十章、補篇一、補篇二を參照。

（3）章懷太子李賢の人物像を專論とするものに、長島健「唐の章懷太子李賢について」（『研究年誌』第一九號、早稻田大學高等學院、一九七五年。のちに同氏『長島たけし文集』所收、私家版、一九九二年）、洪海安「章懷太子李賢事略」（『乾陵文化研究』（二）、三秦出版社、二〇〇六年）がある。

（4）「雍王墓誌」に「永徽六年、封潞王。食邑一萬戶」とある。補篇一を參照。

（5）宮崎市定『論語の新研究』（岩波書店、一九七四年。のちに同氏『宮崎市定全集』第四卷所收、岩波書店、一九九三年）の第二部考證篇を參照。

（6）新舊『唐書』および『資治通鑑』に李忠の生年に關する記事は見られない。ここでは『舊唐書』李忠傳に麟德元年（六六四）、二十二歲で賜死とすることから貞觀十七年（六四三）と算出した。

（7）唐代の立帝・立后・立太子の儀禮および册書については、中村裕一『唐代制敕研究』（汲古書院、一九九一年）第四章第一節「册書」、金子修一『中國古代皇帝祭祀の研究』（岩波書店、二〇〇六年）第八章「中國古代の卽位儀禮と郊祀・宗廟」、吳麗娛「太子册禮的演變與中古政治――從『大唐開元禮』的兩種太子册禮說起――」（『唐研究』第一三號、二〇〇七年）を參照。

（8）舅は一般に母の兄弟をいうことから王皇后の母柳氏の兄弟と見ることもできるが、『新唐書』卷一一二柳澤傳附柳奭傳に「奭字子邵。（中略）、貞觀中、累遷中書舍人。外孫爲皇后、遷中書侍郎、進中書令。皇后挾媚道覺、罷爲吏部尙書。后廢、貶愛州刺史」とあることから、小論は柳氏の父すなわち王皇后の外祖父と考える。

（9）則天武后と感業寺については、氣賀澤保規「則天武后「感業寺」出家をめぐる一考察」（『中國石刻資料とその社會――北朝隋唐期を中心に――』所載、明治大學東アジア石刻文物研究所、二〇〇七年）を參照。

（10）『舊唐書』卷五一后妃傳および『新唐書』卷七六后妃傳。また女兒の扼殺について『新唐書』后妃傳＝則天武皇后傳は「昭儀生女、后就顧弄、去、昭儀潛斃兒衾下、伺帝至、陽爲歡言、發衾視兒、死矣。又驚問左右、皆曰后適來。昭儀卽悲涕、帝不能察、怒曰后殺吾女、往與妃相讒媢、今又爾邪。由是昭儀得入其訾、后無以自解、而帝愈信愛、始有廢后意」と記す。なお皇后位をめぐる抗爭については、橫田滋前揭論文注（1）、松井秀一前揭論文注（1）、氣賀澤保規前揭書および前揭論文注（1）

などを參照。

（11）占夢については、湯淺邦弘「中國古代の夢と占夢」（『島根大學教育學部紀要（人文・社會科學）』第二二卷第二號、一九八八年）、劉文英（湯淺邦弘譯）『中國の夢判斷』（東方書店、一九九七年）、淸水洋子「占夢の功罪を問うもの――「感變」からの一考察」（『中國研究集刊』第五〇號、二〇一〇年）などを參照。

（12）尙民傑「長安城郊唐皇室墓及相關問題」（『唐研究』第九號、二〇〇三年）は、李忠の葬地を不明とする。

（13）『舊唐書』高宗本紀に「（永徽七年春正月辛未）、立代王弘爲皇太子。壬申大赦、改元爲顯慶。文武九品已上及五品已下子爲父後者、賜勳官一轉。大酺三日」とあり、また「（顯慶四年）冬十月乙巳、皇太子加元服。大赦天下、文武五品已上子孫爲父祖後者加勳官一級、大酺三日」とある。

（14）『舊唐書』高宗本紀に「（永徽七年春正月甲子）、尙書左僕射兼太子少師、燕國公于志寧兼太子太傅、侍中韓瑗、中書令來濟、禮部尙書許敬宗、並爲太子賓客、始有賓客也」とある。

（15）皇太子册立に關する避諱の例は、李弘について『舊唐書』卷四三職官志二に「武德初置修文館。後改爲弘文館。後避太子諱、改曰昭文館」、李賢について『新唐書』卷四九百官志四に「貞觀十三年置崇賢館。顯慶元年置學生二十人。上元二年避太子名、改曰崇文館」とするものが確認できる。

（16）それについて『舊唐書』李弘傳は「弘嘗受春秋左氏傳於率更令郭瑜、至楚子商臣之事。廢卷而歎曰、此事臣子所不忍聞、經籍聖人垂訓、何故書此。瑜對曰、孔子修春秋、義存褒貶、故善惡必書。褒善以示代、貶惡以誡後、故使商臣之惡、顯於千載。太子曰、非唯口不可道、故亦耳不忍聞。請改讀餘書。瑜再拜賀曰、里名勝母、曾子不入、邑號朝歌、墨子迴車。殿下誠孝冥資、睿情天發、凶悖之跡、黜於視聽。循奉德音、實深慶躍。臣聞安上理人、莫善於禮、非禮無以事天地之神、非禮無以辨君臣之位、故先王重焉。孔子曰、不學禮、無以立。請停春秋而讀禮記。太子從之」と記す。

（17）『舊唐書』高宗本紀龍朔三年二月の條に「太子弘撰瑤山玉彩成、書凡五百卷」とある。なおこの書について『舊唐書』卷四六～四七經籍志は言及せず、『新唐書』卷五九藝文志三は「許敬宗瑤山玉彩五百卷。孝敬皇帝令太子少師許敬宗、司議郎孟利貞、崇賢館學士郭瑜、顧胤、右史董思恭等撰」と記す。

(18) 監國については、瀧川政次郎「複都制と太子監國の制」（同氏『法制史論叢』第二册所收、角川書店、一九六七年）、賴亮郡「論唐代高、睿二朝的太子監國與皇位繼承」（『臺東大學教育學報』第一四卷第二期、二〇〇三年）を參照。

(19) 『新唐書』は「四十不嫁」につくるが、この插話を上元二年（六七五）に假定すると時に高宗は四十八歲で、「四十」とする二公主と父娘關係を想定することは無理があるのではなかろうか。當然ながらこの「四十」および「三十」は概數であろうが、ここでは『舊唐書』および『資治通鑑』にしたがうべきと考える。

(20) 「風疹」は一般に「はしか」と解される。時に高宗四十八歲であることを勘案すれば「はしか」によって重篤な狀態に陷ったと考えることも可能であろう。ただし『資治通鑑』は「（上元二年三月）、上苦風眩甚、議使天后攝知國政」につくる。「風眩」は一般に「めまい」と解されるが、『舊唐書』高宗本紀に崩御直前の症狀として頭部に鬱血して頭重と視力低下を併發したことからすると、高宗は風眩を持病としていたと見るべきであろうか。

(21) これについて『舊唐書』卷八四郝處俊傳は「（上元）三年、高宗以風疹欲遜位、令天后攝知國事、與宰相議之。處俊對曰、嘗聞禮經云、天子理陽道、后理陰德。則帝之與后、猶日之與月、陽之與陰、各有所主守也。陛下今欲違反此道。臣恐上則謫見于天、下則取怪于人。昔魏文帝著令、身崩後尚不許皇后臨朝。今陛下奈何遂欲躬自傳位於天后。況天下者、高祖、太宗二聖之天下、非陛下之天下也。陛下正合謹守宗廟、傳之子孫、誠不可持國與人、有私於后族。伏乞特垂詳納。中書侍郎李義琰進曰、處俊所引經旨、足可依憑。惟聖慮無疑、則蒼生幸甚。帝曰、是。遂止」と記す。なお同傳は諫言上書の年次を上元三年とするが、本論は高宗本紀の年次にしたがう。なお『資治通鑑』も上元二年三月とする。

(22) 『新唐書』高宗本紀に「（上元二年）八月庚寅、葬孝敬皇帝于恭陵」とある。恭陵は、現在の河南省偃師市緱氏鄉滹沱村にある。來村多加史『唐代皇帝陵の研究』（學生社、二〇〇一年）を參照。

(23) 空格については、石見清裕「唐代石刻の避諱と空格」（鈴木靖民編『圓仁と石刻の史料學』所收、高志書院、二〇一一年）を參照。

(24) 「雍王墓誌」に「麟德二年、加右衛大將軍」とある。本書補篇一を參照。

(25) 初唐の四傑は王勃、楊炯、盧照鄰、駱賓王をいう。吉川幸次郎述（黑川洋一編）『中國文學史』（岩波書店、一九七四年）、小川環樹『唐代の詩人——その傳記』（大修館書店、一九七五年）を參照。

(26)　管見のかぎりでは、王勃撰『顏氏漢書指瑕』に關する史料はほかに『全唐文』卷一九一「楊炯王勃集序」に「九歲、讀顏氏漢書、撰指瑕十卷、十歲包綜六經」とする一條を認めるのみである。なお王勃の傳記史料を蒐集したものに山川英彥「王勃傳記資料集」（『神戸外大論叢』第五五卷第一號、二〇〇四年）がある。

(27)　王勃の著作は『舊唐書』經籍志に「周易發揮五卷王勃撰、次論語五卷王勃撰、王勃集三十卷」、『新唐書』藝文志に「王勃周易發揮五卷、王勃次論語十卷、王勃千歲曆卷亡、王勃集三十卷、王勃舟中纂序五卷」とあり、『顏氏漢書注指瑕』についての記事は見られない。

(28)　「對策高第」については、福井重雅『漢代官吏登用制度の研究』（創文社、一九八八年）第二章第五節「察擧と對策の高第」とくに自薦を基本とする唐代の貢擧制度については第三章第一節「察擧制度の諸相」を參照。

(29)　徐松撰・孟二冬補正『登科記考補正』（北京燕山出版社、二〇〇三年）卷二の乾封元年丙寅の條に「幽素科十二人、蘇瓌、解琬、苗神客、格輔元、徐昭、劉訥言、崔谷神、郭敬同、王勃、劉令彝」とある。なお劉訥言は李賢『後漢書注』の編纂グループの中心人物の一人である。本書第八章參照。

(30)　『全唐文』卷一八二に「平臺祕略論十首。孝行一、貞修二、文藝三、忠武四、善政五、尊師六、褒客七、幼俊八、規諷九、愼終十」とあり、同一八三に「平臺祕略贊十首。孝行第一、貞修第二、藝文第三、忠武第四、善政第五、尊師第六、褒客第七、幼俊第八、規諷第九、愼終第十」とあるが、その書の詳細および殘存情況などは不明である。

(31)　劉汝霖「王子安年譜」（『師大月刊』第一卷第二期、一九三三年）。

(32)　『資治通鑑』胡三省注は「考異曰、舊傳云檄英王雞。按中宗爲英王時、沛王賢已爲太子、當云周王」とする。なお『舊唐書』卷七中宗本紀は「儀鳳二年、徙封英王」とする。

(33)　鈴木虎雄「王勃年譜」（『東方學報（京都）』第一四册第三分、一九四四年）は、龍朔二年の條に「虎案ずるに、傳文を讀むに沛府を斥出する年時未だ知るべからず。（中略）、勃の沛府を斥出するは、大抵本年の春間に在り」と記す。

(34)　『舊唐書』卷一八九儒學傳上に「公孫羅、江都人也。歷沛王府參軍、無錫縣丞。撰文選音義十卷、行於代」とあり、また「李

善者、揚州江都人。方雅淸勁、有士君子之風。明慶中、累補太子內率府錄事參軍、崇賢館直學士、兼沛王侍讀。嘗注解文選、分爲六十卷、表上之、賜絹一百二十匹、詔藏于祕閣。除潞王府記室參軍、轉祕書郎。乾封中、出爲經城令。坐與賀蘭敏之周密、配流姚州。後遇赦得還、以敎授爲業、諸生多自遠方而至。又撰漢書辯惑三十卷。載初元年卒。子邕、亦知名。」とある。公孫羅および李善とその『文選』注については富永一登『文選李善注の研究』（研文出版、一九九九年）第一章「李善注前史」・第二章「李善の傳記と「文選學」の成立」を參照。

(35) 南朝の注釋學については、吉川忠夫「顏師古の『漢書』注」（『東方學報』京都五一册、一九七九年。のちに同氏『六朝精神史研究』所收、同朋社出版、一九八四年）を參照。

(36) 西脇常記「忘れられた唐初の護法家、玄範」（『ベルリン・トルファン・コレクション漢語文書研究』、一九九七年。のちに同氏『ドイツ將來のトルファン漢語文書』所收、京都大學學術出版會、二〇〇二年）。

(37) 『全唐文』卷二五七所收「章懷太子良娣張氏神道碑」は「貴州」を「桂州」につくる。

(38) 『舊唐書』高宗本紀に「（咸亨五年）秋八月壬辰、（中略）、改咸亨五年爲上元元年」とある。

(39) 澤田瑞穗『中國の呪法』（平川出版社、一九八四年）第一輯「見鬼」、第五輯「厭勝」などを參照。

(40) 孫楷第「唐章懷太子賢所生母稽疑」（『輔仁學誌』第一五卷第一期第二期合刊、一九四七年。のちに同氏『滄州後集』所收、中華書局、二〇〇九年）は、李賢を韓國夫人の所生と疑うとともに駱賓王「代李敬業傳檄天下文」の「殺姊屠兄」について「通鑑胡注云姊謂韓國夫人、是也」とする指摘を提示して、則天武后による韓國夫人の殺害と考える。駱賓王については注（25）および注（57）を參照。

(41) 『舊唐書』卷一九一方伎傳＝明崇儼傳に「儀鳳二年、累遷正諫大夫、特令入閤供奉」とある。

(42) 『舊唐書』卷四七經籍志下に「少陽政範三十卷、天后撰」とあり、『新唐書』卷五九藝文志三に「少陽政範三十卷」とあるが、『孝子傳』については言及しない。なお少陽は皇太子の謂であることから、その心得を說くものであろう。

(43) 「黃臺瓜の辭」の樂曲ではないが、李賢の作樂が哀愁を帶びたことは、『舊唐書』卷一九一方伎列傳＝李嗣眞傳に「調露中、（中略）、時章懷太子居春宮、嗣眞嘗於太淸觀奏樂、謂道士劉概、輔儼曰此曲何哀思不和之甚也。概、儼曰、此太子所作寶慶樂也。居數日、太子廢爲庶人」と見える。

(44)『舊唐書』は「三摘猶尙可」につくるが、『新唐書』巻八二十一宗諸子傳＝承天皇帝倓傳は「三摘尙云可」につくる。

(45)『貞觀政要』巻一八に「貞觀元年、太宗謂侍臣曰、(中略)、古人曰、不作無益害有益」とあることから、韋承慶の諫言は李賢が精通したであろう太宗の言辭もふまえて述べられたと考えられる。

(46)章懷太子墓壁畫については、陝西省歴史博物館編『章懷太子墓壁畫』(文物出版社、二〇〇二年)、陝西省歴史博物館編『李賢李重潤墓壁畫』(文物出版社、一九七四年)、周天游主編『章懷太子墓壁畫』(文物出版社、二〇〇二年)、冀東山主編『神韵與輝煌——陝西歴史博物館國寶鑑賞(唐墓壁畫巻)——』(三秦出版社、二〇〇六年)などおよび本書第七章を參照。また唐代における狩獵出行および馬毬の意義については、王仁波・何脩齡・單暐「陝西唐墓壁畫之研究」(『唐墓壁畫研究文集』)所載、三秦出版社、二〇〇一年)を參照。

(47)『唐律疏議』巻一六擅興律に「諸私有禁兵器者、徒一年半。疏議曰、私有禁兵器、謂甲弩矛矟具裝等。依令私家不合有。若有矛矟者、各徒一年半。(中略)、甲一領及弩三張流、二千里。甲三領及弩五張絞」とあり、ここではたとえ皇太子であっても東宮の馬坊に皁甲數百領を私藏したことが罪に問われたのである。洪海安前掲論文注(3)を參照。

(48)本書第十章および補篇二を參照。

(49)李賢に連坐した諸王には『新唐書』巻八〇同太宗諸子傳に「曹王明、(中略)、永隆中、坐太子賢事、降王零陵、徙黔州。都督謝祐逼殺之、帝聞悼甚」とあり、また同諸帝公主傳に「東陽公主。(中略)、高宗卽位、進爲大長公主。(中略)、又坐章懷太子累、奪邑封」とある。

(50)李賢の第二子李守禮の子李承宏が代宗の廣德元年(七六四)、長安に侵攻した吐蕃のもとで皇帝に卽位して百官を置いたことは『舊唐書』李賢傳附李守禮傳に「子承宏、開元初封廣武郡王、歴祕書員外監、又爲宗正卿同正員。廣德元年、吐蕃凌犯上都、乘輿幸陝。蕃、渾之衆入城、吐蕃宰相馬重英立承宏爲帝、以于可封、霍瓌等爲宰相、補署百餘人。旬餘日、賊退、郭子儀率衆入城。送承宏於行在、上不之責、止於虢州。尋死」と見える。

(51)『資治通鑑』胡三省注は「十一月癸卯、徙故太子賢於巴州」に「舊志、巴州至京師二千三百六十里。東都二千五百八十二里」と記す。

(52)　本書第十章および補篇二を參照。

(53)　『舊唐書』巻六則天皇后本紀に「弘道元年十二月丁巳、大帝崩、皇太子顯卽位、尊天后爲皇太后。既將篡奪、是日自臨朝稱制。(中略)、嗣聖元年春正月、甲申朔、改元。二月戊午、廢皇帝爲廬陵王、幽于別所、仍改賜名哲。己未、立豫王輪爲皇帝、令居於別殿。大赦天下、改元文明。皇太后仍臨朝稱制」とある。

(54)　『舊唐書』本傳は李賢の享年を三十二につくるが、「雍王墓誌」は「文明元年二月廿日、薨於巴州之別館。春秋卅有一」、「章懷墓誌」は「以文明元年二月廿七日、終于巴州之公館。春秋卅有一」につくり、ともに三十一とする。また『新唐書』本傳は「年三十四」につくる。またその生沒年について『舊唐書』は生年を「永徽五年十二月」(高宗本紀)、卒年を「文明元年三月」(巻六則天皇后本紀)とし、さらに『新唐書』は卒年は「文明元年二月」(巻四則天皇后紀)につくり、二墓誌のそれに一致する。なお永徽五年(六五四)十二月より文明元年(六八四)二月までは三十一年となり、二墓誌の享年に合致する。よって現今では享年三十一を定說とする。李賢の享年に關する諸說については孫楷第前掲論文注(40)を參照。なお孫氏は「雍王墓誌」・「章懷墓誌」の出土後に三十一とした李賢の享年が證明されたことを附記する。

(55)　ここで敢えて一言するならば、本書第七章に詳述するごとく、「雍王墓誌」が作製された中宗朝では韋后一派の強勢のもとで李賢の復權を歡ばぬ風潮が存在し、それは「章懷墓誌」が作製された睿宗朝では一掃されていることに注意しなければならない。すなわち李賢の事績については後者の方がより忌憚なく撰述できる環境にあったと考えられるのである。よってこの觀點からすると李賢の卒月日は二月二十七日に置くのが順當であると考えられる。

(56)　ただし『舊唐書』巻五九丘和傳附神勣傳に「神勣、嗣聖元年、爲左金吾將軍、則天使於巴州害章懷太子、既而歸罪於神勣、左遷疊州刺史。尋復入爲左金吾衞大將軍、深見親委」とあるごとく、ほどなく左金吾大將軍に昇任し、深く則天武后に親委されたとする。

(57)　『資治通鑑』光宅元年の條に「移檄州縣、略曰僞臨朝武氏者、人非溫順、地實寒微。昔充太宗下陳、嘗以更衣入侍、洎乎晩節、穢亂春宮。密隱先帝之私、陰圖後庭之嬖、踐元后於翬翟、陷吾君於聚麀。又曰殺姊屠兄、弑君鴆母、人神之所同嫉、天地之所不容。又曰包藏禍心、竊窺神器。君之愛子、幽之於別宮、賊之宗盟、委之以重任。又曰一抔之土未乾、六尺之孤安在。又曰試

觀今日之域中、竟是誰家之天下。太后見檄、問曰誰所爲。或對曰駱賓王。太后曰宰相之過也。人有如此才、而使之流落不偶乎」とある。なお駱賓王については小川環樹前掲書注（25）を參照。

（58）『資治通鑑』光宅元年の條に「甲申、以左玉鈐衛大將軍李孝逸爲揚州道大總管、將兵三十萬。以將軍李知十、馬敬臣爲之副、以討李敬業」とある。

（59）本書第七章第二節參照。

（60）『舊唐書』李上金傳に「乾封元年、累轉壽州刺史、有罪免官、割封邑、仍於澧州安置。上金既爲則天所惡、所司希旨、求索罪失以奏之、故有此黜。永隆元年二月、則天矯抗表杞王上金、鄱陽王素節許同朝集之例。（中略）、以上金爲沔州刺史、素節爲岳州刺史、仍不預朝集。嗣聖元年、上金、素節、義陽、宣城二公主聽赴哀。文明元年、上金封畢王、素節封爲葛王、又改上金封爲澤王、蘇州刺史。素節許王、隆州刺史。垂拱元年、改陳州刺史。永昌元年、授太子左衞率、出爲隨州刺史。載初元年、武承嗣使酷吏周興誣告上金、素節謀反、召至都、繫於御史臺。舒州刺史、許王素節見殺於都城南驛、因害其支黨。上金恐懼、自縊死。子義珍、義玫、義璋、義環、義瑾、義璲七人並配流顯州而死。神龍初、追復上金官爵、封庶子義珣爲嗣澤王」とある。

（61）武周革命の年月日については、『舊唐書』則天皇后本紀に「（載初元年）、九月九日壬午、革唐命、改國號爲周。改元爲天授、大赦天下、賜酺七日」とある。

（62）李上金および李素節が乾陵に陪葬されたことは、『唐會要』巻二一陪陵名位に「乾陵陪葬名氏。章懷太子賢、懿德太子重潤、澤王上金、許王素節、邠王守禮、義陽公主、新都公主、永泰公主、安興公主、特進王及善、中書令薛元超、特進劉審禮、禮部尚書左僕射豆盧欽望、右僕射劉仁軌、左衞將軍李謹行、左武衞將軍高侃」とある。なお高宗八子のうち李忠および李孝の葬地は不明であるとする。尚民傑前掲論文注（12）を參照。なお唐代の皇帝陵と陪葬墓について詳述するものに、來村多加史前掲書注（22）、劉向陽『唐代帝王陵墓』（三秦出版社、二〇〇三年）がある。

（63）『舊唐書』李素節傳に「（永徽）六年、則天立爲皇后後、淑妃竟爲則天所譖毀、幽辱而殺之。素節尤被讒嫉、出爲申州刺史。乾封初、下敕曰素節既舊疾患、宜不須入朝。而素節實無疾。素節自以久乖朝覲、遂著忠孝論以見意、詞多不載。時王府倉曹參軍張柬之因使潛封此論以進、則天見之、逾不悦、誣以贓賄、降封鄱陽郡王、仍於袁州安置。儀鳳二年、禁錮終身、又改於岳州安置。永隆元年、轉岳州刺史、後改封葛王。則天稱制、又進封許王、累除舒州刺史。天授中、與上金同被誣告、追赴都。（中略）、行至都城南龍門驛、被縊死、年四十三。則天令以庶人禮葬之。中宗卽位、追封許王、贈開府儀同三司、許州刺史、仍以禮改葬、陪於乾陵。素節被殺之時、子瑛、琬、璣、瑒等九人並爲則天所殺。惟少子琳、瓘、璆、欽古以年小、特令長禁雷州。神龍初、封瓘爲嗣許王」とある。

(64)『新唐書』巻八三諸帝公主傳に「義陽公主、蕭淑妃所生、下嫁權毅。高安公主、義陽母弟也。始封宣城。下嫁潁州刺史王勗。天授中、勗爲武后所誅。神龍初、進册長公主、實封千戶、開府置官屬。睿宗立、增戶千。薨開元時、玄宗哭於暉政門、遣大鴻臚持節赴弔、京兆尹攝鴻臚護喪事」とある。

(65)前掲注（62）『唐會要』を參照。

(66)『舊唐書』巻一八三外戚傳＝太平公主傳に「太平公主者、高宗少女也。以則天所生、特承恩寵。初、永隆年降駙馬薛紹。紹、垂拱中被誣告與諸王連謀伏誅、則天私殺攸曁之妻以配主焉。公主豐碩、方額廣頤、多權略、則天以爲類己。每預謀議。（中略）、二十餘年、天下獨有太平一公主、（中略）、貴盛無比。（中略）、神龍元年、預誅張易之謀有功、進號鎭國太平公主。（中略）、公主薛氏二男二女、武氏二男一女。（中略）、唐隆元年六月、韋后作逆稱制、僞尊溫王。玄宗居臨淄邸、憤之、將淸內難。公主又預其謀。令男崇簡從之。及立溫王、數日、天下之心歸於相府、難爲其議。公主入啓幼主、以王室多故、資於長君、乃提下幼主、因與玄宗、大臣尊立睿宗。公主頻著大勳、益尊重。（中略）、公主懼玄宗英武、乃連結將相、專謀異計。其時宰相七人、五出公主門、常元楷、李慈掌禁兵、常私謁公主。先天二年七月、玄宗在武德殿、事漸危逼、乃勒兵誅其黨竇懷貞、蕭至忠、岑羲等。公主遽入山寺、數日方出、賜死于家。公主諸子及黨與死者數十人」とある。なお、その出降年次は『舊唐書』高宗本紀に「（永隆二年）七月、太平公主出降薛紹、赦京城繫囚」とあり、薛紹誅殺の年次は『舊唐書』則天武后本紀に「（垂拱四年）十一月辛酉、殺濟州刺史薛顗及其弟駙馬都尉紹」とある。

(67)嬖婦は君主に寵愛される婦人。孽子は妾腹の子。嚚は子を慈しまぬこと、冷酷。傲は傲慢。滌盪はあらいすすぐこと。李重茂については本書第七章を參照。

(68)錢大昕『二十二史考異』巻五九舊唐書三「高宗諸子傳」に「高宗八子、二王早世、爲武后所斃者四人。二王早世謂原王及孝敬皇帝也。章懷太子燕澤許三王、皆爲武后所戕。考肅宗諸子傳、李泌言孝敬皇帝爲太子監國、而仁明孝悌、天后方圖臨朝、乃鴆殺孝敬、則孝敬亦武后所斃。而本傳不書、未免自相矛盾矣」とある。

第七章　李賢の妃嬪・三子と章懷太子追謚について

――主として「張氏神道碑」と「雍王」・「章懷」二墓誌による――

はじめに

章懷太子李賢の爲人と事績は『舊唐書』卷八六高宗中宗諸子傳および『新唐書』卷八一三宗諸子傳の各李賢傳に記され、その傳末には三子の小傳が附されている。ただし、その三子の生母をふくむ李賢の妃嬪については兩『唐書』および『資治通鑑』などの歴史書には記述されず、管見のかぎりでは北宋李昉の奉太宗敕撰になる『文苑英華』所收「章懷太子良娣張氏神道碑」（以下「張氏神道碑」とする）および一九七〇年代初頭に章懷太子李賢墓から「大唐故雍王墓誌」（以下「雍王墓誌」とする）とともに出土した「大唐故章懷太子幷妃清河房氏墓誌」（以下「章懷墓誌」とする）という二資料（史料）によって南陽張氏と清河房氏の事績を確認することができるのみである。(1) 第六章において私は、李賢の人物像を總合的に考察することをめざして、その幼少期に施された教育と沛王・雍王時代の事績を明らかにし、ついで皇太子時代の事績を考察するために、まずは李賢の異母兄李忠と同母兄李弘の册立と廢位の事情を分析して李賢のそれとを比較し、何ゆえ李賢は則天武后と對立して廢太子とされ、巴州謫徙ののち自殺に追い込まれたかを論じた。これを承けて本章は、はじめに南陽張氏と清河房氏および李賢の三子の人物像を明らかにし、ついで李賢の沒後になされた名譽の回復とそれにともなう乾陵陪葬および章懷太子追謚の詳細を論じ、最後に「雍王墓誌」と「章懷墓誌」に見られる改刻の事例をもとに中宗・睿宗二朝における權力鬪爭について論究するものである。

第一節　李賢の妃嬪と三子

（i）南陽張氏について

「張氏神道碑」は碑題、碑序、碑銘の總字數八六六字をもって章懷太子の良娣であった南陽張氏の事績を傳えている。ここでは、その常用的な美辭句をのぞく要諦を左に提示して張氏の人物像を考察することにしたい。なお論述は番號の順次にはしたがわない。

①我唐章懷太子有良娣曰南陽張氏之子也。邠王守禮之母也。②初章懷封於雍、良娣選以入。③後章懷謫於巴、良娣隨而邁。（中略）、④雖逶迤失於偕老、而契闊存乎與成。⑤始十四奉吾夫。逮笄年而轉茂、終六十四違吾子、當卦數而同極。（中略）、⑥隋上儀同甘泉府別將嚴之曾孫、侍御史睦州刺史詳之孫、朝議郎行貴州都督府始安縣令明之女也。（中略）、⑦粤景龍二載孟夏之月、遘疾棄養於京延康第之寢。（中略）、⑧金紫光祿大夫行鴻臚卿趙承恩、銀青光祿大夫尚書左丞元暕持節冊贈曰章懷皇太子良娣、祔於陵邑。禮也。⑨嗚呼。山疑鶴駕、地卽烏號、太子賓帝之餘、高宗在天之所。衣冠道德、密近屬於陪乘。（中略）、⑩又典地司空邠王守禮、幼承法度、長被暉光。（中略）、⑪所以傍彫翠琰、伏奏丹墀。⑫天子孝理之風、已周於品物、孝思之德、況及於兄弟。⑬乃敕禮部尚書蘇頲採詢爲言、由是稽舊聞、討前訓。（中略）、⑭其銘曰、（中略）、⑮車已折兮我未亡、鼎其新兮子爲王。⑯子旣王兮我爲太、殷聖造兮沐嘉會。（中略）、⑰子哀哀兮篆碑於是、親永永兮歿代如存。

（『文苑英華』卷九三二）

その碑序は前段において、①「我が唐の章懐太子良娣は南陽張氏の子なり。邠王守禮の母なり」として南陽を本貫とする張氏の女であり、邠王守禮の生母であると明示し、その父祖について⑥隋の上儀同甘泉府別將張嚴之を曾祖父に、唐の侍御史睦州刺史張詳之を祖父に、同じく朝議郎行貴州都督府始安縣令張明之を父とすると記す。ただし管見のかぎりでは、この三人の事績は『隋書』および兩『唐書』には見られぬようである。張氏の入奉時は、②「初め章懐雍に封ぜらるるに、良娣選ばれて以て入る」として李賢の雍王在位時と記されることから、後掲の**章懐太子李賢關係年表Ⅱ**に示すごとく、それは咸亨三年（六七二）年九月の雍王徙封から上元二年（六七五）六月の立太子にいたる二年九か月の期間内となる。ただし後述のごとく、張氏の年齢と李守禮の生年から檢討すると、それ以前の沛王在位時となる蓋然性が高い。(2) 何となれば、⑤の「始め十四にして吾が夫を奉じ、笄年《けいねん》（十五歳）に逮《およ》んで轉《うた》た茂《さかん》なり」とあり、さらに「終《みまか》るとき六十四、吾子に違《はな》る」と記して張氏は六十四歳で亡くなり、吾子（守禮）に去別したとするのである。この「六十四」は轉寫の誤とも見られるが、次句を「卦の數に極《おわり》を同じうするに當る」とむすんで易の六十四卦に享年を一致させる表現からするとそれは考えがたく、張氏の享年が六十四であることは動かせぬであろう。とすると問題は李賢との年齢差となる。それについて、まず張氏の沒年を確認すると、⑦に「粤《ここ》に景龍二載孟夏の月、疾に遘《あ》いて京の延康の第の寢に棄養す」とあり、重祚した中宗の景龍二年（七〇八）四月に長安城延康坊の私第の寢殿で薨じたことが知られる。(3)

　さて、この景龍二年と六十四歳の沒年からすると張氏は太宗の貞觀十九年（六四五）の誕生となり、李賢よりも九歳年長となる。したがってこの年齢差を前掲⑤の「始十四奉吾夫」にあてはめると、その時點での李賢は潞王を冠する五歳の幼児となって解釋に困難をきたすこととなる。あるいは入奉した張氏は幼い李賢に侍して成長を待ちつづけたということであろうか。碑序に誤りはなくまたそれに依據するかぎり、この年齢差は埋まらぬが、ここで李賢の生母

章懐太子李賢關係年表Ⅱ

貞觀十九年（六四五）		南陽張氏誕生。
永徽五年（六五四）	李賢一歳	十二月　李賢誕生（十二月戊午、發京師謁昭陵、在路生皇子賢）。
永徽六年（六五五）	二歳	正月　潞王に始封。
顯慶元年（六五六）	三歳	遷授岐州刺史、加雍州牧、幽州都督。始出閤。長安安定坊に王宅を置く。 十一月　李哲（のち顯、中宗）誕生。
顯慶三年（六五八）	五歳	南陽張氏（十四歳）を納妃。 清河房氏誕生。
龍朔元年（六六一）	八歳	九月　李賢沛王に徙封。
龍朔二年（六六二）		六月　李旦（睿宗）誕生。
麟德二年（六六五）		加右衛大將軍。其年從駕東封、攝兗州都督（「章懷墓誌」）。 太平公主誕生？
咸亨三年（六七二）	十九歳	この年までに李守禮（生母南陽張氏）誕生。 九月　李賢雍王に徙封。
上元二年（六七五）	二十二歳	二月　清河房氏（十八歳）を納妃。 六月　雍王李賢皇太子に冊立。
儀鳳元年（六七六）	二十三歳	十二月　李賢『後漢書注』を奉呈。
調露二年（六八〇）（永隆元年）	二十七歳	八月　皇太子李賢廢位、庶人に下されて長安の別所に幽閉。
永淳二年（六八三）	三十歳	十一月　李賢巴州に謫徙。
弘道元年（六八三）	三十歳	十二月　高宗崩御享年五十六。皇太子李顯（中宗）即位。則天武后臨朝稱制。
文明元年（六八四）（嗣聖・光宅）	三十一歳	二月　中宗廢位、皇太子李旦（睿宗）即位。
垂拱元年（六八五）		二月二十日　薨於巴州之別館（「雍王墓誌」）。 二月二十七日　終于巴州之公館（「章懷墓誌」）。 三月二十九日　恩制追贈雍王謚曰悼、葬於巴州化城縣境（「雍王墓誌」）。
垂拱四年（六八八）		李賢の第三子李守義病卒？
天授元年（六九〇）		八月　故太子賢の二子（李光順・李守義）を鞭殺す。（『資治通鑑』天授元年） 九月　武周革命。
神龍元年（七〇五）		一月　皇太子李顯（中宗）重祚、唐朝の再興。 十一月　則天武后崩御、享年八十三？
神龍二年（七〇六）		七月一日　故雍王李賢を乾陵に陪葬。
景龍二年（七〇八）		四月　南陽張氏薨去、享年六十四。雍王良娣として雍王李賢墓に埋葬。
景龍四年（七一〇）（唐隆元年）		六月　中宗遇毒崩御享年五十五。臨淄王李隆基擧兵、韋后、安樂公主を誅殺。
景雲元年（七一〇）		六月　相王李旦（睿宗）重祚。
景雲二年（七一一）		四月十九日　故李賢に章懷太子追贈。 六月十六日　清河房氏薨去、享年五十四。 十月十日　故張氏に章懷太子良娣を追贈。 十月十九日　故房氏を章懷太子李賢墓に埋葬。 十月二十五日　故李守義の妃楊氏を追册。
延和元年（七一二）		八月　睿宗讓位、皇太子李隆基（玄宗）即位。
先天二年（七一三）		七月　太平公主賜死、享年四十九？
開元四年（七一六）		六月　太上皇帝（睿宗）崩御、享年五十五。
開元二十九年（七四一）		十一月　李賢の第二子李守禮薨去、享年七十（『新唐書』）。享年七十餘（『舊唐書』）。

則天武后が父高宗よりも最大で五歳年長であることを想起すれば、[4] そのような事例もあり得ぬことではないと見るべきであろう。そして後述するごとく、張氏所生になる第二子守禮の生年が咸亨三年（六七二）またはそれより數年さかのぼることを勘案すると、守禮は父李賢が雍王となる十九歳まで、母張氏が二十八歳までに誕生したことになる。この觀點からすると②の「初章懷封於雍、良娣選以入」とする一文は、雍王徙封にともなって良娣に拜された張氏が守禮を生んだことを示唆するものであるかもしれない。

つづく碑序③「のち章懷巴に謫され、良娣隨いて邁《ゆ》く」は、李賢の巴州謫徙に張氏も隨ったことを示すものである。管見のかぎりでは兩『唐書』以下の歴史書や「雍王」・「章懷」二墓誌に妃の房氏と子らが隨從した記事は見出せぬのであるが、これは彼らも隨ったことを推測させるものである。ここで守禮を例にとると、李賢の巴州謫徙は永淳二年（六八三）十一月のことであるから時に十二・三歳ほどの少年となる。詳細は後述するとして、この人物は武周の聖曆元年（六九八）に解放されるまで十數年にわたって洛陽城内の宮殿に幽閉され、武氏派の嚴しい監視下におかれていることから、そこに文明元年（六八四）二月の李賢薨去と翌垂拱元年（六八五）三月の葬儀を重ねると、守禮は父の葬儀がおわると洛陽にもどされ、そのまま幽閉されたとの推測が成りたち、時間的には矛盾なく謫徙と幽閉とが接續するのである。そしてこれに加えて第六章で詳述したごとく、則天武后によって李賢の異母兄やその子らが容赦なく謫徙され、殺害された事實を勘案すると、守禮ら三子もともに謫されたと考えるのが順當で、そこにことさら例外を求める理由は見出しがたいとしなければならない。すなわちその謫徙は三十歳の李賢に房氏（二十六歳）と張氏（三十九歳）および十代半ばの長子から七~八歳ほどの末子までことごとく隨ったと考えられるのである。

さて、その命令は調露二年（六八〇）八月の廢詔によって洛陽から長安に護送され、別所に幽閉されて三年餘を經過した李賢ににわかに下ったと考えられる。左の「皇太子請給庶人衣服表」は永淳二年（六八三）十一月、慌ただしく長安を旅立つ李賢一行を憐れむ皇太子李哲（李顯、中宗）が崔融をして上表させたもので、その悲惨な情況を傳えて聖恩の降下を請うものである(5)。

臣某言、(a)臣聞心有所至、諒在於聞天。事或可矜、必先於叫帝。(b)庶人不道、徙竄巴州。臣以兄弟之情、有懷傷憫。(c)昨者臨發之日、輒遣使看、見其緣身衣服、微多故弊、男女下從、亦稍單薄。(d)有至於是、雖自取之、在於臣心、能無憤愴。(e)天皇衣被天下、子育蒼生。特乞流此聖恩、霈然垂許。(f)其庶人男女下從等、每年所司、春冬兩季、聽給時服。(g)則浸潤之澤、曲霑於螻蟻。生長之仁、不遺於蕭艾。(h)無任私懇之至、謹遣某官奉表陳請以聞。

（『文苑英華』巻六〇五）

ここで李哲は「臣某言えらく」と發語して、まず(a)「臣聞く、心に至《きわま》る所有れば、諒《まこと》に天に聞《もう》す在り。事に矜《あわれ》むべき或れば、必ず帝に叫《さけ》ぶを先《とうと》ぶ、と」と述べて心に極まる哀しみは天帝に上聞すべきとされることを示して、以下のように歎願する。すなわち(b)「庶人不道にして、巴州に徙竄さる。臣は兄弟の情を以て、傷憫を懷く有り」として、臣は不道ゆえ巴州に徙竄される庶人賢に兄弟の情から憫みを懐いて、(c)「昨者《きのう》、發するの日に臨み、輒ち使を遣して看せしむるに、其れ緣身の衣服は、微にして故弊多く、男女の下從も、亦た單薄を稍《ひとし》うするを見る」と述べ、さらに(d)「是に至るに有りては、自ら之を取ると雖も、臣の心に在りては、能く憤愴を無からしめん」として、それは李賢自身が招いた罪とはいえ、わが心は憤愴に沈み、それを拂い去る術がないとする。そこで李哲は高宗に訴えて、(e)「天皇は天下を衣被し、子は蒼生に育つ。特に乞う此に聖恩を流《あまね》くして、霈然として許しを垂れんことを」。(f)「其の庶人の男女下從等に、年每《ごと》に所司をして春冬兩季に時服を給することを聽せ」と懇願し、あわせて(g)「則ち浸潤の澤《なさけ》は、曲《つぶさ》に螻蟻《ろうぎ》を霑《うるお》し、生長の仁は、蕭艾《しょうがい》を遺《す》てず」として君の恵みと情けが下々にまでおよぶことを讃えて、(h)「私懇の至に任せること無く、謹んで某官を遣して表を奉じ、請を陳べ以て聞す」とむすぶのである。末尾(h)は皇太子の立場を顧みて公私を分かち、宮中儀禮に則って上表することを言うものであろう。以上、右の一文は兄賢と弟哲とが兄弟中で最も親しかったことを想起させるとともに、[6]陰暦十一月の寒天のもと微賤の弊服を身にまとって悄然と巴州に落ちていく李賢一行の行路難と配所に待ちうける苦難とを想像させるに十分なものと言えよう。[7]

　さて、その巴州謫徙が三か月餘となった文明二年（六八四）二月末、李賢は則天武后の命によって自殺に追い込まれるのである。その遺骸は翌垂拱元年（六八五）三月、雍王の禮をもって巴州の化城縣境に葬られた。[8]前掲の碑序④は李賢没後の張氏について傳えるもので「逶迤《いい》は偕老を失すと雖も、契闊《けいかつ》は與に成すに存《あ》り」として、偕老の願いは斷たれたものの、その固い契りは成就したと記して張氏の貞淑を稱讚することに注意したい。言うまでもなく、それは李賢とその子守禮の名譽につながるのである。

　それではつぎに、碑文に見える「章懷太子」・「司空守禮」・「禮部尙書蘇頲」とする表記をもとに「張氏神道碑」の作製年代を推定する。まずは五例を數える「章懷」の表記は睿宗による章懷太子の追謚に依據することは言うまでもなく、ここでその年時を確認すると、「（景雲元年六月丁未）、雍王賢に追謚して章懷太子と曰う」（『資治通鑑』睿宗景雲元年の條）とするものが最早であるから、碑の作製は景雲元年（七一〇）六月以降となる。ついで碑序⑩の「又た典地司空邠王守禮、幼にして法度を承け、長じて暉光を被る」とする守禮の司空補任の年時を確認すると、『舊唐書』巻八玄宗本紀上に「（先天二年）九月、邠王守禮を司空と爲す」とあり、また『新唐書』巻五玄宗本紀上に「（開元元年八月）壬寅、邠王守禮を司空と爲す」とある。この先天二年は十二月庚寅に開元元年と改元されることから、[9]その補任は先天二年（七一三）八月または九月となる。よって碑の作製年時は同年八月以降となるはずである。最後に碑序⑬「乃ち禮部尙書蘇頲に敕して詢《まこと》を採りて言を爲り、是に由りて舊聞を稽《とど》め、前訓を討《たず》ねしむ」とする蘇頲の禮部尙書補任を確認すると、それは『舊唐書』玄宗本紀上に「（開元八年正月）己卯、中書侍郎蘇頲を禮部尙書と爲す」とあり、また『新唐書』

巻六二宰相表中開元八年の條に「正月辛巳（蘇）頲罷して禮部尙書と爲す」とあることから開元八年正月であることは動かしがたい。これに『舊唐書』玄宗本紀上の「（開元十五年秋七月甲戌）、禮部尙書蘇頲卒す」とする沒年を重ねると、前二者の分析も包攝して「張氏神道碑」の作製は開元八年（七二〇）正月より同十五年（七二七）七月までの間となるが、後述のごとく、この碑は守禮の懇請を嘉した玄宗の裁可によって建立されたと見られることから、これに『舊唐書』李賢傳附李守禮傳の「（開元）九年已後、諸王並びに京師に徵還さる」とする一文も加えて勘案する必要があろう。すなわち守禮が地方に出鎭していた諸王の一人として長安に徵還され、玄宗に近侍することが可能となった時點以後と考えるのが順當ではないだろうか。とすれば、その作製年時の上限は開元九年（七二一）となる。以上まとめると、「張氏神道碑」は開元九年から同十五年までに作製されたことになるのである。

それでは景龍二年（七〇八）四月の張氏薨去から建碑まで何ゆえ十三年以上の懸隔が生じたのであろうか。それについて私は以下のように考察する。すなわち前掲碑序⑦の張氏薨去につづく碑序⑧は「金紫光祿大夫行鴻臚卿趙承恩、(10)銀青光祿大夫尙書左丞元暕、節を持して冊贈して章懷皇太子良娣と曰《とな》え、陵邑に祔す。禮なり」と記す。この「章懷皇太子」は「雍王」として解釋しなければならぬが、張氏の訃報に接した中宗は趙承恩と元暕を派遣して「雍王良娣」に冊贈し、王嬪の禮にしたがって張氏を「陵邑」に葬ったことが確認できる。この「陵邑」は乾陵の陵園であることは言を待たぬが、つづく碑序⑨に「嗚呼。山は鶴駕に疑《なぞら》え、地は烏號に卽《したが》う。太子、賓帝となるの餘《のち》、高宗の在天する所にあり。衣冠道德もて、密近を陪乘に屬《したが》わしむ」とあって乾陵を天子の御車に擬え、そこに臨んで張氏の死を悲號すること。また天帝の賓客となった故太子は高宗の在《いま》すところにあり、ここに衣冠道德もて太子の密近たる張氏を陪乘させるとする內容から見て、張氏は乾陵に陪葬された雍王李賢墓に埋葬されたと考えるべきであろう。

さてここで問題となるのは、その埋葬場所のさらなる考察である。舊稿において私は、張氏は李賢の墓室內に葬られ、またその墓誌も作製されなかったと推測した。(11)しかしながらそれは、李賢の伯父李泰の家族墓の事例からする考察によって改めるべきであると考える。以下それについて論ずると、太宗の第四子李泰は長兄の皇太子李承乾と儲君を争い、たがいに朋黨を樹てて角逐をくりひろげた。その權力闘爭は李泰に優位のまま推移したが、やがて追い詰められた李承乾が李泰の殺害を謀って失敗し、さらに謀叛を企てたために貞觀十七年（六四三）に廢詘されて黔州に流されると、李泰もまた喧嘩兩成敗のごとく均州鄖鄕縣に追われて高宗の永徽三年（六五二）に薨じ、翌年かの地に葬られたのである。ついでその墓葬を説明すると、唐代では地方に埋葬された宗室の喪柩を長安北郊の皇帝陵に歸葬させる事例が見られ、李承乾のそれも沒後九十餘年を經た開元二十七年（七三九）に孫の李適之が上疏して玄宗の裁可が下り、昭陵闕内への陪葬が實現している。(12)後述する李賢の乾陵陪葬もその一例であるが、これに比して李泰のばあいはついに歸葬されることなく、永淳二年（六八三）に同地で薨じた次子李徽が父の墓園に埋葬され、さらに開元十二年（七二四）には玄宗の裁可を得て、すでに他鄕で薨じて洛州の龍門北原に埋葬されていた妃閻婉と長子李欣の喪柩が死後三十餘年の時を經て遷葬されて四座の墳墓を中心とする李泰家族墓が形成されたのである。その事情は一九七三年から二〇〇六年にかけて湖北省鄖縣でおこなわれた數次の發掘調査によって出土した墓誌によって明らかになったのであるが、(13)唐代陵墓制度研究の視點からこの家族墓を分析した沈睿文氏は、李泰墓の西北隅に閻婉墓を隣接させ、さらに李徽（弟）・李欣（兄）の各墓を並べることから、その配置は同時代の家族墓に少しく異なることを指摘する。(14)それにしたがって祔葬の時期と配置を示すと次頁の**李泰家族墓配置圖**のごとくなる。(15)

ここで注目に値するのは、この沈氏との共著において王靜氏は李賢の墓園配置は李泰家族墓に準ずると考え、現在の李賢墓園の東側および北側に確認できる複數の小墳丘のうち、その規模が大きい北側のそれを張氏の墳墓に比定することと、さらに宗法の觀點から張氏は房氏のごとく李賢の墓室内に埋葬されることはないと指摘することである。(16)管

李泰家族墓配置圖

▲長子李欣墓　垂拱年間（685～688）薨（享年不明）
開元十二年（724）六月二日遷葬

▲次子李徽墓　永淳二年（683）九月二十三日薨（享年40）
嗣聖元年（684）三月十四日祔葬

▲妃閻婉墓　天授元年（690）九月八日薨（享年69）
開元十二年（724）六月二日遷葬

▲李泰墓　永徽三年（653）十二月癸巳薨（享年35）
同　四年（654）祔葬

見のかぎりでは李賢墓周邊の小墳丘に言及する調査記録は確認できないのであるが、[17]私はこの二氏の見解にしたがって張氏は李賢の墓室内に埋葬されず、異穴合葬された[18]と考えることにしたい。また張氏の墓誌は作製されなかったとする推測も改め、右の小墳丘の發掘調査によって出土する可能性があることを一言しておく。

それでは張氏墓の神道碑はどう考えるべきであろうか。それについて私は建立はなされたものの、その碑刻には李守禮の容認できぬ部分があったのではないかと推測する。すなわちそこには後述する「雍王墓誌」と同じく中宗朝で專横を極めた武韋一黨の壓力が見られるために、その拂拭を求める守禮は新たに「章懷太子良娣」と刻する神道碑の建立を玄宗に請願したのではないかと推測するのである。少なくとも景龍二年四月の張氏祔葬時に神道碑が建立されなかったとする確證が見出せないかぎり、そのように考えるのが妥當ではあるまいか。さて、守禮の請願は碑序⑩の「司空邠王守禮」を主語として以下⑪「傍に翠琰《すいえん》を彫らんとして、伏して丹墀《たんち》に奏する所以なり」とつづく部分から確認できる。すなわち守禮は張氏墓の傍に翠琰（石碑）を彫むことを、丹墀（天子の庭）に伏して奏上したのである。つづく碑序⑫「天子の孝理の風は、已に品物に周く、孝思の德は、況や兄弟に及ばん」は、それに應ずる玄宗の言動を寓するものである。この「兄弟」とは玄宗と守禮をさすが、それは系圖上の従兄弟よりもはるかに深い絆を言うもので、後述のごとく武氏政權下において苦難をともにしたこの二人ならではの表現であろう。當然ながらそれは玄宗の了解なくして記せぬものである。そして碑序⑬のごとく、玄宗朝の宰相で當代隨一の文人と讃えられる蘇頲に敕命が下って撰文がなされ、「張氏神道碑」が建立されたのである。それは守禮にとって無上の喜びであったに相違ない。なおそれには、後述する父李賢と義母房氏の二つの葬儀を無事になしとげた守禮に對する褒賞の意味も込められたと見るべきであろう。そして最後に、この神道碑の中核となる碑銘は⑭「其の銘に曰く」として、⑮「車已に折れて兮、我未だ亡びざるに、鼎其れ新たにして兮、子王と爲る」、⑯「子既に王たれば兮、我太と爲り、殿聖に造《いた》り兮、嘉會に沐す」、⑰「子哀哀として兮、碑を是に篆し、親永永として兮、代《よ》に歿するも存るが如し」と記して、李賢亡きあと未亡人となった張氏は子が王となるがゆえに殿聖となり、嘉會に沐したとして碑文をむすぶのである。以上通覽すると、碑序銘は子守禮を主體として母張氏を顯彰するものであることが確認できよう。すなわち「張氏神道碑」は司空邠王守禮が玄宗の盟友として、また唐室一門の長老として樞要な地位を占めるがゆえに、張氏の沒後十數年の歳月を經て建立することが許されたのである。なお碑銘⑰からすると、守禮はみずから筆を執って「張氏神道碑」を書したことが明らかである。ただし、その「篆」とする表記から篆額のみとする解釋も成り立つであろうが、それはいかにも不自然ではなかろうか。ここでは、その書體は不明ながら碑序・碑銘ともども守禮の筆になると考えるべきではあるまいか。

さて、右に加えて南陽張氏には初唐後期の宮廷詩人として名高い沈佺期の「故章懷太子良娣張氏册文」があることも特筆しなければならない。ここでは陶敏・易淑瓊校注『沈佺期宋之問集校注』[19]上册にもとづいて全文を示すとつぎのごとくなる。

①維景雲二年歳次辛亥十月壬寅朔十日辛亥。②皇帝若曰。於戲、於戲。咨爾故章懷太子良娣張氏。家承峻閥、代襲徽猷。法度有章、言容克備。③始應良選、入奉元儲。柔規緝於上下、淑問揚於中外。④恩絶賓帝、七日無歸。義申從子、百齡先謝。言念窀穸、憫悼良深。⑤追崇徽號、典故斯在。⑥是用命某官某乙冊爾爲章懷太子良娣。魂而有靈。應茲寵數。

この追冊文は、①景雲二年（七一一）十月十日（辛亥）と明記するが、それは同十九日（庚申）に執行された清河房氏の葬儀に九日さきだつことに注目すべきである。②そこで睿宗は「於戲《ああ》、於戲。咨《こ》れ爾《なんじ》故章懷太子良娣張氏よ」と呼びかけて「家は峻閥を承け、代《よ》に徽猷《きゆう》を襲う。法度に章有りて、言容克つ備わる」と述べ、その生家の高貴なることに加えて張氏の言動と容姿とを讃え、さらに③「始めて良選に應じて元儲に入奉す。柔規は上下に緝《かな》い、淑問は中外に揚がる」として李賢に入奉したのちは家政を修めて、その美名を宮中内外に揚げたとする。つづいて④「恩は賓帝に絶え、七日に歸ること無し[20]。義は從子に申べ、百齡もて先に謝《みまか》る。言《ここ》に窀穸《ちゆんせき》を念《おも》い、憫悼は良《まこと》に深し」として、太子亡きあとは子の守禮にしたがい、高齡をもって薨じたが、その墳墓を念うと深く憫悼に沈むとする。そこで⑤「徽號を追崇せんとす、典故は斯れ在り」として、⑥「是を用《もつ》て某官某乙に命じて爾《なんじ》に冊し、章懷太子良娣と爲さしむ。魂は而《すなわ》ち靈有り。應に茲れ寵數たるべし」と記すのである。前述のごとく、張氏は景龍二年（七〇八）四月に薨去し、中宗によって雍王良娣に冊贈されて雍王李賢墓に異穴合葬されている。ここではそれを典故としてさらに章懷太子良娣に追冊すると言うのである。これは皇太子妃の禮によって執行される義母房氏の葬儀を目前に控えた守禮が生母張氏に對しても皇太子良娣[21]の徽號を嘆願し、睿宗の裁可を得たことを示すものにほかならない。當然ながらそこでは皇太子良娣に見合う張氏墓の改裝をもともなうものであろう。そこには亡母の非運に憤る守禮の執念ともいうべき心情が反映しているのである。ただしこの段階では中宗朝に建てられたと考えられる神道碑はそのままとされ、「章懷太子良娣」の名を刻んだ新たな神道碑の建立にはなお十數年の歳月を要するのである。それは今上の兄である中宗の施政を批判するものと取られかねないため、守禮が憚ったと見るべきかもしれない。

（ii）清河房氏について

章懷太子妃清河房氏は、管見のかぎりでは「章懷墓誌」の出土によってはじめてその事績が知られた女性で、私は本書補篇二において九八九字にわたる墓誌の全文に譯注を施した。ここでは清河房氏の事績にかかわる部分を引用して、その人物像を考察することにしたい。

①妃清河房氏、皇朝左領軍大將軍衞尉卿贈兵部尚書仁裕之孫、銀青光祿大夫宋州刺史贈左金吾衞大將軍先忠之女也。②公侯將相之門、鍾鼎旗裳之盛、或象河疏秩、望隆於樞斗。或衒珠表貴、寄重於兵鈐。③妃稟柔明之姿、包和淑之性。十年不出、四德允修。④而黃鳥于飛、振喈喈之響。翠葛爰茂、盛萋萋之容。穠桃當納吉之期、摽梅屬繫纓之歲。⑤以上元年中、制命爲雍王妃。三星在戶、芳春仲月之辰、百輛遵途、雙鳳和鳴之兆。⑥媞媞左辟、敬行於舅姑。肅肅宵征、惠流於閨闈。⑦而天未悔禍、朝哭纏哀。⑧訓棘心而擇隣、採蘋藻而恭事。⑨以景雲二年龍集荒落六月十六日、遘疾薨於京興化里之私第、春秋五十有四。⑩卽以其年十月壬寅朔十九日庚申窆於太子之舊塋。禮也。⑪嗣子光祿卿邠王守禮、履霜露而攀宰樹、擗厚地而訴高天、紀遺烈於貞琬、稱柏質於幽埏。嗚呼哀哉。

誌序①によると、房氏は清河を本貫とする左領軍大將軍、衞尉卿、贈兵部尚書房仁裕の孫にして、銀青光祿大夫、宋州刺史、贈左金吾衞大將軍房先忠の女である。その祖父と父は『新唐書』卷一一宰相世系表一房氏の條に見出せぬが、同條に記された房玄齡に連なる名門と考えられる。それは房氏の生家について②「公侯將相の門、鍾鼎旗裳の盛んなるは、河の疏《おおき》く秩《なが》るるを象どり、隆《たか》く樞斗を望む或り。衒珠の表貴は、兵鈐を重んずるに寄る或り」と記すごとく、またこれに加えて房仁裕と先忠父子が太宗の昭陵に陪葬されていることから首肯できよう。(22)またさらに房先忠については墓誌が出土しており、そこには女の入奉と李賢の立廢にともなう解職・復官などの履歴が確認できることも一言しておく。(23)

さて、房氏の生年は、⑨睿宗の景雲二年（七一一）六月に五十四歳で薨去していることから高宗の顯慶三年（六五八）となり、李賢よりも四歳年下であることが知られる。ついでその爲人は、③「妃は柔明の姿を稟《そな》え、和淑の性を包む。十年出でずして、四德允修す」と記され、穏やかな性格で十年にわたって生家の門外に出ることなく婦人の四德（貞順・辭令・婉娩・絲枲）を修得したとする。④は健やかに成長した房氏の美盛なる容色を壽ぎ、桃華の盛んなるころに婚姻の年齢に達したことを寓するものである。つづく⑤は上元年中（六七四年八月～六七六年十一月）に制命が降下して雍王妃になったことを言うもので、その詳細を分析すると「三星戸に在り」は五月末から六月半ばをいい、「芳春仲月の辰」は二月をさすが、上元元年は咸亨五年八月の改元を承けるものであるから、(24)二月は上元二年にのみ存在する。以上まとめると、房氏は上元元年（六七四）の五月末から六月半ばにはじめられた婚禮の諸儀式がととのい、翌上元二年二月に百輛からなる奉迎の車駕に座乘して雍王李賢のもとに入奉したのである。なおその時點で高宗と則天武后は洛陽に在城していることからすると、(25)房氏は長安城興化坊の雍王府邸ではなく、洛陽城修文坊の雍王府邸に入奉したと考えるべきではあるまいか。(26)時に李賢は二十二歳、房氏は十八歳である。なお、この二月の納妃は兄の皇太子李弘の先例にしたがうものと考えられる。(27)さて、宮中に入った房氏は、⑥輕やかに歩み、左辟の禮によって舅姑の高宗と武后に敬行し、その閨房には慶雲が漂ったと記される。こうして房氏は雍王妃となり、同年六月の李賢冊立にともなって皇太子妃に昇るのである。そののち五年にわたる生活はおおむね平穏に過ぎたと思われるが、⑦「而れども天は未だ悔禍せざるや、朝《あした》に纏哀に哭す」とあるごとく、それは調露二年（六八〇）八月におそった突然の廢詘によって暗轉し、房氏は李賢ともども長安に送られて別所に幽閉され、さらに永淳二年（六八三）十一月には張氏や三子ともども巴州に隨從したと考えられるのである。その後の動向について、碑序は⑧「棘心を訓《いまし》めて擇隣し、蘋藻《ひんそう》を採りて恭事す」として遺兒の育成と教育とに心苦し、亡夫や亡兒の御靈を祀るさまを寓するのみであるが、私見では文明元年（六八四）二月の李賢自殺ののち垂拱元年（六八五）三月の葬儀が終了すると、遠からず房氏は長安にもどされ、後述する興化坊の私第に居住したと考えられるが、そこでも隱忍自重を強いられたことは右のごとくで、その期間は二十年に垂んとするのである。しかし則天武后の老衰とともにその境遇にも改善の兆しが現れたことは言うまでもなく、それは前掲の「房先忠墓誌」に、[28]

逮長安年中、則天大聖皇后察公非罪、悉令追復本官。皇上嗣夏配天、不失舊物。國除之伍、咸悉追封。時册公女爲嗣雍王太妃。

（大唐故左千牛將軍贈左金吾大將軍清河郡開國公房公墓誌銘）

とあるごとくである。すなわち房氏は武周の長安年間（七〇一～七〇五）にいたって李賢の三子のうちただ一人健在であった第二子の嗣雍王李守禮の太妃に册立され、それに叶う禮遇が附與されたのである。これに加えて後述のごとく、重祚した中宗の神龍二年（七〇六）七月には守禮に敕命が下って李賢の喪柩を巴州から奉還して乾陵に陪葬することが叶い、さらに睿宗の景雲二年（七一一）四月十九日には正式に章懷太子の追謚がおこなわれるなど慶事に惠まれた。しかしながら⑨のごとく、そののち幾許なくして六月十六日、房氏は長安城興化里の邠王守禮の王府邸で病沒するのである。[29]享年五十四であった。⑩によると、房氏の喪柩は同年「十月壬寅朔十九日庚申」の日に皇太子妃の禮をもって李賢がねむる舊塋に同穴合葬されたが、[30]發掘調査によって房氏の喪柩は墓道の封門を開けて後墓室に安置されたことが確認されている。[31]つづく誌序⑪は、その葬列に扈從した嗣子の光祿卿邠王守禮は「霜露を履んで宰樹に攀《よじ》り、厚地に擗《むねう》ちて高天に訴う、遺烈を貞琬に紀《しる》し、柏質を幽埏に稱《たた》う、と」と記す。すなわち守禮は亡父の墓の宰樹にすがり、厚い墳丘に慟哭して胸を打ち叩き、澄みわたる高天に義母房氏の婦徳と魂の誠とを告げ、褒め賛えたのである。

さてつぎに、この葬儀に際して睿宗は沈佺期に左の「章懐太子靖妃房氏祭文」を撰述させ、哀悼の意を表したことを確認しておく。

(a)維景雲二年歳次辛亥十月壬寅金朔十九日庚申木。(b)皇帝遣具位某以少牢之奠、敬祭故章懐太子靖妃之靈。(c)神寢既就、備物肅陳。絳旐不旋、玄扉邃掩。(d)緬懷永往、益增悲欷。式陳嘉薦、魂其尚饗。

(『沈佺期宋之問集校注』上冊)

ここではまず、(a)房氏の葬儀日を景雲二年の「十月壬寅金朔十九日庚申木」と記すが、その年次と月日・干支はいずれも「章懐墓誌」の誌文⑩に一致することに注意したい。ついで(b)「皇帝、具位の某を遣わして少牢の奠を以て、故章懐太子靖妃の靈に敬祭す」として睿宗は然るべき位階の官員を派遣して少牢を供え、章懐太子靖妃と謚された房氏の靈位を敬祭するとする。以下(c)「神寢既に就きて、備物肅く陳《つら》ぬ。絳旐《こうちょう》旋《かえ》らずして、玄扉邃《すみや》やかに掩《と》ず」。(d)「緬《はる》かに永往を懐《おも》い、益ます悲欷《ひき》を増す。式《もっ》て嘉薦を陳《の》べらく、魂よ、其れ尚饗せよ、と」として靖妃の靈を祀る神寢に祭品を並べて、その名位を書した絳《あか》い旐《はた》は旋《かえ》ることなく、墓室の扉は邃《すみや》やかに掩《と》じられた。その往きて歸らぬことを懐うと、悲欷はいやまし。ここに嘉き供物を置けば、魂よ、請い願わくは受けよ、とむすぶのである。この祭文によって薨去後の房氏は「靖」と謚され、靖妃と稱されたことが知られるのである。(32)

(iii)　李賢墓壁畫に見える房氏と張氏

ついで李賢墓壁畫に見える人物中で房氏および張氏に比定できると考えるものを指摘したい。まずは房氏について論ずると、それは二三一頁の圖Ⅰの中央正面において、築山の樹下で悠然と左脚を右脚上に組んで石塊に腰掛ける貴婦人である。顏をやや東下に向け、侍女や身をかがめて立禮する內侍（宦官）を見やるその表情は殘念ながら不鮮明であるが、その全身から釀し出す雰圍氣は兩側下にひかえる年若い男裝の、あるいは年嵩の豐頰肥滿の侍女たちとは明らかに異なり、二十代半ばと見られるその容姿は庭園でくつろぐ構圖ながら氣高い品格を感じさせる。[33]「游園圖」と通稱されるこの壁畫は縱二百三十センチ、橫二百五センチほどの大きさで、李賢の遺骸を納めた石槨を置く後墓室の北壁に見られるものである。[34]その位置は圖Ⅲに示すごとくであるが、[35]この貴婦人は李賢墓の最も奧深いところで南面し、眼前の石槨にねむる李賢を見守るように畫かれているのである。この畫像について楊效俊氏は、後墓室北壁の房妃像と認識される肖像畫形式の女性座像の愁いを抑えた表情は底知れぬ寂寞を表すとして、その迫眞の畫像は精神世界の內面を寫し出す顧愷之の「傳神」の理論にもとづくものと指摘する。[36]管見のかぎりこの畫像を房氏に比定するのは楊氏のみである。さて、これとは別に圖Ⅱの座像を房氏とする論考も存在する。すなわちこの豪華堅牢な椅子に腰掛ける豐頰の貴婦人は、穩やかながら威嚴をたたえたその容姿からすると三十代後半であろうか、後方にひかえる男裝の侍女の細身の身體や面立ちに比べると明らかに年長であることが見てとれる。「小憩圖」と通稱されるこの壁畫は縱百七十センチ、橫百六十五センチほどの大きさで、後墓室の東壁南半に畫かれており、揚圖はその左半を示すものである。[37]この婦人像について宿白氏は、それは墓主を具象化した可能性が高く、房氏の祔葬時に壁畫の畫き直しがおこなわれた證據であると指摘する。[38]これに對して沈睿文氏は、これが房氏の畫像ならば、一般的な墓葬の構圖から墓室內には李賢像がなければならぬと反論する。すなわちこの夫婦合葬墓に房氏が祔葬されたのは李賢の章懷太子追贈によることから、壁畫の主體はあくまでも李賢であるとして宿白說を却けるとともに、この圖はほかと同じく王府の生活を描寫したものと結論するのである。[39]以上、先行研究によって房氏像とする二畫像を紹介したが、以下、そのいずれかを論ずる前に、李賢墓壁畫について左の二點を確認しておくことにしたい。

(1)その壁畫は李賢墓南端の墓道入口から北端最奥部となる後墓室北壁まで總延長七十一メートルにおよぶ東西の壁面および後墓室北壁に都合五十四幅の畫像が確認され、その總面積は約四百平方メートルである。[40]

(2)その作製時期は神龍二年（七〇六）と景雲二年（七一一）に二分される。前者は雍王墓として造營された時のもので、墓道入口から第三天井をへて第四過洞までの部分が該當し、[41]その東西の壁面に畫かれた畫像は「狩獵出行圖」・「打馬球圖」・「客使圖」・「儀衞圖」など鬚髯を蓄えた男性の群像を中心とするものである。後者は章懷太子妃房氏を合葬するために章懷太子墓として改造された時のもので、神龍二年に畫かれた壁畫のうち前甬道から後墓室北壁までの部分を塗りつぶして新たに作製されたものである。それは圖Ⅰ・Ⅱに加えて「托盆景侍女圖」・「觀鳥捕蟬圖」・「胡舞圖」などいずれも妃嬪および侍女や內侍らからなる群像である。[42]

以上、圖Ⅰ・Ⅱはともに七一一年の作製であることを確認した。それでは、そのいずれを房氏と比定すべきであろうか。結論からするならば、私は楊效俊氏にしたがって圖Ⅰの貴婦人像を房氏と考える。すなわちそれは李賢墓の最奥に位置する最も神聖な場所である後墓室の、さらにその奥において、築山の石塊に腰掛ける構圖ながら左右に控える侍女たちから一頭ぬきんでて悠然と南面する、二十代半ばと覺しき氣品ある容姿からそう判斷するのである。ただしこの南面については、皇太子妃として侍女や內侍を統べる君臣關係の表示と見ることも可能ではあろうが、このばあいは後墓室における四方の次序から位置關係を考察すべきではあるまいか。すなわちそこでは李賢がねむる石椁を最上位の西側に置き、[43]それに次ぐ北側に圖Ⅰを配し、三番目となる南側は後甬道から前後の墓室を隔てる石門につづく構造となって、最下位である東側に圖Ⅱが置かれていることに注意しなければならないのである。[44]ここで私は、圖Ⅰを房氏とするならば圖Ⅱは張氏に比定するのが自然ではないかと考える。すなわちこの三十代後半と見られる豐頰の貴婦人は君臣關係であれ、四方の次序であれ、いずれも房氏より一等くだる位置に配されており、それは東宮內官

圖Ⅱ　後墓室東壁「小憩圖」

圖Ⅰ　後墓室北壁「游園圖」

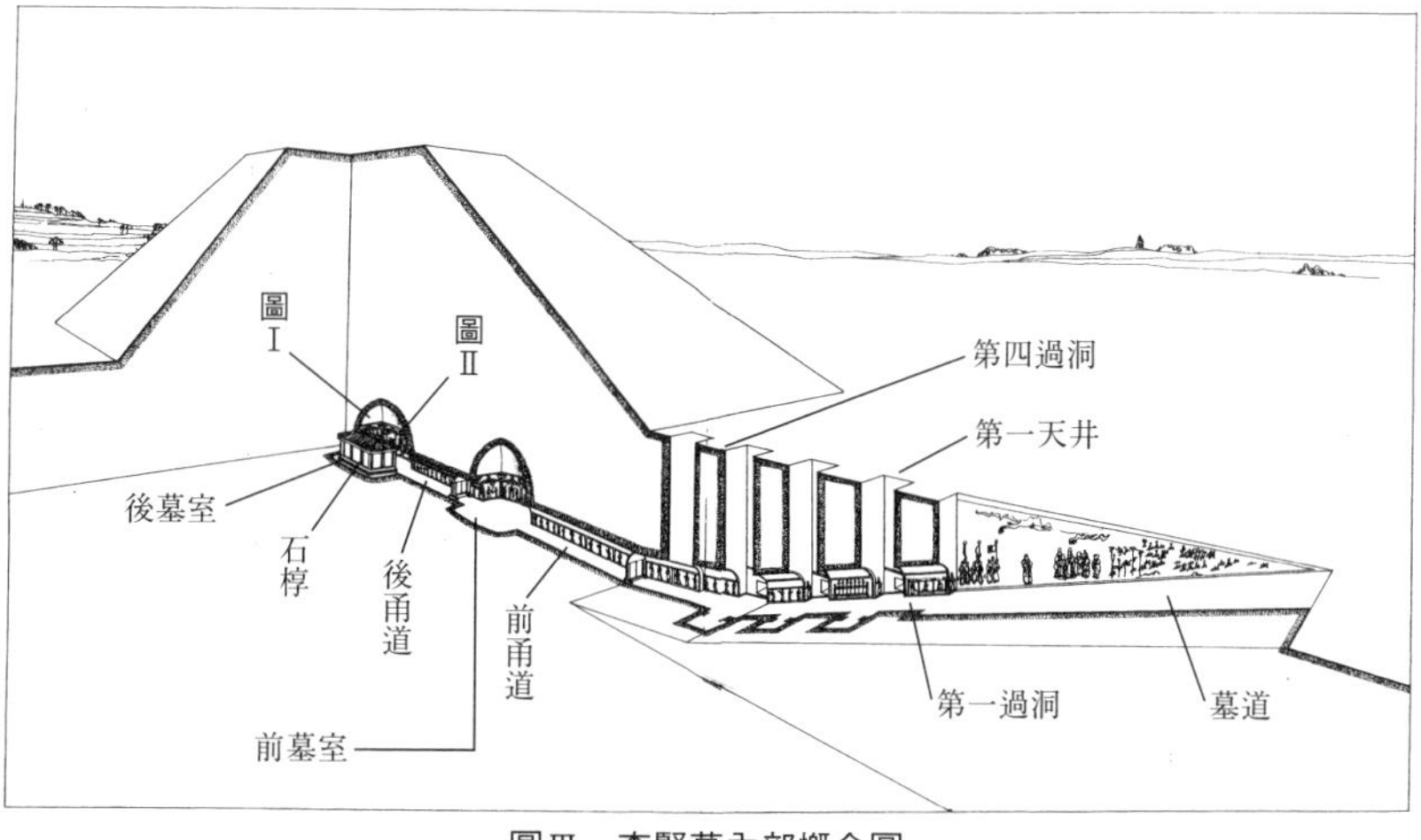

圖Ⅲ　李賢墓內部槪念圖

の序列が反映したものと見られることから、張氏とするのが最も蓋然性が高いと考えるのである。そしてこの觀點からすると、房氏の畫像が二十代半ば、張氏のそれが三十代後半と見受けられるのは、それらが調露二年（六八〇）八月になされた李賢廢詘より少しくさかのぼる東宮の一齣を再現すべく畫かれているからではなかろうか。しからばそれは房氏二十三歳ころ、張氏三十六歳ころの畫像となるのである。

それでは、この二畫像が畫かれたのはなぜか。はじめに雍王李賢墓について確認しておくと、それは神龍二年（七〇六）七月、巴州からもどされた李賢の歸葬墓として新造されたものであるが、その時點では房氏（四十九歳）と張氏（六十二歳）が健在であるため、それは異穴合葬墓として造營され、妃嬪については個別に墳墓を建設するよう計畫されたのではないかと推測するのである。何となれば、その葬儀より四十日あまりさかのぼる同年五月十八日に執行された則天武后の乾陵合葬に際して、嚴善思が尊者を葬ったのち墓門を開いて卑者を合葬すべからずと上奏し、その見識が遵守された事例が少なくないと考えるからである。以下長文にわたるが、その要諦を示すと左のごとくなる。

> 謹しんで天元房錄葬法を按ずるに云えらく、尊者先に葬らば、卑者は後に合わせて開き入れず、と。則天太后は天皇大帝より卑なり。今、乾陵を開きて合葬せんと欲すれば、卽ち是れ卑を以て尊を動かすなり。事は既《ことごと》く不經なれば、恐くは安穩に非ざるなり。臣又た聞く、乾陵の玄闕、其の門は石を以て閉塞し、其の石は隙を縫い、鐵を鑄て以て其の中を固む、と。今若し陵を開かば、必ず須く鐫鑿《せんさく》すべし。然れば神明の道、體は幽玄を尙ぶを以てするも、今乃ち衆を動かして功を加うれば、誠に驚黷《きょうとく》する所の多きを恐る。又た若し別に門道を開きて、以て玄宮に入らば、卽ち往者《さきに》葬むる時の、神位先に定まるも、今更めて改作すれば、害を爲すこと益ます深からん。（中略）、但だ合葬は古に非らず。（中略）、伏して漢時の諸陵を見るに、皇后は多く合葬せず、魏晉已降、始めて合する者有り。（中略）、伏して望むらくは、漢朝の故事に依り、魏晉の頽綱を改め、乾陵の傍に、更めて吉地を擇び、

生墓の法を取りて、別に一陵を起さん。（『舊唐書』巻一九一方伎傳＝嚴善思傳）

結論からすると嚴善思の奏議は却けられ、則天武后の遺骸は天皇大帝（高宗）がねむる乾陵に同穴合葬されたのである。(45) 言うまでもなくこれは皇帝陵を論ずるものであるが、前述のごとく、それに準ずる濮王李泰と妃閻婉のように異穴合葬された事例があることを想起すれば、この葬法を遵守するものは多かったはずである。そもそも密封した墓室をふたたび開くことになる同穴合葬は極めて煩わしいために特例と目されていたのである。(46) ここで李賢墓にもどすと、張氏が異穴合葬されたことは前述のごとくであるが、房氏についてはのちに李賢に章懐太子が追贈されたことによって當初の予定が變更され、結果的に皇太子妃として同穴合葬されることになったのではなかろうか。それには則天武后の乾陵合葬に加えて懿德太子の冥婚合葬や永泰公主の同穴合葬などの事例が大きく影響したであろうことは想像にかたくない。(47)

さて、それでは李賢墓で最も神聖であるべき後墓室において従前の壁畫が塗りつぶされて右の二畫像が畫かれたのはなぜであろうか。それについて私は、七〇六年の壁畫には房氏と張氏の畫像に該當するものがなかったからではないかと考える。あるいは畫かれたとしても七一一年の時點からすると、改めねばならぬ內容だったのではあるまいか。私はそこに、李賢の復活を喜ばぬ武韋兩派の存在を考える。中宗朝で猛威を振るったこの兩派については後述するとして、その李賢墓壁畫に對する影響については楊效俊氏が論及するところである。(48) ただし同氏は七一一年になぜこの二畫像が畫かれたかについては言及していないのである。そこで私は以下、この二畫像の作製には李賢および房張二氏の葬儀に深く關與した李守禮の意向が反映しているとする私見を論ずることにしたい。まず李賢墓壁畫における李守禮の影響については、前掲の沈睿文氏がすでに李守禮の奉ずる老莊哲學と道教信仰とが見られることを指摘するが、前述のごとく同氏は圖Ⅱを房氏に比定する宿白說を却けるものの圖Ⅰについては具體的な人物を提示していないのである。ここで私は沈氏の說く李守禮の影響についてはこれを支持し、さらにそれが二畫像の作製にもおよんでいるのではないかと考えるのである。すなわち景龍二年（七〇八）に雍王良娣として異穴合葬されている張氏について、李守禮は房氏の葬儀に際して皇太子良娣の稱號を誓願して裁可されたことは前述したが、これに加えて李守禮は李賢と墓室を同じくせぬ生母張氏が皇太子良娣として東宮園庭に遊ぶ姿を畫き、石椁のかたわらに置いて李賢に添わしめたのではないかと推測するのである。假にこれを是とするならば圖Ｉの房氏はいかに解釋すべきか。私は張氏のみを置くことに憚かるものがあったと考える。すなわち東宮內官の群像には正妃たる房氏を缺くことはできないのである。以上、推測を重ねた考察ではあるが、李賢墓の壁畫が同時代のものと一線を畫することは衆論の等しく說くところである(49)。そしてまた、その特異な內容は沈睿文氏が說くごとく李守禮の思想哲學が反映するものとして誤りなかろう。そこで私はその視點をさらに進めて、理不盡な仕打ちを被った父母への思慕と鎭魂のためには通常の禮法から逸脫するとも厭わぬとする李守禮の覺悟が、さきの二畫像に投影されているのではないかと考える。すなわち後墓室の壁畫に妃嬪を置く破格の事例は李守禮の意向が具現化されたものと見るべきなのである。

(iv)　李賢の三子について

李賢の子女については『舊唐書』李賢傳の末尾に「有三子、光順、守禮、守義」と記され、その順次は『新唐書』も同じであるため第一子光順、第二子守禮、第三子守義と考えるべきであろう。ここで光順と守義の記事を並記し、その人物像を確認することにしたい。

光順は、天授中に安樂郡王に封ぜられ、尋いで誅せらる。（『舊唐書』李賢傳）

光順は、樂安王と爲りて、義豐に徙され、誅せらる。（『新唐書』李賢傳）

守義は、文明の年に犍爲郡王に封ぜらる。垂拱四年、永安郡王に徙封され、病卒す。（『舊唐書』李賢傳）

守義は、犍爲王と爲り、桂陽に徙封されて、薨ず。先天中、光順を莒王に、守義を畢王に追封す。（『新唐書』李賢傳）

第一子光順について考察すると、まず王號を冠する封地名を「安樂」または「樂安」につくるが、この二者は『舊唐書』地理志に縣名として見えるので、(50) そのいずれとも決しがたいが、ここでは『册府元龜』卷二六五宗室部封建第四に「安樂郡王光順は高宗の太子賢の長子なり。天授中に安樂郡王に封ぜらる」に依據して「安樂」をとり、これに『新唐書』卷七〇下宗室世系表下大邠章懷太子房に「義豐王光順」とあり、また『資治通鑑』は「故太子賢の二子を鞭殺す」（天授元年八月の條）とあることを勘案して、光順は天授元年（六九〇）に安樂郡王に封ぜられ、さらに義豐王に進封したのち誅殺されたと考える。その生年と生母は不明であるが、弟守禮が咸亨三年（六七二）以前の出生であることを想起すると父李賢の沛王在位時の出生となり、良娣張氏を生母とする可能性が高いと考えるべきではあるまいか。その誅殺時の年齢は二十歳餘と推測される。

第三子守義は、文明年間（六八四）に犍爲郡王に封ぜられ、垂拱四年（六八八）に永安郡王に徙封、さらに桂陽王に徙封されて病卒したと考えられる。ただし『資治通鑑』に依據するならば、天授元年に鞭刑に起因する傷病によって卒したとすべきであろうか。その生年および生母は不明であるが、兄守禮の事例からすると父李賢の雍王在位時以降の出生となることから房氏を生母とする可能性も否定できない。その病卒時の年齢は十五歳ほどと推測される。なお守義が納妃していたことは、沈佺期の「故桂陽郡王妃楊氏册文」によって知られるが、その冒頭に「景雲二年歳次辛亥十月壬寅朔二十五日景寅火」とあることに注目すべきである。(51) すなわちこれは景雲二年十月十日（張氏）、十九日（房氏）、二十五日（楊氏）と葬禮が連續したことを示し、房氏の祔葬に陪して張氏はもとより楊氏にも追册の儀禮がおこなわれたことを物語るものである。ここで一言するならば、この追册文は守義と楊氏の同穴合葬墓が章懷太子墓園内に造營された可能性を示唆するものであろう。さきに私は張氏の墳墓を論じて、現在の章懷太子墓園に認められる小墳丘群の一つを張氏のものと考えたが、右の一文は、そこに守義と楊氏の墳墓もふくまれる可能性を示すものである。すなわち現今の章懷太子墓は李賢と房氏の同穴合葬墓だけではなく、李賢家族墓の中核として認識しなければならないのである。なお最後に、玄宗の先天年閒（七一二）、光順は莒王、守義は畢王に追封されているが、それは武后獨裁のもとで非業の死を遂げた從兄弟に向けられた天恩と見なすべきであろう。

第二子守禮について『舊唐書』李守禮傳の要諦を引くと左のごとくなる。

①守禮本名光仁、垂拱初改名守禮、授太子洗馬、封嗣雍王。②時中宗遷於房陵、睿宗雖居帝位、絶人朝謁、諸武贊成革命之計、深嫉宗枝。③守禮以父得罪、與睿宗諸子同處於宮中、凡十餘年不出庭院。④至聖曆元年、睿宗自皇嗣封爲相王、許出外邸、睿宗諸子五人皆封郡王、與守禮始居於外。⑤神龍元年、中宗篡位、授守禮光祿卿同正員。⑥神龍中、遺詔進封邠王、賜實封五百戶。⑦景雲二年、帶光祿卿、兼幽州刺史、轉左金吾衛大將軍、遙領單于大都護。⑧先天二年、遷司空。⑨開元初、歷虢、隴、襄、晉、滑六州刺史、非奏事及大事、並上佐知州。（中略）、⑩源乾曜、袁嘉祚、潘好禮皆爲邠府長史兼州佐、守禮唯弋獵、伎樂、飲謔而已。⑪九年已後、諸王並徵還京師。守禮以外枝爲王、才識猥下、尤不逮岐、薛。⑫多寵嬖、不修風敎、男女六十餘人、男無中才、女負貞稱、守禮居之自若、高歌擊鼓。⑬常帶數千貫錢債、或有諫之者曰王年漸高、家累甚眾、須有愛惜。守禮曰豈有天子兄沒人葬。⑭諸王因內讌言之、以爲歡笑。⑮雖積陰累日、守禮白於諸王曰欲晴、果晴。愆陽涉旬、守禮曰卽雨、果連澍。岐王等奏之、云邠哥有術。守禮曰臣無術也。則天時以章懷遷謫、臣幽閉宮中十餘年、每歲被敕杖數頓、見瘢痕甚厚。欲雨臣脊上卽沉悶、欲晴卽輕健。臣以此知之。非有術也。涕泗霑襟、玄宗亦憫然。⑯二十九年薨、年七十餘、贈

太尉。

これによると、①守禮はもとの名を光仁としたが、故李賢に雍王が追贈された睿宗の垂拱年間（六八五～六八八）はじめに守禮と改名し、太子洗馬を授けられて嗣雍王に封ぜられた。その改名は則天武后の諱（曌）に通ずることに憚るものであろう。ついで②嗣聖元年（六八四）二月、中宗が廢されて房陵に遷され、睿宗が即位するなかで武氏派の革命計畫が進展すると、宗枝は深く嫉《にく》まれて朝謁するものも絶えた。この情況下で守禮は、③父の罪によって睿宗の諸子ともども洛陽城内の宮殿中に幽閉され、十餘年にわたって庭院に出ることすらなかったと記される。ここで注目すべきは「睿宗の諸子と同處」とする表記である。すなわち守禮は睿宗の子李隆基（玄宗）・李隆範らとともに武氏派の監視下に置かれ、誅殺に怯える毎日を送ったのである。ここで推測するならば、その緊迫した情況下において彼らは武氏派に抗する血盟をむすんだのではなかろうか。その同志的結合は従兄弟の血縁をはるかに越えるものであったに相違なく、前述した「張氏神道碑」の作製にも大きな影響をあたえたのである。さて、この宮中幽閉は、④聖曆元年（六九八）に睿宗が皇嗣として相王に封ぜられて外邸に移り、その諸子五人も郡王となって守禮ともども宮廷外に居住することが叶ってようやく解除されたのである。(52) そののち守禮は、⑤重祚した中宗の神龍元年（七〇五）に光祿卿同正員を授けられたが、その翌年七月には巴州に下向して父李賢の喪柩奉還と乾陵陪葬とを執行し、さらに景龍二年（七〇八）には生母張氏の葬儀がなされたことに注意したい。なお⑥は「神龍中、遺詔もて邠王に進封せらる」と記すが、その進封については『舊唐書』巻七中宗本紀の景龍四年（七一〇）六月の條に、

六月壬午、帝毒に遇いて神龍殿に崩ず。（中略）、皇太后臨朝して天下に大赦し、改元して唐隆と爲す。（中略）、安國相王旦を以て太子太師と爲し、雍王守禮を進封して邠王と爲す。

とあり、さらに『新唐書』李守禮傳が「唐隆元年、進封邠王」につくることから、この「神龍中」は「景龍中」の誤

りとすべきである。ただし注目すべき點は、中宗を毒殺した韋后による不時の封册ではあるが、ここで守禮は叔父の安國相王旦（睿宗）に次ぐものとして進封を受けていることである。これは唐室内外における輿望と存在感とを示すものにほかならない。そして當然ながら守禮は李隆基による韋氏派の誅殺と睿宗即位とに盡力したと考えられるが、それを明示する史料は見られぬようである。ただし、その行賞と考えられるものが⑦である。すなわち睿宗の景雲二年（七一一）、守禮は光祿卿に加えて幽州刺史、左金吾衞大將軍、單于大都護などの大官を帯びたのである。なお同年四月には章懷太子の追謚に關する諸儀式が完了し、同十月には義母清河房氏の葬儀を執行していることにも注意したい。ついで⑧玄宗の先天二年（七一三）に司空に遷り、⑨開元年間（七一三～七四一）のはじめには虢、隴など六州の刺史を歷任したが、奏事と大事とをのぞく州治はことごとく上佐にまかせたとする。すなわち守禮は、⑩源乾曜ら邠王府の長史に州佐を兼ねさせ、みずからは弋獵、伎樂、飲讌に耽ける享樂的な生活を送ったのである。それは父が失脚してより四半世紀を超えて受けつづけた虐待に起因するものか、あるいは後述するように自身が置かれた微妙な政治的境遇を生きぬいていこうとする保身の表れであろうか。(53) ついで⑪開元九年（七二一）、諸王の京師徵還にともなって玄宗に近侍したが、その才識は猥下で玄宗の弟岐王（隆範）や薛王（隆業）に逮《およ》ぶべくもなく、また⑫その寵嬖は風教を修めず、さらに六十餘人の子女(54)を儲けたものの男は中才すらこれなく、女は貞稱に負《そむ》くというありさまであった。ただし守禮は自若として高歌擊鼓するのみ、さらにその放蕩のゆえか⑬常に數千貫の錢債を帯びるにいたり、しばしば諫言もなされたが、意に介することはなかったようである。このように家を齊えず、子女の教育を放棄するがごとき刹那的、享樂的な處世もまた武氏政權下に強いられた苦難の後遺症に、父李賢の登極があれば儲君の座にあるべきは己であるとの思い、ただしそれを口外することは絶對にできぬという屈折した心理、さらには保身術までを重ねた複雜な精神狀態のなせる業ではなかろうか。この守禮に對して李氏一門は深い同情を寄せるが、それは武氏政權下に死の恐怖を共有したものにとって當然のことであろう。⑭は宮中の宴に集う諸王が守禮の言動に歡笑したことを傳えるが、それは守禮を非難し、糺彈するものではないのである。⑮は受難の一端を示すもので、守禮が誤ることなく晴雨の判定をくだすことを奇とした岐王範が奏上し、その理由を奉答した以下の部分に注目したい。すなわち「臣に術無し。則天の時、章懷の遷謫を以て、臣、宮中に幽閉さるること十餘年、歳ごとに敕杖を被りて數しば頓《くるし》み、瘢痕を見《あらわ》すこと甚だ厚し。雨らんと欲すれば臣が脊上卽ち沉悶し、晴れんと欲すれば卽ち輕健たり。臣此を以て之を知る。術有るに非ざるなり」として涕泗霑襟すると、玄宗もまた憫然としたと記される。武氏派の全盛期における宗室の生死は紙一重で、後掲二五三頁の**高宗八子表**に示すごとく高宗八子のばあいも則天武后の實子である四子（弘・賢・顯・旦）をふくめて幽閉、謫徙、誅殺などの迫害を被らなかったものは一人としていない慘状を呈するのである。[55]この觀點からすると玄宗は、血盟をむすんでともに死線を越えてきた、この十四歳あまり年長の從兄弟にかぎりない親愛の情を覺えたのではなかろうか。最後に、その生沒年について述べると、⑯に「開元二十九年（七四一）に薨ず。年七十餘。太尉を贈らる」とあり、また『新唐書』李守禮傳は「年七十」につくることから、その生年は高宗の咸亨三年（六七二）か、それを少しくさかのぼるものとなろう。

第二節　李賢の復權と中宗朝および睿宗朝の政變

（i）　中宗の重祚と李賢の乾陵陪葬

神龍元年（七〇五）正月癸卯（二十二日）、宰相張柬之および右羽林衞大將軍李多祚らが決起して則天武后の寵臣として權勢をほしいままにした張易之、昌宗兄弟を誅殺して老疾の甚だしい武后に讓位を迫り、同丙午（二十五日）に皇太子李顯（中宗）が重祚すると、國號を唐に復すとともに宗廟社稷から官名服飾にいたる諸制度を高宗の永淳元年（六八二）以前にもどすことが宣言された。その褒賞の除目のなかで注目に値するのが左の一文である。

①以并州牧相王旦及太平公主有誅易之兄弟功、相王加號安國相王、進拜太尉、同鳳閣鸞臺三品。公主加號鎭國太平公主、仍賜實封、通前滿五千戸。②皇親先被配沒者、子孫令復屬籍、仍量敍官爵。（『舊唐書』中宗本紀）

すなわち①は、張兄弟を誅殺した功によって中宗の弟李旦（睿宗）は「安國相王」を加號されて太尉、鳳閣鸞臺三品に進拜され、また同母妹の太平公主は「鎭國太平公主」を加號されるとともに實封が下賜されたとする。この二人は以後の政局にも重要な役割を果たすのであるが、それについては後述する。ついで②は、則天武后の臨朝稱制期および武周時代に配流、沒官、誅殺などの迫害を受けた皇親およびその子孫を屬籍に復すので、官爵を量敍せよとするもの。これによって李賢の復權にいたる道が開かれたのである。それは『舊唐書』李賢傳に、

神龍初、追贈司徒、仍遣使迎其喪柩、陪葬於乾陵。

とあるごとく神龍初に故李賢に司徒を追贈し、さらに巴州に遣使して李賢の喪柩を迎えて乾陵に陪葬させることにつながるが、その詳細を傳えるものが左の「雍王」・「章懷」の二墓誌である。その語釋等は補篇一・補篇二に讓るとして、まずは「雍王墓誌」の内容を確認することにしたい。

(1)①主上端旒黄屋、正位紫宸。負扆長懷、陟岡永歎。②痛飛鴒之遽絶、切斷鴈之逾孤。③廼命司存、緬追休烈。④神龍二年、又加制命、册贈雍王、禮盛漢蒼、恩踰晉獻。⑤乃勅金紫光祿大夫、行衞尉卿、上柱國、西河郡開國公楊元琰、正議大夫、行太子率更令、騎都尉、韓國公賀蘭琬、監護喪事。册贈司徒、仍令陪葬乾陵。⑥以神龍二年七月一日遷窆、禮也。

これによると、①重祚した中宗は黄屋の御車を召して紫宸殿に出御し、武周から李唐に皇統を正すとともに、南面し

て長懐し、崗《おか》に陟《のぼ》って永歎するのは、②兄弟の情愛ふかい鶺鴒《せきれい》が遽《にわ》かに切り離され、群からはぐれた鴈《かりがね》の逾《いよ》いよ孤なるを正そうとする思いであった。これは一族から離され、遠く巴州にうち捨てられた李賢の境遇に萬感の思いを寄せるもので、かつて巴州に旅立つ李賢らの平安を願う上表をなして以來、決して明かすことのなかった眞情であろう。そこで中宗は、③司存に命じて李賢の勳績を調査させて追褒することとし、④神龍二年（七〇六）、制命して雍王に册贈したのである。その禮制の盛んなることは漢の盛代を越え、その恩寵の深さは晉の獻文子を凌ぐほどであった。そしてさらに⑤楊元琰および賀蘭琬に敕して喪事を監護させ、改めて司徒に册贈した上で乾陵に陪葬させたのである。⑥その祔葬は、神龍二年七月一日、禮にしたがって執行されたとする。

ついで「章懷墓誌」の內容を考察すると、

(2)①神龍元年、寶曆中興。宸居反正、恩制追贈司徒公。②令胤子守禮往巴州迎柩還京、仍許陪葬乾陵柏城之內。③自京給鼓吹儀仗送、至墓所。

とあり、①は「雍王墓誌」の內容を越えるものではないが、②③は獨自の史料として注意しなければならないものである。すなわち②は李賢の胤子守禮を巴州に派遣して父の喪柩を長安に奉還させ、乾陵柏城內に陪葬させることを許すとするもの。③はその葬列には長安城中より鼓吹儀仗を給って墓所まで奉送させたとするものである。この二者は李賢およびその一門の復權を滿天下に示すものにほかならない。

以上(1)・(2)をまとめると、李賢の復權にともなう乾陵陪葬は神龍元年正月二十五日の中宗重祚を起點として同二年七月一日に新造の雍王李賢墓に祔葬されるまで一年五か月、同元年十一月二十六日の則天武后の崩御からすると、わずか半年あまりのうちに喪柩の奉還と新墓の造營および祔葬が完了していることに注意しなければならない。それは前掲の中宗本紀の「皇親の先に配沒せらる者、子孫の屬籍を復せしむるに、仍ち官爵を量敍せよ」とする敕令に該當する諸案件のなかで李賢が最優先されたことを物語るものであろう。そもそもそれは兄を慕う中宗の心情から發したものであろうが、その一連の儀式には唐朝の復活を象徴する高い政治性が込められたはずであるから、萬難を排してすみやかに執行されなければならなかったのである。ただし中宗朝には、そのような政策に異議を唱え、唐朝の復活を阻もうとする勢力が存在したことに注意しなければならない。それは「章懷墓誌」に刻まれた李守禮の事績が「雍王墓誌」にはまったく見られぬことに象徴されているが、その問題については次項（ⅱ）において述べることにしたい。

さてここでは、その復權に關連して李賢を神主とする廟堂が建立されたことについて一言しなければならない。すなわちそれは王溥『唐會要』巻一九諸太子廟に、

神龍二年十一月十九日、嗣雍王守禮奏敕賜臣父廟號陟岡。乞隸太常寺仍請安國相王書額。

とあるごとくである。これによると葬儀が終了したのちの十一月十九日、嗣雍王守禮は「臣が父の廟號に陟岡を敕賜せられんことを奏」し、また「太常寺に隸《したが》いて安國相王（李旦）に書額を請うことを乞《こいねが》」ったことが知られる。この陟岡と號する廟堂はやがて章懷太子廟と通稱されるようになったが、同巻は開元三年（七一五）の情況について左のごとく記す。

開元三年、（中略）、今章懷太子等、乃以陵廟、分署官寮、八處修營、四時祭享、物須官給、人必公差、合樂登歌、咸同列帝。夫金奏所以頌功德、登歌所以颺輝光、以咸神祇、以和報國。

これによると、その廟は諸帝廟とおなじく官寮が分署(56)されるとともに四時の祭享には祀物の官給や助祭者の公差を受けて鐘を奏でる金奏ならびに堂上に歌う登歌が實施されるなど、唐朝の手厚い保護下に置かれたことが確認できる。なお、その廟堂は長安城街西の常安坊に置かれたが、(57)玄宗の天寶六載（七四七）には節愍太子（中宗の第三子李重俊）な

ど六人の太子廟を合祀して一廟となし、加えて祭祀の縮小がはかられた。それは『舊唐書』玄宗本紀下に、

（天寶六載正月）、其章懷、節愍、惠莊、惠文、惠宣等太子、宜與隱太子、懿德太子同爲一廟。毎日立杖食及設仗於庭、此後並宜停廢。

とあるごとくであるが、その合祀廟は「七太子廟」と呼ばれて長安城街東の永崇坊に置かれたことが確認できる。(58) このような太子廟の建立は非命に斃れた諸太子の鎮魂と唐室の安泰とを冀うものにほかならない。

（ii）「雍王墓誌」の改刻と韋后・武三思

李賢の乾陵陪葬が象徴するごとく則天武后時代の否定を進める中宗朝において、それに異議を唱え、唐朝への回帰を阻もうとする勢力が存在することは「雍王墓誌」に李守禮の事績が刻まれぬことから推測されるところである。ただし、それは情況的な判断にとどまるものであるから、以下、同墓誌に見える改刻の事例を確認することによって反唐室勢力の實像を明らかにしたい。

さて、その改刻は墓誌石表面の右上部に置かれた誌題に認められるもので、やや不鮮明ながら圖Ⅳに示すごとく「故雍王墓誌銘□□幷序」（□□は二字分の空格）とする原刻の八字を「大唐故雍王墓誌銘幷序」の十字に改めるものである。(59) その方法は原刻の「故」の上に「大」の字を重ねて刻し、以下同様に「雍」に「唐」、「王」に「故」、「墓」に「雍」、「誌」に「王」、「銘」に「墓」を重刻し、さらに□□の部分に新たに「誌銘」の二字を刻して原刻の「幷序」につなげるものである。要するに、それは原刻の「故雍王墓誌銘幷序」に「大唐」の二字を冠するものであ

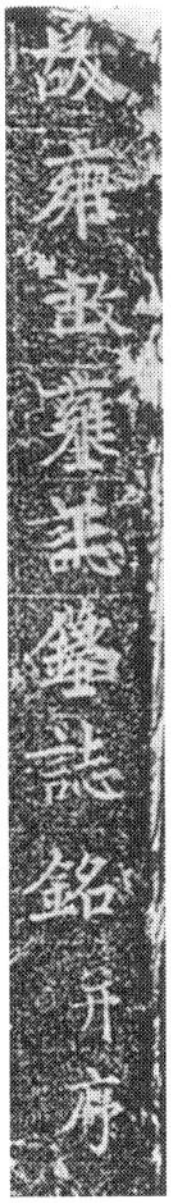

圖Ⅳ　「雍王墓誌」の改刻事例

る。ここで問題となるのは「雍王墓誌」の作製時には何ゆえ「大唐」の二字が刻されなかったか、また後日いかなる理由によって改刻されたかという二點である。以下それを考察するが、はじめに「雍王墓誌」の作製時を特定すると、それは神龍元年正月二十五日の中宗の重祚より同二年七月一日に執行された李賢の埋葬までの一年五か月の範圍內、神龍元年十一月二十六日の則天武后の崩御からは七か月以內に完成したことを確認しておきたい。ついで作製過程を概觀すると、まず「故雍王墓誌銘幷序」とする誌題は當然ながら撰者の恣意によるものではなく、衆議を經て上奏されたものを中宗が裁可したと考えられる。そして、その誌題は史官に保存されていた李賢の「行狀」とともに撰者に下賜され、それにしたがって撰述された誌序と銘文は中宗の叡覽ののち書者が版下紙に清書し、さらに祕書省著作局において特別に誂えた墓誌石と誌蓋石とに刻字、裝飾されて完成したと考えられる(60)。補篇一で詳述するごとく、その誌序と銘文は李賢の廢黜や巴州謫徙および自殺の顚末については駢儷文に寓意を滲ませるのみで詳述を避けているが、それは重祚して日が淺く、また柔弱な性格である中宗の政治的判斷によるのではあるまいか。則天武后の崩御から半年あまりの時點では、なお強大な勢力を有する武氏派および急速に擡頭しつつある韋氏派に配慮する必要があり、武后の舊惡はなお祕匿せねばならなかったのである。その兄を慕う心情とは裏腹に母を批判することには大きな畏れとともに深甚なる危險がともなったに相違ない。

さて「雍王墓誌」の撰者と書者には氏名の刻記が許されず、さらに撰者の筆には李賢の悲劇を糊塗するよう壓力が加えられたと考えられるが、その最たるものは誌題そのものではなかったか。すなわち「故雍王墓誌銘幷序」のままでは大周の雍王の墓誌と解される危險があり、それがゆえに後世「大唐」の二字を冠する必要が生じたのである。ここで撰者の心中を慮れば、その誌題に嫌惡感をいだき、大唐の雍王たることをみずからの撰文に示す決意をしたのではなかろうか。以下、雍王追贈の事例によってそれを論ずることにしたい。

そもそも李賢は、咸亨三年（六七二）九月に十九歳で雍王に徙封され、上元二年（六七五）六月に二十二歳で立太子するまで在位したが、その薨去後には二度にわたって雍王追贈がなされているのである。

(1)一度目の雍王追贈

①垂拱元年三月廿九日、恩制追贈雍王、謚曰悼。葬於巴州化城縣境。（「雍王墓誌」）

②垂拱元年四月廿二日、皇太后使司膳卿李知十持節冊命、追封爲雍王。（「章懷墓誌」）

③文明元年、則天臨朝、令左金吾將軍丘神勣往巴州檢校賢宅、以備外虞。神勣遂閉於別室、逼令自殺、年三十二。則天擧哀於顯福門、貶神勣爲疊州刺史、追封賢爲雍王。（『舊唐書』李賢傳）

④武后得政、詔左金吾將軍丘神勣檢差衛賢第、迫令自殺、年三十四。后擧哀顯福門、貶神勣疊州刺史、追復舊王。（『新唐書』李賢傳）

⑤（光宅元年三月）己亥、追封賢爲雍王。（『資治通鑑』則天后光宅元年の條）

(2)二度目の雍王追贈

①神龍二年、又加制命冊贈雍王。（中略）、冊贈司徒仍令陪葬乾陵。（「雍王墓誌」）

②神龍元年、寶曆中興、宸居反正、恩制追贈司徒公。（「章懷墓誌」）

③神龍初、追贈司徒、仍遣使迎其喪柩、陪葬於乾陵。（『舊唐書』李賢傳）

④神龍初、贈司徒、遣使迎喪、陪葬乾陵。（『新唐書』李賢傳）

右の史料(1)の文明元年・光宅元年（六八四）および垂拱元年（六八五）はいずれも則天武后臨朝稱制下における睿宗の年號で、その下につづく一文は李賢の薨去直後になされた雍王追贈の記録である。ここで注目に値するのは、(2)がいずれも中宗重祚後の神龍初年（七〇五〜七〇六）の司徒追贈を記すなかで、「雍王墓誌」だけが①「神龍二年、又加制命冊贈雍王」として二度目の雍王追贈を加えていることである。これは李賢が大唐の雍王にほかならぬことを宣するものであるが、それを挾入する理由は、誌題に「故雍王墓誌銘幷序」と刻し、誌序中に「垂拱元年三月廿九日、恩制追贈雍王、謚曰悼」と刻すのみでは李賢を大周の雍王と認識させる餘地が生じるからである。そもそも垂拱元年に「恩制もて雍王を追贈」した武后の認識は大周の雍王を追贈するものではなかったか。武周革命は五年後の天授元年（六九〇）まで待たねばならぬが、李賢の死を聞いて追贈を決め、「顯福門に擧哀」した武后の胸中には自身を唐の皇太后に卑下する意識は微塵もなかったと考えられる。ここで「雍王墓誌」の作製時に立ち返ると、中宗朝に強盛を張る武氏派および韋氏派らは中興した唐朝の宗室を抑え込む觀點からその武后の認識を繼承して「雍王墓誌」の誌題や撰文に容喙し、それを中宗も容認せざるを得なかったと考えられるのであるが、撰者は斷じてそれを拒絶すべく李賢に追贈された雍王は大唐のそれに誤りないことを明記して武韋一黨の意圖を打ち消し、死せる李賢を守ったのである。以上のことから、氏名を刻まぬ墓誌文の撰者は李賢に近い人物で、かぎりない親愛の情を寄せるものと見なすことができよう。

それではつぎに、中宗朝で強盛を張った武氏派と韋氏派について論ずることにしたい。これについて先行研究は唐室に對抗する武氏派の勢力が強盛であったとして、その首魁として武三思を提示する。(61)『舊唐書』巻一八三外戚傳によると、この人物は則天武后の異母兄武元慶の子で、臨朝稱制期から武周時代にかけて武后はもとよりその寵臣の薛懷義、張易之、昌宗兄弟らに阿ることによって宮廷に地歩を固め、さらに長安年閒（七〇一〜七〇五）に第二子崇訓に皇太子李顯（中宗）と韋妃の女である安樂公主の降嫁を得て勢力を增し、重祚後の中宗朝でも韋后とともに國政を左右したのである。時人は簒逆を懷くものとして武三思を曹操・司馬懿になぞらえたという。のち武三思・崇訓父子は皇太子李重俊（贈節愍太子）を惡んで安樂公主と密謀して廢黜を企てたために、神龍三年（七〇七）七月、重俊によって誅殺された。この騷擾は韋后・安樂公主の誅殺に失敗した重俊が逃亡中に殺害されて收束したが、長安に送られた重俊の首級は安樂公主によって三思および崇訓の柩前に獻ぜられ、中宗は父子のために廢朝すること五日ののち武三思に太尉・梁王、崇訓に開府儀同三司・魯王を贈封したとされる。この事例からも中宗朝における武氏一黨の浸潤ぶりが確認できよう。

以上まとめると、李賢の復權が發議され、その乾陵陪葬がなされた中宗朝初期は武氏派と韋氏派とが同盟をむすぶ新たな反唐室勢力が形成され、その專横による混亂がくり返されたことが知られる。「雍王墓誌」はまさにそのような情況下で作製されたことに注意しなければならない。管見のかぎりでは兩『唐書』以下の史書類に李賢の復權を拒絶し、異議を呈するものは見られぬのであるが、「雍王墓誌」はその風潮が存在したことを示唆する貴重な資料とも言えるのである。

ところで考察がここにいたると、誌蓋の篆題（蓋題）に刻された「大唐故雍王墓誌之銘」中の「大唐」をいかに解釋するかが問題となる。これについて樊英峰氏および劉向陽氏は誌蓋石（蓋）と墓誌石（身）の石材の色が異なることから、蓋題は誌題の改刻時に新たに作製されたのではないかと推測する。(62)私はその見解にしたがいたいと思う。それでは、誌題の改刻と誌蓋の新造はいつなされたのであろうか。それには李賢の祔葬後に墓室が開かれることが必須であるため景雲二年（七一一）の房氏祔葬時とするのが順當である。次項で説くごとく、その時點では睿宗のもとで唐室の敵對勢力が一掃され、宮廷の政治情況が一變していることから「雍王墓誌」の蓋題と誌題とが問題になったのであろう。さらにここで一言するならば、右の修正を經てもなお「雍王墓誌」には看過できぬ内容が存在したのではあるまいか。すなわちそれは發掘時に、誌蓋石は後甬道最奥部の東側の磚床上に置かれ、墓誌石はその北側に誌序銘を東壁面に貼り附けるようにして立てた狀態で發見されたことから、そのように推測するのである。(63)これは修正時の處置か、あるいは盜掘時のものか判然とはせぬが、私は「大唐故雍王墓誌之銘」とする誌蓋石を南側に置き、その北側に置く墓誌石は敢えて誌面を東壁に向けて誌序銘を讀めぬようにする、その整然たる處置に修正者の意志を看取する。すなわちそれは「雍王墓誌」に對する抗議を表象したものなのではないかと考えるのである。

さて、武三思・崇訓父子が誅殺されたのちの中宗朝で專横を極めたのは韋后とその第四女安樂公主であった。『舊唐書』巻五一后妃傳上によると、この母娘を中心に親屬で固めた韋氏派は賄賂と賣官によって私利をはかって奢侈に耽り、權勢をふるって律令を損ない慣例を破ったために天下の人士から嗟怨されたが、とりわけ安樂公主の驕慢は甚だしく、叔父相王李旦と叔母太平公主が李重俊に通謀したとしてその失脚を企み、また朋黨を集めて太平公主と勢力争いをするありさまであった。(64) その專横のうちで李賢に關するものを示すと、中宗によって墳墓が改葬されて陵と號することが許された永泰公主（韋后所生の第三女）の特例をもとに、安樂公主は亡夫崇訓にも陵を造營するよう中宗に迫って宸襟を動かしたが、盧粲の駁奏によって裁可が流れると、それを怨んで盧粲を陳州刺史に轉出させたことに注目せねばならない。盧粲については次項で述べるとして、左にその駁奏文を提示する。

且魯王若欲論親等第、則不親於雍王。雍王之墓、尚不稱陵。魯王自不可因尚公主而加號。

（『舊唐書』巻一八九下儒學傳下）

ここで盧粲は今上の兄である「雍王の墓だに、尚お陵と稱」されぬ現状を述べるが、それは永泰公主に加えて中宗と韋后の第一子である重潤（贈懿德太子）の墳墓もまた陵と稱されることに比して、(65) 李賢のそれは王墓のままにあることに憤りを發するもので、その矛先は禮制を壞亂させて恥じぬ中宗に向けられたとして間違いなかろう。李賢と重潤および永泰の三人はいずれも則天武后から死を賜ったのであるが、その墳墓を改葬した中宗からすると兄李賢よりもわずか十九歳（懿德太子）と十七歳（永泰公主）で祖母によって處刑された己が長子と第六女が哀れでならなかったのであ(66)

ろう。ただし兩『唐書』儒學傳に名を列ねる盧粲からすると、子への情愛に迷ったその措置は糺すべき對象にほかならなかったのである。なお陵と墓との差はその墓室の構造や內裝および隨葬品などに顯在し、章懷太子墓のそれが懿德・永泰のものにおよばぬことは發掘報告書等に明らかである。(67)

以上のごとく、中宗朝後期において韋氏派は權勢をほしいままにした。前節で述べた南陽張氏はまさにその弊害が極まった景龍二年（七〇八）に薨じたことに注意する必要があろう。すなわちその葬儀は無事に營まれたものの、そこには李賢の復權に眉をひそめる冷ややかな視線が投げかけられていたのである。

（iii）　睿宗の重祚と章懷太子追謚

景龍四年（七一〇）六月、韋后と安樂公主は則天武后と同じ道を歩むべく中宗の毒殺を實行した。その政權簒奪の顚末について『舊唐書』中宗本紀は、

①時安樂公主志欲皇后臨朝稱制、而求立爲皇太女、自是與后合謀進鴆。六月壬午、帝遇毒、崩于神龍殿、年五十五。祕不發喪、皇后親總庶政。②癸未、（中略）、立溫王重茂爲皇太子。③甲申、發喪于太極殿。宣遺制、皇太后臨朝、大赦天下、改元爲唐隆。（中略）、④以安國相王旦爲太子太師。進封雍王守禮爲邠王。（中略）、⑤丁亥、皇太子卽帝位於柩前、時年十六。皇太后韋氏臨朝稱制、大赦天下。（中略）、⑥庚子夜、臨淄王諱擧兵誅諸韋、武、皆梟首於安福門外、韋太后爲亂兵所殺。

と記す。これによると、①安樂公主は韋后の臨朝稱制下で皇太女となるべく母と密謀を凝らして六月壬午（二日）に中宗を鴆殺し、②翌癸未（三日）にひとまず異母弟の溫王李重茂（少帝）を皇太子とした。③翌甲申（四日）、中宗の梓宮が太極殿に還御し、發喪した韋后は中宗の遺制として皇太后臨朝をおこなって大赦をなし、唐隆と改元した。その際

に④唐室の重鎭たる安國相王旦（睿宗）を太子太師と爲し、雍王守禮を邠王に進封させたことに注意しなければならない。ついで⑤丁亥（七日）に十六歳の皇太子重茂が大行皇帝の柩前で卽位し、皇太后韋氏は重ねて臨朝稱制を宣して天下に大赦したが、その十三日後にあたる⑥庚子（二十日）の夜、臨淄王諱（隆基）が擧兵して韋皇太后と安樂公主以下の韋氏派および武氏派の殘存勢力をことごとく誅殺して安福門外に梟首したのである。中宗の鴆殺から韋氏一派の殲滅までわずか十八日であった。『舊唐書』睿宗本紀によると、この擾亂を平定した安國相王の第三子李隆基は父李旦に卽位を懇願し、六月甲辰（二十四日）に少帝が叔父安國相王に皇帝位を讓るという形で退位し、ここに睿宗の重祚が實現した。[68] ここで注目に値するのは同本紀に見える左の記事である。

（景龍四年七月）丙辰、則天大聖皇后依舊號爲天后。追謚雍王賢爲章懷太子、庶人重俊曰節愍太子。復敬暉、桓彥範、崔玄暐、張柬之、袁恕己、成王千里、李多祚等官爵。（『舊唐書』睿宗本紀）

すなわち睿宗は卽位後十二日目にあたる七月丙辰（六日）に、則天大聖皇后を舊號の天后にもどすことに加えて雍王賢に章懷太子、庶人とされた李重俊に節愍太子を追謚し、さらには中宗の重祚を實現させた敬暉や張柬之、また重俊の擧兵にしたがった李千里や李多祚など武周末期から中宗朝にかけて唐室に忠誠を盡くしながらも非命に斃れた忠臣・皇族らの官爵を復したのである。これは睿宗の正當性を示すとともに中宗朝を牛耳った武韋一黨の專横を糺し、その根絶を滿天下に示す極めて政治性が高い宣言にほかならないのである。なお、これに加えてすでに睿宗は六月丁未（二十七日）の時點で武三思と武崇訓の官爵を追削してその棺を剖き、屍を戮して墳墓を平らかにするよう下命したことを附言しておく。

さて、ここで章懷太子追謚の問題を検討すると、右のほかにその年時を明記するものは左の二例である。

(1)（景雲元年六月丁未）、追謚雍王賢曰章懷太子。（『資治通鑑』睿宗景雲元年の條）

（「章懐墓誌」）

⑵景雲二年四月十九日、又奉敕追贈冊命爲章懐太子。

ここでまず、景龍四年は七月己巳に景雲元年と改元されたことを確認しておく。よって⑴はそれを承けるもので、その六月丁未と右の『舊唐書』七月丙辰は同年で、その閒に九日の差異が生じる理由は不明であるが、いずれにもせよ、その追謚は中宗の鴆殺および凄慘な掃討戰の腥臭おさまらぬなかで慌ただしく宣せられたものとして閒違いない。よって追謚にともなう宮中の諸儀禮や尊位に相應する儀禮品の下賜などは、さまざまな混亂がおさまったのちに卜日をおこない、個々の良日を選んで擧行されたと考えるべきであろう。(69) そしてこの觀點からすると、⑵「章懐墓誌」の「景雲二年四月十九日」は、その一連の儀式が完了した日と解することもできるのではあるまいか。なお同墓誌が、この慶事から二か月に滿たぬ六月十六日に房氏の疾薨を刻すことを勘案すると、四月十九日に奉敕追贈して章懐太子に冊命したと特記するのは、すでに病床に臥していた房氏を慮る天恩を傳えるものであるかもしれない。

(iv)「章懐墓誌」の改刻と太平公主

さて、「章懐墓誌」は、景雲二年（七一一）六月十六日の清河房氏の薨去より十月十九日の葬儀にいたる四か月ほどで作製されたと考えられる。それは七〇六年作製の「雍王墓誌」に後れること五年であるが、この閒に唐朝內部の政治情勢が一變したことは前述のごとくで、中宗朝に猛威をふるった武韋一黨の一掃とともに武周時代もしだいに遠ざかり、則天武后に對する恐怖心や禁忌の念が薄れつつあるなかで作られたことに注意しなければならない。「章懐墓誌」は時代を映す鑑としてそのような唐朝の「現時點」を刻んでいるのであるが、そこには王朝を搖るがすことになる政治鬪爭の前兆となるものが認められるのである。以下、それについて考察する。

まず、その誌序銘の撰者と書者について確認すると、撰者の盧粲は叔父の盧行嘉が記室として雍王李賢に仕え、また自身も李守禮の師傅となったことから、叔甥二代にわたって章懷太子家に仕えた人物と見なすことができる。盧粲は反武韋派の旗幟を鮮明にした硬骨漢として知られ、安樂公主の駙馬武崇訓の陵造營を阻止したことは前述のごとくである。書者の李範は睿宗の第四子で李隆基（玄宗）の異母弟にあたる。本名は隆範であるがのちに兄の諱を避けて範と稱した。李範は武周時代に兄弟や從兄弟の李守禮らとともに十餘年間にわたって宮中に幽閉されたことから兄隆基はもとより守禮とも血盟の絆でむすばれており、また韋氏派の擾亂では兄隆基の擧兵にしたがって大功を立てた。ここで「章懷墓誌」に立ち返ると、このような經歷に彩られた二人が作製の根幹を占めることに時代の激變が象徵されているのである。

さてここで、その作製過程を確認すると、蓋題の「大唐故章懷太子幷妃清河房氏墓誌銘」および誌題の「大唐故雍王贈章懷太子墓誌銘幷序」は睿宗の裁可を得たのちに李賢および清河房氏の「行狀」とともに盧粲に下され、そこで奉敕撰述された誌序と銘文とは睿宗の叡覽ののち李範に送附されて清書され、そこから祕書省著作局に送られてその工房にて誌蓋石と墓誌石に刻字されたと考えられる。(70) よって蓋題と誌題とがともに「大唐」の二字を刻して唐朝を讃えることは當然であるが、その誌序において盧粲は則天武后を「皇太后」と明記して唐朝（李家）の皇太后（皇帝の母）と位置づけ、その大周皇帝卽位を認めぬ姿勢を貫くとともに、憚ることなく章懷太子を顯彰するのみならず房氏の婦德を絕贊し、さらには義母の葬列に扈從する李守禮の孝德にまで言及しているのである。これは章懷太子家に仕えた盧粲の眞情を表したものに相違なく、その筆致には太子の悲劇に憤り、復權までの四半世紀におよぶ房氏母子の苦惱を熟知するがゆえの溫情が汲み取れるのである。ただし「皇太后」の表記は盧粲の一存とは考えられず、睿宗の裁可を得た公式見解と見なすべきであろう。この觀點からすると、憚ることなく筆を進めたように見える盧粲にもおのずと自制すべき部分があったようである。すなわち「章懷墓誌」は李賢が廢された理由や自殺の詳細は記さず、また歷朝の太子失脚の事例を列擧して章懷太子のそれは冤罪であることを諷するものの、その明言は控えているのである。何となれば、廢黜と自殺の眞相を詳述すれば今上の生母である則天武后の殘忍な仕打ちに言及せねばならぬからである。その悪業は天下に隠れなきものであろうが、傳統的な儒教世界の規範からすると、そのような記述は許されず、盧粲には故事と駢儷文とによって微妙な表現をなす抑筆の作法が求められたのである。

さて、ここで注目に値するのは「章懷墓誌」に見える改刻の事例である。それは鮮明ではないが左の圖Vに示すごとくで、誌序の「高宗天皇大帝之第六子」とする「六」の部分に「二」を重刻して「第二子」に改めるものである。[71] すなわち原刻である「第六子」は高宗を主體とするもので左表に示された八子中の第六子の謂、「第二子」は則天武后を主體とするもので、その所生子中の第二子を言うことになる。つまり原刻は生母を問わず兄弟の順に記すもので、そこには則天武后を特別視せぬ方針が貫かれているのである。

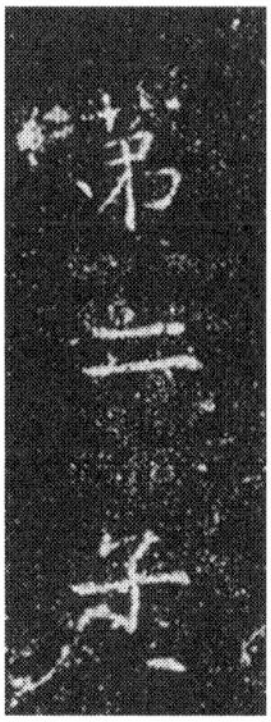

圖V　「章懐墓誌」の改刻事例

高宗八子表

			生没年		
第一子李忠	（追封燕王	生母劉氏		六四三〜六六四）	→賜死
第二子李孝	（追贈原王	生母鄭氏	同	？　〜六六四）	→早薨
第三子李上金	（追封澤王	生母楊氏	同	？　〜六九〇）	→被殺
第四子李素節	（追封許王	生母蕭淑妃	同	六四八〜六九〇）	→被縊
第五子李弘	（贈孝敬皇帝	生母則天武后	同	六五二〜六七五）	→鴆殺
第六子李賢	（贈章懷太子	同	同	六五四〜六八四）	→迫令自殺
第七子李顯	（中宗	同	同	六五六〜七一〇）	→遇毒崩于神龍殿
第八子李旦	（睿宗	同	同	六六二〜七一六）	→崩于百福殿

それに對して改刻は「雍王墓誌」が「第二子」につくることに同じく、則天武后の所生子のみが唐朝の正系たることを宣するものである。ここで問題となるのは、その改刻はいつ、誰によってなされたかと言うことである。ここで作製過程を再顧すると、盧粲の奉敕撰述した誌序銘は睿宗の叡覽ののち李範の清書を經て祕書省著作局で刻字されたはずであるから、それを改めさせる力をもつ人物が刻字後の誌序銘を通覽して發議したのであろう。睿宗朝を一覽するに、そのような直言ができるのは皇妹の太平公主をおいてないことは衆目の一致するところではあるまいか。すなわち太平公主は高宗と武后の子のみが、より正確に記すならばその孫の李隆基ではなく、ただ一人健在である睿宗のみが唐朝の玉座に在るべきことを改刻によって確認したのではなかろうか。ただしそれは「皇太后」の表記を默認したことから明らかなように、武韋兩派のごとく則天武后を絶對視し、その威光をかざすものではなく、みずからの軸足を母武后から父高宗に移すことによって兄睿宗が君臨する大唐への忠誠を明示し、それによって自己の權勢を盤石たらしめんとしたのである。太平公主からすると「第二子」とする改刻はもとより重要であるが、その直言によって睿宗を制御したことの方がはるかに意義深く、その事實は宮中內外に重大な影響をあたえたに相違ない。すなわち武韋兩派の追放なった睿宗朝では兄のもとで太平公主が威勢を張るのみならず、睿宗もまた妹に頼るというごとく兄妹が相互に補完する極めて特異な權力構造が確立したのである。ここで太平公主の爲人とともにその情況を確認することにしたい。

①太平公主沈敏多權略。武后以爲類己、故於諸子中獨愛幸、頗得預密謀、然尙畏武后之嚴、未敢招權勢。乃誅張易之、公主有力焉。中宗之世、韋后、安樂公主皆畏之。②又與太子共謀韋氏。旣屢立大功、益尊重。③上常與之國議大政、每入奏事、坐語移時。或時不朝謁、則宰相就第咨之。④每宰相奏事、上輒問、嘗與太平議否、又問與三郎議否、然後可之。三郎謂太子也。⑤公主所欲、上無不聽。自宰相以下、進退繫其一言、其餘薦士驟歷淸顯者

不可勝數。權傾人主、趨附其門者如市。

（『資治通鑑』睿宗景雲元年の條）

これによると、①「沈敏にして權略多」しとされる太平公主は母武后に容貌も性格もよく似ていたために諸子中でひとり愛幸され、しばしばその密謀に預ったが、武后の嚴しさを畏れて權勢を招《もと》めることはなかったとされる。ただし武后最晩年の張兄弟の誅殺では重要な役割をはたして中宗朝に重きをなしたため、韋后や安樂公主もこれを畏れたとする。ついで②韋后の簒奪では皇太子（李隆基）に協力して兄睿宗の卽位に盡力し、益ます尊重されたとする。ここで注目すべきは③以降に記された太平公主の威勢である。すなわち③睿宗はつねに公主と「國議大政」にあたってその奏事を入れ、また朝謁せぬ時は公主邸に宰相を遣して意見を咨《はか》った。さらに④睿宗は宰相の奏事を受けるたびにまず公主に議否を問い、そののち三郎（睿宗の第三子隆基）に議否を問うて裁可したとする。これは皇太子よりも公主を重視する睿宗の政治姿勢を示すもので、その結果として⑤公主の欲するところはあげて裁可され、それが宰相以下の人事におよんだため、高位高官をのぞむ人士によって門前は市をなすごとく、その權勢は人主を傾けるほどであったと記される。この太平公主にとって、自己の權力の源である兄睿宗の玉座を脅かすものは何人たりとも認めがたいことは多言を要するまでもなかろう。この觀點からさきの改刻を顧みると、それは遠からず噴出する太平公主と李隆基との權力鬪爭を兆すものと見なせるのである。

ここで、その顚末を確認すると、延和元年（七一二）八月、睿宗が讓位して太上皇帝に祭りあげられたことは公主に深刻な危機感を懷かせたに相違ない。それについて『舊唐書』卷一八三外戚傳＝太平公主傳は左のごとく記す。

①公主懼玄宗英武、乃連結將相、專謀異計。其時宰相七人、五出公主門、常元楷、李慈掌禁兵、常私謁公主。②先天二年七月、玄宗在武德殿、事漸危逼、乃勒兵誅其黨竇懷貞、蕭至忠、岑羲等。公主遽入山寺、數日方出、賜死于家。公主諸子及黨與死者數十人。

すなわち①太平公主は玄宗の英武を懼れて將相と連結し、その廢位に專心して時の七宰相のうち五人までを自派に組み込み、さらに禁兵を統轄する常元楷、李慈らと氣脈を通じたとする。卽位時の玄宗は二十八歲、これに對して太平公主は四十八歲ほど、太上皇に退いたとはいえ睿宗が五十一歲であることを想起すれば、その時點での公主の威勢は玄宗のそれを上回ったと考えられる。ただしやがてそれは逆轉し、兩者の鬪爭は一年をまたずして終局を迎えるのである。すなわち②先天二年（七一三）七月、公主一黨の逆謀を察知した玄宗が兵を勒して公主の腹心である竇懷貞、蕭至忠、岑義らを誅殺すると、危機を察した公主は遽かに山寺に逃亡して難を避けたが、數日にして出頭しようとしたところを捕らえられて自邸にもどされ、死を賜ったのである。それに附隨して「公主の諸子及び黨與の死する者は數十人」と記される。この鬪爭の勝利者である玄宗は卽座に行賞をおこなって長兄李成器（贈讓皇帝）および次兄李成義（贈惠莊太子）に實封一千戸、弟李範と李業に實封七百戸、さらに李守禮にも實封三百戸を賜與するとともに九月には大官の親任式をなして、そこで李守禮を司空に補しているのは[72]、かつてむすばれた血盟を確認するとともに、今や唐室の長老格となった李守禮が玄宗を支持したことを示して太平公主の誅殺に動搖する人心の沈靜化をはかったものにほかなるまい。

むすび

本章は、前半部で「張氏神道碑」および「章懷墓誌」を分析して李賢の良娣張氏および正妃房氏の人物像を確定するとともに李賢の三子の事績を考察し、とくにその第二子李守禮については兩『唐書』の記事に右の碑誌文を重ねることによって玄宗との個人的な紐帶關係を維持して中宗朝末期から睿宗・玄宗朝期にかけて特異な存在感を示したことを論述した。また後半部では「雍王墓誌」を中心に「章懷墓誌」の分析も加えて考察を進め、李賢の復權を通して俯瞰した中宗朝における武韋兩派の盛衰および睿宗朝における太平公主の消長について詳述した。本論において私は、その全編を通じて碑誌文を史料として用いているが、それらは撰者によって推敲を重ねられた編纂物にほかならぬことは自明であろう。それがゆえに、その撰文から刻字にいたるまでさまざまな壓力や容喙がなされた可能性を認識しなければならないのである。本論では二墓誌に殘された改刻の事例を考察することによって、その具體的な內容と意味するところについても明らかにした。

さて「張氏神道碑」に加えて「雍王墓誌」と「章懷墓誌」の分析を通じてその內容および作製の事情などを檢討すると、そこには兩『唐書』や『資治通鑑』などの歴史書には記されぬ中宗・睿宗・玄宗三朝の政治史が形象をむすんで浮上してくる。當然ながら、それは右の歴史書が規定する幹線上に展開する一齣、一面に過ぎないのであるが、そのような缺片をあて嵌めることによって從來の間隙を補うことができれば、より深く、かつ正確に唐朝前期の政治史を理解することができるのではなかろうか。私がこれらの文字資料を咀嚼して史料に創り上げ、用いる所以である。

注

（1）本書第六章、第十章、補篇一、補篇二を參照。

（2）『舊唐書』李賢傳に「永徽六年、封潞王。顯慶元年、遷授岐州刺史。其年、加雍州牧、幽州都督。始出閤」とあることから潞王李賢は三歳にして出閤したことが明らかである。その王宅は韋述『兩京新記』卷三に「安定坊東南隅千福寺、本章懷太子宅。咸亨四年捨宅立爲寺」とあり、また宋敏求『長安志』に「安定坊東南隅千福寺、本章懷太子宅。咸亨四年捨宅立爲寺。大中六年改興元寺」とあることから長安城安定坊に置かれたことが確認できる。張氏はこの「章懷太子宅」（當時は沛王宅）に入奉したと考えられる。韋述と『兩京新記』については、妹尾達彦「韋述的『兩京新記』與八世紀前葉的長安」（『唐研究』第九卷、二〇〇三年）、辛德勇輯校『兩京新記輯校』（三秦出版社、二〇〇六年）などを參照。また長安の王府王宅について言及したものに布目潮渢「唐代長安における王府・王宅について」（『中國聚落史の研究』所載、刀水書房、一九八〇年）がある。

（3）宋敏求『長安志』巻一〇延康坊の條に「諸王府、寶曆二年延康坊官宅一區爲諸王府」とある。これは敬宗の寶曆二年（八二六）の事例であるが、この官宅とされた一區分にかつて守禮の別邸があり、南陽張氏はそこで薨去したのではあるまいか。李健超『增訂唐兩京城坊考』（三秦出版社、二〇〇六年）は、「按蘇頲章懷太子良娣張氏碑、良娣張氏遘疾、棄養于京延康第之寢。蓋卽居于諸王府也」（二〇七頁）と考える。なお王靜・沈睿文「唐章懷太子的兩京宅邸」（『唐研究』第一七號、二〇一一年）は張氏が薨じた延康坊は房氏が薨じた興化坊に西隣すること、また張氏の實子守禮は李賢嗣子として興化坊の邠王邸に房氏と同居したことを指摘する。

（4）則天武后の生年については、氣賀澤保規『則天武后』（白帝社、一九九五年）第一章「則天武后の生出年」、韓昇「武則天的家世與生年」（『武則天與嵩山』所載、中華書局、二〇〇三年）を參照。

（5）「皇太子請給庶人衣服表」は洪海安「章懷太子李賢事略」（『乾陵文化研究』㈡、三秦出版社、二〇〇六年）の指摘による。なお『舊唐書』高宗本紀に「（永淳二年）秋七月己丑、封皇孫重福爲唐昌郡王。（中略）、己丑、令唐昌郡王重福爲京留守、劉仁軌副之。召皇太子至東都。（中略）、十一月、皇太子來朝。癸亥、幸奉天宮」とあり、皇太子李哲は七月に洛陽に召されて以來高宗のもとにあったので、李賢出立の情況は長安からの報告によって確認したと考えられる。

（6）李賢と李哲は二歳差の兄弟で、その幼少時には鬪鶏をともにするなど極めて親しい間柄であった。本書第六章第三節（i）を參照。

（7）管見のかぎりでは、李賢の謫徙行は「章懷墓誌」に「奉敕徙於巴州安置。土船餘俗、遙然巴宕之鄉、竹節遺黎、邈矣蠻賨之戍」とする一條を確認するのみである。本書補篇二を參照。

（8）「雍王墓誌」に「垂拱元年三月廿九日、恩制追贈雍王謚曰悼、葬於巴州化城縣境」とある。本書補篇一を參照。

（9）『舊唐書』玄宗本紀に「（先天二年）、十二月庚寅朔、天下大赦、改元爲開元」とある。

（10）趙承恩については、『舊唐書』中宗本紀に「命左右金吾衞大將軍趙承恩、右監門大將軍薛簡帥兵五百人往均州、備譙王重福」

とあり、韋后の政權簒奪時に譙王李重福を迎擊したことが知られる。

（11）「李賢の妃嬪・三子と章懷太子追謚について――主として「張氏神道碑」と「雍王」・「章懷」二墓誌による――」（『中國出土資料研究』第一三號、中國出土資料學會、二〇〇九年）。

（12）『舊唐書』巻九九李適之傳に「李適之、一名昌、恆山王承乾之孫也。（中略）、開元二十七年、兼幽州大都督府長史、知節度事。適之以祖得罪見廢、父又遭則天所黜、葬禮有闕、上疏請歸葬昭陵之闕內。於是下詔追贈承乾爲恆山愍王、象爲越州都督、郇國公、伯父厥及亡兄數人並有褒贈。數喪同至京師、葬禮甚盛、仍刊石於墳所」とある。李承乾墓の發掘調査および墓誌・神道碑については陳志謙「唐李承乾墓發掘簡報」（『文博』一九八九年第三期）を參照。

（13）李泰家族墓については、高仲達「唐嗣濮王李欣墓發掘簡報」（『江漢考古』一九八〇年第二期）、全錦雲「試論鄖縣唐李泰家族墓地」（『江漢考古』一九八六年第三期）、湖北省博物館、鄖縣博物館「湖北鄖縣唐李徽、閻婉墓發掘簡報」（『文物』一九八七年第八期）、楊華山・李峻「鄖縣唐濮王李泰家族墓研究」（『十堰職業技術學院學報』二〇〇六年第三期）。

（14）沈睿文『唐陵的布局――空間與秩序――』（北京大學出版社、二〇〇九年）、とくに李泰家族墓については二九一～二九三頁を參照。

（15）李泰家族墓の配置圖は沈睿文前掲書注（14）を參照した。李泰の卒年月日は兩『唐書』高宗本紀、享年は同太宗諸子傳＝李泰傳による。また閻婉・李欣・李徽のそれは各墓誌による。なお管見のかぎりでは、李泰墓誌石の所在は不明であり、またその墓誌銘の内容について確認することができない。

（16）王靜・沈睿文前掲論文注（3）を參照。

（17）陝西省博物館乾縣文教局唐墓發掘組「唐章懷太子墓發掘簡報」（『文物』一九七二年第七期）ののち二〇一二年十月現在にいたるまで章懷太子李賢墓の總合的な發掘報告書は未刊である。

（18）異穴合葬については、來村多加史『唐代皇帝陵の研究』（學生社、二〇〇一年）の上編第一章第三節・第六節を參照。

（19）陶敏・易淑瓊校注『沈佺期宋之問集校注』（中華書局、二〇〇一年）。なお『全唐文』巻二三五所收は「追冊章懷太子張良娣文」とし、字句に異同が見られる。なお沈佺期の傳記については小川環樹（『唐代の詩人――その傳記』（大修館書店、一九七五年）を參照。

(20)「賓帝」は天帝の賓客の意で李賢をさす。「七日無歸」は『列仙傳』卷上の「王子喬者、卽周靈王太子晉也。好吹笙、作鳳凰鳴。游伊洛之閒、道士浮丘公接以上嵩高山。三十餘年後、求之於山上。見柏良曰、告我家、七月七日待我於緱氏山巓。至時、果乘白鶴駐山頭、望之不得到。擧手謝時人、數日而去」に依據する。

(21)『新唐書』卷四七百官志二に「太子內官。良娣二人、正三品。良媛六人、正四品。承徽十人、正五品。昭訓十六人、正七品。奉儀二十四人、正九品」とある。

(22)『唐會要』卷二一「昭陵陪葬名氏」に「兵部尙書房仁裕、左金吾將軍房先忠」とある。なお房仁裕については、『舊唐書』卷四高宗本紀上に「（永徽四年冬十月）、婺州刺史崔義玄、揚州都督府長史房仁裕各率衆討平之」、同卷二七禮儀志七に「龍朔二年、（中略）、依集文武官九品已上議。得司衞正卿房仁裕等七百三十六人議、請一依司禮狀、嗣業不解官」とある。また房先忠の事績は兩『唐書』に見えない。

(23)王靜・沈睿文前揭論文注（3）は、西安大唐西市博物館所藏として「大唐故左千牛將軍贈左金吾大將軍淸河郡開國公房公墓誌銘」を紹介し、「時高宗從禽上苑、有鹿騰出、高宗追之、因入公第。見公女在庭。進止都雅、姿容絕衆、踟躕顧眄、稱歎久之、因爲子雍王納以爲妃。無何、雍王爲太子、遷左千牛衞將軍、兼判左驍將軍。逮長安年中、則天大聖皇后察公非罪、悉令追復本官。皇上嗣夏配天、不失舊物。國除之伍、咸悉追封。時册公女爲嗣雍王太妃」とする誌序の一部を引用する。

(24)『舊唐書』高宗本紀に「（咸亨五年）秋八月壬辰、（中略）、改咸亨五年爲上元元年」とある。なお本書第六章第三節（i）を參照。

(25)兩『唐書』高宗本紀によって上元元年（六七四）十一月丙午から同三年（十一月壬申儀鳳元年に改元、六七六）四月戊申の長安還御まで高宗と則天武后の東都在城が確認できる。なおその閒に皇太子李弘の鴆殺（上元二年四月）と李賢の立太子（同六月）がなされたことに注意したい。

(26)また洛陽城修文坊の雍王府については、『唐會要』卷五〇に「宏道觀盡一坊地。本修仁坊。舊有隋國子學。及右屯衞大將軍麥鐵杖宅。顯慶二年。盡併一坊爲雍王第。王升儲後、永隆元年八月、立爲觀」とあり、その邸第は顯慶二年（六五七）に修文坊を占有して作られ、李賢が升儲したのち永隆元年（六八〇）八月に廢詘されると道觀に改築されたとされる。洛陽および長安の雍王府邸については孫英剛「隋唐長安的王府與王宅」（『唐研究』第九號、二〇〇三年）、王靜・沈睿文前揭論文注（3）を參照。

(27)『舊唐書』高宗本紀に「（咸亨）四年二月壬午、以左金吾將軍裴居道女爲皇太子弘妃、（中略）、（十月）乙未、皇太子弘納妃畢」とある。

(28) 房先忠墓誌については、王靜・沈睿文前揭論文注（3）・(23)を參照。

(29)「興化里之私第」について、『兩京新記』卷三に「興化坊、西南隅空觀寺、隋開皇七年右衛大將軍駙馬都尉洵陽公元孝矩捨宅立。西門之北今邠王守禮宅。宅西隔街有邠王府」とあり、『長安志』卷九興化坊の條に「隋有成道寺、大業七年廢。西南隅空觀寺、隋駙馬都尉元孝恭捨宅所立。寺東尙書右僕射密國公德彝宅、中宗時嗣虢王邕居之。西門之北邠王守禮宅。宅南隅街有邠王府。東門之南京兆尹孟溫禮宅。晉國公裴度池亭」とある。なお一九七〇年、この興化坊の遺址にあたる西安市南郊の何家村から二つの甕に詰められた二七〇點餘の金銀器をふくむ一千點をこえる唐代埋藏文化財が發見された。その報告書である①陝西省博物館・文管會・革委會寫作小組「西安南郊何家村發現唐代窖藏文物」（『文物』一九七二年第一期）は、『兩京新記』にもとづいてその出土地點を邠王府の跡地とみなし、さらに②夏鼐「無產階級文化大革命中的考古新發現」（『考古』一九七二年第一期）は、天寶十五載（七五六）の安祿山の配下による長安侵攻によって玄宗および眷屬宮廷大臣らが四川に難を避けた折に嗣邠王の家人が埋藏したものであろうと推察する。これに對して池田溫氏は①を翻譯した「西安南郊何家村發見の唐代埋藏文化財」（『史學雜誌』第八一編第九號、一九七二年）の（補3）において、その發掘地點は嚴密に邠王府と一致する證據はなく、また出土文化財にも邠王と直接つながるものは見出されていないとして邠王府の周邊に見られる有力者宅の埋藏物である可能性も捨てきれないとする。その有力者宅と埋葬時を再檢討したものとして齊東方「何家村遺寶的埋藏地點和年代」（『考古與文物』二〇〇三年第二期）は、德宗の建中四年（七八三）に勃發した涇原節度使朱泚の兵亂時に、租庸使劉震が興化坊の私邸に埋藏したと推定する。傾聽すべき指摘である。また東野治之「遣唐使の諸問題」（『遣唐使と正倉院』所收、岩波書店、一九九二年）は、天寶十二載（七五三）に遣唐使の一員が邠王府において供養香の處方を傳えられたことを指摘する。

(30) 同穴合葬については、來村多加史前掲書注(18)を參照。

(31) 李求是「談章懷、懿徳兩墓的形制等問題」(『文物』一九七二年第七期)は、房氏の喪柩は南から見て第四天井から墓室内に吊り下ろし、そこから墓室に運び入れて安置するとともに李賢の祔葬時に王禮によって描かれた壁畫は塗りつぶされ、皇太子の禮に符合するよう書き改められたとする。ただし陝西省乾縣乾陵文物保管所「對『談章懷・懿徳兩墓的形制等問題』一文的幾點意見」(『文物』一九七三年第一二期)は、房氏の喪柩が天井から墓室内に下ろされたとするのは發掘初期の傳聞に過ぎず、發掘の進行によって墓道の再掘とその壁畫の書き直しが確認されたため、その喪柩は墓道から墓室内に搬入されたと指摘する。

(32) 『沈佺期宋之問集校注』上册三二五頁に「章懷太子靖妃房氏祭文、凊抄本目錄作房氏發引祭文」と注される。なお沈佺期はほかに「章懷太子靖妃挽詞」と題して「彤史佳聲載、青宮懿範留、形將鸞鏡隱、魂伴鳳笙遊、送馬嘶殘日、新塋落晩秋、不知蒿里曙、空見隴雲愁」(『文苑英華』巻三一〇所收)とする挽歌も撰述している。

(33) 唐代における石槨など石葬具の規制については、王靜「唐墓石室規制及相關喪葬制度研究――復原舊『喪葬令』第25條令文釋證――」(『唐研究』第一四號、二〇〇八年)を參照。

(34) 圖Ⅰの畫像および「游園圖」の名稱は周天游主編『章懷太子墓壁畫』(文物出版社、二〇〇二年)所載「後室北壁游園圖」(八〇頁)に依據するが、剝落によって脚部に不鮮明な部分があることは否定できない。李星明「唐墓壁畫中的人物畫風格的嬗變與分期」(同氏『唐代墓室壁畫研究』第七章、陝西人民美術出版社、二〇〇五年)は、その貴婦人像について「一貴婦正面坐于石块之上、後有一棵小樹、臉側向東、頭梳高髻、上身着紅襦、肩搭綠帔帛、袒胸、下穿灰色長裙、左手向後拄于石上、右手隱于帔帛之中、左腿翹起盤于右腿之上、神態閑適」(二七七頁)と記す。なお壁畫の大きさは乾陵博物館館長樊英峰氏が實測した數値による。ここに記して深甚なる謝意を表する次第である。

(35) 圖Ⅲは陝西省博物館編『唐李賢墓李重潤墓壁畫』(文物出版社、一九七四年)の「唐李賢墓壁畫位置示意圖」をもとに作成した。

(36) 楊效俊「影作木構間的樹石――懿徳太子墓與章懷太子墓壁畫的比較研究――」(『陝西歷史博物館館刊』第六輯、一九九九年のちに周天游主編『唐墓壁畫研究文集』所收、三秦出版社、二〇〇一年)。

(37) 圖Ⅱの畫像は前揭注(35)『唐李賢墓李重潤墓壁畫』による。なお「小憩圖」の名稱は前揭注(34)『章懷太子墓壁畫』および冀東山主編『神韵與輝煌』(三秦出版社、二〇〇六年)にしたがい、また壁畫の大きさは後者一七九頁の解說による。

(38) 宿白「西安地區唐墓壁畫的佈局與內容」(『考古學報』一九八二年第二期、のちに前揭『唐墓壁畫研究文集』に所收)。なお李星明「唐墓壁畫考識」(『朶雲』第四二期、一九九四年のちに前揭『唐墓壁畫研究文集』に所收)は「墓室和前室的壁畫繪有仕女在庭院中游玩消遣的場景。(中略)、墓主人也坐在花園中的樹蔭之下」と記す。ここで墓主に依據するならば房氏をさすことは自明であるが、同氏は圖Ⅰ・圖Ⅱなど特定の畫像を指摘しない。

(39) 沈睿文「唐章懷太子墓壁畫與李守禮」(『藝術史研究』第六輯、二〇〇四年)。

(40) 張銘洽「唐章懷太子墓壁畫概述」(周天游主編『章懷太子墓壁畫』所載、文物出版社、二〇〇二年)。

(41) 前揭注(17)「唐章懷太子墓發掘簡報」(『文物』一九七二年第七期)は墓室(北)から墓道(南)方向に天井を數えて第一から第四の順次とするが、『文物』同號揭載の李求是「談章懷、懿德兩墓的形制等問題」注(31)は南から北に數えるために混亂が生じている。ここでは後者にしたがって南の墓道入口から起算することにする。

(42) 李求是前揭論文注(31)・宿白同注(38)・楊效俊同注(36)・李星明同注(34)・沈睿文同注(39)を參照。

(43) 李星明前揭書注(34)が「西壁、南壁西側、北壁西側爲石椁遮擋又殘損嚴重、情況不明」(二七七頁)と指摘することによると、北壁西側および西壁の精査によって新たな展開も考えられよう。その早からんことを望む次第である。

(44) 四方の席次については、岡安勇「中國古代史料に現われた席次と皇帝西面について」(『史學雜誌』第九二編第九號、一九八三年)、工藤元男『中國古代文明の謎』(光文社、一九八八年)を參照。

(45) 來村多加史氏は則天武后は自身の剖棺戮屍を恐れて乾陵への同穴合葬を遺詔したとし、中宗は新陵造營の經濟的負擔を減ずるため奉詔したと推測する。同氏前揭書注(18)の第一章第三節・第六節を參照。

(46) 來村多加史前揭書注(18)の第一章第三節・第六節を參照。

(47) 陝西省文物管理委員會「唐永泰公主墓發掘簡報」(『文物』一九六四年第一期)、陝西省博物館・乾縣文敎局唐墓發掘組「唐懿德太子墓發掘簡報」(『文物』一九七二年第七期)および來村多加史前揭書注(18)の第一章第三節・第六節を參照。懿德太子

（李重潤）および永泰公主（李仙蕙）と附馬武延基は大足元年（七〇一）九月に洛陽において則天武后に殺害されて葬られたのち神龍二年五月に乾陵に陪葬された。懿徳太子の冥婚合葬については『舊唐書』巻八六懿徳太子傳に「中宗即位、追贈皇太子、謚曰懿德、陪葬乾陵。仍爲聘國子監丞裴粹亡女爲冥婚、與之合葬」とあり、永泰公主の同穴合葬については「大唐永泰公主誌序」に「以神龍元年、追封爲永泰公主。粤二年、歲次景午、五月癸卯朔十八日庚申。有制、令所司備禮、與故附馬都尉、合窆于奉天之北原、陪葬乾陵。禮也」とある。なお同墓誌については武伯倫「唐永泰公主墓誌銘」（『文物』一九六三年第一期）およびその翻譯である溫楨祥譯「唐永泰公主墓誌銘」（『中國書道全集』第三卷隋・唐Ⅰ所載）を參照。

(48)　楊效俊前掲論文注（36）を參照。

(49)　前掲注（42）を參照。

(50)　『舊唐書』巻三八地理志一に「青州領益都、臨朐、臨淄、般陽、樂安、時水、安平等七縣」とあり、巻四〇地理志三に「沅江、漢益陽縣、屬長沙國。隋改爲安樂、又改爲沅江、屬岳州」とある。

(51)　その全文は「景雲二年歲次辛亥十月壬寅朔二十五日景寅火。皇帝若曰、於戲、咨爾故桂陽郡王妻楊氏。誕承華緒、光襲懿風。性識柔明、言容婉嫕。觀詩著範、蹈禮成規。往應高禖、作嬪英邸。謹環佩之節、珊其有章。勵蘩藻之誠、恭而式序。遣使某持節册命爾爲桂陽郡王妃。爾其克保彝訓、率由茂則。以正於家、無替厥命。往欣哉」につくる（『沈佺期宋之問集校注』上册三〇八頁）。

(52)　『舊唐書』巻六則天武后本紀に「（聖曆）二年二月、封皇嗣旦爲相王」、『新唐書』巻四則天武后本紀に「（聖曆）二年正月壬戌、封皇嗣旦爲相王」とあり、また『舊唐書』巻九五睿宗諸子傳に「初、玄宗兄弟聖曆始出閤、列第於東都積善坊、五人分院同居、號五王宅。大足元年、從幸西京、賜宅於興慶坊、亦號五王宅」とある。

(53)　沈睿文前掲論文注（39）は、そのような李守禮の處世には唐室の崇道的政策のもとで老莊三昧に徹し、複雜微妙な政治情況を生きぬこうとする「策略」があったことを指摘する。

(54)　その子女のおもな事績について、『舊唐書』李守禮傳は「子承宏、開元初封廣武郡王、歷祕書員外監、又爲宗正卿同正員。廣德元年、吐蕃凌犯上都、乘輿幸陝。蕃、渾之衆入城、吐蕃宰相馬重英立承宏爲帝、以于可封、霍瓌等爲宰相、補署百餘人。旬

餘日、賊退、郭子儀率衆入城、迓承宏於行在、上不之責、止於虢州。尋死。承寀、至德二載封爲燉煌郡王、加開府儀同三司。與僕固懷恩使迴紇和親、因納其女爲妃、册爲毗伽公主。迴紇著勳、承寀甚遇恩寵。乾元元年六月卒、贈司空」と記し、また『舊唐書』中宗本紀は「(神龍三年)、夏四月辛巳、以嗣雍王守禮女爲金城公主、出降吐蕃贊普」と記す。また本書第六章の注（50）を參照。

(55)　高宗の子女の成人に達したものは都合八子三女である。三女は義陽公主（生母蕭淑妃、生沒年不明）・高安公主（同前、同前）・太平公主（生母則天武后、同六六五？～七一三）であるが、この八子三女のうち則天武后の迫害を被らなかったのは太平公主のみである。その詳細は第六章第一節・第四節を參照。なお黄約瑟「試論垂拱四年李唐宗室反武之役」（『唐代文化研討會論文集』所載、文史哲出版社（臺北）、一九九一年）によると武周革命以前に則天武后によって殺害・誅殺された宗室の男子は四十餘人とする。

(56)　官寮分署については『新唐書』巻五九藝文志三に「柳縱注莊子、開元二十年上。授章懷太子廟丞」とあり、「章懷太子廟丞」なる官名が確認できる。

(57)　『兩京新記』巻三に「常安坊東南隅章懷太子廟、神龍中所立也」とあり、『長安志』巻一〇に「次南常安坊、東北隅章懷太子廟、神龍中立」とある。

(58)　『長安志』巻八に「次南永崇坊、東南隅七太子廟、廟西靈應觀」とある。

(59)　改刻を指摘するものに「唐章懷太子墓發掘簡報」前揭論文注（17）がある。拓本寫眞は陝西省博物館篇『西安碑林名碑』第一七册「唐雍王李賢墓誌銘」（陝西人民美術出版社）五頁、中田勇次郎編『中國書道全集』第三巻隋・唐Ⅰ（平凡社、一九八六年）八二頁、周紹良主編『唐代墓誌彙編』（上海古籍出版社、一九九二年）上册一〇六〇頁、王友懷主編『咸陽碑刻』（三秦出版社、二〇〇三年）上册五四頁を參照。空格については石見清裕「唐代石刻の避諱と空格」（鈴木靖民編『圓仁と石刻の史料學』所收、高志書院、二〇一一年）を參照。なお圖Ⅳ・Ⅴは二〇一一年八月に實施した章懷太子墓の調査時に樊英峰氏より贈られた二墓誌の原拓（ともに一九九二年四月採拓）による。

(60)　墓誌の作製工程については、石見清裕「唐代墓誌史料の概觀――前半期の官撰墓誌・規格・行狀との關係――」（『唐代史研

究』第一〇號、二〇〇七年）、同「唐代墓誌の資料的可能性」（『史滴』第三〇號、二〇〇八年）を參照。
(61) 樊英峰・劉向陽「從李賢兩墓誌看李武集團的政治爭鬪」（樊英峰・劉向陽『唐乾陵』、三秦出版社、二〇〇五年）を參照。
(62) 劉向陽「唐章懷太子李賢兩合墓誌及有關問題」（『碑林集刊』第五集、一九九八年）および樊英峰・劉向陽前掲書注（61）。
(63) 「唐章懷太子墓發掘簡報」前掲論文注（17）はその情況について「雍王墓誌蓋在後甬道口北端東部、誌文豎貼于東墻。章懷太子墓誌在後室前端、蓋與誌文錯開。兩合墓誌均被移動過」と記す。
(64) 『資治通鑑』中宗景龍元年の條に「初、右臺大夫蘇珦治太子重俊之黨、因有引相王者、珦密爲之申理。上乃不問。自是安樂公主及兵部尚書宗楚客日夜謀譖相王、使侍御史冉祖雍誣奏相王及太平公主、云與重俊通謀、請收付制獄」とあり、同三年の條に「（九月）、太平、安樂公主各樹朋黨、更相譖毀、上患之」とある。
(65) 『舊唐書』高宗中宗諸子傳の懿德太子傳に「中宗卽位、追贈皇太子、謚曰懿德、陪葬乾陵。仍爲聘國子監丞裴粹亡女爲冥婚、與之合葬。又贈永泰郡主爲公主、令備禮改葬、仍號其墓爲陵焉」とある。
(66) 「永泰公主墓誌」は「皇上之第七女也」につくるが、『新唐書』卷八三諸帝公主傳によると永泰公主は第六女で誌序の「第七女」は誤りである。詳細は武伯倫前掲論文およびその溫楨祥譯前掲論文注（47）を參照。
(67) 陝西省文物管理委員會「唐永泰公主墓發掘簡報」（『文物』一九六四年第一期）、陝西省博物館・乾縣文教局唐墓發掘組「唐懿德太子墓發掘簡報」（『文物』一九七二年第七期）および「唐章懷太子墓發掘簡報」前掲論文注（17）、李求是前掲論文注（31）、孫新科「試論唐代皇室埋葬制度問題」（『中原文物』一九九五年、第四期）、沈睿文前掲論文注（39）を參照。
(68) 周末期から玄宗朝にいたる政爭については、谷川道雄「武后末年より玄宗朝初年にいたる政爭について――唐代貴族制研究への一視角――」（『東洋史研究』第一四卷第四號、一九五六年）、李求是「談章懷、懿德兩墓的形制等問題」（『文物』一九七二年第七期）、孫英剛「唐代前期宮廷革命研究」（『唐研究』第七號、二〇〇一年）、また唐代の政變を概述したものに張萍『長安宮廷政變』（西安出版社、二〇〇七年）および杜文玉『唐代宮廷史』（百花文藝出版社、二〇一〇年）、さらに唐代前期の政變と北衙の動向を論じたものに林美希「唐代前期宮廷政變をめぐる北衙の動向」（『史觀』第一六四册、二〇一一年）、同「唐代前期における北衙禁軍の展開と宮廷政變」（『史學雜誌』第一二一編第七號、二〇一二年）がある。

（69）立太子の儀禮については、佐藤和彥「唐皇太子考――皇太子册立儀禮をてがかりに――」（『立正大學東洋史論集』第一八號、二〇〇八年）を參照。
（70）石見淸裕前揭論文注（60）を參照。
（71）改刻の情況については、「唐章懷太子墓發掘簡報」前揭論文注（17）および前揭書注（59）『中國書道全集』八三頁、『唐代墓誌彙編』上册一一三〇頁、『咸陽碑刻』上册五五頁を參照。
（72）『舊唐書』卷八玄宗本紀先天二年の條。

第八章　章懷太子李賢の『後漢書注』について

はじめに

唐の章懷太子李賢の『後漢書注』（以下、范曄『後漢書』紀傳部とそこに挾入する李賢注の總稱とするが、時に李賢注を言うばあいもある）は、李賢が招聘した當代屈指の學者からなる編纂グループとともに李賢みずからが筆を執って范曄『後漢書』（以下、『後漢書』とのみ記すばあいは范曄書をさす）の本紀と列傳の全巻にわたって注釋を挾入して完成させたものである。それは完成より今日にいたるまで千三百年餘にわたって後漢王朝およびその前後の時代の考究に缺くことのできぬ指針をあたえていることから、その學術的な價値には計り知れぬものがあるとしなければならない。ただし管見のかぎりでは、その書を總合的に分析する專論は日本はもとより中國にも見られず、とくに先行する『後漢書』の注釋書である劉昭『集注後漢』との關係について論ずるものは皆無としなければならないのである。そこで私は本章において『後漢書注』の全容を明らかにすることをめざして、はじめに編纂グループと注釋の撰述過程を考察し、ついで『後漢書注』の多角的な分析および注釋中に見える則天武后への批判について論究することにする。

第一節　『後漢書注』の基礎的検討

（ⅰ）『後漢書注』の奉呈

高宗の第六子李賢は、則天武后に鴆殺された同母兄の皇太子李弘にかわって上元二年（六七五）六月に立太子し、調露二年（六八〇）八月に廢されるまで五年二か月餘にわたって皇太子位にあった。この在位期間の前半期は李賢が偉才を發揮した時代で、それについて『舊唐書』卷八六李賢傳（以下、李賢傳とする）は左のごとく記す。以下、行論の都合により第六章の考察と重なる部分があることを一言しておく。

①尋令監國。賢處事明審、爲時論所稱。②儀鳳元年、手敕褒之曰、③皇太子賢自頃監國、留心政要。撫字之道、既盡於哀矜、刑網所施、務存於審察。④加以聽覽餘暇、專精墳典。往聖遺編、咸窺壺奧。先王策府、備討菁華。⑤好善載彰、作貞斯在。家國之寄、深副所懷。可賜物五百段。⑥賢又招集當時學者太子左庶子張大安、洗馬劉訥言、洛州司戸格希元、學士許叔牙、成玄一、史藏諸、周寶寧等、注范曄後漢書。表上之、賜物三萬段、仍以其書付祕閣。

これによると李賢は、①立太子後まもなく監國に就任して國政を統べたが、その處事は明審で、時論の稱贊を得たことから、②儀鳳元年（六七六）、高宗は手敕をもって、③「皇太子賢は、頃《このごろ》監國たりてより、心を政要に留む。撫字の道は、哀矜に既盡し、刑網の所施は、審察に務存す」として、その執政は慈しみを旨として哀矜を盡くし、刑網の所施には審察に努めたとする。また④「加うるに餘暇に聽覽し、墳典に專精す。往聖の遺編は咸《み》な壺奧に窺《うかが》い、先王の策府は備《つぶさ》に菁華を討《たず》ぬ」としてその餘暇には經典の聽覽に專精し、往聖の遺編や先王の策府に窺《うかが》い、討《たず》ねるという眞摯な姿勢を指摘し、それらはいずれも御意にかなうとして、⑤「好善載彰にして、貞を作すこと斯れ在り。家國の寄《たのみ》たること、深く所懷に副《そ》う」と褒賛して賜物五百段を下すとする。この手敕は李賢の眞面目な性格と學問を好む姿勢、さらにはその高い行政能力と慈愛に滿ちた施政を宮中內外に確認して、新たに立てた皇太子が國家の柱石たり得ることを示したものにほかなるまい。すなわち高宗は、これによって前皇太子の鴆殺に動搖する人心の沈靜化をめざしたのである。

つづく⑥は『後漢書注』の編纂に關する記事で、これによって李賢は張大安、劉訥言、格希元、許叔牙、成玄一、史藏諸、周寶寧らを召して范曄『後漢書』に注釋を施して奉呈し、高宗から賞賛とともに賜物三萬段が下され、その書が宮中祕閣に藏されたことが確認できる。なお、その年次について『舊唐書』高宗本紀は「（儀鳳元年）十二月丙申、皇太子賢、注する所の後漢書を上る。賜物三萬段なり」とし、また『唐會要』卷三六修撰は「儀鳳元年十二月二日」とすることから[1]、儀鳳元年十二月二日、李賢二十三歳の歳晩にあたることが知られるのである。この編纂グループについては後述することにしたい。

（ii）唐初における諸皇子の書籍編纂

ここでは李賢の編纂グループについて論ずるが、はじめに、これをふくむ唐初の諸皇子による書籍編纂について確認しておくことにしたい。それについて王鳴盛は左のごとく記す。

唐初の諸皇子、好《しばし》ば著述を以て名を爭う。太宗の子承乾は顏師古に命《おお》せて漢書に注せしむ。泰は蕭德言等を引きて括地志を撰せしむ。賢も又た儒臣を招きて此を爲《つく》る。（『十七史商榷』卷二九「劉昭李賢注」）

ここで注目すべきは「著述を以て名を爭う」とする指摘であるが、以下その事例について、王鳴盛が言及せぬ高祖朝の事例から考察をはじめることにしたい。すなわちそれは唐建國まもない武德年閒（六一八～六二六）に次代の皇帝位をめぐって高祖の第一子皇太子李建成および第四子齊王李元吉一派と第二子秦王李世民がくりひろげた角逐に『藝文類聚』の編纂が重なる問題である。そこで彼らは軍事面は言うまでもなく、文化事業においても嚴しい勢力争いを展開して互いに當代の名臣とされる人士を招聘して自身の補弼となしたのである。ここで、そのごく一部を呈するだけでも東宮府の裴矩、魏徵、歐陽詢、齊王府の袁朗、袁承序、秦王府の房玄齡、虞世南、姚思廉、顏師古らが並ぶことに注意すべきである。(2)

さて、ここで『藝文類聚』百卷について論ずると、それは武德五年（六二二）に高祖（李淵）から編纂の敕命が下り、同七年九月に歐陽詢によって成書・奉呈されている。この書の成立について大淵貴之氏は、皇太子李建成の府下あるいは高祖直屬にある歐陽詢が編纂の主導をなし、それに李建成と共闘する李元吉府下の袁朗が積極的に關與したことを指摘し、さらに、その目的は新王朝唐の文治を象徵するのみならず、皇帝位の繼承争いにおいて李世民の後塵を拜する李建成に文德の榮譽をもたらすことにあったとする。そしてさらに同氏は武德九年（六二六）六月の玄武門の變ののち二か月餘の太子在位を經て高祖に迫って登極した太宗が、先帝の業績を象徵するものとして『藝文類聚』を尊重し、その帝位繼承の正當性を示すものとして利用したことを指摘する。(3)

またこれに加えて、李世民が卽位した貞觀の初年（六二七）ごろ、虞世南の『帝王略論』が奉敕撰されたことにも注意しなければならない。尾崎康氏は、虞世南の序文に「往代の興亡を鑒《かんが》み、前修の得失を覽《み》て、「治亂の跡、賢愚の二貫を說」き、「其の明らかなる者は軌範と爲すべく、昏き者は鑒戒と爲すべし」とあることから、その書は三皇五帝から隋文帝にいたる歷代帝王の事蹟を略述し、それに關して公子が尋ね、先生が答えるという問答體をとって論評したものと解說する。現今では全五卷のうち敦煌で發見された鈔本斷片（卷一・二）および鎌倉後期の舊鈔本（金澤文庫本、巻一・二・四）が存在し、三・五巻は散逸するものの、その殘存部分からすると該書はかなりの大册であったと考えられる。ここで注目すべきは金澤文庫本の巻首に「太子中舍人弘文館學士虞世南奉敕撰」とあることで、尾崎氏は虞世南の「太子中舍人弘文館學士」は武徳九年九月から貞觀三年以後までの範圍として、『帝王略論』の成書を貞觀初年と見る(4)。ここでそれが大册であることを想起すると、その編纂は短時日で終了することはなかったと考えられよう。以上のことから、この書は高祖朝の秦王李世民の府僚虞世南に敕令が下り、その府主の文德を稱揚するものとして編纂が開始、進行されたとして誤りないのではあるまいか。

　つづいて太宗朝の事例を述べると、まず太宗の第一子皇太子李承乾が顔師古に『漢書注』一百二十巻を撰述させたことは左のごとくである。

　時に承乾東宮に在りて、師古に命せて班固の漢書に注せしむ。解釋詳明にして、深く學者の重んずる所と爲る。承乾之れを表上す。太宗之れを祕閣に編ましむ。師古に物二百段、良馬一匹を賜う。

（『舊唐書』巻七三顔師古傳）

と記され、その注釋は詳明で學者に重んぜられるとともに、奉呈を受けた太宗はそれを祕閣に藏したとする。吉川忠夫氏はその成書年次を貞觀十五年（六四一）とするが(5)、時に李承乾は二十四五歳ほどである。ここで注意すべきは、貞觀十五年には左のごとく第四子魏王李泰も『括地志』五百五十巻を奉呈していることである。

①（貞觀）十二年、司馬蘇勗以自古名王多引賓客、以著述爲美、勸泰奏請撰括地志。②泰遂奏引著作郎蕭德言祕書郎顧胤、記室參軍蔣亞卿、功曹參軍謝偃等就府修撰。（中略）、③十五年(6)、泰撰括地志功畢、表上之、詔令付祕閣、賜泰物萬段、蕭德言等咸加給賜物。④俄又毎月給泰料物、有踰於皇太子。⑤諫議大夫褚遂良上疏諫曰、（中略）、伏見儲君料物、翻少魏王。朝野見聞、不以爲是。

（『舊唐書』巻七六太宗諸子傳＝李泰傳）

これによると、①李泰は貞觀十二年（六三八）、古より名王は多く賓客を引き、著述を以て美と爲すとする蘇勗の勸言にしたがって『括地志』の撰述を奏請し、そこでとくに②著作郎蕭德言、祕書郎顧胤および蔣亞卿、謝偃らを王府修撰に引《まね》くことを奏して『括地志』を修撰させた。③その書は貞觀十五年に完成し、李泰がみずから奉呈すると、太宗はそれを祕閣に附し、ついで李泰に賜物萬段、蕭德言らにもあまさず賜物が給された。ここで注目すべきは、これを契機に④李泰に給される月ごとの料物がにわかに皇太子のそれを踰えたため、⑤褚遂良が「伏して儲君の料物を見るに、魏王より翻少たり。朝野の見聞、以て是と爲さず」と上疏諫言したことである。これは李承乾と李泰の儲君爭奪の一面を示すものであるが、唐一代を通じて皇帝が交替する際に長子（嫡子）相續の形式を確立することができず、その尊貴に反して極めて脆弱な存在であった皇太子の地位を顧みると、(7) 右の編纂事業は好學の域をはるかに超えたものであることが納得できよう。なお、この二人が角逐のはてに廢され、ともに配所で沒したことは第七章に詳述した。

第七子蔣王李惲が杜嗣先に『兔園策府』を撰述させたことは、王應麟『困學紀聞』卷一四に、

兔園策府三十卷。唐の蔣王惲、僚佐杜嗣先をして科目に應ずるの策に倣い、自ら問對を設け、經史を引きて訓注を爲《つく》らしむ。惲は太宗の子なり。故に梁王の兔園を用いて其の書に名づくなり。馮道の兔園冊は、此を謂うなり。

とある。それは孫光憲『北夢瑣言』卷一九「詼諧所累」に「多《まさ》に兔園冊は童蒙に教うるが以《ゆえ》に、是を以て之を識る。然れども兔園冊は乃ち徐庾の文體にして、鄙朴の談に非ず。但だ家ごとに一本を藏すれば、人多く之を賤しむなり」とあるごとく單なる通俗幼童書として普及したのではなく、徐陵や庾信の美文にならう駢儷體の本文に經史の典據を提示した雙行の訓注からなる問答形式の書籍であったことが指摘されている。(8) 杜嗣先の文才については後述するとして、この書が蔣王李惲の名を高めたことは疑いなかろう。

ついで高宗朝の事例を述べると、高宗の第四子李素節は『忠孝論』を著して高宗に奉呈した。それは『舊唐書』卷

八六高宗中宗諸子傳に、

乾封の初、敕を下して曰く、素節は既《もとよ》り舊《ひさし》く疾患あり。宜しく入朝を須《もちい》ざるべし、と。而れども素節實は疾無し。素節自ら久しく朝覲より乖るるを以て、遂に忠孝論を著して以て意を見《しめ》すも、詞多く載せず。時に王府の倉曹參軍張柬之因りて潛かに此の論を封じて以て進めしむ。則天之を見、逾《いよい》よ悅ばず。誣するに贓賄を以てし、鄱陽郡王に降封して、仍《な》お袁州に安置す。

とある。第六章に記したごとく、李素節は母蕭淑妃が則天武后と天寵を争って殺害されたことから武后に憎まれて徹底して中央から遠ざけられたあげく、載初元年（六九〇）、誣告を受けて洛陽に召還されて縊り殺されている。その『忠孝論』は乾封年間（六六六～六六七）のはじめ、舊疾の再發を理由に入朝が拒絶された折におのが意を書して王府の張柬之をして潛かに高宗に奉呈したものである。しかし、それを一瞥した武后によって贓賄を誣告され、袁州に安置されたことは右のごとくである。その書は英名をうたわれた素節が全靈を傾けて著述したと考えられるが、兩『唐書』經籍・藝文志には收錄されていない。なお『忠孝論』を奉呈した張柬之は、その四十年ほどのちに老衰した則天武后を退位させ、中宗を重祚させたことも一言しておきたい。

つづいて同書は第五子皇太子李弘が許敬宗らに『瑤山玉彩』五百卷を編纂させたと記す。

龍朔元年、中書令太子賓客許敬宗、侍中兼太子右庶子許圉師、中書侍郎上官儀、太子中舍人楊思儉等に命《おお》せて文思殿に古今の文集を博採して、其の英詞麗句を摘《ひろ》い、類を以て相い從い、勒して五百卷と成し、名づけて瑤山玉彩と曰う。表して之を上る。制して賜物三萬段、敬宗已下加級、賜帛差有り。

とあるごとくで、龍朔元年（六六一）に十歲の李弘が許敬宗・許圉師・上官儀・楊思檢ら東宮補弼官に編纂を下命したとする。この書は歷代の英詞麗句をまとめたもので同三年二月に十二歲となった李弘から高宗に奉呈され、賜物三萬段が下された。その編纂を發令し、成書を奉呈したことは皇太子李弘の名を高めたに相違ない。第六章に論じたごとく、その夙敏は隠れなきものであろうが、十歳餘の少年がその編纂を計畫・推進したとするには無理があるのではなかろうか。ここで『新唐書』藝文志が「許敬宗瑤山玉彩五百卷」(9)として書名に許敬宗の名を冠することからすれば、その事業は許敬宗が統括し、李弘は發令者にとどまる名譽的な存在に過ぎぬのが實體であろう。ただしながらその榮譽によって李弘の東宮位を補強するという一點にかぎると、補弼官の狙いは完遂されたと見るべきである。

以上、概觀したことから、諸皇子による書籍編纂の目的にみずからの地位保全が認められることは疑いないところである。この觀點からすると、王鳴盛が指摘する『後漢書注』は言うにおよばず、そのほかに李賢の名を冠する『列藩正論』三十卷、『春宮要錄』十卷、『君臣相發起事』三卷、『修身要錄』十卷などもまたその範疇にあることは誤りないところである。(10)

(iii)　『後漢書注』の編纂グループ

前掲の李賢傳によると、李賢が主宰する編纂グループは張大安、劉訥言、格希元、許叔牙、成玄一、史藏諸、周寶寧らによって構成されたとする。以下、個々の人物像を確認する。

(1)張大安について『舊唐書』卷六八張公謹傳は玄武門の變に活躍して太宗の信任あつい鄒國公襄州都督張公謹の子として左のごとく記す。

大安は、上元中、太子庶子、同中書門下三品を歷す。時に章懷太子春宮に在りて、大安と太子洗馬劉訥言等をして范曄後漢書に注せしむ。宮廢せらるるや、普州刺史に左授せらる。光宅中、横州司馬に卒す。

李賢の立太子は上元二年（六七五）六月であるから太子庶子はそれ以後の囑任となり、また宰相格の同中書門下三品は儀鳳二年（六七七）四月の囑任である。(11) 張大安はその門地と高い官品から編纂グループの首座を占めたと考えられるが、調露二年（六八〇）八月の李賢廢位にともなって普州刺史に左遷され、文明元年（六八四）二月の李賢自殺ののち九月に改元された光宅元年（六八四）中に横州司馬在官のまま卒している。なお兄張大素について同傳は「大素は、龍朔中（六六一～六六三）に東臺舍人を歷位して國史を兼修し、懷州長史に卒す。後魏書一百卷、隋書三十卷を撰す」と傳え、さらに大安の二子について同傳は「大安の子涚は、開元中に國子祭酒と爲る」と記し、また『新唐書』卷八九張公謹傳は「子の悱は、玄宗の時に仕えて集賢院判官と爲る。詔もて其の家の著する所の魏書、說林を以て院に入り、闕くる所を綴脩す。知圖書に累擢し、訪異書使に括《いた》り、國子司業に進む。累を以て官を免ぜらる」と記すことから、ともに玄宗朝で活躍したことが確認できる。

(2)劉訥言について『舊唐書』卷一八九儒學傳上は左のごとく記す。なおこれは「劉納言」につくるが『新唐書』同傳は「劉訥言」につくり、同一人物であることは疑いない。私は兩『唐書』李賢傳および『資治通鑑』にしたがって「劉訥言」と表記する。

①漢書學者と爲すは、又た劉納言有り、亦た當時の宗匠たり。②納言は、乾封中に都水監主簿を歷し、漢書を以て沛王賢に授く。③賢皇太子と爲るに及び、太子洗馬に累遷し、兼ねて侍讀に充てらる。④常《かつ》て俳諧集十五卷を撰し、以て太子に進む。⑤東宮廢さるるに及び、高宗見て之に怒り、詔して曰く劉納言は其の餘藝を收めて、經史に參侍し、府自《よ》り宮に入り、久しく歲月を淹うも、朝遊夕處、竟に匡贊すること無し。忠孝の良規を闕きて、詼諧の鄙說を進む。儲宮の敗德は、抑《すなわ》ち所由有り。⑥情は好生に在りて、加戮に忍びず。宜しく屛棄に從い、以て將來に勵め。除名すべし、と。後又た事に坐して振州に配流されて死す。

①劉訥言は漢書學者のうちで當時の宗匠とされた。これは唐初に『漢書』を習うものはこぞって師事し、その指授を

經ぬものは「師匠を經ざれば、採るに足る無し」と稱された秦景通、秦暐兄弟とともに劉訥言もまた漢書學の泰斗と仰がれたことを示すものである。[12] ついで②劉訥言は、乾封年間（六六六～六六七）に都水監主簿を歴任し、さらに沛王李賢に『漢書』を授けた。時に李賢は十三四歳であるが、ここで注目すべきは、第六章に記したごとく、李賢は乾封元年に王勃を沛王府脩撰に署していることである。時に王勃は十八歳であるが、すでに顏師古『漢書注』の失短を言う『顏氏漢書指瑕』を著述していることから、劉訥言や王勃らが列した沛王府の講筵は漢書學を中心に議論百出したことであろう。言うまでもなく、それはのちの『後漢書注』に直結すると考えられるのである。以上のことから、劉訥言は李賢の學問上の顧問に据えられたと見て間違いなかろう。ついで③上元二年（六七五）六月の立太子にともなって太子洗馬に累遷し、侍讀を兼ねるが、そののち一年半ほどで『後漢書注』が奉呈されたことを想起すると、[13] 東宮では晝夜わかたず編纂の會議や作業がつづけられたのではあるまいか。前述のごとく李賢の皇太子在位は五年二か月で、『後漢書注』の奉呈から三年八か月經過した調露二年（六八〇）八月に廢され、洛陽から長安に移送・幽閉されるのである。④は、廢詘の原因を劉訥言が進呈した『俳諧集』十五巻に求めるもので、[14] ⑤廢宮後にそれを見た高宗は怒りもあらわに詔を下し、劉訥言は經史に參侍すべく王府から東宮に入り、久しく歳月を淹《おお》うも、朝夕遊樂にふけり、ついに李賢を匡《ただ》し贊《たす》けず、忠孝の良規を缺き、詼諧の鄙說を進講したとし、儲宮の敗德はかかる俗書の進呈にあると叱責する。ただし、⑥情において忍びずとして戮は加えず、官爵の屛棄にとどめ、官員簿からの削除を命じて詔をおえることからすると、高宗は『俳諧集』に失脚理由を求めながらも、その主因は後述する『後漢書注』にあることを承知していたからに相違ない。なお、劉訥言はのちふたたび事に坐し、振州に配流されて死んだとされる。

(3)格希元について『舊唐書』卷七〇格輔元傳は左のごとく記す。

格輔元は、汴州浚儀の人なり。（中略）、輔元弱冠にして明經に擧げられ、御史大夫、地官尚書、同鳳閣鸞臺平章事を歴遷す。（中略）、輔元の兄希元は、高宗の時、洛州司法參軍たり。章懷太子召して洗馬劉訥言等と與に范曄後漢書に注解せしめ、代に行わる。輔元に先んじて卒す。

これによると格希元は、御史大夫、地官尚書、同鳳閣鸞臺平章事などを歴遷した格輔元の兄で、高宗朝の洛州司法參軍に任ぜられ、ついで章懐太子に召されて劉訥言らとともに范曄『後漢書』に注解したとされる。なお、ここでは「代（世）に行わる」として、李賢『後漢書注』が廣く用いられたとする點にも注意したい。

(4)許叔牙について『舊唐書』儒學傳上は左のごとく記す。

①許叔牙は、潤州句容の人なり。少くして毛詩、禮記に精しく、尤も諷詠を善くす。②貞觀の初、晉王の文學兼侍讀に累授され、尋いで太常博士に遷る。③春宮に升るや、朝散大夫を加えられ、太子洗馬に遷るも、崇賢館學士を兼ね、仍お侍讀を兼ぬ。④嘗て毛詩纂義十卷を撰し、以て皇太子に進む。太子帛百段を賜い、兼せて寫本して司經局に付せしむ。⑤御史大夫高智周嘗て人に謂いて曰く、凡そ詩を言わんと欲する者は、必ず須らく先に此書を讀むべし、と。⑥貞觀二十三年に卒す。

これによると許叔牙は、①若年より『毛詩』、『禮記』に精通し、諷詠を善くした。②貞観年間（六二七～六四九）はじめ、晉王李治の文學兼侍讀となり、ついで太常博士に遷った。③貞観十七年（六四三）四月、李治が立太子すると、侍讀兼任のまま朝散大夫を加官されて太子洗馬兼崇賢館學士となった。④かつて『毛詩纂義』十巻を皇太子に進呈したところ轉寫のうえ司經局に附され、帛百段が下賜された。⑤その書について、かつて太子左庶子として李賢に仕えた御史大夫高智周は、凡そ詩を學ぶ者は必讀すべしと評した。[15]⑥その卒年は貞觀二十三年（六四九）とする。ただし、それは李賢が生まれた永徽五年（六五四）の五年前で、そこには明らかな誤謬がある。すなわちこれに依據するかぎり許叔牙は貞観年間に皇太子李治に出仕したとすべきで、章懐太子に仕えることはあり得ぬのである。それでは兩『唐書』李賢傳がともに「學士許叔牙」として編纂者に加えることをどう解釋すべきか。それは儒學傳の誤記あるいは許叔牙の遺著を活用した。さらには高宗朝の奉常博士でのち弘文館學士となり、『史記』に注を施したことでも知られる一子許子儒の名を誤ったなどさまざまな想定が可能となるが、その詳細は不明としなければなるまい。以上、四人について考察をおこなったが、のこる成玄一、史藏諸、周寶寧については、その人物像を明らかにする手掛かりはないようである。

さてここで、「杜嗣先墓誌」について一言することにしたい。それは葉國良『石學續探』に紹介されたもので、李賢と『後漢書注』に關する部分を拔粹すると左のごとくなる。(16)なお出府時の年齢は先天元年（七一二）に七十九歳で沒したとする誌文から算出したものである。

①咸亨元年、（中略）、學士劉禕之、杜嗣先をして沛王賢の處に參侍、言論せしむ。尋いで雍王記室參軍を授けられ、侍讀劉訥言、功曹韋承慶等と後漢に參注す。②上元二年、藩邸儲に昇り、元良國を貞《ただ》すや、又た太子文學に遷り、太子舍人を兼攝す。③永崇元年、宮僚の故事を以て出でて鄆州鉅野縣令と爲り、又た幽州薊縣令に除せらる。

これによると①咸亨元年（六七〇）、杜嗣先（三十七歳）は、劉禕之とともに沛王李賢の參侍となり、ついで雍王府記室參軍となって侍讀劉訥言や功曹韋承慶らと後漢書に參注した。②上元二年（六七五）、雍王李賢は儲君に昇り、元良（皇太子）として國を貞《ただ》すと、嗣先もまた太子文學に遷り、太子舍人を兼攝した。③永隆元年（六八〇、原文の「崇」は玄宗李隆基の諱を避けたもの）、李賢の廢詘によって鄆州鉅野縣令に轉出し、また幽州薊縣令に除せられたとする。ここで注目すべきは編纂グループの一員に杜嗣先および韋承慶が記されることである。まず、杜嗣先については兩『唐書』などの歷史書に事績が見られず、この誌文の解析によって杜預にはじまる系譜が確認されているが、(17)ここではその『後漢書注』編纂への參畫は前述した『兔園策府』の功績によると推測するにとどめたい。ついで韋承慶について述べると、この人物は第六章第三節で詳述したごとく、亂倫放蕩に墮した皇太子李賢に諫言した忠義の士で、その高才の隱れなきは『舊唐書』巻八八韋承慶傳に「弱冠にして進士に擧げられ、雍王府參軍に補せらる。府中の文翰は皆な承慶より出で、辭藻の美は一時を擅《ほしいまま》にす」とあるごとくである。なお、韋承慶の墓誌序には「廿四にして牒に隨いて雍王府參軍を授けられ、王府功曹參軍に累遷す。（中略）、太子通事舍人に拜せられ、太子文學司議郎に累遷す。（中略）、凡そ舊僚に在るもの、咸な貶詘に從い、乃ち例に隨いて湖州烏程縣令を授けらる」とする經歷を記すが、[18] その李賢廢詘にともなう地方轉出については本傳の「調露の初、東宮廢され、出でて烏程令と爲る」に重なるものである。以上、明らかにした韋承慶の經歷と學識からすれば、その編纂參畫は當然のことと言えよう。

さて、このように「杜嗣先墓誌」は杜嗣先と韋承慶を『後漢書注』につなぐのみならず、その編纂がすでに雍王府でなされていたことを示す資料となる。第九章で論ずるごとく、私は『後漢書注』の編纂開始を雍王期末に比定するが、それは小論を重ねた情況證據による推測であって右の誌文に依據するものではない。ここで敢えて一言するならば、現時點では「杜嗣先墓誌」を證據とする論說は愼まねばならぬと考えている。何となれば、それは錄文のみが存在し、墓誌石はもとより拓本すら確認できぬ情況下にあるからである。[19] その內容から一考を加える價値は否定できぬであろうが、その誌文が確實に出土資料から出るものであることを證明できぬかぎり、參考にとどめなければならないと考えるのである。

ここで編纂グループにもどると、それは『後漢書注』の奉呈後も解散せず、東宮に出仕したと考えられる。それが李賢の廢詘を招いたとして敕勘をこうむり、長老格の張大安と劉訥言が謫されたことは前述のごとくであるが、『資治通鑑』は「其の餘の官僚は、上、皆な其の罪を釋し、復位せしむ」と記すことから、[20] 下僚には累及しなかったようである。ただし李賢の側近にいて阿るばかりで良導せず、則天武后と武氏派をいたずらに刺激する注釋をなして廢太子に追い込んだ編纂グループに向けた高宗の憤激に共鳴するものは多かったと思われる。それを直裁に示す史料は見られぬが、第十章および補篇一・二に論ずるように「大唐故雍王墓誌」および「大唐故章懷太子并妃清河房氏墓誌」がいずれも李賢畢生の業績である『後漢書注』に沈默する事實は間接的ながらそれを物語るものであろう。すなわち二墓誌の撰者は李賢に親與する立場から編纂グループに憤り、その名を想起させぬよう『後漢書注』の言及を避けたのではなかろうか。それはつまるところ世情に疎い學者集團を批判する無言の抗議であったと考えられるのである。

最後に、編纂グループのメンバーではないが、潞王（六五五～六六一、李賢二歳から八歳）および沛王（六六一～六七二、同八歳から十九歳）時代に『文選』の注釋者として名高い公孫羅および李善が府僚となったことも指摘しておく。すなわち『文選音義』十巻を著した公孫羅は沛王府參軍として、また『文選注』六十巻と『漢書辯惑』三十巻を撰した李善は潞王府記室參軍および沛王府侍讀として出仕しているのである。[21] この二人は沛王府の漢書學講義に活氣をあたえ、またその本貫である揚州江都に傳わる南朝注釋學を李賢に講じたと推測される。それについては右のうちで唯一現存する李善『文選注』と『後漢書注』との關係を取りあげる第九章で論ずることにしたい。

(ⅳ)　テキストの確定作業

『後漢書注』の編纂においてまずなすべきはテキストの確定で、それに臨む李賢らは祕閣收藏の『後漢書』はもとよりみずから流俗本と稱するものまであまねく披見したと考えられる。ここで『隋書』經籍志に見える『後漢書』の記事を示すと左のごとくなる。

(1)後漢書九十七卷、宋太子詹事范曄撰。後漢書讚論四卷范曄撰。（『隋書』卷三三經籍志二）

(2)後漢書一百二十五卷、范曄本、梁剡令劉昭注。（同右）

興膳宏氏の「隋書經籍志解說」によると、隋の藏書は戰亂によってほとんど失われ、遺った書は十分の一にも滿たず、唐が繼承した舊書はわずか八千餘巻であったとする。そこで唐建國の當初からひろく天下に書を求めたため貞観年間には祕府が充實し、圖籍ことごとく備わったとされる。その收書事業の成果をふまえて南朝の梁陳および北朝の齊周隋の五王朝における學術文化史として撰述されたのが『隋書』經籍志で、その編纂は太宗の貞観十五年（六二九）にはじまり、高宗の顯慶元年（六五六）に奏呈された。その總序に記された收書數は「一萬四千四百六十六部、八萬九千六百六十六巻」とされる。(22) ここで附言するならば、その收書過程では多數の學者が動員され、嚴密な校定がなされたはずであるから、その圖籍は當代隨一の質と量であったに相違ない。ここで『後漢書注』に立ち返ると、李賢はその收藏本を底本にしたと見るのが自然ではなかろうか。少なくとも特定の本に依據したことが確認できぬ以上そう考えるのが順當である。それでは右の(1)・(2)のどちらを選擇したのか。私は梁の全盛期に當代最高の資料によって校定されたと考えられる(2)を選んだと考える。言うまでもなく、それは本書第一部において詳述した劉昭の『集注後漢』にほかならぬが、ここでその百八十巻のうち百二十五巻のみが殘存する情況を勘案すると、(1)とする推定も成り立つであろう。しかしながらそのいずれでも、李賢は『後漢書』を本來の面目にもどすべく、まずはこの二本によって相互の補完と校定とをなして基本テキストをつくり、これに「俗本」や「流俗本」と稱する他本との詳密な校定も重ねて、より精確なテキストを完成させたに相違なかろう。左は李賢注に見える他本との比較・校定を示すものである。

(1)巻三七丁鴻傳の「門者月滿先節、過望不虧」に附す李賢注は「東観記亦作先節、俗本作失節、字之誤也」とする。
　これは本文の「先節」は『東観漢記』も「先節」につくることから俗本が「失節」につくるのは「字の誤」とするもの。

(2)巻五二崔駰傳の「（崔）駰上四巡頌以稱漢德」に附す李賢注は「案、駰集有東、西、南、北四巡頌、流俗本四多作

西者、誤」とする。これは崔駰が上呈した「四巡頌」について、李賢は『崔駰集』に東、西、南、北の四巡頌があるとし、流俗本の多くが「四」を「西」につくるのは誤とする。

(3)巻六〇上馬融傳の「鼓駭擧爵、鍾鳴旣觴」に附す李賢注は「流俗本、爵字作爝、旣字作曁、皆誤也」とする。ここでは流俗本が「爵」を「爝」に、「旣」を「曁」につくるのはともに誤とする。

(4)巻六〇下蔡邕傳の「趣以飮章」に附す李賢注は「臣賢案、俗本有不解飮字、或改爲報、或改爲款、並非也」とする。ここでは「臣賢案」ずるにとして、俗本に「飮」の字を解さぬものがあって、或いは「報」につくり、或いは「款」につくるが並びに非とする。

(5)巻八六南蠻西南夷傳の「其外又有嶲、昆明諸落。西極同師、東北至葉楡」に附す李賢注は「葉楡、縣、屬益州郡。臣賢案前書曰、西自同師以東、北至葉楡、名爲嶲、昆明。今流俗諸本並作布舊昆明、蓋嶲字誤分爲布舊也」とする。ここでは「臣賢前書を案じて曰く」として、『漢書』巻九五西南夷傳の「其外、西自桐師以東、北至葉楡、名爲嶲、昆明」を轉寫して「西自同師以東、北至葉楡、名爲嶲、昆明」と記し、ついで今、流俗諸本が並びに「布舊昆明」につくるのは、蓋し「嶲」を「布」と「舊」とに誤り分けたと解說する。なお葉楡については「葉楡、澤名。因以立號、後爲縣、屬益州郡」とする同傳の顏師古注にしたがうものであろう。

以上のことから、李賢は祕閣收藏の『集注後漢』および『後漢書』をともに底本として相互の補完をなした基本テキスト上に、「俗本」・「流俗本」とする諸本を重ねる多角的かつ詳密な校定をおこなって定本『後漢書』を確定したと考えられる。

（V）　志部の缺落に關する考察

ここでは『後漢書注』は本紀と列傳のみを對象とし、范曄によって執筆が進められながら未完におわった志部は對象外とすることを確認する。はじめに『後漢書注』より百六十年ほど前に、劉昭が志部を缺く范曄『後漢書』に司馬彪『續漢書』八志を斷裁して補綴し、その補成『後漢書』の紀傳と八志に注釋を挾入した『集注後漢』一百八十卷の存在を顧みなければならない。當然ながら李賢と編纂グループはその書に精通し、八志を補成した意義も理解していたと考えられる。ただし結論からすると劉昭の補志にはしたがわず、八志を除外して紀傳部にのみ注したのである。以下、史料(1)~(7)の分析によってその理由を考えるが、これは李賢注の引用が確認できぬ「律曆志」をのぞく七志（禮儀・祭祀・天文・五行・郡國・百官・輿服）の引用事例で、(イ)は「續漢志」と明記する李賢注、(ロ)はその出典となる『續漢書』八志の本文である。なお、注引にあたって李賢が省略または補足した箇所および字句の異同が認められる部分には傍點を附した。

(1)(イ)其志今亡。續漢志曰、

①光和元年、詔問曰連年蝗蟲、其咎焉在。邕對曰易傳云、大作不時天降災、厥咎蝗蟲來。河圖祕徵篇曰、帝貪則政暴、吏酷則誅慘。生蝗蟲、貪苛之所致也。

②又南宮侍中寺雌雞欲化爲雄、一身毛皆似雄、但頭冠尚未變。詔以問邕。對曰貌之不恭、則有雞禍。宣帝黃龍元年、未央宮雌雞化爲雄、不鳴無距。是歲元帝初卽位、將立王皇后。至初元元年、丞相史家雌雞化爲雄、距而鳴將。是歲后父禁爲平陽侯、女立爲后。至哀帝晏駕、后攝政、王莽以后兄子爲大司馬、由是爲亂。臣竊推之、頭爲元首、人君之象。今雞一身已變、未至於頭而止、是將有其事而不遂成之象也。若應之不精、政無所改、頭冠或成爲患滋大也。（卷六〇下蔡邕傳李賢注）

(ロ)①光和元年、詔策問曰、連年蝗蟲、至冬踊、其咎焉在。蔡邕對曰、臣聞易傳曰、大作不時天降災、厥咎蝗蟲來。

河圖祕徵篇曰、帝貪則政暴、而吏酷、酷則誅深必殺、主蝗蟲。蝗蟲、貪苛之所致也。（五行志三）

②光和元年、南宮侍中寺雌雞欲化雄、一身毛皆似雄、但頭冠尚未變。詔以問議郎蔡邕。邕對曰貌之不恭、則有雞禍。宣帝黃龍元年、未央宮雌雞化爲雄、不鳴無距。是歳元帝初卽位、立王皇后。至初元元年、丞相史家雌雞化爲雄、冠距鳴將。是歳后父禁爲平陽侯、女立爲皇后。至哀帝晏駕、后攝政、王莽以后兄子爲大司馬、由是爲亂。臣竊推之、頭元首、人君之象。今雞一身已變、未至於頭而上知之、是將有其事而不遂成之象也。若應之不精、政無所改、頭冠或成、爲患茲大。（五行志一）

ここで内容を確認すると、(1)は「事在五行、天文志」とする『後漢書』本文に附す李賢注で、その冒頭で「其の志、今は亡《な》し」と斷り、ついで「續漢志に曰く」として(ロ)①五行志三および②五行志一の本文を適宜改めて引用するものである。

(2)(イ)續漢志曰、天船爲水、彗出之爲大水。是歳伊、洛水溢到津城門。（巻二明帝紀李賢注）

(ロ)　天船爲水、彗出之爲大水。是歳伊、雒水溢到津城門。（天文志中）

(2)は、(イ)の李賢注が(ロ)の天文志中の本文をそのまま引用したことが明らかである。そして左の(3)〜(7)を一覧すると、それはいずれも(1)と同じく(ロ)の各志本文を斷章・改變して(イ)の李賢注とすることが確認できよう。

(3)(イ)續漢志曰、養三老、五更、先吉日、司徒上太傅若講師故三公人名、用其德行年耆高者、三公一人爲三老、次卿一人爲五更、皆服絺紵大袍單衣、皁緣領袖中衣、冠進賢、扶王杖。五更亦如之、不杖。皆齊于太學講堂。其日乘輿先到辟雍禮殿、坐于東廂、遣使者安車迎三老、五更、天子迎于門屏、交拜、導自阼階。三老自賓階升、東面。三公設几杖、九卿正履。天子親袒割俎、執醬而饋、執爵而酳。五更南面、三公進供、禮亦如之。明日皆詣闕謝、以其於己禮太隆也。（巻二明帝紀李賢注）

(ロ)養三老、五更之儀、先吉日、司徒上太傅若講師故三公人名、用其德行年耆高者、一人爲老、次一人爲更也。皆服都紵大袍單衣、皁緣領袖中衣、冠進賢、扶王杖。五更亦如之、不杖。皆齋于太學講堂。其日乘輿先到辟雍禮殿、御坐東廂、遣使者安車迎三老、五更。天子迎于門屛、交禮、道自阼階、三老升自賓階。至階、天子揖如禮。三老升、東面。三公設几、九卿正履。天子親袒割牲、執醬而饋、執爵而酳、祝鯁在前、祝饐在後。五更南面、公進供、禮亦如之。明日皆詣闕謝恩、以見禮遇大尊顯故也。（禮儀志上）

(4)(イ)續漢志曰、皇太子、皇子皆安車、朱班輪、青蓋金華蚤。皇子爲王、錫以乘之、故曰王青蓋車。皇孫則綠車。（巻五安帝紀李賢注）

(ロ)皇太子、皇子皆安車、朱班輪、青蓋金華蚤。黑櫨文、畫幡文輈、金塗五末。皇子爲王、錫以乘之、故曰王青蓋車。皇孫則綠車以從。（輿服志上）

(5)(イ)續漢志曰、小黃門、六百石。宦、無員。掌侍左右、受尙書事。上在內宮、關通中外、及中宮以下衆事、諸公主及王大妃等疾苦、則使問之。（巻一〇下皇后紀李賢注）

(ロ)小黃門、六百石。本注曰宦者、無員。掌侍左右、受尙書事。上在內宮、關通中外、及中宮已下衆事。諸公主及王太妃等有疾苦、則使問之。（百官志三）

(6)(イ)續漢志曰、永平中、以禮儀讖及月令有五郊迎氣、因採元始中故事、兆五郊于洛陽四方。中兆在未、壇皆三尺。（巻六九下儒林傳李賢注）

(ロ)永平中、以禮讖及月令有五郊迎氣服色、因采元始中故事、兆五郊于雒陽四方。中兆在未、壇皆三尺。（祭祀志中）

(7)(イ)續漢志、汝南郡有宋公國、周名郪丘、漢改爲新郪。章帝建初四年、徙宋公於此。（巻八二上方術傳李賢注）

(ロ)汝南郡、(中略)、宋公國、周名郪丘、漢改爲新郪。章帝建初四年、徙宋公於此。（郡國志二）

以上、右の(1)～(7)を通覽して確認できることは、『後漢書注』には『續漢書』八志が補綴されなかったという事實である。何となれば八志を附綴していれば、その注記は該當する志の題目を記し、その本文の參照を促せば事足りるのであって、右のごとく八志の本文を斷裁または改變して引用する必要はないからである。以上あらずもがなの考證を敢行したのは、『後漢書注』には志部とその注釋が存在しなかったことを確認するためである。それでは何ゆえ李賢は志部を除外したのであろうか。それについて私は、志部を置くかぎり附さねばならぬ注釋が劉昭八志注を凌駕できぬことにあったと考える。すなわち第一部第三章で論じたごとく、劉昭は『集注後漢』の撰述に際して實見し得る全有志後漢書類を精査し[23]、その史料系統の信頼性が高く、内容が秀逸かつ完本であるという三條件から『續漢書』八志を選び、補成したのであるから、すでに梁代においてこの八志を超える志部は存在しなかったのである。加えて八志注は梁の全盛時代に祕閣收藏書から縣吏の報告にいたるまで多彩な資料を驅使して作成されたもので、その總字數は約十萬五千字を數えて八志本文の約八萬二千字を大きく上回ることが確認されている。この觀點から李賢と編纂グループを顧みると、當代にはそもそも八志に次ぐ志部は存在せず、また八志注を超える注釋資料の捜求にも無理があると判斷せざるを得なかったのではあるまいか。しからば『後漢書注』の充實という一點から八志と劉昭注をそのまま援用する選擇肢もあり得たと考えられるが、それは李賢の矜持が許さなかったのであろう。すなわち劉昭八志注は李賢らの追從を許さず、峻嚴たる弧峯のごとく眼前にそびえ立ったのである。ただし、それは兩者の學識差による結果ではなく、あくまでも資料の殘存情況に主因を求めなければなるまい。すなわち後漢の滅亡から四百五十年餘が經過した高宗朝において漢代史の志部注釋に堪える資料が質と量ともに梁代のそれを超えることは想定しがたいからである[24]。

以上、『後漢書注』は范曄『後漢書』紀傳部とその李賢注によって構成され、『續漢書』八志および劉昭注すなわち

『集注後漢』八志とは別行することを確認した。

（ⅵ）李賢注紀傳部と劉昭注八志部の合綴

ここでは、李賢注紀傳部と劉昭注八志部とを合綴する『後漢書』について考察する。一般にそのような『後漢書』は北宋第三代眞宗の乾興元年（一〇二二）に國子監孫奭の建議によって刊行されたものを初例とするが[25]、ここで刮目すべきは左の『日本國見在書目錄』（以下『見在書目』と稱す）正史家の一文である。

後漢書百卅巻。范曄本唐臣賢太子。但志卅巻、梁剡令劉昭注補。

すなわち、ここにいう「後漢書百卅巻」は「范曄本、唐臣賢太子。但し志卅巻は、梁剡令劉昭の注補なり」と注記されることから、冒頭に提示した事例のごとく、范曄『後漢書』の李賢注紀傳部百巻と司馬彪『續漢書』の劉昭注八志部三十巻とによって構成されるものであるが、この一百巻とする巻數は左に示すように、

又（後漢書）一百巻、皇太子賢注。（『舊唐書』巻四六經籍志上）

章懷太子賢注後漢書一百巻。賢命劉訥言、格希玄等注。（『新唐書』巻五八藝文志二）

新舊兩『唐書』經籍・藝文志に記される巻數に一致することから、李賢『後漢書注』の成書時の形態を傳えるものと見るべきであろう[26]。

さて、『見在書目』は、藤原佐世によって清和天皇貞觀十七年（八七五）から宇多天皇寛平三年（八九一）の間に撰述されたと考えられることから[27]、この注記は乾興元年の合刻・刊行よりも百三十年ほど前に、そのような『後漢書』がすでに存在したことを示すものとなる。問題はいつ、どこでその合綴がなされたかということである。ここで一言すると、日本ではそのような改編は絶對になされぬとは斷言できないが、古代日本における中國文化への畏敬とも稱す

べき意識は唐鈔本の本文を恣意的に書き改めることを嚴に愼み、一字一句を忠實に書寫したはずであるとする指摘を俟つまでもなく、右のように書籍の構成を一變させることはなし得なかったとすべきであろう。それはやはり舶載された唐鈔本と解する方が自然である。それでは唐において、いつ改編されたのか。私は、それを章懷太子が追謚された睿宗の景雲二年（七一一）以降かなりの歳月が經過した時點であろうと推測する。何となれば、『後漢書注』は①皇太子李賢が當代の錚々たる學者を動員して撰述したもので、高宗に奉呈され、その贊辭を得たのち宮中祕閣に藏されて唐朝の基本圖書となった。②李賢の名譽回復後、早期に玄宗の閲讀が確認されることから皇帝に供される公的な歴史書としての地位を確實にした。後者については第四節で論ずるとして、この二點からすると、李賢が定めた『後漢書注』の構成を一新させることは憚ることも多く、然るべき提議が嘉納されたのちでなければ公に實行されることはなかったであろう。

左は、杜佑の『通典』[29]に引く代宗の大暦年間（七六六～七七九）から德宗朝（七八〇～八〇四）の經學家として知られる趙匡の一文で、その問題を考える關鍵となるものである。すなわちこれは安史の亂を契機に變動していく社會に對應すべく選擧制度の根本的改革をめざした趙匡が建議した「擧人條例」の一條で、改革案の一つとして、進士科の必讀史書と試問方針を述べる部分である。その建議時は不明であるが、德宗朝の建中年間（七八〇～七八三）はじめにあるとして誤りなかろう[30]。

①其史書、史記爲一史、漢書爲一史、後漢書幷劉昭所注志爲一史、三國志爲一史、晉書爲一史、②李延壽南史爲一史、北史爲一史。習南史者、兼通宋、齊志。習北史者、通後魏、隋書志。③自宋以後史書煩碎冗長、請但問政理成敗所因、及其人物損益關於當代者、其餘一切不問。④國朝自高祖以下及睿宗實錄、幷貞觀政要、共爲一史。

（『通典』卷一七選擧五）

ここでは②から論ずると、それは李延壽の『南史』と『北史』を各一史とし、『南史』を習う者は『宋書』八志三十巻と『南齊書』八志十一巻に兼通し、『北史』を習う者は『魏書』十志二十巻と『隋書』十志三十巻に通ずべしとする。③は宋以後の史書は煩碎冗長であるため、請うらくは但だ政理の成敗の因る所と其の人物の當代に關する損益を問い、其の餘は一切問うべからず、とする方針を提示する。④國朝は高祖より睿宗までの各實録と『貞觀政要』を各一史とする。(31)

さて、注目すべきは①の『史記』から『晉書』までを各一史とするなかで「後漢書は劉昭注する所の志を幷せて一史と爲すべし」として李賢注紀傳部に劉昭注八志部を幷せて一史となすことである。これは後漢時代を綜述する正史として志部を缺く『後漢書』の構造的缺陷を認識し、その補完を優先させる處置にほかならない。趙匡の建議は選擧制度の改革案で、それがすべて實現されたかは不明であるが、ここで『後漢書』にかぎると、第四節で論ずるごとく李賢の名譽回復につづいて『後漢書注』が再公認されてより七十餘年が經過して、ようやくこのような意見が提起されたことに注意すべきであろう。これに應じて李賢注紀傳部百巻と劉昭注八志部三十巻を合綴する『後漢書』がはじめて作成されたか、あるいはこの建議とは關係なくすでに私用として存在していたかは不明であるが、少なくともこれを契機にかかる『後漢書』が廣く民間に流通し、轉寫が重ねられるようになったことは間違いないのではあるまいか。

ただしながら、それは選擧制度の改正に附隨する實用の本として容認されたと見るべきであるかもしれない。何となれば、その合綴本『後漢書』は開元年間の藏書を著錄する『舊唐書』經籍志はもとより、それに開元以降の唐人の著作を補成した『新唐書』藝文志に見られぬことから、(32)唐代を通じて公認の歴史書とされることはなかったと考えられるからである。さきの李賢の注記に借りれば、それはまさしく「流俗本」の範疇に入れるべきものなのである。この觀點からすると、『見在書目』が傳える百三十巻の『後漢書』合綴本は民間に流通するものが舶載されたと考えるべきであろう。池田昌廣氏は范曄『後漢書』の初傳者を天平七年（七三五）歸朝の吉備眞備に比定する。[33]傾聽すべき論說である。ただし、その『後漢書』は李賢注紀傳部のみで構成されたと推測されることから實用面に缺ける部分をはらむことは否定できない。當然のことながら、盛唐の史學に熟知したと考えられる眞備[34]はそれを承知していたはずである。よってできれば『集注後漢』の殘存部分である劉昭注八志部を、それが叶わなければ『續漢書』八志を求めたと想像されるが、結果的に、入手することができなかったのであろう。ここで間違いなく言えるのは、それを合綴する『後漢書』の將來はこれ以降かなりの時を經なければならぬということである。假に『見在書目』所載の『後漢書』を遣唐使の將來とすると、その年代だけで見るかぎり、それは延暦の遣使（八〇四年出發、八〇六年歸國、大使藤原葛野麻呂）と承和の遣使（八三八年出發、八四〇年歸國、大使藤原常嗣）[35]のいずれかになるのではあるまいか。

最後に乾興元年（一〇二二）になされた國子監孫奭の建議について一言すると、それは民間でおこなわれていた合綴本『後漢書』を國家が公認し、その管理下で公刊すべきことを言うものであると考えられる。[36]

第二節　『後漢書注』の基本的構造と注釋內容

（ｉ）　注釋指數と避諱字の確認

ここでは『後漢書注』の基本的構造を考察する。はじめに本文と注文の字數を比較して注釋の詳密さを測る注釋指數を確認すると、第一部第四章で論じたごとく、劉昭八志注は本文約八萬二千字、注文約十萬五千字で注釋指數は一・二八となる。これは本文一に對して一・二八の割合になる注釋が附されるもので、八志注が數量的にも極めて詳密であることを證するものである。これに對して李賢注は本文約五十九萬七千字（帝后紀約七萬五千字、列傳約五十二萬二千字）、注文約三十三萬一千字（帝后紀約四萬九千五百字、列傳約二十八萬一千五百字）で注釋指數は〇・五五となる。[37]ただしこれは全體の平均値で、その詳細を見ると帝后紀は〇・六六、紀傳部は〇・五四、さらに最大値は卷五九張衡傳の二・〇八、最小値は卷八七西羌傳の〇・一五となり、當然ながら本文の内容により注釋に粗密が認められる。

ついで避諱字[38]について考察すると、ここでは李賢が嚴密に避改せねばならぬもののうち太祖（李虎）・世祖（李昺）・高祖（李淵）・太宗（李世民）・高宗（李治）の五例について檢討する。

⑴李虎について、卷五九張衡傳李賢注は「禮記曰、左靑龍而右白武。」とし、また卷六二荀爽傳李賢注は「白武通曰、天子娶十二、法天則有十二月。百物畢生也」とする。すなわち前者は『禮記』曲禮上第一「左靑龍而右白虎。」とする一文の、後者は『白虎通』卷四上「或曰、天子娶十二女、法天有十二月。萬物必生也」とする書名の「虎」を「武」に改めるものである。

⑵李淵について、卷七二董卓傳「曹操因遣夏侯淵擊建」に附す李賢注は「魏志曰、泉字妙才、沛國人也。爲征西護軍。魏太祖使師諸將討建」とするが、これは『魏書』卷九諸夏侯傳の「夏侯淵字妙才。（中略）、太祖使淵帥諸將討建」の「淵」を「泉」に改めるものである。

⑶李世民と李治について、卷六六陳蕃傳李賢注は「前書谷永曰、臣聞天生蒸人、不能相持、爲立王者以統理之也」とするが、これは『漢書』卷八五谷永傳の「臣聞天生蒸民、不能相治、爲立王者以統理之」の「民」を「人」に、「治」を「持」に改めるものである。また卷七桓帝紀「大鴻臚梁國盛允爲司空」に附した李賢注は「允字伯代」とするが、これは『水經注』卷二三獲水に「城東有漢司徒盛允墓碑、允字伯世、梁國虞人也」とあって盛允の字は伯世と確認できるから、その「世」を「代」に改めるものである。

(4)李昺について、巻四〇上班彪傳校勘記は李賢注の「詩周頌曰、於穆清廟、肅雍顯相、濟濟多士、執文之徳」の「執」はもと「秉」につくるも「昞」と同音のために避諱して「執」に改めたと指摘する。[39] ただし管見のかぎりでは「昺」は巻八二上方術傳の「建光元年、(中略)、徵(樊)英及同郡孔喬、李昺」とする一例およびそれに附す李賢注は「謝承書曰、昺字子然、鄴人也」また「謝承書曰、郎宗、李昺、孔喬等」とする二例を示すように避諱していないのである。當然ながら李賢は、右の校勘記のごとく世祖の諱である「昺」を他字に代替するか、缺筆・缺畫などの處置をせねばならぬのである。

以上のように、皇太子李賢が高宗に奉呈した『後漢書注』には嚴密な避諱が求められたはずで、その成書時の本文および注釋には一つの例外もなく避諱が實行されていたはずである。ただしながら、その處置は奉呈されてから千三百年餘という歳月のなかで轉寫や翻刻をくり返すうちにかなりの部分が消滅したと見るべきであろう。右の「昺」はその一例にほかならぬが、この觀點からすると、現行の本文や注文に「虎」・「淵」・「世」・「民」・「治」などが散見するのは無理からぬこととしなければならない。

(ii)　別記參照の指示

ここでは『後漢書注』に多用される別記參照の指示について《Ⅰ》・《Ⅱ》に分けて考察する。

《Ⅰ》當該箇所に闕する解(注記)の參照を促すもの。

(1)巻四和帝紀の「(章和二年)、安息國遣使獻師子、扶拔」に附す李賢注は「扶拔、解見章紀」と指摘する。巻三章帝紀には「是歲(章和元年)、西域長史班超擊莎車大破之。月氏國遣使獻扶拔、師子」とあり、その李賢注に「扶拔、似麟無角。扶音步末反」とある。

(2)巻一四宗室四王三侯傳の「章和元年、（中略）、其貶晃爵爲蕪湖侯」に附す李賢注は「蕪湖、解見章紀」と指摘する。章帝紀には「章和元年、（中略）、秋七月癸卯、齊王晃有罪、貶爲蕪湖侯」とあり、その李賢注に「蕪湖、縣名、屬丹陽。故城在今宣州當塗縣東南」とある。

(3)巻一八吳漢傳の「（建武）十二年、（中略）、漢乃進軍攻廣都、拔之。遣輕騎燒成都市橋」に附す李賢注は「橋名也。解見公孫述傳」と指摘する。巻一三公孫述傳には「述乃悉散金帛、募敢死士五千餘人、以配岑於市橋、僞建旗幟、鳴鼓挑戰」とあり、その李賢注に「市橋即七星之一橋也。李膺益州記曰、沖星橋、舊市橋也。在今成都縣西南四里」とある。

(4)巻二五魯丕傳の「永初二年、（中略）、大將軍鄧騭擧丕、（中略）、再爲三老」に附す李賢注は「三老、解見明帝紀也」と指摘する。巻二明帝紀に「三老、孝悌、力田人三級」とあり、またその李賢注に「三老、孝悌、力田、三者皆郷官之名。三老、高帝置。孝悌、力田、高后置。所以勸導郷里、助成風化也。文帝詔曰、孝悌、天下之大順也。力田、爲生之本也。三老、衆人之師也。其以戸口率置員」とある。

右の事例を考察すると、(1)は章帝の章和二年（八八）に安息國が獻じた扶拔について、李賢は「扶拔、解は章紀に見《しめ》す」として章帝紀注の「扶拔は、麟に似て角無し。扶の音は歩末の反」の參照を促し、その本文である「是歲（章和元年）、西域長史班超莎車を擊ち、之を大破す。月氏國遣使して扶拔、師子を獻ず」とあわせて、讀者をして安息の遣使は班超の莎車攻略に應じて月氏國がおこなった遣使に連動することを確認させるものである。(2)は章和元年（八七）になされた齊王晃の蕪湖侯貶爵について、李賢は「蕪湖、解は章紀に見す」として章帝紀注の「蕪湖は、縣名、丹陽に屬す。故城は今の宣州當塗縣の東南に在り」の參照を促し、そこで「秋七月癸卯、齊王晃罪有り、貶して蕪湖侯と爲す」とする本文とあわせて宗室四王三侯傳に記されぬ貶爵の發詔月日とともに、その顚末を確認させるものである。(3)は建武十二年（三六）に公孫述を攻めた呉漢が廣都を拔き、輕騎を派して成都の市橋を燒破したことについて、李賢は「解は公孫述傳に見す」として「市橋は卽ち七星の一橋なり。李膺益州記に曰く、沖星橋は、舊《もと》の市橋なり。今の成都縣の西南四里に在り」とする公孫述傳注の參照を促し、その本文である「（公孫）述乃ち悉く金帛を散じて敢死の士五千餘人を募り、以て岑に市橋に配し、僞りて旗幟を建て、鼓を鳴らして挑戰す」とあわせて公孫述側の對應を確認させ、成都の攻防戰を俯瞰させるのである。(4)は三老、孝悌、力田に關する注記の重複を避けるものである。

《Ⅱ》注釋を附した事例を詳述する紀傳を提示して參照を促すもの。

(1)卷一光武帝紀下の「十五年春正月辛丑、大司徒韓歆免、自殺」に附す李賢注は「事見侯霸傳」と指摘する。

(2)卷三章帝紀の「帝曰、上無明天子、下無賢方伯」に附す李賢注は「已見明帝紀」と指摘する。

(3)卷四和帝紀の「孝殤皇帝諱隆、和帝少子也。元興元年十二月辛未夜卽皇帝位。時誕育百餘日。尊皇后曰皇太后、太后臨朝」に附す李賢注は「儀見皇后紀」と指摘する。

(4)卷一〇皇后紀上の「是以班母一說、闔門辭事」に附す李賢注は「太后兄大將軍騭、以母憂上書乞身。太后不許、以問班昭、乃許之。語見昭傳也」と指摘する。

(1)は光武帝紀の「十五年春正月辛丑、大司徒韓歆免ぜられ、自殺す」について「事は侯霸傳に見《しめ》さる」と注するもの。韓歆は『後漢書』に立傳されず、その事績は侯霸傳に見える。それによると韓歆は、建武十五年（三九）に光武帝の面前で隗囂と公孫述の往復書簡を褒賞して逆鱗に觸れ、大司徒を罷免されて鄕里に歸ったが、光武帝はなおも許さずに遣使問責し、近臣の助命嘆願にもかかわらず、子の韓嬰ともども自殺させられたとする。この注記は韓歆の罷免と自殺の顚末を讀者に確認させるものであるが、なお一言すれば、立傳されぬ韓歆の事績は侯霸傳にあることを示して便宜をはかる意圖もあわせたのであろう。(2)は章帝紀の「帝曰く、上に明天子無し、下に賢方伯無し」について「已に明帝紀に見さる」と注する。この建初七年（八二）の詔は明帝紀の中元二年（五七）夏四月の「方今上無天子、下無方伯」とする詔を踏襲するもので、そこで李賢は「公羊傳曰、上無天子、下無方伯。此制引以爲謙也」と指摘し、それは公羊傳を出典とする天子謙譲の言であることを確認させるものである。(3)は和帝紀の元興元年（一〇五）十二月に生後百餘日の殤帝が即位し、鄧皇后が皇太后となって臨朝したとする一文に「儀は皇后紀に見さる」と注するもので、これにしたがって鄧皇后紀を一覧すると、殤帝ののち安帝の永寧二年（一二一）三月まで二十年間にわたって繼續された鄧太后の臨朝稱制の詳細を確認することになる。(4)は同じく鄧皇后紀の論に見える「是を以て班母一たび說きて、門を闔《あ》げて事を辭す」について「太后の兄大將軍騭は、母の憂を以て上書して身を乞う。太后許さざるも、以て班昭に問い、乃ち之を許す。語は昭傳に見《しめ》すなり」と注するもので、ここで李賢は鄧太后は班昭の助言にしたがって兄鄧騭の服喪を許可したと說き、その班昭の言辭は卷八四列女傳の曹世叔妻傳に示されることを指摘して讀者に參照を促すのである。

以上、(1)～(4)は注釋對象について詳述する別個の紀傳本文の參照を促して、その對象を多角的に解釋することを促すものである。これは《Ⅰ》とともに紀傳部や志部に記事を分散させる紀傳體の注釋に不可缺の手法であるが、それが『後漢書注』に頻出するのは『後漢書』を多角的に讀み込み、その內容を深く理解させることを主眼に置く李賢の意圖を示すものにほかならない。

なお最後に、『後漢書注』には《Ⅰ》のごとく別記の參照を促しながら當該箇所に注記が見られぬばあいがままある。[40]それは注釋の散佚を示すもので、奉呈時の『後漢書注』は現行よりも詳密であることが確認できるのである。

（iii）「不同」・「與此不同」とする注記

ここでは『後漢書注』に見える「不同」・「與此不同」について考察する。

⑴巻三〇上蘇竟傳の「劉歆兄子龔爲其謀主」に附す李賢注に「臣賢案、前書及三輔決錄並云向曾孫、今言歆兄子、則不同也」とある。

⑵巻五六王龔傳の「武王入殷、先去炮格之刑」に附す李賢注に「臣賢案、史記及帝王代紀皆言文王爲西伯、獻洛西之地、請除炮格之刑。今云武王、與此不同」とある。

⑶巻五七謝弼傳の「謝弼字輔宣、東郡武陽人也」に附す李賢注に「謝承書曰、弼字輔鸞、東郡濮陽人也。與此不同」とある。

⑷巻六三李固傳の「乃將燮乘江東下、入徐州界內、令變名姓爲酒家傭」に附す李賢注に「謝承書曰、燮遠遁身於北海劇、託命滕咨家以得免。與此不同」とある。

⑸巻八九南匈奴傳の「單于姓虛連題」に附す李賢注に「前書曰、單于姓攣鞮氏、其國稱之曰撐犁孤屠。匈奴謂天爲撐犁、謂子爲孤屠。與此不同也」とある。

ここで李賢は、⑴蘇竟傳の「劉歆の兄の子劉龔其の謀主と爲る」について、『漢書』[41]と『三輔決錄』は劉向の曾孫につくるとして「則ち同じからず」とする。⑵王龔傳の「武王殷に入り、先に炮格之刑を去らしむ」について、『史記』[42]と『帝王世紀』はともに「文王西伯と爲り、洛西の地を獻じて、炮格の刑を除くを請うと言う」につくるとして「今、武王と云うは、此と同じからず」とする。⑶謝弼傳の「謝弼字は輔宣、東郡武陽の人なり」について、謝承『後漢書』は「弼字輔鸞、東郡濮陽人也」につくるとして「此と同じからず」とする。⑷李固傳附李燮傳の「乃ち燮を將いて江に乘りて東下し、徐州の界內に入り、名姓を變えて酒家の傭と爲さしむ」について、謝承『後漢書』は「燮は遠く身を北海の劇に遁れ、命を滕咨の家に託し以て免るるを得」につくるとして「此と同じからず」とする。(5)南匈奴傳の「單于の姓は虛連題」について、『漢書』[43]は「單于の姓は攣鞮氏、其の國、之を稱して撐犁孤屠と曰う。匈奴は天を謂いて撐犁と爲し、子を謂いて孤屠と爲す」につくるとして「此と同じからず」とする。

以上、李賢は他書を引いて本文と異なる事例を提示するが、ここでは「與此不同」と指摘するのみで、後揭（v）のごとくその是非に言及するものではない。これは『後漢書』の解釋を主眼とする李賢注にも裴松之『三國志注』[44]に代表される史實の附加にも配慮する面があることを示すものである。

（iv）「未知」・「不詳」とする注記

ここでは『後漢書注』に見える「未知」・「不詳」について考察する。

(1)卷二六馮勤傳の「（馮）由、黃門侍郎、尙平安公主」に附す李賢注に「章帝女也。臣賢案、東觀記亦云安平。皇后紀云由尙平邑公主。紀傳不同、未知孰是」とある。

(2)卷三〇下襄楷傳の「周衰、諸侯以力征相尙、於是夏育、申休、（中略）、任鄙之徒生於其時」に附す李賢注に「申休、未詳何世也」とある。

(3)卷四六陳寵傳の「月令曰、孟冬之月、趣獄刑、無留罪」に附す李賢注に「臣賢案、月令及淮南子皆言季秋趣獄刑、無留罪。今言孟冬、未詳其故」とある。

(4)卷四七班超傳の「（疏勒王）忠說康居王借兵、還據損中」に附す李賢注に「損中、未詳。東觀記作頓中。續漢及華嶠書並作損中。本或作植。未知孰是也」とある。

(5)巻四八應劭傳の「（應）劭字仲遠。少篤學、博覽多聞」に附す李賢注に「謝承書、應氏譜竝云字仲遠。續漢書文士傳作仲援。漢官儀又作仲瑗。未詳孰是」とある。

右を確認すると、李賢は(1)馮勤傳の「（馮）由は黄門侍郎となりて、平安公主を尙《めと》る」について、まず章帝の女と注し、ついで『東觀漢記』は安平公主につくり、また皇后紀は平邑公主につくるとして「紀傳同じからず、未だ孰れか是なるを知らざるなり」と結論する。(45) (2)襄楷傳の「申休」について、「未だ何れの世なるか詳らかにせざるなり」とする。(3)陳寵傳の「月令に曰く、孟冬の月、獄刑を趣《うなが》し、罪を留むること無かれ」について、『禮記』および『淮南子』がともに「季秋之月、（中略）、乃趣獄刑、毋留有罪」につくることから、(46)「今、孟冬と言うは、未だ其の故を詳らかにせず」とする。(4)班超傳の「（疏勒王）忠、康居王に說きて借兵し、還りて損中に據る」について、「損中は、未詳なり」と注し、さらに『東觀漢記』は「頓中」、『續漢書』および華嶠『漢後書』は「損中」、また或本は「植中」につくるとして「未だ孰れか是なるを知らざるなり」とする。(5)應劭傳の「（應）劭、字は仲遠」について、謝承『後漢書』および『應氏譜』は「仲遠」、『續漢書』文士傳は「仲援」、『漢官儀』は「仲瑗」につくるとして「未だ孰れか是なるを詳らかにせず」とする。

これは「不同」・「與此不同」と同じく本文とは異なる事例を提示するものであるが、ここで問題となるのは、李賢は何ゆえ注釋者の能力的限界を問われかねぬ「未知」・「不詳」を多用するかということである。それについて巻四四徐防傳の「孔子稱述而不作。又曰吾猶及史之闕文」に附す左の注記によって考察を加えたい。

古者史官於書事、有不知則闕、以待能者。孔子言、吾少時猶及見古史官之闕文、今則無之。疾時多穿鑿也。見論語也。

まず「孔子稱すらく、述べて作らず、と。又た曰く、吾 猶お史の闕文に及べり、と」とする本文は、『論語』述而篇と衞靈公篇の各文を重ねるものであるが、これに李賢はまず「古者《いにしえ》、史官の事を書するにおいて、知らざること有れば則ち闕き、以て能者を待つ」と記し、ついで「孔子言く、吾少き時、猶お古の史官の闕文を見るに及ぶも、今は則ち之無し、と」と述べて本文に引く衞靈公の一文を注解し、最後に「時に穿鑿を多くするを疾むなり。論語に見ゆるなり」と添えて、知らざることを強いて判斷する「穿鑿」を嫌悪する孔子の心中を讀み解くのである。これはまさに『後漢書注』の基本方針を示すものであろう。すなわち李賢は手段を盡くしても確證を得られぬ事柄については「未知」・「不詳」として當代の、あるいは後世の能者の補正に待つとし、強引な注釋をものして自己の博識を誇示するがごときを戒めるのである。それは後漢の滅亡からすでに四百五十年あまり、范曄『後漢書』の撰述からしても二百四十年ほどが經過した高宗朝において李賢が嚴守せねばならぬ眼目であったに相違ない。その觀點からすると、詳解がほしい箇所にそれを缺く憾みがないわけではないが、それは望蜀とすべきではあるまいか。

（v）本文誤謬の指摘

ここでは『後漢書』本文における誤謬の指摘について考察する。

(1)巻一光武帝紀上の「光武北擊尤來、大搶、五幡於元氏、追至右北平、連破之」に附す李賢注は「北平、縣、屬中山國。今易州永樂縣也。臣賢案、東觀記、續漢書並無右字。此加右誤也。營州西南別有右北平郡故城。非此地」と指摘する。

(2)巻五安帝紀の「七年春正月庚戌、皇太后率大臣命婦謁宗廟」に附す李賢注は「臣賢案、東觀、續漢、袁山松、謝沈書、古今注皆云、六年正月甲寅、謁宗廟。此云七年庚戌、疑紀誤也」と指摘する。

(3)巻二八上馮衍傳の「採三秀之華英、（中略）、食五芝之茂英」に附す李賢注は「東觀記及衍集、秀字作奇、英字作靈。

按下云食五芝之茂英、此若是芝、不宜重說。但不知三奇是何草也。范改奇爲秀、恐失之矣」と指摘する。

⑷巻三五張純傳の「張純字伯仁、京兆杜陵人也。高祖父安世、宣帝時爲大司馬衞將軍、封富平侯」に附す李賢注は「臣賢案、張安世昭帝元鳳六年以右將軍宿衞忠謹封富平侯。今此言宣帝封誤也。宣帝卽位、但益封萬戸耳」と指摘する。

⑸巻六七黨錮傳の「孔昱字元世、魯國魯人也。七世祖霸、成帝時歷九卿、封褒成侯」に附す李賢注は「臣賢案、前書孔霸字次儒、卽安國孫、世習尙書。宣帝時爲太中大夫、授太子經、遷詹事、高密相。元帝卽位、霸以師賜爵關內侯、號褒成君。薨謚曰烈君。今范書及謝承書皆云成帝、又言封侯、蓋誤也」と指摘する。

右を確認すると、⑴光武帝紀の「光武北のかた尤來、大搶、五幡を元氏に擊ち、追いて右北平に至り、之を連破す」について、李賢は「北平は、縣なり、中山國に屬す。今の易州永樂縣なり」と注して『東觀漢記』・『續漢書』に「右」がないことから、それを加えた本文を誤りとし、さらに「營州の西南に、別に右北平郡の故城有り。此の地に非ず」と結論する。⑵安帝紀の「（永初）七年春正月庚戌、皇太后、大臣の命婦を率て宗廟を謁す」について、『東觀漢記』・『續漢書』・袁山松および謝沈『後漢書』・『古今注』はいずれも「六年正月甲寅、謁宗廟」につくることから「此に七年庚戌と云うは、疑うらくは紀の誤なり」とする。⑶馮衍傳の「三秀の華英を採り、（中略）、五芝の茂英を食す」について、『東觀漢記』および『馮衍集』は「秀」を「奇」につくり、「英」を「靈」につくると指摘し、ついで下文の「五芝の茂英を食すと云う」を按じて「此れ若し是れ芝なれば、宜しく重ねて說くべからず。但だ三奇は是れ何れの草なるかを知らざるなり」として范曄が『東觀漢記』にもとづいて『後漢書』を編纂する際に「奇」を「秀」に改めたのは、恐くは失誤なりと結論する。⑷張純傳の「張純字は伯仁、京兆杜陵の人なり。高祖父安世、宣帝の時に大司馬衞將軍と爲り、富平侯に封ぜらる」について、「張安世は昭帝の元鳳六年、右將軍を以て宿衞して忠謹なれば富平侯に封ぜらる」と注して「今、此に宣帝封ずと言うは誤なり」と斷じ、「宣帝卽位するや、但だ益して萬戸に封ずるのみ」とする。(5)黨錮傳の「孔昱字は元世、魯國魯の人なり。七世の祖霸、成帝の時に九卿に歷し、褒成侯に封ぜらる」について、李賢は『漢書』孔光傳の「孔霸字は次儒、卽ち安國の孫、世よ尙書を習う。宣帝の時に太中大夫と爲り、太子に經を授け、詹事に遷り、高密に相たり。元帝卽位するや、霸は師なるを以て爵關內侯を賜わり、褒成君と號す。薨ずるや謚して烈君と曰う(47)」によって、今、范曄および謝承『後漢書』はともに「成帝と云い、また侯に封ぜらると言うは蓋し誤なり」と判斷する。

このように李賢は他書に依據して范曄『後漢書』の失誤を指摘するが、それは後漢時代史の正確な理解のためには『後漢書』を絶對視せず、諸家後漢書類の一書として解釋を進めようとする方針を示すものである。

(vi)「石鼓銘」の引用

『後漢書注』にはわずか一例ではあるが、貞觀年閒（六二七～六四九）に岐州で發見されたとする「石鼓銘」が引用されている(48)。

臣賢案、元二卽元元也。古書字當再讀者、卽於上字之下爲小二字、言此字當兩度言之。後人不曉、遂讀爲元二、或同之陽九、或附之百六、良由不悟、致斯乖舛。今岐州石鼓銘、凡重言者皆爲二字、明驗也。

（卷一六鄧騭傳李賢注）

これは「時遭元二之災」とする本文に附すもので、ここで李賢はまず「元二」は民をいう「元元」ととらえ、以下のごとく解說する。すなわち古書において文字の再讀すべきものは下に小さく二の字を書いて、二度讀むことの指示とする。しかし後人はそれを曉らず、元二と讀んで災厄のめぐる歲である陽九に同じとか、あるいは同樣の百六にこじつけるが、[49] それは再讀の形式を知らぬことから生じた誤解とする。ここで注目すべきは「今、岐州の石鼓銘は、凡そ重ねて言う者は皆な二の字に爲ること、明驗なり」として石鼓銘を例證にあげることである。これは實見または拓本等によって確認したと思われるが、そこには注釋の精度を高めるために出土資料にも目配りをする李賢の方針が伺えるのである。このような出土資料としては晉の武帝時代に發見された「汲冢竹書」が知られるが、『後漢書注』は「竹書紀年に曰く」として十餘條にわたってその一書を注引することからすると、[50] 李賢は新出の「汲冢竹書」を用いた歴史研究が東晉から南朝において盛行した事實を認識し、[51] それに對抗心を懐いたのではあるまいか。すなわち一例なりとも「石鼓銘」を注引したのは「汲冢竹書」に匹敵する當代の最新出土資料を提示して、その分野における研究でも後れをとらぬことを示したと考えられる。

（vii）『後漢書注』に見える「今」

『後漢書注』には左のごとく「今」と明記する注記が頻見する。それはまさに注釋撰述時と同時點における情報を込めたものであるが、ここでは何ゆえ「今」を強調するのかについて考察する。

(1) 南陽、郡、今鄧州縣也。蔡陽、縣、故城在今隨州棗陽縣西南。（巻一光武帝紀上李賢注）

(2) 孔子宅在今兗州曲阜縣故魯城中歸德門內闕里之中。背洙面泗、矍相圃之東北也。（巻二明帝紀李賢注）

(3) 靈壽、縣名、屬常山郡。今恆州縣也。房山在今恆州房山縣西北、俗名王母山、上有王母祠。（巻三章帝紀李賢注）

(4) 太行山在上黨南、壺口山在上黨東。衍之遠祖馮亭爲韓上黨守、以上黨降趙、趙封亭三萬戶、號華陽君。死因葬上黨、其墓在今潞州上黨縣西。（巻二八下馮衍傳李賢注）

(5)今官度臺北土山猶在。臺之東、紹舊營遺基並存焉。（卷七四袁紹傳上李賢注）

(6)臣賢案、獻帝後至魏、封孔子二十一葉孫羨爲崇聖侯。晉封二十三葉孫震爲奉聖亭侯。後魏封二十七葉孫乘爲崇聖大夫。太和十九年、孝文幸魯、親祠孔子廟、又改封二十八葉孫珍爲崇聖侯。北齊改封三十一葉孫爲恭聖侯、周武帝平齊、改封鄒國公、隋文帝仍舊封鄒國公、隋煬帝改封爲紹聖侯。貞觀十一年、封夫子裔孫子德倫爲褒聖侯、倫今見存。（卷七九儒林傳上李賢注）

右の(1)は光武帝の本貫である南陽蔡陽について、「南陽は郡、今の鄧州縣なり。蔡陽は縣、故城は今の隨州棗陽縣の西南に在り」と注する。このように李賢は『後漢書』に見える地名に對してほぼ例外なく「今」と冠して唐の州縣名を記しているが、それは漢代の地名を往古のものとしてのみ解するのではなく、それが高宗朝の行政區畫上のどこに該當するかを確認しているのである。(2)は永平十五年（七二）におこなわれた明帝の孔子宅行幸に關する注で、その故宅は今の兗州曲阜縣の故《もと》の魯城の歸德門内の闕里の中、洙水を背にして泗水に面する矍相圃の東北に現存すると注する。これは縣吏等の報告書にもとづく注記と考えられ、唐初における孔子宅の情況を傳えるものである。同様に(3)は元和三年（八六）に章帝がおこなった靈壽縣房山の祭祀に關する注で「靈壽は縣名、常山郡に屬す。今の恆州縣なり」とし、ついで「房山は今の恆州房山縣の西北に在り。俗名は王母山、上に王母祠有り」と注する。(4)は馮衍の遠祖馮亭に關する注記で、まず「太行山は上黨の南に在り、壺口山は上黨の東に在る」として上黨の地理を略述した上で「馮亭は韓の上黨守と爲るも、上黨を以て趙に降る。趙、亭を三萬戸に封じ、華陽君と號す。死して因りて上黨に葬らる」とし、さらに「其の墓は、今の潞州上黨縣の西に在り」と注する。すなわち戰國韓の上黨守馮亭は趙に降って華陽君に封ぜられたのち死して上黨に葬られ、その墓は今の潞州上黨縣の西に現存すると言うのである。(5)は官渡の戰いにおける舊營と遺基に關するもので、「今、官度臺の北に土山猶お在り。臺の東に、紹の舊營と遺基並びに存す」とする注記は、(3)の房山山頂の王母祠や(4)の上黨縣西域の馮亭墓と同じく實見または聽取からなる情報をまとめた各縣の報告書によって作成されたのであろう。最後の(6)は「臣賢案」ずるにとして「獻帝ののち魏に至って孔子の二十一葉の孫羨を封じて崇聖侯と爲す。晉は二十三葉の孫震を封じて奉聖亭侯と爲す。後魏（北魏）は二十七葉の孫乘を封じて崇聖大夫と爲す。太和十九年（四九五）、孝文魯に幸し、親しく孔子廟を祠り、又た改めて二十八葉の孫珍を封じて崇聖侯と爲す。北齊は改めて三十一葉の孫を封じて恭聖侯と爲し、周の武帝の齊を平ぐるや、改めて鄒國公に封じ、隋の文帝は舊に仍りて鄒國公に封じ、隋の煬帝は改めて封じて紹聖侯と爲す。貞觀十一年（六三七）、夫子の裔孫子の德倫を封じて褒聖侯と爲し、倫は今も見存す」と注して歴朝による孔子後裔の封侯を詳述するが、ここでは貞觀十一年に封じた孔德倫が「今」も健在であるとする點に注意したい。[53]

さてここで問題となるのは、李賢注に頻見するこのような「今」の表記である。それについて光武帝紀を例にすると、その本文は約一萬三千六百五十字、注文は約一萬二千九百字で注釋指數は〇・九五となるが、そこでは「世祖光武皇帝諱秀、字文叔、南陽蔡陽人」とする起筆部分に附した前掲(1)に見える「今」から起算して都合二百例を數える。そのうち(1)〜(6)のごとく李賢の注釋執筆時を言うものは百八十八例で、のこる十二例は同帝紀建武十九年の條の「是歲、復置函谷關都尉」に「九年省、今復置」と注して「建武十九年」をさすごとく特定の時點を指示するものである。當然のことながら注目すべきは前者で、李賢は何ゆえこれほどまで「今」を連續させるのであろうか。そこで『漢書』卷一高帝紀顏師古注における同樣の事例を確認すると、同帝紀は本文約一萬三千五百字、注文は約一萬六千五百字で注釋指數は一・二八となり、その顏師古注には包攝する先行諸注の事例も加えて注釋執筆時を言う「今」は六十二例を數えることに注意したい。[54] ここで異なる歴史書の帝紀を同一線上に論ずることに注意しなければならぬが、各帝紀は『漢書』および『後漢書』の卷頭に置かれるもので、劉知幾が「蓋し、紀者《は》、庶品を綱紀し、萬物を網羅す。考うるに、篇目の大なる者、其れ此に過ぎるは莫し」（『史通內篇』巻二本紀篇）[55]として正史の根幹たる本紀中でもとくに重要な一篇として執筆されたに相違ない。その認識は當然ながら注釋者も共有したであろうから、そこに挾入した注記は愼重かつ入念になされたに相違ないのである。そこで顏師古注の「今」について注目すべき考察をしたのは吉川忠夫氏である。すなわち氏はそこに見える「若今……矣」、「卽今……矣」、「猶今……矣」の形式は古典のなかに沈潛し、自己を古典において檢證しようとした顏師古が古典中の事物の對應物を現在にもとめて、いわば古を今によって檢證したのではないかと指摘する。[56]そこで私は、その視點を逆にして李賢は古によって今を確認し、正そうとしたのではないかと考える。すなわち『後漢書注』に散見する「今」は高宗をはじめとする讀者の目を唐朝の現時點、則天武后と武氏一派が猛威をふるう現實への直視を促すものではないかと考えるのである。この觀點からすると『後漢書注』は四百五十年前に滅亡した後漢王朝史の注釋にとどまらず、唐朝の現代史を顧みるように編纂されたと見なさざるを得ない。それはおのずと李賢が理想とする王朝像の對極に墮した現狀への批判につながるのであるが、それは第三節において詳述する。

第三節　『後漢書注』に見える武后と外戚批判

（i）　李賢の武后外戚批判

ここでは李賢による則天武后と外戚への批判を考察する。まずは『後漢書注』に見える皇后・皇太后・外戚に關する注記を示すと左のごとくなる。

(1)是時、梁太后攝政、兄冀專權、枉誅李固、杜喬、天下冤之。（巻七桓帝紀李賢注）

(2)續漢志曰、水溢至津城門、漂流人物。時梁冀專政、疾害忠良、威權震主、後遂誅滅也。（同右）

(3)田蚡、景帝王皇后同母弟武安侯也。爲丞相、貪驕、與淮南王覇上私語。後薨。武帝曰、使武安侯在者、族矣。竇嬰、文帝竇皇后從兄子魏其侯也、爲丞相、坐與灌夫朋黨弃市也。（卷一〇皇后紀上李賢注）

(4)西京外戚呂祿、呂產、竇嬰、上官桀安父子、霍禹等皆被誅。（同右）

(5)言太后不還政於安帝、近可惑也。（同右）

(6)章帝竇皇后、竇勳女。祖穆及叔父俱尙主。穆交通輕薄、屬託郡縣、干亂政化、後並坐怨望謀不軌被誅、故鄧氏深引爲誡也。（卷一六鄧寇傳李賢注）

(7)高帝呂后、昭帝上官后、宣帝霍后、成帝趙后、平帝王后、章帝竇后、和帝鄧后、安帝閻后、桓帝竇后、順帝梁后、靈帝何后等家、或以貴盛驕奢、或以攝位權重、皆以盈極被誅也。（同右）

(8)後主謂嗣君也。言外戚握權者、當先帝時或容免禍、必貽罪釁於嗣君、以至傾覆。數猶理也、其致敗之理可得言焉。（同右）

(9)史記功臣侯表曰、高祖與功臣約曰、非劉氏不王、非有功不侯。不如是、天下共擊之。（卷二七趙典傳李賢注）

(10)霍光薨後、其子禹、宣帝時爲大司馬、謀反發覺、禹腰斬、母顯及諸女昆弟皆棄市。（卷二九申屠剛傳李賢傳）

(11)臣賢案、鄧夫人卽穰侯鄧疊母元也。元出入宮掖、共竇憲女壻郭舉父子同謀殺害、與竇氏同誅。（卷四五張酺傳李賢注）

(12)外家、當爲后家也。二十者、謂高帝呂后產、祿謀反誅、惠帝張皇后廢、文帝母薄太后弟昭被殺、孝文帝竇皇后從昆弟子嬰誅、景帝薄皇后、武帝陳皇后並廢、衞皇后自殺、昭帝上官皇后家族誅、宣帝祖母史良娣爲巫蠱死、宣帝母王夫人弟子商下獄死、霍皇后家破、元帝王皇后弟子莽篡位、成帝許皇后賜死、趙皇后廢自殺、哀帝祖母傅太后家屬徙合浦、平帝母衞姫家屬誅、昭帝趙太后憂死是也。四人者、哀帝母丁姫、景帝王皇后、宣帝許皇后、王皇后、其家族並全。（卷五二崔駰傳李賢注）

⒀竇太后之弟長君、少君、退讓君子。不敢以富貴驕人。故云淳淑守道也。（同右）

⒁呂后專制、以兄子祿爲趙王、上將軍、產爲梁王、相國、各領南北軍。呂后崩、欲爲亂、絳侯周勃、朱虚侯劉章等共誅之、立文帝、廟稱太宗。（卷七四袁紹傳上李賢注）

⒂尙書曰、牝雞無晨。牝雞之晨、惟家之索。孔安國注云、索、盡也。雌代雄鳴則家盡、婦奪夫政則國亡也。（卷八〇文苑傳上李賢注）

右を一覽すると、專横や驕奢によって皇后や皇太后の地位を剝奪され、一族ともども誅滅された事例が憚ることなく記されることに驚きを禁じ得ない。以下、確認すると、⑴・⑵は後漢の後期に沖帝（卽位時二歲）、質帝（同八歲）、桓帝（同十五歲）の三代にわたって臨朝した梁皇太后のもとで兄梁冀は專政をおこなって大尉などの顯官を歷任した李固や杜喬らの忠良を疾害し、質帝を鴆弑するなど横暴をきわめたが、ついには族滅されたことを指摘する。⑶は前漢景帝の王皇后の同母弟武安侯田蚡は貪驕な性格でかつて淮南王劉安に謀反を促す發言をなし、王の沒後にそれを知った武帝は大怒して生きていれば族滅すべしとした。また文帝竇皇后の從兄の子魏其侯竇嬰は灌夫と朋黨を組んだために棄市されたとする。⑷は前漢の外戚であった呂祿、呂產、竇嬰、上官桀安父子、霍禹らはことごとく誅殺されたとする。⑸は鄧皇太后が殤帝（同誕育百餘日）および安帝（同十三歲）を策立して臨朝し、安帝が成人したのちも政權を返上しなかったことを言う。ここで李賢は「太后の政を安帝に還さざるは、惑とすべきに近し」としてその惑亂を指摘することに注意したい。⑹は竇皇太后の祖父竇穆および叔父は公主に尙したが、輕薄と交通して郡縣に屬託し、政治を干亂した。のち怨望して謀反し、誅せられたが、鄧皇太后はこの前例を深く誡めにしたとする。ここでは「深引爲誡也」

と特記してあるべき皇太后像と外戚像を示すことに注目すべきであろう。(7)は前漢高皇帝の呂皇后、昭帝の上官皇后、宣帝の霍皇后、成帝の趙皇后、平帝の王皇后および後漢章帝の竇皇后、和帝の鄧皇后、安帝の閻皇后、桓帝の竇皇后、順帝の梁皇后、靈帝の何皇后らの家は貴盛となって驕奢になり、あるいは臨朝して皇帝位を攝してその權は重きも、みな極盛の折に誅殺されたとする。(8)はまず後主は嗣君の謂とし、ついで外戚の權を握る者は先帝の時にあるいは禍を免れることがあっても、必ず罪釁を後繼の君主にのこして傾覆するという。數は理の意で、その敗滅にいたる理由は指摘できるとする。(9)は『史記』巻一七漢興以來諸侯王年表に見える高祖の誓約であるが、ここでは「劉氏に非ざれば王たらず。有功に非ざれば侯たらず。是に如らざれば、天下共に之を擊つべし」とする內容に注意しなければならない。すなわち「非劉氏不王（侯）」は『後漢書』に五例を徵するが、それに加えて李賢は二度にわたって同旨の注記をくり返すのである。[57] それは本文とともに宗室に非ざる王、有功に非ざる侯の存在が道理に合わぬことを指彈することにほかならない。(10)は前漢の昭帝および宣帝の大司馬大將軍であった霍光が薨じたのち、子の霍禹は宣帝の大司馬となり、同母妹の霍皇后と政權を壟斷したが、對立した宣帝を廢そうとする謀反が發覺して腰斬に處せられたため霍皇后は廢され、母顯および諸女昆弟もことごとく棄市されたとする。(11)は「臣賢案」ずるにとして、後漢の穰侯鄧疊の母である鄧元は宮廷に出入して、竇皇太后の兄竇憲の女壻である郭擧父子とともに和帝の弒殺を謀り、竇憲ともども誅殺されたとする。(12)は竇太后の臨朝稱制にあたって兄竇憲が詔命を私したことを誡める崔駰の上書に附す注釋で、前後漢の皇后を輩出した二十家について解說するものである。そこでは皇后と皇太后および外戚を概述するなかに「皇后自殺」・「太后憂死」・「皇后家破」などが見られ、自身と「其の家族を並びに全うする」ものはわずかに前漢哀帝の生母丁姫、景帝の王皇后、宣帝の許皇后と王皇后の四人のみと特記することに驚かざるを得ない。それは歴史的な事實に相違なかろうが、それを敢えて注釋に挾入するのは高宗朝への批判を寓するものと解すべきではあるまいか。(13)は驕横な外戚のなかで清廉をつらぬいた希有な事例を提示するものである。すなわち前漢文帝の竇太后の弟である竇長君と竇少君は退譲の君子で、富貴ながら驕り高ぶることはなかったため、淳淑にして守道と讃えられたとする。(14)は呂皇太后が専制をおこなうと次兄の子呂祿を趙王・上將軍に任じて禁衛北軍を指揮させ、長兄の子呂產を梁王・相國に任じて禁衛南軍を指揮させた。呂后が崩ずると二人は叛亂をなさんとしたため絳侯周勃と朱虛侯劉章が誅殺し、文帝を擁立したとするものである。(15)は「尙書に曰く」として『書經』牧誓の「牝雞は晨する無し。牝雞の晨するは、惟れ家の索《つ》くるなり」を引き、さらに孔安國注の「索は盡なり。雌、雄に代わりて鳴けば則ち家盡き、婦、夫の政を奪えば則ち國亡ぶ」を重ねるものである。これは則天武后その人を言うものではあるまいか。

以上、李賢の注記を確認すると、その內容は『後漢書』の本文を解釋する、あるいは異說を附加するという範疇を超越することが明らかである。すなわちそれは前後漢における皇后・皇太后・外戚らの歷史を注解するなかに垂簾聽政をつづける則天武后と權勢をむさぼる武氏派への指彈を織り込むものと見なさざるを得ないのである。それはまさに古に借りて今を諷する「影射史學」の一例と見なすことができよう。[58] ただしそれは狡猾なる史家が暗に人を陷れようとするものではなく、憂國の情に發することは疑いないところである。すなわち李賢の注釋は四百五十年前に滅亡した後漢王朝の歷史をなぞるだけではなく、あるべき王朝像を示して唐朝の現狀を憂い、それを正そうとする意圖が込められたものなのである。

第二節（ⅶ）で論じたごとく、讀者をして高宗朝を想起させる「今」に導かれてこの注記にいたると、目の前の現實に焦燥し、憤りを發するもの、あるいはその寓意に警戒し、敵愾心を懷くものなど、さまざまな反應が生じたことであろう。あるいは編纂グループから抑筆の諫言がなされたかもしれないが、そのすべてを承知して『後漢書注』が奉呈されたことは言うまでもないことである。

（ii）顏師古の皇后外戚に關する注記

さて、それでは顏師古『漢書注』は皇后・皇太后・外戚についてどのような注記をなしたのであろうか。左の事例から確認することにする。

⑴應劭曰、禮、婦人不豫政事。時帝已自躬省萬機。王臧儒者、欲立明堂辟雍。太后素好黄老術、非薄五經。因欲絕奏事太后、太后怒、故殺之。（卷六武帝紀顏師古注）

⑵師古曰、卽前所廢皇后許氏也。（卷一〇成帝紀顏師古注）

⑶師古曰、漢注云帝春秋益壯、以母衞大后故怨不悅。莽自知益疏、簒殺之謀由是生、因到臘日上椒酒、置藥酒中。故翟義移書云莽鴆弑孝平皇帝。（卷一二平帝紀顏師古注）

⑷應劭曰、景帝欲封王皇后兄信、亞夫對高祖之約、非功臣不侯也。師古曰、景帝欲封匈奴降者徐盧等、而亞夫爭之、以爲不可。今表所稱、蓋謂此爾、不列王信事也。應說失之。（卷一七景武昭宣元成功臣表顏師古注）

⑸師古曰、皇后自殺、不終其位也。（卷二七五行志七顏師古注）

⑹鄧展曰、漢約非劉氏不王、而芮王、故著令中、使特王也。或曰、以芮至忠、故著令也。師古曰、尋後贊文、或說是也。（卷三四吳芮傳顏師古注）

⑺師古曰、言諸呂專權、所以滅亡。今納宗室、是反其道、乃可免患也。（卷三六楚元王傳顏師古注）

⑻師古曰、呂后、霍后二家皆坐僭擅誅滅、故爲王氏諱而不言也。（同右）

⑼師古曰、太子廢爲臨江王、故誅其外家親屬。（卷四六衞綰傳顏師古注）

⑽孟康曰、高后割齊濟南郡爲呂台奉邑、又割琅邪郡封營陵侯劉澤爲琅邪王。文帝乃立悼惠王六子爲王。言六齊不保

今日之恩、而追怨惠帝與呂后也。一說惠帝二年悼惠王入朝、呂后欲鴆殺之、獻城陽郡、尊魯元公主、得免、六子以此怨之。（卷五一鄒陽傳顏師古注）

⑾師古曰、景帝嘗屬諸姫子、太子母栗姫言不遜、由是廢太子、栗姫憂死也。（卷五二韓安國傳顏師古注）

⑿師古曰、謂貶皇太后趙氏爲孝成皇后、退居北宮、哀皇后傅氏退居桂宮。（卷九三佞幸傳顏師古注）

⒀張晏曰、書云、牝雞之晨、惟家之索。喩婦人無男事也。（卷九七下外戚傳下顏師古注）

⒁劉德曰、（中略）、言呂氏無念天之明道者、徒念王諸呂、以至於敗亡。（卷一〇〇敍傳下顏師古注）

⒂師古曰、言惠帝至平帝王皇后七人、時雖處尊位、人心羨慕、以非天意所居、故終用不昌也。（同右）

右の⑴は、應劭を引いて「禮に婦人は政事に豫らず。時に武帝は已に自《み》躬《ず》から萬機を省る。王臧儒者なれば、明堂辟雍を立てんと欲す。太后素より黄老の術を好み、五經に薄《よ》るに非ず。因りて事を太后に奏するを絶たんと欲す。太后怒り、故に之を殺す」とする。これは武帝の建元二年（前一三九）に黄老派の竇太后による儒教派官僚の彈壓に言及するもので、冒頭にかかげる禮の一文に反して、武帝朝のはじめは竇太后が權勢を掌握し、武帝はほとんど無力であったことを指摘するものである。(59) ⑵は「廷尉孔光使持節賜貴人許氏藥、飮藥死」とする本文に附すもので、鴻嘉三年（前一八）の呪詛事件に坐してながく幽閉されていた許皇后に、綏和元年（前八）、成帝が藥を下賜して自殺させたことに對する注記であるが、ここで顏師古は「卽ち前に廢する所の皇后許氏なり」とのみ記す。⑶は王莽による平帝鴆弑に關する注記である。ここでは漢注に云うとして平帝の春秋は益壯であり、かつ生母衞大后は王莽をふかく怨むことから簒殺の謀が生まれて臘日の椒酒に藥を盛ったとする。また弑殺に憤激する翟義は王莽打倒の兵を擧げた檄文に「莽鴆弑孝平皇帝」と大書したとする。⑷・⑹は「非劉氏不王、非有功不侯」に關する注記で、⑷はまず應劭を引いて景帝が王皇后の兄王信を封ぜんとした時、周亞夫は「非功臣不侯」をもって對えたとする。ついで顏師古は、それは匈奴降者の徐盧等を封ぜんとして亞夫が爭《いさ》めた事例であると指摘し、應說を退ける。⑹は「高祖賢之、制詔御史、長沙王忠、其定著令」に附すもので、ここではまず鄧展の注記を引いて漢の約では「非劉氏不王」であるのに吳芮を長沙王としたため、とくに王としたことを令に著したとする。ついで「或るひと曰く」として吳芮の至忠を令に著したとする二說を示すが、顏師古は「後の贊文を尋ぬるに、或說是なり」と考える。⑸は「後有衞皇后自至微興、卒有不終之害」に附すもので「至微より興」った衞皇后が武帝征和二年（前九一）の巫蠱の亂で自殺したことについて、顏師古は「皇后自殺し、其の位を終えず」とのみ記す。⑺は誅滅された呂氏一族の道を踏まぬよう霍光になされた助言の末尾の一文「反諸呂道、如是則可以免患」に附すもので、ここで顏師古は「言うこころは、諸呂は專權所以《ゆえ》に滅亡す。今、宗室を納むれば、是れ其の道に反し、乃ち患を免るるべきなり」と解く。⑻は成帝に奉じた劉向の封事中の「避諱呂、霍而弗肯稱」に附すもので、顏師古は「呂后、霍后の二家は皆な僭擅に坐して誅滅さる。故に王氏の爲めに諱みて言わざるなり」として王太后を憚って呂霍二家の誅滅を言わぬとする。⑼は「上廢太子、誅栗卿之屬」に附すもので、栗太子は景帝の嫡長子でありながら生母栗姬の不遜の言によって廢されて臨江王に下され、その外家親屬も誅滅されたとする。⑽は「六齊望於惠后」に附すもので、齊の六王が惠帝と呂后を望《うら》む理由として孟康を引き「高后、齊の濟南郡を割きて呂台の奉邑と爲す。また琅邪郡を割きて營陵侯劉澤を封じて琅邪王と爲す。文帝乃ち悼惠王の六子を立てて王と爲す。言うこころは、六齊は今日の恩を保んぜず、而も惠帝と呂后を追怨するなり。一說に惠帝二年、悼惠王入朝し、呂后之を鴆殺せんと欲す。城陽郡を獻じて魯元公主を尊し、免がるるを得。六子此を以て之を怨む」と說く。⑾は⑼と同じく栗太子の廢位と栗姬の憂死を言うものである。⑿は「一朝帝崩、（中略）、辜及母后、奪位幽廢」に附すもので、哀帝の崩御によって平帝が卽位すると、王莽は皇太后趙氏を孝成皇后に降格して北宮に退居させ、また皇后傅氏を桂宮に退居させたとする。⒀は成帝の班倢伃の賦に附したもので、そこでは張晏曰くとして「書に云う牝雞の晨するは、惟れ家の索《つ》くるなり、と。婦人の男事をなす無きを喩うなり」とする。(14)は「孝惠短世、高后稱制、罔顧天顯、呂宗以敗。述惠紀第二、高后紀第三」に附した注記で、ここでは「劉德曰く」として「言うこころは、呂氏は天の明道を念うこと無く、徒だ諸呂の王たるを念えば、以て敗亡に至る」とする。(15)は外戚傳の著述理由に附したもので「言うこころは、惠帝より平帝の王皇后に至る七人は、時に尊位に處りて、人心の羨慕するところとなると雖も、天意の居る所に非ざるを以て、故に終るに不昌を用てす」として惠帝の張皇后、景帝の薄皇后、武帝の陳皇后、宣帝の霍皇后、成帝の許皇后、哀帝の傅皇后、平帝の王皇后ら七人はいずれも廢位されたことを指摘する。

　右の顏師古注を通覽すると、それは本文の解釋に徹するものを抑制した筆致で記したことが確認できる。もちろん顏師古は避けることなく「皇后自殺」・「呂后、霍后二家皆坐僭擅誅滅」・「非劉氏不王」と注記するが、それはあくまでも本文の解釋にとどまるもので、さきの『後漢書注』に見られるごとく前後漢の事例をあますところなく列記するようなものとは一線を畫すとして誤りなかろう。第一節（ⅱ）で論じたごとく、顏師古『漢書注』は皇太子李承乾の命によって撰述され、貞觀十五年（六四一）に奉呈されたが、同年には李泰の『括地志』も奉呈されていることに注意しなければならない。この『漢書注』はまさに東宮位をめぐる角逐のなかに位置するもので、太宗の威令が隈なくいきわたり、加えて貞觀十年（六三六）に崩じたとはいえ政治的な發言に禁欲をつらぬいた長孫皇后[60]の遺德がのこる太宗朝にあっても、後宮の妃嬪とそれに連なる緣戚を想起すれば、はるか漢代の皇后や外戚に關する注釋であっても深い配慮と自制とを重ねねばならぬことは當然である。顏師古はおのが注釋に瑕疵があり、また注記によってわずかなりとも後宮から顰蹙をこうむることになれば、李承乾の太子位が動搖することを承知していたに相違ない。

第四節　『後漢書注』の權威確立と『集注後漢』の佚亡

（ⅰ）『後漢書注』に先行する諸注釋

第一節で論じたごとく、『後漢書注』の撰述に臨んだ李賢と編纂グループが最初に着手したのは注釋を附すべきテキストの確定作業で、李賢らは祕閣所藏の劉昭『集注後漢』と范曄『後漢書』をともに底本として相互の校訂をなし、それに「流俗本」とする諸本の校勘を重ねて定本『後漢書』を確定したと考えられる。さて、その過程で李賢が手にした『集注後漢』は『隋書』經籍志に「後漢書一百二十五巻、范曄本、梁剡令劉昭注」とあるごとく、完成時の百八十巻から五十五巻を佚するものであるが、なおその中核部分をかなり殘すものであったと考えられる。ここで第一部第四章で詳述した劉昭注の內容を再顧すると、それは本文に關する異聞や異事の集錄を徹底しておこなうもので、その補完をめざすものであった。この劉昭注について王鳴盛は左のごとく評している。

> 昭の注する所の續志は、頗る觀るべき有れば、則ち其の紀傳注も必ず佳にして仍舊すべきのみ。何すれぞ必ず改作することあらん。（『十七史商榷』巻二九「劉昭李賢注」）

すなわち現存する八志注は「頗る觀るべきものが有」るので、散佚した紀傳注もかならず佳品に相違なく、そのまま仍舊すべきであるとして改作を加えることは不要としているのである。この見解について私は、さきに論證した八志注の秀拔たる內容を再確認した上で王說に與することとする。以上、劉昭注の內容について再顧したが、それは『後漢書』の語句や事柄の解釋を中心に本文を讀み込むことを第一義とする『後漢書注』の對極にあることに注意する必要がある。

さて王鳴盛は、そのような注釋によって構成された『集注後漢』に對峙する李賢について、

賢は又た儒臣を招いて此を爲り、枉《ま》げて劉注をして零落不全たらしむ。恐らく意は美を掩《おお》うを存《おも》うに有り。舊注を改壞し、并せて舊注より襲取して、攘《ぬす》みて己が有と爲す者なり。　（同右）

と記して、その對應を痛烈に批判する。すなわち李賢と編纂グループは『後漢書注』の編纂において劉昭注を枉《ま》げて零落させ、不全にさせたと指摘し、その意圖は劉昭注の美を掩い、あわせてそれを改壞して襲取し、攘《ぬす》み盗ることによって自己の注釋に組み込んだと評するのである。その當否については後述するとして、少なくとも李賢の『後漢書注』が『集注後漢』の佚亡を招いたとする指摘は、結果的には誤りないものであろう。何となれば唐初に「一百二十五卷」とされた『集注後漢』は、

後漢書五十八卷、劉昭補注。　（『舊唐書』卷四六經籍志上）

劉昭補注後漢書五十八卷。　（『新唐書』卷五六藝文志二）

とあるごとくで、『舊唐書』經籍志は開元年間（七一三～七四一）に編まれた毌煚《かんけい》撰『古今書錄』を刪略して用いたもの、『新唐書』藝文志はそれ以後の唐人の著作を補ったとされることから、[61] すでに玄宗朝において「五十八卷」にまで減卷していることが確認できる。その要因として考えられるのは右に並記して、

又一百卷皇太子賢注。　（『舊唐書』經籍志）

章懷太子賢注後漢書一百卷。賢命劉訥言、格希玄等注。　（『新唐書』藝文志）

とされる章懷太子李賢『後漢書注』の撰述によるとする以外に合理的な説明がつかぬからである。その詳略については後述するとして、ここで王說の吟味にもどると、「攘《ぬす》みて己が有と爲す」とする評價は穿ちすぎと斷ぜざるを得ないが、李賢が劉昭注を改めて襲取した可能性まで完全に否定することはできまい。ただし、當然ながら李賢は劉昭注と

の峻別を求め、自己の獨自性を際立たせようとしたはずであるから、假に劉昭注の注記を繼承したとしてもその痕跡は排除するよう努めたのではなかろうか。この観點から李賢注を一覧すると、劉昭と冠するものは左の『幼童傳』の一例のみであることに注意しなければならない。[62]

劉昭幼童傳曰、邕夜鼓琴、絃絶。琰曰第二絃。邕曰偶得之耳。故斷一絃問之、琰曰第四絃。並不差謬。（巻八四列女傳李賢注）

すなわちこの事實は『後漢書』の先行注釋者である劉昭の注記を「劉昭曰く」として引用する事例が皆無であることを示唆し、李賢注が劉昭注に依據せぬことを宣言することにほかならない。ただし劉昭の紀傳部注については、その殘滓すら確認できぬ現狀からすると、假にその注記を引用していたとしても、それを劉昭注の一文と認識する術はないとするのが實情である。

それでは、ここで劉昭注をのぞいて『後漢書注』に先行する注釋を提示すると左のごとくなる。

(1)吳均注范曄後漢書九十卷。（『梁書』巻四九文學傳上）
(2)後漢書音一卷、後魏太常劉芳撰。（『隋書』經籍志）
(3)范漢音訓三卷、陳宗道先生臧競撰。（同右）
(4)范漢音三卷、蕭該撰。（同右）
(5)韋闡後漢音二卷、亡。（同右）
(6)劉熙注范曄後漢書一百二十二卷。（『新唐書』藝文志）

右のうち(1)と(6)は、その卷數からして劉昭や李賢のものと同じく『後漢書』本文をともなう總合的な注釋と考えられ、[63]また(2)〜(5)は、その書名からして難字の發音を指示する音注と考えて誤りなかろう。以下、吉川忠夫氏の研究をもとにこの六注の確認をおこなうと、[64] (1)吴均は梁武帝の普通元年（五二〇）に五十二歳で卒したとされることから劉昭と同時代の人物で、その『後漢書』紀傳部注は『集注後漢』に先行する可能性を捨てきれぬものである。ただし、それははやく佚亡したためか、『隋書』および兩『唐書』經籍・藝文志には著錄されず、その內容については不明としなければならない。(2)劉芳は『魏書』卷五五劉芳傳に北魏宣武帝の延昌二年（五一三）に六十一歲で卒したとあることから、その「後漢書音一卷」は范曄『後漢書』がいちはやく北朝に傳來した證左として注目すべきものである。(3)臧競は陳代の道士で、その「范漢音訓三卷」は『後漢書』の發音と訓詁の指示をなすものである。(4)蕭該は『隋書』卷七五儒林傳に『漢書』に精しく、隋煬帝の大業中（六〇五～六一六）に包愷とともに時の漢書學者たちから宗匠と崇められて數千人にのぼる諸生に教授をおこなうなど、隋から唐初における漢書學の隆盛をささえたとされることから、それを劉訥言らにつなげた人物として注意したい。その「范漢音三卷」は「漢書音義十二卷。國子博士蕭該撰」（『隋書』經籍志）と姉妹篇をなすものであろう。(5)韋闡は『梁書』卷一二韋叡傳に普通元年に七十九歲で卒した韋叡の兄と記されるが、そこには『後漢書』に關連する記事は見られず、またその「後漢音二卷」は劉昭注に先行する可能性が考えられるものの、すでに隋代には佚亡していたらしい。(6)劉熙とその「范曄後漢書一百二十二卷」については知るところは皆無であるとしなければならない。

さて、この六注のうちで劉昭と同じく武帝に仕えた吴均と韋闡の名は八志注に見られず、また『後漢書注』においてその名を確認できるのは「蕭該音一古反、云屬太原郡。臧競音作鄗、一建反、云屬襄陽郡」（卷一光武帝紀上李賢注）とする臧競と蕭該の二名だけである。[65] 當然のことながら李賢および編纂グループはこれ以外の四注についても認識していたであろうことは疑いないが、ここで問題となるのは、この先行注釋書中で最も大部かつ詳細であったと考えられる『集注後漢』一百八十卷から一字すら引用しないのはなぜかということである。それについては本章第一節に詳述したごとく、そこには劉昭注と一線を畫そうとする李賢の矜持が反映していると考えざるを得ないのである。

それでは王鳴盛が指摘する「掩美」、「改壞」、「不全」についてはどう考えるべきか。私はこの評價についても穿ちすぎであると判斷する。すなわち李賢は『後漢書注』から劉昭の名を拭い去ることはしても、ことさら劉昭注の美を掩い、それを改壞して不全にする必要はないと考えるのである。そもそも劉昭と『集注後漢』の名は當代の後漢書學者に隱れなきものであったに相違なく、皇太子といえどもそれを壓掩し、全廢させることは不可能であるのみならず、假にそのようなことをなせば侮蔑をこうむり、非難の聲があがらぬはずはないのである。とくに廢詘されてから乾陵陪葬が實現するまでの二十六年間は、いわば李賢が流謫の罪人として世に曝された時代と見なすことができよう。その期間も含めて王鳴盛が指彈する事例がおこなわれたことを示す史料は、その殘滓すら見られぬことに注意しなければならない。また、これに加えて短い期間ながら劉昭注と李賢注が並立したことも忘れてはなるまい。すなわち李賢の乾陵陪葬から四年を數える中宗の景龍四年（七一〇）二月の完成となる『史通』において劉知幾は、劉昭注について詳細な論評を下しているのである。[66]その論考は第四章に讓るが、それが實見によることは疑いないところである。以上の觀點からすると、『集注後漢』の佚亡はことさら李賢が仕組んだものではなく、別の要因によると考えられるのである。

（ii）『後漢書注』の再公認

それでは『集注後漢』はいかなる理由で佚亡したのか。結論からすると、私は『後漢書注』の權威が確立するにしたがって劉昭の八志注をのぞく紀傳部注の存在意義が消失したことに主因を求める。以下それを考察するが、はじめに後揭の**李賢『後漢書注』關係年表**をもとに論ずると、調露元年八月の李賢廢位から中宗の神龍二年七月の乾陵陪葬を経て、睿宗の景雲元年七月の章懐太子追謚にいたるまでの三十年間、少なくとも睿宗の即位によって反唐室勢力（武韋派）が一掃されるまでの期間は『後漢書注』に制約が加えられたことは説明するまでもなかろう。第六章で詳述した則天武后の全盛期における所業なかんづくその對立者を追い込み、滅ぼしていく處斷を想起すれば、武后その人と武氏派を糺彈する『後漢書注』は、その閲讀はおろか口にすることさえも恐ろしく、憚らねばならなかったに相違ない。

それでは『後漢書注』の禁が解かれ、その權威が確立するのはいつになるのであろうか。左は、その考察に指針をあたえる『通典』の一節で、「（開元）十年、加永穆公主封千戶」とする本文に附された杜佑の自注（夾注）である。(67)

①初永穆等各封五百戶、左右以爲太薄。②上曰夫百姓租賦者、非吾有也。斯皆宗廟社稷蒼生是爲爾。③邊隅戰士出萬死不顧一生、所賞賜纔不過一二十匹。④此輩何功於人、頓食厚封。約之使知儉嗇、不亦可乎。⑤左右以長公主皆二千戶、請與比。⑥上曰、吾嘗讀後漢書、見明帝曰、朕子不敢望先帝子。車服下之。吾未嘗不廢巻歎息。如何欲令此輩望長公主乎。⑦左右不敢復言。

（『通典』巻三一 職官一三「歷代王侯封爵」）

ここでは開元十年（七二二）、①玄宗の第一女永穆公主の食封五百戶を「太薄」とする左右の提議に對して、②玄宗は百姓の租賦はわが有に非ず。斯れは皆宗廟社稷蒼生の爲《もち》いるのみとする。そし

李賢『後漢書注』關係年表

儀鳳元年（六七六）	十二月	『後漢書注』の奉呈。
調露二年（六八〇） （永隆元年）	八月	皇太子李賢廢位。
永淳二年（六八三）	十一月	巴州謫徙。
文明元年（六八四）	二月	李賢薨去。
神龍二年（七〇六）	七月	李賢を乾陵に陪葬。
景龍四年（七一〇） （唐隆元年・景雲元年）	七月	李賢に章懷太子を追謚。
延和元年（七一二）	八月	睿宗讓位、皇太子李隆基（玄宗）即位。
開元四年（七一六）	六月	太上皇帝（睿宗）崩御。

て③邊隅の戰士は萬死に一生だに顧みざるに、その賞賜は纔《わず》かに一二十匹を過えず。④此の輩はいかなる功《てがら》があって、頓食厚封を受くるや。これを約《つづ》めて儉嗇を知らしむべしと命ずるのである。左右はさらに⑤長公主は皆な二千戸なりとして前例に與《したが》うことを請うが、これに對して玄宗が返答する左の⑥の内容に注意しなければならない。なお、これに對して⑦「左右は敢えて復た言わず」とする。

⑥上曰く、吾れ嘗て後漢書を讀み、明帝の朕が子は敢て先帝の子に望《いた》らずと曰うを見る、と。車服は之より下すべし。吾れ未だ嘗て廢巻して歎息せざるはなし。如何ぞ此の輩をして長公主に望らしめんと欲するや、と。

ここで玄宗が閲讀したのは『後漢書』巻一〇皇后紀上=馬皇后紀と考えられ、その該當する部分は左のごとくである。

（永平）十五年、帝案地圖、將封皇子、悉半諸國。後見而言曰、諸子裁食數縣、於制不已儉乎。帝曰我子豈宜與先帝子等乎。

これは永平元年（五八）、明帝が皇子を封建するにあたり、その食邑を悉《ことごと》く光武帝の諸王の國の半ばとしたことについて、馬皇后が「諸子の裁《わず》かに數縣を食むのみは、制に於いて已《はなは》だ儉ならずや」と問い、明帝が「我が子豈に宜しく先帝の子と等しかるべけんや」と答えたものである。同紀はさらに建初二年（七七）に馬皇太后がその詔に「先帝、（中略）、常謂我子不當與先帝子等」とくり返してみずから馬氏一族の封建を裁可しなかったことを記すが、これは明帝朝の堅實なる政策と外戚の台頭を抑えた馬皇太后の賢夫人ぶりを傳えるもので、玄宗がとくに引證としたのは、そこに倣うべきものを見出したからにほかなるまい。

さて、ここで玄宗は『後漢書』と明言するが、それは開元十年の段階で、その書が後漢王朝を綜述する歴史書として叡覽に供されたことを示すものとなる。贅言するまでもなく、さきの故事は『東觀漢記』明帝紀に史料的淵源を求めることができるが、それは左の『後漢書注』からも首肯できよう。

東観明紀曰、皇子之封、皆減舊制。嘗案輿地圖、皇后在傍、言鉅鹿、樂成、廣平各數縣、租穀百萬、帝令滿二千萬止。諸小王皆當略與楚、淮陽相比、什減三四。我子不當與先帝子等者也。

（『後漢書』巻五〇孝明八王傳李賢注）

ここで問題となるのは唐初まで『史記』・『漢書』とともに三史とされた『東觀漢記』ではなく、なにゆえ『後漢書』が讀まれたかということである。それについて私は李賢の名譽回復ともに『後漢書注』の禁忌も解けた當代において、煩雜晦澁とされる記述に加えて體例においても首尾一貫せぬ『東觀漢記』(68)を敢えて讀み込むことが敬遠されるようになったのではないかと考える。後述のごとく官吏として採用される際の課題圖書であるならば否應もないが、玄宗のばあいは皇帝として後漢王朝史に通ずれば事足りるのであって蕪雜とも評される歴史書をことさら通讀しなければならぬ意義は見出しがたいのではなかろうか。この觀點からすると、『後漢書注』が憚られた時代には『集注後漢』が閲讀されたと考えるべきであろうが、それを證明する史料は確認できないのである。ただし劉知幾が「簡にして且つ周《あま》ねく、疏にして漏らさず、蓋し備われり」と評した(69)紀傳部に注釋を加え、さらに志部と注釋をも附した後漢時代を綜述する歴史書はこの書のほかには存在しないことを想起すると、もっぱら『集注後漢』が用いられたとして誤りないのではあるまいか。

ただしながら、ここで玄宗が閲讀した『後漢書』にもどると、それは『集注後漢』とするよりも『後漢書注』と考える方が自然であろう。何となれば、その書は玄宗の伯父にあたる章懷太子李賢が當代屈指の學者を招聘して編纂させたもので、自身もまた筆を執って成書させ、祖父高宗に奉呈ののちは天褒のもとで宮中祕閣に收藏されていたからである。これは唐朝において極めて重いものとして異論がないのではなかろうか。よって李賢の復權が確定したあとはことさらそれ以外の書を想定する理由はないとしなければならないのである。

(ⅲ)『後漢書注』の三史昇格と『集注後漢』の佚亡

錢大昕は三史について、

三史とは史記、漢書及び東觀記を謂うなり。(中略)、唐より以來、東觀記傳を失すれば乃ち范蔚宗書を以て三史の一に當てるなり。(『十駕齋養新録』巻六「三史」)

と記す。ここで考察するのは唐初にいたるまで三史を構成した『東觀漢記』が失傳して范曄『後漢書』と入れ替わった時期と理由である。これについて神田喜一郎氏は開元年間に撰述された『唐六典』に、

(1)『唐六典』巻二尙書吏部

弘、崇生、(中略)、習史記者、漢書者、東觀漢記者、三國志者、皆須讀文精熟、言音典正。

(2)『唐六典』巻四尙書禮部

弘、崇生、(中略)、習史記者、漢書者、東觀漢記者、三國志者、皆須讀文精熟、言音典正。

(3)『唐六典』巻八門下省

禮部試崇文、弘文生擧例、(中略)、史習史記、漢書、後漢書、三國志。(中略)、史皆讀文精熟、言音典正。

とあり、その尙書省(1)吏部と(2)禮部の條に弘文館と崇文館の學生は史漢についで『東觀漢記』と『三國志』の「精熟」が課試されるが、(3)門下省では『東觀漢記』と『後漢書』が交替することについて、それは『唐六典』が撰述された開元年間(七一三〜七四一)ころから『後漢書』が重んぜられるようになって科目に變更があり、かかる矛盾が生じたと推察する。[70] これを受けて池田昌廣氏は右の『唐六典』に「三史」の文字はないが、『後漢書』の三史への昇格はこの玄宗朝にはじまると考えるのである。[71] それを直截に示す史料は見出せないが、さらに神田氏はその根據として天寶十載

（七五一）に書かれた孫愐の『唐韻』序に三史九經とあり、その三史は『史記』・『漢書』・『後漢書』に相違ないことを提言する。そこで『大宋重修廣韻』（『古逸叢書』）所引の「陳州司法孫愐唐韻序」を確認すると、そこには用例を採取した史書を列擧して「史、漢、三國志、晉、宋、後魏、周、隋、陳、宋、兩齊書」とあり、そこに『後漢書』は見えないものの(72)、まずは妥當な推察と考えられるので、私はこの兩氏の考察に加えて、開元十年に玄宗が『後漢書』の內容に精通していた前項の事實から推測して『東觀漢記』はすでにその時點で後漢王朝史の主要史書の座を『後漢書』に讓っていたとし、これをもって『後漢書』の三史昇格は玄宗朝期になされたものと考える。ここで一言すると、『東觀漢記』の退勢はその構造的缺陷にあることはくり返すまでもないが、研究者の立場からすると、その缺點とされる部分はいずれも有用に轉ずる可能性を祕めるものと言えよう。たとえば體例と記述に一貫性を缺く理由とされる「衆手の視點」は一人の史觀に限定されることがないので、多角的な史料が提供されることを意味しよう。また煩雜晦澁とされる記述もそれが節略洗煉される過程で、現在の視點からすると珠玉ともいえる史料がこぼれ落ちることも多々あったのではあるまいか。ただし、それはあくまでも現今の視點であって、就官を目的として課題圖書を一通り心得ればよいとする當代の學生(73)や教養を得てその精神生活を豊かにすることを「書籍」に求める人士(74)などからすると簡潔ならざる記述が敬遠されるのは當然である。玄宗の四十五年にわたる治世は唐の全盛期を現出し、なかんづくその開元年間はことに文運の隆盛を招いたが、その一方で詩賦文章ばかりが重視されることによって重厚な學問體系に臨み、その研究に心血を注ごうとする氣風が廢れたことは否定できぬであろう。ここにも『東觀漢記』が敬遠されて『後漢書』が流行し、やがて三史に昇格する素因が求められるのではなかろうか。安史の亂ののち、その弊害を正そうとして趙匡の建議がなされたのは前述のごとくである。

ここで『後漢書注』にもどると、李賢の名譽が回復されて章懷太子が追謚されると、それは天下に憚るもののない存在になったと考えられる。そして、その書が今上の伯父の手になり、祖父が褒賞したことは前述のごとくである。玄宗朝で確立したその權威は『東觀漢記』と『集注後漢』を壓倒し、やがてそれを佚亡に追いこんだことは想像にかたくない。それは『四庫全書總目提要』巻五〇史部六別史類『東觀漢記』の條に、

晉時以此書與史記漢書爲三史、人多習之。故六朝及初唐人、隷事釋書、類多徵引。自唐章懷太子集諸儒註、范書盛行於代、此書遂微。

とあるごとくであるが、その「唐の章懷太子諸儒を集めて註してより、范書代に盛行し、此の書遂に微《おとろ》えるなり」とする指摘は『東觀漢記』を言うものであるが、そのまま『集注後漢』に向けて寸毫も違わぬものである。くり返すまでもなく、『後漢書注』は李賢注紀傳部のみで構成されるものであるから、後漢王朝史を總覽するためには『集注後漢』八志部を必攜としなければならない。それはやがて八志部の別行を促し、ついで『後漢書注』に劉昭注八志を附綴することにつながるのであるが、その過程において『集注後漢』は散佚し、その書名も失われたと考えられるのである。

む　す　び

以上の論考を通じて、李賢『後漢書注』の内容がほぼ明らかになったと思われる。論述にしたがって要點をまとめると左のごとくなる。

（1）『後漢書注』は皇太子李賢が張大安や劉訥言らとともに撰述したもので、李賢二十三歳の歳晩にあたる儀鳳元年（六七六）十二月、高宗に奉呈され、その褒賞のもとで宮中祕閣に收藏された。

（2）『後漢書注』をはじめとする李賢の書籍編纂は、唐初に顯著であった諸皇子の編纂事業の一つに數えられるも

ので、その文徳を稱揚し、地位の保全をめざすことを根幹に置くものである。

（3）『後漢書注』の編纂グループは、宰相格の張大安および漢書學者の劉訥言を中心に當代の錚々たる學者によって構成され、また王勃・公孫羅・李善らの參加も見られるように極めて充實した學問集團であった。ただし世情に疎いと思われる面があり、高宗から李賢を失脚させた元凶として非難された。

（4）李賢は祕閣收藏の范曄『後漢書』と劉昭『集注後漢』をともに底本として相互の校訂をなし、さらに「流俗本」とする諸本との校勘も重ねて定本『後漢書』を確定し、そこに注釋を挾入して『後漢書注』を完成させた。それは劉昭の補志を繼承するものではなく、李賢注紀傳部のみで構成されるものであった。

（5）『後漢書注』が志部を缺く理由は、『續漢書』八志と劉昭注を超える資料を搜求できなかったことを主因とする。すなわち唐初において八志を超える志部はなく、また假に八志を補成しても劉昭注を凌駕する新注の作成に耐える資料も存在しなかったのである。

（6）德宗朝における選擧改革の一環として志部を缺く『後漢書注』の構造的缺陷を補うために李賢注八志を補綴する建議がなされ、これを契機として李賢注紀傳部百卷に劉昭注八志三十卷を合綴する『後漢書』が廣く民間に流通し、轉寫が重ねられるようになった。ただし、それは選擧用の實用本として容認されたもので、唐代を通じて公認の歴史書とされることはなかったと考えられる。

（7）皇太子として奉呈した『後漢書注』は唐室の避諱が嚴密に施行されたと考えられる。ただし、その大部分は撰述してから千三百年を經過するなかで轉寫・翻刻を重ねて消滅したが、現今でも太祖（李虎）・世祖（李昞）・高祖（李淵）・太宗（李世民）・高宗（李治）などの事例が確認される。

（8）『後漢書注』には「事見侯霸傳」・「解見明帝紀也」のごとく別記の本文や注釋を參照させる事例が散見する。

それは紀傳部や志部に記事を分散して敍述する紀傳體の注釋に必須とされる方法で、『後漢書』を総合的に讀み込み、深く理解させることを主眼とするものである。

（9）『後漢書注』に散見する「不同」・「與此不同」とする注記は史實の附加にも配慮しようとする注釋の姿勢を示すものである。

（10）同じく「未知」・「不詳」とする注記は資料の不足や自己の非力などによって判斷を下せぬ場合に置くもので、知らざることを強いて斷ずる「穿鑿」をにくむ孔子の見解に依據するものである。その注釋觀は劉昭のそれに完全に一致することから、『後漢書注』の基幹部分に劉昭注の影響がおよぶ證左となるものである。

（11）『後漢書注』には他書に依據して范曄『後漢書』の失誤を指摘する箇所がある。それは後漢時代を正確に理解するためには『後漢書』を絶對視せず、諸家後漢書類の一書として解釋を進めようとする注釋方針の表明に相違ないと考えられる。

（12）『後漢書注』に見られる「石鼓銘」の事例は西晉時代に出土した「汲冢竹書」に匹敵する當代の最新出土資料を示して、その分野においても前代の研究に後れぬ姿勢を示したと考えられる。

（13）『後漢書注』に散見する「今」は高宗をはじめとする讀者の目を唐朝の現時點すなわち則天武后と武氏一派が猛威をふるう現實社會への直視を促すもので、この觀點からすると『後漢書注』は四百五十年前に滅亡した後漢王朝史の注釋書にはとどまらず、唐朝の現在を顧み、意識させるように編纂されていると考えられる。

（14）『後漢書注』は皇后や外戚の注解中に則天武后と武氏派への指彈を織り込むものである。それは「影射史學」の一例とも見なせるもので、この觀點から李賢の注釋は後漢王朝の歷史をなぞるだけではなく、そこにあるべき王朝像を提示して、唐朝の現狀を憂い、正さんとする意圖が認められる。

（15）顔師古の皇后や外戚に關する注釋は本文の理解に必要である記事に徹し、『後漢書注』のごとく過激な筆致をもって前後漢における廢后や外戚誅滅の事例を餘すところなく列ねるものとは一線を畫すものである。

（16）『後漢書注』は先行する『後漢書』の注釋中で最も大部であり、かつ詳細である『集注後漢』から一字も引用していないと推測される。それは劉昭注と一線を畫そうとする李賢の矜持が反映していると考えられる。

（17）『後漢書注』は調露元年（六八〇）の李賢廢位から神龍二年（七〇六）の乾陵陪葬を經て景雲元年（七一〇）の章懷太子追謚にいたるまでの三十年間、とくに則天武后の全盛期においてはその閲讀が憚られたが、李賢に章懷太子が追謚されたころから再公認され、廣く閲讀に供されたと考えられる。

（18）玄宗朝において權威を確立した『後漢書注』は、『東観漢記』に代わって三史を構成することとなり、同書を壓倒して佚亡させたと考えられる。

（19）『後漢書注』は李賢注紀傳部のみで構成されるため、後漢王朝史の總覽には『集注後漢』八志部が必攜となる。それはやがて八志部の別行を促し、さらに『後漢書注』に劉昭注八志を附綴することにつながるのである。その過程で『集注後漢』は散佚し、その書名も失われたと考えられる。

注

（1）『唐會要』卷三六修撰に「儀鳳元年十二月二日、皇太子賢、上所注後漢書。初、太子右庶子張太安、洗馬劉訥言、洛州司戶參軍格希元、學士許叔牙、成元一、史藏諸、周寶寧等、同注范曄後漢書。詔付祕書省」とある。

（2）『新唐書』卷二〇一文藝傳＝袁朗傳に「武德初、隱太子與秦王、齊王相傾、爭致名臣以自助。太子有詹事李綱竇軌、庶子裴矩、鄭善果、友賀德仁、洗馬魏徵、中舍人王珪、舍人徐師謨、率更令歐陽詢、典膳監任璨、直典書坊唐臨、隴西公府祭酒韋挺、記室參軍事庾抱、左領大都督府長史唐憲。秦王有友于志寧、記室參軍事房玄齡、虞世南、顏思魯、諮議參軍事竇綸、蕭景、兵曹杜如晦、鎧曹褚遂良、士曹戴冑閻立德、參軍事薛元敬、蔡允恭、主簿薛收李道玄、典籤蘇勖、文學姚思廉、褚亮、燉煌公府文學顏師古、右元帥府司馬蕭瑀、行軍元帥府長史屈突通、司馬竇誕、天策府長史唐儉、司馬封倫、軍諮祭酒蘇世長、兵曹參軍事杜淹、倉曹李守素、參軍事顏相時。齊王有記室參軍事榮九思、戶曹武士逸、典籤裴宣儼、朗爲文學。從父弟承序亦有名、王召爲文學館學士」とある。

(3) 大淵貴之「『藝文類聚』編纂考」（『日本中國學會報』第六二集、二〇一〇年）。

(4) 尾崎康「虞世南の帝王略論について」（『斯道文庫論集』第五號、一九六七年）。また會田大輔「日本における『帝王略論』の受容について――金澤文庫本を中心に」（『舊鈔本の世界・漢籍受容のタイムカプセル』所載、勉誠出版、二〇一一年）、同「唐宋時期『帝王略論』的利用狀況」（『新材料・新方法・新視野　古代國家和社會變遷』所載、北京師範大學出版社、二〇一一年）を參照。

(5) 吉川忠夫「顏師古の『漢書』注」（同氏『六朝精神史研究』所收、同明社出版、一九八四年）。

(6) 中華書局『舊唐書』太宗諸子傳校勘記（二六六七頁）は「十五年、五字各本原無。據唐會要卷三六補」とする。

(7) これについては、氣賀澤保規「唐代皇后の地位についての一考察――則天武后上臺の歷史的背景――」（『明大アジア史論集』第八號、二〇〇二年）を參照。

(8) 伊藤宏明「『徐州刺史杜嗣先墓誌』雜感」（『鹿兒島大學法文學部紀要　人文科學論集』第六四號、二〇〇六年）。

(9) 『新唐書』卷五九藝文志三は「許敬宗瑤山玉彩五百卷。孝敬皇帝令太子少師許敬宗、司議郎孟利貞、崇賢館學士郭瑜、顧胤、右史董思恭等撰」と記す。

(10) 『後漢書注』以外の李賢の著作については、『舊唐書』卷四六經籍志上に「列藩正論三十卷、章懷太子撰」、同經籍志下に「春宮要錄十卷、章懷太子撰。君臣相發起事三卷、章懷太子撰。修身要錄十卷、章懷太子撰」とある。

(11) 『新唐書』卷六一宰相表上に「儀鳳二年四月、太子左庶子張大安同中書門下三品」とある。

(12) 『舊唐書』卷一八九儒學傳上に「秦景通、常州晉陵人也。與弟暐尤精漢書、當時習漢書者皆宗師之、常稱景通爲大秦君、暐爲小秦君。若不經其兄弟指授、則謂之不經師匠、無足採也。景通、貞觀中累遷太子洗馬、兼崇賢館學士。爲漢書學者、又有劉納言、亦爲當時宗匠」とある。

(13) 周曉瑜「李賢注『後漢書』起訖時間考」(『文史哲』一九九一年第五期)は、『後漢書注』の執筆期間を上元二年六月の立太子から儀鳳元年十二月丙申の奉呈までとし、それを西暦に換算して六七五年七月三日から六七七年一月十一日までの一年半とするが、小論は第九章で論ずるごとく雍王期に執筆が開始されたとしてそれを少しく上回ると推測する。

(14)『新唐書』藝文志三に「劉訥言俳諧集十五卷」とある。この書は巷間の鄙説を收錄したものと見られ、それがゆえに劉訥言は敕勘をこうむったのである。ただし、李賢がその種の書籍に關心を示したことは、その輕薄を論ずるよりも、好奇心をはじめとして史書注釋者に不可缺とされる資質を具備していたと見るべきではあるまいか。

(15) 高智周については、『新唐書』巻一〇六高智周傳に「儀鳳初、進同中書門下三品、遷太子左庶子。是時崔知溫、劉景先脩國史、故智周與郝處俊監莅。久之、罷爲御史大夫、與薛元超、裴炎同治章懷太子獄、無所同異、固表去位」とあるごとく、儀鳳初に太子左庶子として李賢に仕え、また御史大夫として薛元超、裴炎らとともに章懷太子の獄を治めることとなったが、「固く表して位を去」った人物として知られる。

(16) 葉國良『石學續探』(大安出版社、一九九九年)、高橋繼男「最古の「日本」――「杜嗣先墓誌」の紹介」(『遣唐使の見た中國と日本』所載、朝日新聞社、二〇〇五年)、金子修一「則天武后と杜嗣先墓――粟田眞人の遣唐使と關連して――」(『國史學』第一九七號、二〇〇九年)、葉國良(高橋繼男譯)「唐「杜嗣先墓誌」著錄の經緯」(『東アジア世界史研究センター年報』第五號、二〇一一年)および伊藤宏明前揭論文注(8)を參照。

(17) 前揭注(16)を參照。

(18)「大唐故黄門侍郎兼修國史贈禮部尙書上柱國扶陽縣開國子韋府君墓誌銘」(周紹良・趙超主編『唐代墓誌彙編續集』、上海古籍出版社、二〇〇一年)所收。

(19)「杜嗣先墓誌」を著錄した經緯については葉國良および高橋繼男前揭書注(16)を參照。

(20)『資治通鑑』永隆元年の條に「太子洗馬劉訥言常撰俳諧集以獻賢。賢敗、搜得之。上怒曰、以六經敎人、猶恐不化。乃進俳諧鄙說、豈輔導之義邪。流訥言於振州。（中略）、左庶子中書門下三品張大安坐阿附太子、左遷普州刺史。其餘官僚、上皆釋其罪、使復位」とある。

(21)『舊唐書』巻一八九儒學傳上に「李善者、揚州江都人。方雅淸勁、有士君子之風。明慶中、累補太子內率府錄事參軍、崇賢館直學士、兼沛王侍讀。嘗注解文選、分爲六十卷、表上之、賜絹一百二十匹、詔藏于祕閣。除潞王府記室參軍、轉祕書郎。乾封中、出爲經城令。坐與賀蘭敏之周密、配流姚州。後遇赦得還、以教授爲業、諸生多自遠方而至。又撰漢書辯惑三十卷。載初元年卒。子邕、亦知名。公孫羅、江都人也。歷沛王府參軍、無錫縣丞。撰文選音義十卷、行於代」とある。

(22)興膳宏「解說」（興膳宏・川合康三『隋書經籍志詳攷』所收、汲古書院、一九九五年）。

(23)劉昭が實見したのは『東觀漢記』（『漢記』）、謝承『後漢書』、華嶠『漢後書』、司馬彪『續漢書』、謝沈『後漢書』、袁山松『後漢書』、范曄『後漢書』の七書である。

(24)王鳴盛は「攷昭注范氏紀傳、司馬氏志。今世所行紀十二卷、志三十卷、傳八十八卷、卽其本也。（中略）、唐章懷太子賢旣用其本改其注矣。於志仍用昭注。注紀傳易、注志難、避難趨易也。（中略）、爲章懷太子注范蔚宗後漢書者、張大安、劉訥言、格希元、許叔牙、成玄一、史藏諸、周寶寧等。（中略）、諸人皆無所表見、學識未必佳於劉昭、或襲取、或改壞、恐皆不免」（『十七史商榷』「劉昭李賢注」）と記し、とくに李賢を「注紀傳易、注志難。避難趨易也」と酷評し、また編纂グループについて「學識未必佳於劉昭」としてその學識を疑うが、後漢の滅亡から四百五十年餘が經過した唐初において梁代よりも後漢王朝史の志部注釋に適する資料が多いとは考えがたい。ここではやはり資料不足に要因を求めるべきではあるまいか。

(25)たとえば『東洋歷史大辭典』（平凡社、一九三七年）第三巻二〇〇頁、『大漢和辭典』（大修館書店、一九五五年）第四巻八三二頁、『東洋史料集成』（平凡社、一九五六年）一四六頁、『アジア歷史事典』（平凡社、一九六〇年）第三巻三三六頁、『中國學藝大事典』（大修館書店、一九七八年）二二〇頁、『アジア歷史研究入門』（同朋舍出版、一九八三年）第一巻一一九頁、『中國史研究入門』（山川出版社、一九八三年）上巻一九八頁などの『後漢書』に關する解說。

(26)この一百巻とする卷數は、第四章第二節で論じたごとく、百衲本『後漢書』の目錄と同じく「十二帝后紀一十二卷、志三十卷、八十列傳八十八卷」として紀傳部を一百巻とするものではなかろうか。すなわちそれは帝后紀十巻のうちの光武帝紀と皇后紀の各一巻を上下の子巻に分けて十二巻とし、同樣に列傳八十巻のうち巻二八桓譚馮衍傳、巻三〇蘇竟楊厚郎襄楷傳、巻四〇班彪班固傳、巻六〇馬融蔡邕、巻七四袁紹劉表傳、巻七九儒林傳、巻八〇文苑傳、巻八二方術傳の各一巻を上下の子巻に分けて都合八十八巻として紀傳部全體で一百巻と數えるもので、實質的な巻數と內容は帝后紀十巻、列傳八十巻と異なるものではない。よって『見在書目』の合綴本『後漢書』は、これと同樣に紀傳のいずれかを子巻に分けたとして誤りなかろう。ただし、それが右の百衲本の紀傳に一致するかは不明である。また「志卅巻」については、北宋の眞宗乾興元年（一〇二二）に國子監孫奭が合刻と公刊を上奏した折の後漢志の巻數に一致し、それは現行本のそれに通ずるものである。後掲注（36）を參照。

(27) 狩野直喜「日本國見在書目錄に就いて」（同氏『支那學文藪（增補版）』に再錄、みすず書房、一九七三年）、小川琢治「李唐本後漢書の考察」（『桑原博士還曆記念東洋史論叢』所載、弘文堂、一九三一年）、矢島玄亮『日本國見在書目――集證と研究――』（汲古書院、一九八四年）、太田晶二郎「日本國見在書目錄解題」（同氏『太田晶二郎著作集』第四册所收、吉川弘文館、一九九二年）を參照。

(28) 東野治之「『續日本紀』所載の漢文作品――漢籍の利用を中心に――」（同氏『日本古代木簡の研究』所收、塙書房、一九八三年）、大庭脩「古代中世日本における中國典籍の輸入」（同氏『古代中世における日中關係史の研究』所收、同朋舍出版、一九九六年）、榎本淳一「遣唐使による漢籍將來」（同氏『唐王朝と古代日本』所收、吉川弘文館、二〇〇八年）、神鷹德治「序論――舊鈔本と唐鈔本」（『舊鈔本の世界・漢籍受容のタイムカプセル』所載、勉誠出版、二〇一一年）などを參照。

(29) 『通典』については、北川俊昭「『通典』編纂始末考――とくにその上獻の時期をめぐって――」（『東洋史研究』第五七巻第一號、一九九八年）を參照。

(30) 趙匡は『新唐書』巻二〇〇儒學傳下に小傳を見るが、その建議の時點を明らかにしない。畑純正「中唐の選擧改革論――楊綰・賈至・沈既濟・趙匡の議論――」（『東洋史苑』第五四號、一九九九年）は趙匡の改革論の一部は建中二年（七八一）に弟趙贊の建議を經て實施されたことから、それを遡ること遠くない時期と考える。なお、王德權「李華政治社會論的素描――中唐士人自省風氣的轉折」（『國立政治大學歷史學報』第二六期、二〇〇六年）は德宗朝期とする。またその改革論に言及するものに愛宕元「唐代後半における社會變質の一考察」（『東方學報』京都第四二册、一九七一年）および岡本洋之介「士大夫にとっての科學――唐代の散文に見える意識――」（『中國言語文化研究』第九號、二〇〇九年）などがある。

（31）唐朝の歴代實錄については、杜希德『唐代官修史籍考』（上海古籍出版社、二〇一〇年）の「唐實錄」を參照。なお坂上康俊「書禁・禁書と法典の將來」（『九州史學』第一二九號、二〇〇一年）は、この趙匡の建議について睿宗までの皇帝實錄を公開して學生に學ばせようとする姿勢に驚くべきものがあると指摘する。

（32）『新唐書』卷五八藝文志二は「范曄後漢書九十二卷。又論贊五卷。劉昭補注後漢書五十八卷。劉熙注范曄後漢書一百二十二卷。章懷太子賢注後漢書一百卷。賢命劉訥言、格希玄等注」とする。なお、『新唐書』藝文志については鈴木俊「新・舊唐書の藝文志・經籍志についての史料的一考察」（『中央大學九十周年記念論文集』、一九七五年）、會谷佳光「『新唐書』藝文志研究の現狀と課題」（『二松學舍大學人文論叢』第六三輯、一九九九年。のちに序章として同氏『宋代書籍聚散考――新唐書藝文志釋氏類の研究――』所收、汲古書院、二〇〇四年）を參照。

（33）池田昌廣「范曄『後漢書』の傳來と『日本書紀』」（『日本漢文學研究』第三號、二〇〇八年）。

（34）桃裕行『上代學制の研究（修訂版）』第二章第三節「紀傳道の成立」（思文閣出版、一九九四年）、池田昌廣「『日本書紀』は「正史」か」（『鷹陵史學』第三三號、二〇〇七年）を參照。

（35）遣唐使の出發と歸國の年次および構成員等については、佐伯有清『最後の遣唐使』（講談社、一九七八年）、東野治之『遣唐使船　東アジアの中で』（朝日新聞社、一九九九年）、同『遣唐使』（岩波書店、二〇〇七年）、上田雄『遣唐使全航海』（草思社、二〇〇六年）などに依據した。

（36）孫奭の建議は王先謙『後漢書集解』の「後漢書集解述略」に附綴され、「孫奭奏、臣忝膺朝命、獲厠近班、思有補於化文、輒干塵於睿覽。竊以先王典訓在述作、以惟明歷代憲章、微簡策而何見。鋪觀載籍、博考前聞、制禮作樂之功、世存沿襲天文地理之說、率有異同、馬遷八書於焉咸在、班固十志得以備詳。光武嗣西漢而興、范曄繼東觀之作、成當世之茂典、列三史以並行。克由聖朝刊布天下、雖紀傳之類、與遷固以皆同書志之閒、在簡編而或闕。臣竊見劉昭注補後漢志三十卷、蓋范曄作之於前、劉昭述之於後。始因亡逸、終遂補全。綴其遺文、申之奧義。至於輿服之品、具載規程。職官之宜、各存制度。儻加鉛槧、仍俾雕鏤、庶成一家之書、以備前史之闕。伏況晉宋書等例、各有志、獨茲後漢有所未全。其後漢志三十卷、欲望聖慈許令校勘雕印。

如允臣所奏、乞差臣與學官同共校勘、兼乞差劉崇超都大管句。伏候敕旨。牒奉、敕宣令國子監依孫奭所奏施行、牒至准。敕故牒。乾興元年十一月十四日牒」とある。なお、その建議による合刻本『後漢書』の刊行については、小林岳「唐宋における『後漢書』の合綴と合刻について――李賢『後漢書注』に劉昭『集注後漢』八志を補うこと――」（榎本淳一編『古代中國・日本における學術と支配』所載、同成社、二〇一三年）を參照されたい。

(37) ちなみに崔曙庭著・小林岳譯「『三國志』本文と裴松之注の字數比――本文は注文より確實に多いことについて――」（『研究年誌』第四四號、早稻田大學高等學院、二〇〇〇年）によると、『魏書』本文は約二十萬五千三百字、注文約二十一萬五千字で注釋指數一・〇五、『蜀書』本文は約五萬八千五百字、注文は約四萬五百字で同〇・六九、『吳書』本文は約十萬三千六百字、注文は約六萬五千三百字で同〇・六三となり、『三國志』全書の本文は約三十六萬七千四百字、注文は約三十二萬八百字で、同〇・八七となる。

(38) 避諱については、陳垣『史諱擧例』（上海書店、一九二八年）、陳國慶著・澤谷昭次譯『漢籍版本入門』（研文出版、一九八四年）、王建『中國古代避諱史』（貴州人民出版社、二〇〇三年）、范志新『避諱學』（臺灣學生書局、二〇〇六年）などを參照。

(39) 『後漢書』卷四〇班彪傳校勘記（一三五三頁）は「執文之德、按集解引周壽昌說、謂周頌作秉文之德、此秉字作執、乃唐諱昞、秉與昞同音、嫌名也。故避秉爲執、義同字異」と指摘する。

(40) たとえば卷四和帝紀「昔楚嚴無災而懼」に附した李賢注に「解見明紀」とあるが、現行の『後漢書』卷二明帝紀李賢注には該當する注記が見られない。

(41) 『漢書』卷五六董仲舒傳贊に「至向曾孫龔、篤論君子也」とある。

(42) 『史記』卷四周本紀に「西伯乃獻洛西之地、以請紂去炮格之刑」とある。

(43) 『漢書』卷九四匈奴傳上に「單于姓攣鞮氏、其國稱之曰撐犂孤塗單于。匈奴謂天爲撐犂、謂子爲孤塗」とある。

(44) 裴松之『三國志注』については崔凡芝著・小林岳譯「裴松之『三國志』注の史學的意義について」（『研究年誌』第四〇號、早稻田大學高等學院、一九九六年）、張孟倫著・小林岳譯「裴松之の『三國注志』」（同第四一號、一九九七年）、楊翼驤著・小林岳譯「裴松之と『三國志注』」（同第四二號、一九九八年）、李曉明著・小林岳譯「裴松之の史學初論」（同第四三號、一九九

九年）、張子俠著・小林岳譯「『三國志』裴松之注研究三題」（同第四五號、二〇〇一年）および注（37）を參照。

(45) 卷一〇皇后紀下に「顯宗十一女。（中略）、（建初）四年封平邑公主、適黄門侍郎馮由」とある。

(46) 『禮記』月令第六および『淮南子』卷五時則訓はともに「季秋之月、（中略）、乃趣獄刑、毋留有罪」につくる。

(47) 『漢書』卷八一孔光傳に「延年生霸、字次儒。霸生光焉。（中略）、霸亦治尙書、事太傅夏侯勝、昭帝末年爲博士、宣帝時爲太中大夫、以選授皇太子經、遷詹事、高密相。是時、諸侯王相在郡守上。元帝卽位、徵霸以師賜爵關內侯、食邑八百戶、號褒成君。（中略）、及霸薨、上素服臨弔者再、至賜東園祕器錢帛、策贈以列侯禮、謚曰烈君」とある。

(48) 石鼓の總合的な研究として徐寶貴『石鼓文整理研究』上下（中華書局、二〇〇八年）がある。その出土時期については同書研究篇の「石鼓的發現時間」に依據した。

(49) 渡邉義浩主編『全譯後漢書』第一一冊（汲古書院、二〇〇四年）三六八頁を參照。

(50) 管見のかぎりでは、卷一光武帝紀上李賢注の「竹書紀年曰、衛鞅封于鄔」から卷八七西羌傳李賢注の「竹書紀年曰、大丁四年、周人伐余無之戎、克之。周王季命爲殷牧師也」まで十四條を徵する。

(51) 吉川忠夫氏は「新出の汲冢竹書をつかっての史書研究は、當時の流行であったおもむきがある」として臣瓚や司馬彪の事績を指摘する。同氏前掲書注（5）三一五～三二六頁を參照。

(52) ここで「葉」につくるのは太宗（李世民）の諱を避改したと考えられる。

(53) 孔德倫およびその子孫については『舊唐書』高宗紀下乾封元年（六六六）一月の條に「次曲阜縣、幸孔子廟。追贈太師、增修祠宇、以少牢致祭。其褒聖侯德倫子孫、並免賦役」とある。

(54) その具體例を示すと高帝紀顏師古注に「應劭曰、三川、今河南郡也。由、李斯子」、「文穎曰、咸陽、今渭北渭城是也」、「張晏曰、古人相與語多自稱臣、自卑下之道也。若今人相與言自稱僕也」、「孟康曰、縣名、今槐里是」、「韋昭曰、鄣郡、今故鄣縣也。後郡徙丹陽、轉以爲縣、故謂之故鄣也」、「師古曰、卮、飲酒圓器也、今尙有之」と見える。なお、これ以外に前四史の注釋を示すと、『三國志』魏書卷一武帝紀裴松之注に「臣松之以爲今之虚封蓋自此始」、『續漢書』郡國志四劉昭注に「案今計偕簿、縣之故治、順帝時陷而爲湖、今謂爲當湖。大旱湖竭、城郭之處可識」、『史記』卷一五帝本紀司馬貞索隱に「漢書律曆志云封堯

子朱於丹淵爲諸侯。商均封虞、在梁國、今虞城縣也」、同張守節正義に「今括州縉雲縣、蓋其所封也」、同巻六秦始皇本紀裴駰集解に「今兗州東沂州、密州、即古琅邪也」とあり、それが常用されることが確認できる。

(55)　西脇常記『史通內篇』（東海大學出版會、一九八九年）を參照。

(56)　吉川忠夫前掲論文注（5）四〇二頁。

(57)　巻一〇皇后紀上李賢注に「前書曰、高帝與功臣約、非劉氏不王、非有功不侯。不如約、天下共擊之」とある。なお「非劉氏不王」は『後漢書』本文に四例（光武帝紀下、劉玄傳、伏隆傳、左雄傳）を確認し、同じく「非劉氏不侯」は一例（皇后紀上）を確認する。

(58)　「影射史學」については、小倉芳彥『逆流と順流――わたしの中國文化論――』（研文出版、一九七八年）の「序說――文化大革命以來――」・「諷刺と避諱と――「當局の忌諱」と歷史記述――」および佐藤文俊『李公子の謎――明の終末から現在まで――』（汲古書院、二〇一〇年）を參照。

(59)　これについては、福井重雅「五經博士の研究」終章「疑問の所在」（同氏『漢代儒教の史的研究』所收、汲古書院、二〇〇五年）の二四九～二五五頁を參照。

(60)　『舊唐書』巻五一后妃傳上に「太宗即位、立爲皇后。（中略）、后性尤儉約、凡所服御、取給而已。太宗彌加禮待、常與后論及賞罰之事。對曰牝雞之晨、惟家之索。妾以婦人、豈敢豫聞政事。太宗固與之言、竟不之答」とある。

(61)　『新唐書』藝文志については前掲注（32）を參照。

(62)　『幼童傳』については『隋書』巻三三經籍志二に「幼童傳十巻、劉昭撰」とある。なお、その書は『太平御覽』巻三九六人事部三七に「劉昭幼童傳曰、漢孝昭帝諱弗陵武帝少子也。年五六歲壯大、武帝云類我甚奇之」とあり、また同巻六〇二文部一八に「幼童傳曰、謝贍字宣遠、幼而聰悟、五歲能屬文通玄理。又曰、孫士潛字石龍、六歲上書七歲屬文」とあることからすると歷代における幼童の夙敏を收錄した書と考えられる。

(63)　『後漢書』の音注については大島正二「後漢書音義音韻考」（『北海道大學文學部紀要』第三九號）を參照。なお周曉瑜「李賢『後漢書注』評議」（『吉林大學社會科學學報』一九九二年第四期）は「李賢注音方法有三種」として李賢の音注を解說するほか

『後漢書注』の得失について解説する。

(64) 吉川忠夫「『後漢書』解題」(同氏訓注『後漢書』第一冊本紀一、岩波書店、二〇〇一年。のちに「范曄と『後漢書』」と改題して同氏『讀書雜志』に所收、岩波書店、二〇一〇年)。

(65) 臧競についてはほかに見られず、蕭該についでは①「蕭該音義云、潞屬上黨。臣賢案、潞與漁陽相接、言上黨潞者非也」(卷一光武帝紀上李賢注)、②「蕭該音離」(卷一〇皇后紀下李賢注)、③「臣賢按、蕭該音引字詁、鍉卽題、音徒啓反」(卷一三隗囂傳李賢注)、④「蕭該音淳作諄者誤」(卷一四宗室四王三侯傳李賢注)、⑤「蕭該音義亦作塾、引字林塾、門側堂也」(同右)を確認する。

(66) 『史通』の作成年代は西脇常記譯註『史通內篇』(東海大學出版會、一九八九年)の「解說」および『史通外篇』(同、二〇〇二年)の「史通あとがき」を參照。また本書第四章を參照。

(67) 『唐會要』卷九〇「食實封數」にほぼ同文が見える。なお北川俊昭「『通典』職官序試釋上下」(『富山商船高等專門學校研究集錄』第四一號、二〇〇八年・第四二號、二〇〇九年)は『通典』の本文と夾注について解說し、「歷代官制總序」の譯出をおこなう。注(29)も參照。

(68) 池田昌廣前揭論文注(33)は『東觀漢記』の批判を整理して有用である。

(69) 『史通』內篇卷五補注篇。詳細は本書第四章を參照。

(70) 神田喜一郎「正史の話」(『東光』第二號、弘文堂、一九四七年)。

(71) 池田昌廣前揭論文注(33)。

(72) 『唐韻』の研究については、徐朝東『蔣藏本『唐韻』研究』(北京大學出版社、二〇一二年)を參照。

(73) 狩野直喜前揭論文注(27)を參照。

(74) 宇都宮清吉「唐代貴人についての一考察」(同氏『中國古代中世史研究』所收、創文社、一九七七年)を參照。

第九章　李賢注と劉昭・顔師古・李善の三注
――李賢注に見える先行注釋書の影響――

はじめに

章懐太子李賢の『後漢書注』を一覧すると、その書には實にさまざまな書籍や資料からの引用がおこなわれ、注記とされていることが確認できる。そのなかでもとくに劉昭『集注後漢』、顔師古『漢書注』、李善『文選注』の三注は李賢注の基幹となる部分に影響をあたえていると考えられることから、特別なものとして注意しなければならない。本章では、この三注の具體的な影響を明らかにすることをめざして、まずは第一節において李賢注と劉昭注の關係、とくに李賢注に繼承された劉昭の注釋觀について考察し、ついで第二節では李賢注に見える顔師古注の影響、さらに第三節では李賢注に見える李善注の影響について論ずることとする。なお第一・二節では正史の注釋に關する問題、また第二・三節では現今の視點からすると剽竊と斷ぜざるを得ない注記引用の情況についても言及することにしたい。

第一節　李賢注と劉昭注

ここでは、李賢注に見える劉昭注の影響について二つの視點から考察することにする。ただし第八章第四節で明らかにしたごとく、李賢注には劉昭の名が「劉昭幼童傳曰」（巻八四列女傳李賢注）とする一例しか示されていないために劉昭注の引用例を提示することができず、その論證は情況的なものとならざるを得ないことを一言しておく。

その第一は、李賢注と劉昭注に共通する注釋の方法である。以下、第四章および第八章で明らかにした兩注の事例に加えて、これも先行する前四史の注釋書となる裴松之『三國志注』および裴駰『史記集解』の事例を左に並記して考察を進めることにしたい。

《李賢注の例》

(1)別記參照の指示

(イ)扶拔、解見章紀。　（巻四和帝紀李賢注）

(ロ)橋名也。解見公孫述傳。　（巻一八吳漢傳李賢注）

(2)「不同」・「與此不同」とする注記

(イ)臣賢案、前書及三輔決錄並云向曾孫、今言歆兄子、則不同也。　（巻三〇蘇竟傳李賢注）

(ロ)謝承書曰、弼字輔鸞、東郡濮陽人也。與此不同。　（巻五七謝弼傳李賢注）

(3)「未詳」・「未知」とする注記

(イ)臣賢案、月令及淮南子皆言季秋趣獄刑、無留罪。今言孟冬、未詳其故。（巻四六陳寵傳李賢注）

(ロ)損中、未詳。東観記作頓中。續漢及華嶠書並作損中。本或作植。未知孰是也。（巻四七班超傳李賢注）

(4)本文の誤謬の指摘

(イ)臣賢案、東観記、續漢書並無右字。此加右誤也。營州西南別有右北平郡故城。非此地。（巻一光武帝紀上李賢注）

(ロ)臣賢案、東觀、續漢、袁山松、謝沈書、古今注皆云、六年正月甲寅、謁宗廟。此云七年庚戌、疑紀誤也。（巻五安帝紀李賢注）

(5)注釋執筆時をいう「今」の用例

(イ)南陽、郡。今鄧州縣也。蔡陽、縣。故城在今隨州棗陽縣西南。（巻一光武帝紀上李賢注）

(ロ)今官度臺北土山猶在。臺之東、紹舊營遺基並存焉。（巻七四袁紹傳李賢注）

《劉昭注の例》

(1)別記參照の指示

(イ)臣昭案、魏朗對策、桓帝時、雉入太常、宗正府。朗說見本傳注。（五行志二劉昭注）

(ロ)臣昭案、董卓傳、卓使呂布發諸帝陵及公卿以下冢墓、收其珍寶。（禮儀志下劉昭注）

(2)「不同」・「與此不同」とする注記

(イ)案、劭所述、與志或有不同。年月舛異、故俱載焉。（五行志五劉昭注）

(ロ)胡廣曰、鸞旗、以銅作鸞鳥車衡上。與本志不同。（輿服志上劉昭注）

(3)「未詳」・「不知」とする注記

(イ)秦封蔡澤爲岡成君、未詳。（郡國志三劉昭注）

(ロ)臣昭案、前書本名武陵。不知此對何據而出。（郡國志四劉昭注）

(4)本文の遺缺および未通の指摘

(イ)臣昭案、志猶有遺闕、今衆書所載、不可悉記。其春秋土地、通儒所據而未備者、皆先列焉。（郡國志一劉昭注）

(ロ)臣昭曰、述雖以白承黄、而此遂號爲白帝、於文繁長、書例未通。（天文志上劉昭注）

(5)注釋執筆時をいう「今」の用例

(イ)案、今計偕簿、縣之故治、順帝時陷而爲湖、今謂爲當湖。大旱湖竭、城郭之處可識。（郡國志四劉昭注）

(ロ)臣昭案、今見在、自是山名、非築陵道。（同右）

《裴松之注の例》

(1)別記參照の指示

(イ)奉使到許、事在前注。（魏書卷六劉表傳裴松之注）

(ロ)臣松之案、許昭有義於舊君、謂濟盛憲也。事見後注。（吳書卷一孫策傳裴松之注）

(2)「不同」・「與此不同」とする注記

(イ)案世語所云樹置前後、與本傳不同。（魏書卷一四劉放傳裴松之注）

(ロ)臣松之案、此二書所說策亡之時、翻猶爲功曹、與本傳不同。（吳書卷一二虞翻傳裴松之注）

(3)「未詳」とする注記

(イ)臣松之案、本傳云敏將家入海、而復與子相失、未詳其故。（魏書巻八公孫度傳裴松之注）

(ロ)案江表傳、搜神記于吉事不同、未詳孰是。（呉書巻一孫策傳裴松之注）

(4)本文の誤謬の指摘

(イ)臣松之云、案晃于時未應稱臣、傳寫者誤也。（魏書巻一七徐晃傳裴松之注）

(ロ)臣松之案、（中略）、張璠漢紀及呉歷並以堅初平二年死。此爲是而本傳誤也。（呉書巻一孫策傳裴松之注）

(5)注釋執筆時をいう「今」の用例

(イ)臣松之案、桑乾縣屬代郡。今北虜居之、號爲索干之都。（魏書巻一九曹彰傳裴松之注）

(ロ)臣松之按、察戰呉官名號。今揚都有察戰巷。（呉書巻三孫休傳裴松之注）

《裴駰集解の例》

(1)別記參照の指示

(イ)自此後武帝事、褚先生取爲武帝本紀、注解已在十二卷、今直載徐義。（巻二八封禪書集解）

(ロ)始皇本紀云、項燕自殺。（巻七項羽本紀集解）

(2)「不同」・「他書」の表記

(イ)徐廣曰、案月表、三年七月、王出滎陽。八月殺魏豹。而又云四年三月、周苛死。四月魏豹死。二者不同。項羽殺紀信、周苛、樅公皆是三年中。（巻八高祖本紀集解）

(ロ)徐廣云、肸一作鮮。一作獮。駰案、尚書作粊。（巻三三魯周公世家集解）

(3)「未詳」・「不詳」とする注記

(イ)駰案、此帝女也。而云長公主、未詳。（巻一二孝武本紀集解）

(ロ)魯世家云、宋武公之世、獲緣斯於長丘。今云此時、未詳。（巻三八宋微子世家集解）

(4)本文の誤謬の指摘

(イ)駰案、漢書百官表景帝初改衞尉爲中大夫令、非此年也。（巻一〇孝文本紀集解）

(ロ)時比干已死、而云少師者似誤。（巻三八宋微子世家集解）

(5)注釋執筆時をいう「今」の用例

(イ)今兗州東沂州、密州、卽古琅邪也。（巻六秦始皇本紀集解）

(ロ)駰案、今易無此語。易緯有之。（巻一三〇太史公自序集解）

右を一覧すれば明らかなように、李賢注以下の四つの注釋の構造は後掲の顏師古注もふくめて、その細部にいたるまで完全に一致することが明らかである。もちろん劉昭注(4)「本文の遺缺および未通の指摘」は他注においては「本文の誤謬の指摘」とするように微妙な差異は認められるが、その注釋の意圖は通底していずれも本文の不備や誤謬を指摘する點で同じとしてよいであろう。このように五注の構造が一致するのは偶然ではなく、正史と目される紀傳體の歷史書に注するばあいに效果的、最善であるよう工夫された注釋の構造や形式、いわば型ともいうべきものが明確な意志によって參照され、繼承されていると見るべきであろう。ここではそのような正史注釋法が宋文帝の元嘉六年(四二九)に奉呈された裴松之注において確立していることを確認したい。(1) もちろんそれを裴松之の創案とするのではなく、その注釋中に認められるとするのである。ここで一言すると、その注釋法は後漢末から魏晉時代に活況を呈した史漢の注釋のなかから集約されたのではないかと推定するが、その先人の成果を裴松之が得て、後代の注釋者が繼ぎ、二百五十年後の李賢注にいたることは右の事例を再顧すれば事足りるであろう。なお當然ながら、それはこの五注のみで繼承されるものではなく、そもそも顏師古は江南の注釋に共感を示さぬことからすると、(2)その繼承にはいくつかの注釋が連なるさまざまな系統が介在したと見るべきであろう。すなわち大きく分けて江南と華北に流れる前四史を對象とする注釋法がそれぞれの細流をも合して大海に入るがごとく唐朝にいたり、そこで正史注釋學として大成されたと考えるべきではあるまいか。この觀點からすると、李賢注には裴駰の名は見られぬものの裴松之を冠する左のような注記が二例見られることも、それを象徵するものとなろう。

(1)裴松之北征記曰、中牟臺下臨汴水。是爲官度、袁紹、曹操壘尙存焉。（巻九孝獻帝紀李賢注）

(2)裴松之注曰、承、靈帝母太后之姪。（巻七二董卓傳李賢注）

もちろんこれは李賢注を裴松之注の影響下に置くとするものではなく、その參照が確實であることを示すだけのものであるが、これも一つの證左として、李賢注は江南と華北を隔てることなく先行する注釋群から正史注釋法の型を參照し、繼承していることを認識しておきたい。

その第二は、劉昭注から李賢注に繼承された「歷史書の注釋觀」である。私は、第四章において劉昭の注釋觀を以下のようにまとめた。すなわち①劉昭は時代的な隔絶によって決定的な資料が得られぬばあいや自己の非力によって確たる判斷が下せぬ事柄については臆することなく「未詳」・「不知」などと明記して關連資料の捜求に盡力し、それを注釋に列記して最終的な判斷は後世の人士に委ねることに徹した。②その劉昭のとりくみは『集注後漢』の全篇に貫かれていることから、劉昭の注釋觀を體現するものにほかならず、そこに顯在する眞摯で着實な姿勢は劉昭注の根幹を形成するものである。

これによって刮目すべきは、このような意味が包攝される「未詳」・「未知」とする表記が、右に一端を示すように李賢注にも多く見られることである。その事實は李賢注にも劉昭と同様の注釋觀が存在することを示唆することとなるが、何ゆえ李賢は注釋者の能力的限界を問われかねない「未知」や「不詳」とする表記を多用したのであろうか。この問題については第八章の論考と重なることとなるが、左の李賢注の解讀が鍵になると考えられる。

(1)孔子稱述而不作。又曰吾猶及史之闕文。（巻四四徐防傳）

(2)古者史官於書事、有不知則闕、以待能者。孔子言、吾少時猶及見古史官之闕文、今則無之。疾時多穿鑿也。見論語也。（同右李賢注）

これは、(1)『論語』述而篇の「子曰く、述べて作らず、と」に衛靈公篇の「子曰く、吾猶お史の闕文に及べり、と」を重ねる本文に附したもので、ここで李賢はまず(2)「古者《いにしえ》、史官の事を書するにおいて、知らざること有れば則ち闕き、以て能者を待つ」と記し、ついで「孔子言く、吾少き時、猶お古の史官の闕文を見るに及ぶも、今は則ち之無し」と述べて、本文に引く衛靈公篇の一文を注解し、最後に「時に穿鑿を多くするを疾むなり。論語に見ゆるなり」と添えて、知らざることを強いて判斷しようとする「穿鑿」を嫌惡する孔子の心中を讀み解くのである。私はこの注記を分析して、これは『集注後漢』徐防傳に附記された劉昭注からの斷章を疑うほど劉昭の注釋觀に合致することに驚きを禁じ得ない。この事實は、李賢注の基幹部分に劉昭の影響がおよんでいることを物語るものであろう。前述のごとく李賢注において劉昭の名は一例しか確認できぬのであるが、李賢の胸底には劉昭の注釋觀が据えられていたとして誤りないと考えられるのである。

第二節　李賢注と顔師古注

第八章で論じたごとく、李賢は沛王在位時（六六一～六七二年、八歳から十九歳）に漢書學の宗匠と仰がれる劉訥言を召して『漢書』の講義を受けるとともに、その沛王府には『顔氏漢書指瑕』の著者王勃が王府脩撰として、また『漢書辯惑』の著者李善が王府侍讀として出仕していることから(3)、李賢は唐初において顯學とされる三禮、漢書、文選の三學のうち(4)、後述する李善『文選注』とともに當代の最高水準の學問研究に接したことが確認できる。そして、その『漢書』の講讀で用いたテキストについては、貞觀十五年（六四一）に完成してから漢書注の最高權威とされてきた顔師古『漢書注』が中核に据えられたと見て閒違いあるまい(5)。なお、それを補うものとされる蔡謨『漢書集解』(6)もまた講筵に置かれたことは想像にかたくない。

さて、この顔師古注の內容が李賢注に繼承されていることは先行研究の指摘するところで、吉川忠夫氏はとくに史書注を大別して言葉の解釋を主とする注釋の代表として顔師古注を、史實の附加を主とする注釋の代表として裴松之注をあげ、李賢注はその兩者の特徵を兼ね備えたことを指摘する(7)。そこで私は、さきの劉昭注のばあいと同樣に顔師古注についても李賢注と完全に一致する注釋法が見えることを示して、この二注閒に介在する濃密な關係を明らかにしたいと考える。

《顔師古注の例》

⑴別記參照の指示

(イ)師古曰、小雅青蠅之詩、解在車千秋傳。（卷八一孔光傳顏師古注）
(ロ)師古曰、事在陳平傳。（卷八二傳喜傳顏師古注）
(2)「不同」・「與此不同」とする注記
(イ)師古曰、孟說是也。趙徵卿淮陽人、胡組渭城人、皆女徒也。二人更遞乳養曾孫。而邴吉傳云郭徵卿。紀傳不同、未知孰是。（卷八宣帝紀顏師古注）
(ロ)師古曰、史記年表幷衞青傳載韓說初封龍雒侯、後爲按道侯、皆與此傳同。而漢書功臣侯表乃云龍頟侯名譊、按道侯名說、列爲二人、與此不同、疑表誤。（卷三三韓王信傳顏師古注）
(3)「未知」・「不詳」とする注記
(イ)師古曰、春秋文四年楚人滅江。今此云晉、未詳其說。（卷二七五行志顏師古注）
(ロ)師古曰、荆燕吳傳云張擇、今此作釋。參錯不同。未知孰是也。（卷四〇周勃傳顏師古注）
(4)本文の誤謬の指摘
(イ)師古曰、文紀言健成侯。此言成侯。紀傳不同、當有誤。（卷九四匈奴傳上顏師古注）
(ロ)師古曰、功臣表作外石。與此不同、疑表誤。（卷九五西南夷傳顏師古注）
(5)注釋執筆時をいう「今」の用例
(イ)應劭曰、三川今河南郡也。由、李斯子。（卷一高帝紀上顏師古注）
(ロ)師古曰、文翁學堂于今猶在益州城內。（卷八九循吏傳顏師古注）

右の(1)～(5)の「。」の部分は正史注釋の必須項目で、それがあまさず李賢注に一致することは前述のごとくである。その事實は顏師古注の注釋法が李賢注に參照された可能性を示唆するものとなろう。ただし管見のかぎりでは李賢注における顔師古の名は左の一例を知るのみなのである。

軼、志作軼。音伏。師古曰、又音徒系反。　（巻一〇皇后紀下李賢注）

それでは、李賢は何ゆえ顔師古の名を忌避したのであろうか。ここでその考察に進む前に、そもそも李賢注における顔師古注の引用はどの程度であるのかを確認しておきたい。それについて渡邉義浩氏らは李賢注に見える『前書音義』に注目して、それは特定の著書ではなく顔師古注を中心にして複数の注釈を引用する際に汎用的に用いるもので、紀傳部を通じて確認された二百五の事例のうちで顔師古注をそのまま引用したものや抄引または敷衍したもの、さらには顔師古説を肯定するもの、あるいは否定するものなど百八十八例を数えることから李賢注における顔師古注の影響は壓倒的であることを指摘する。(8) 左はその一例を示すもので、(イ)の「前書音義曰」とする李賢注の內容は(ロ)の「師古曰」にほぼ完全に一致することに注意したい。

(イ)前書音義曰、刺史毎歳盡則入奏事京師。　（巻一光武帝紀下李賢注）

(ロ)師古曰、刺史歳盡輒奏事京師也。　（巻八四翟方進傳顔師古注）

また、これに加えて李賢注が顔師古の名はもとより『前書音義』とも斷らずに「師古曰」とする注文を引用する左の事例を見れば、その顔師古注との關係はさらに濃厚なものとなろう。

(イ)今新豐縣溫湯處號愍儒鄉。湯西有馬谷、西岸有阬、古老相傳以爲秦阬儒處也。　（巻六六陳蕃傳李賢注）

(ロ)師古曰、燔、焚也。今新豐縣溫湯之處號愍儒鄉。溫湯西南三里有馬谷、谷之西岸有阬、古老相傳以爲秦阬儒處也。　（巻五八儒林傳顔師古注）

以上、李賢注は正史注釋法からその引用にいたるまで顔師古注の絶大なる影響下で作成されたことは疑いないところである。この觀點からすると、さきに指摘した「未知」・「不詳」とする表記も顔師古注に等しく認められることから、李賢注の謙讓なる注釋觀は劉昭注から顏師古注を經てから繼承されたとする推定も成り立つのではあるまいか。

さて、それでは李賢は何ゆえ顏師古の名を拭いさったのであろうか。それについて『後漢書注』は編纂期間が短く、かつ複數の編者によってつくられたため諸家の『漢書』注の引用に混亂を來たさぬよう『前書音義』という表記に集約したのではないかとする見解が提示されている(9)。傾聽すべき見解であろう。そして、これに加えて私は、前述した劉昭注のばあいと同樣に李賢もまた顏師古注との峻別を求め、おのが注釋の獨自性を際立たせようとしたこともその要因にあったと考えたい。ただし、それは現今の倫理觀からすると剽竊と斷ぜざるを得ない行爲となることは言うまでもないのであるが、その問題について吉川忠夫氏は顏師古が顏遊秦の說を借用したことを例にあげて、近代人の潔癖はそれを剽竊とよびもしようが、古人は先人の說を用いることにそれほど神經質であったろうかとして、われわれの倫理觀をもって拘束することに疑問を呈するのである(10)。私は、これにしたがって李賢もまたその時代の人として『後漢書注』の編纂に臨んだと考えるものである。

第三節　李賢注と李善注

李善の『文選注』が高宗に奉呈された年次は顯慶三年（六五八）あるいは顯慶六年（六六一）とする二說が並立して特定することはできないが、そののちに李善は潞王李賢の記室參軍に出仕し、つづいて沛王に徙封された李賢の侍讀となっている。その期間は顯慶三年から乾封年間（六六六〜六六八）に李善が經城令に轉出するまでの閒にあたると推定されることから、時に李賢は五歲から十五歲ほどであった。なお李善は上元年閒（七七四〜七七五）ころから載初元年（六九〇）の卒年にいたるまで十五年あまりにわたって汴鄭の閒に寓居し、『文選』の敎授を業となして、その講筵に四方から多くの諸生が參集したとされている[11]。なお、その間に舊主の李賢が『後漢書注』の編纂を進めて儀鳳元年（六七六）に奉呈するのであるが、その編纂グループに李善が參加した形跡は確認することはできない。

さて、ここで富永一登氏の研究[12]をもとに李賢『後漢書注』と李善『文選注』の關係を考察することにしたい。左はやや長文にわたるが、李賢が注引した孔融「薦禰衡表」（『文選』巻三七）の李善注（善）と、その上表文の原典となる『後漢書』巻八〇文苑傳下禰衡傳所載の同表に附した李賢注（賢）を併記したものである。

(1)（善）孟子曰、當堯之時、天下猶未平、洪水横流、泛濫於天下。
（賢）孟子曰、堯時洪水横流、氾濫於天下。

(2)（善）尚書曰、湯湯洪水方割、有能俾乂。孔安國傳曰、俾、使。乂、治也。
（賢）尚書帝曰、咨湯湯洪水方割、有能俾乂。俾、使也。乂、理也。

(3)（善）尚書曰、旁求天下。
（賢）尚書曰、旁求天下。

(4)（善）尚書云、帝曰疇咨若時登庸。又曰有能熙帝之載。
（賢）尚書、帝堯曰疇咨若時登庸。又曰有能奮庸熙帝之載。

(5)（善）周易曰、勞謙君子有終吉。
（賢）易曰、勞謙君子有終吉。

(6)（善）尚書曰、文王自朝至于日中昃、弗遑暇食。
（賢）尚書敍、文王德曰自朝至于日中昃、不遑暇食。

(7)（善）毛詩曰、維嶽降神、生甫及申。

（賢）毛詩曰、惟岳降神、生甫及申。

(8)（善）淮南子曰、所謂眞人者、性合于道也。

（賢）淮南子曰、所謂眞人者、性合於道也。

(9)（善）漢書曰、桑弘羊、雒陽賈人子、以心計、年十三拜侍中。又曰張安世字少孺、爲郎。上行幸河東、嘗亡書三篋、詔問莫能知、唯安世識之、具作其事。後復購得書以相校、無所遺失。上奇其能、擢爲尙書令。

（賢）前書曰、桑弘羊、雒陽賈人子、以心計、年十三爲侍中。又曰張安世字子孺、爲郎。上行幸河東、嘗亡書三篋、詔問莫能知、唯安世識之、具作其事。後購求得書以相校、無所遺失。

(10)（善）國語、楚藍尹亹謂子西曰、夫闔廬聞一善言若驚、得一士若賞。

（賢）國語、楚藍尹亹謂子西曰、夫闔廬聞一善言若驚、得一士若賞。

(11)（善）呂氏春秋曰、魏文侯飮、問諸大夫、寡人何如主也。任座曰、君不肖君也。克中山、不以封君之弟、而以封君之子、是以知不肖君也。文侯不悅。次及翟璜曰、君賢君也。臣聞其主賢者其臣直、是以知君之賢也。文侯悅。

（賢）呂氏春秋、魏文侯飮、問諸大夫曰、寡人何如主也。任座曰、君不肖君也。克中山、不以封君之弟、而以封君之子、是以知君不肖君也。

(12)（善）論語、子曰直哉史魚。

（賢）論語、孔子曰直哉史魚、邦有道如矢、邦無道如矢也。

(13)（善）漢書、賈誼曰何不試以臣爲屬國之官、以主匈奴、行臣之計、必係單于之頸而制其命。

（賢）前書、賈誼曰何不試以臣爲屬國之官、以主匈奴。行臣之計、請必繫單于之頸而制其命。

(14)（善）漢書曰、南越與漢和親、乃遣終軍使南越說其王、欲令入朝、比內諸侯。軍自請願受長纓、必羈南越王而致之闕下。
（賢）前書、終軍曰願受長纓、必羈南越王而致之闕下也。
(15)（善）尙書曰、賓于四門、四門穆穆。
（賢）尙書曰、賓於四門、四門穆穆。
(16)（善）史記、趙簡子曰、我之帝所、甚樂、與百神遊夫鈞天、廣樂九奏萬儛、不類三代之樂、其聲動心。
（賢）史記曰、趙簡子疾、五日不知人、大夫皆懼。醫扁鵲曰血脈理也。昔秦穆公如此、七日寤、寤而曰我之帝所甚樂。今主君之疾與之同、不出三日必閒、閒必有言也。居二日、果寤、語大夫曰我之帝所甚樂、與百神遊於鈞天、廣樂九奏、其聲動心也。
(17)（善）呂氏春秋曰、飛兔、騕褭、古之俊馬也。又曰古善相馬者、若趙之王良、秦之伯樂、尤盡其妙也。
（賢）呂氏春秋曰、飛兔、騕褭、古駿馬也。

右を一覧して驚くことは、二百字ほどの「薦禰衡表」に附した四百五十字にせまる李賢注の周到な內容と剽竊と斷ぜざるを得ないその注記である。とくにその引用については李善注から影響を受けるという生易しい表現は該當せず、李善注をそのまま轉寫したとしか言いあらわせないのである。『文選』には『後漢書』に共通する作品として、この孔融「薦禰衡表」のほかに班固「西都賦」、同「東都賦」、張衡「思玄賦」、朱浮「爲幽州牧與彭寵書」、陳琳「爲袁紹檄豫州」、班固「典引」、范曄「後漢書皇后紀論」、同「後漢書二十八將傳論」、同「宦者傳論」、同「逸民傳論」、同「後漢書光武紀贊」、班固「封燕然山銘」など十二篇あり、「薦禰衡表」とあわせて都合十三篇が收錄されているが、『後漢書』に掲載されたそれらの作品に對して、李賢は禰衡傳の注記のように李善注から極めて濃密な引用をおこなうもののほかに、たとえば「後漢書光武紀贊」（巻一光武帝紀下）や「封燕然山銘」（巻二三竇憲傳）の注記のように李善注からはわずか數箇所の引用にとどまるものなどさまざまな事例を示しているのであるが、それを總活すれば李賢注における李善注の引用は極めて多く、兩者が密接な關係にあることは疑いないところであろう。この觀點からすると、李賢注には李善が本貫とする揚州江都に傳わる南朝注釋學の傳統が反映していると考えられるのである。ただしながら、それは他書の雜説を引用して本文を攻撃し、その異聞や異事を羅列して注釋者の該博をきそうような類ではなく、(13)右の李賢注に明らかなように、あくまでも本文を解説するために諸史料を列記する形となっていることに注意しなければならない。なお、管見のかぎりでは、李賢注には李善の名が見られぬのであるが、それは前述した劉昭や顏師古のばあいと同じく注釋の獨自性を高めるために削除されたと考えるべきであろう。

以上、李賢注は顏師古注と李善注から多くの注記を轉用することが明らかとなったが、それはいかなる理由によるのであろうか。はじめに結論からすると、私は『後漢書注』の短い編纂期間にその主因があるのではないかと考える。第八章で論じたように、その期間は上元二年（六七二～六七五年、李賢十九歳から二十二歳）六月の立太子から儀鳳元年（六七六）十二月の奉呈までの一年半ほどである。(14)私は立太子以前の雍王時代（六七二～六七五年、李賢十九歳から二十二歳）の末には『後漢書注』の編纂が開始されたと推測しているが、それを加えても一年半を大きく上回ることはないとすべきであろう。そもそもこのばあいの奉呈には期日が設けられていなかったと考えられるが、新皇太子の有能を宮中内外にアピールし、その地位の保全をめざす見地からすると、すみやかな奉呈が求められたことは誤りなかろう。そのような李賢と編纂グループにとって當代の漢書學を代表する顏師古『漢書注』と文選學を代表する李善『文選注』がともに宮中の祕閣に收藏されていることは、字義どおり有難いことだったのではあるまいか。すなわち李賢は雍王および皇太子として高宗の敕許のもとで臣下に列する顏師古と李善の書籍を披見し、麾下のグループともどもそれを存分に活用することができたのである。そのことは編纂作業を滞りなく進める上で必須のことであったに相違なく、それがあればこそ短時日のうちに高宗の御覽にたえる『後漢書注』の編纂が可能になったと考えられるのである。なお最後に、そこには現今の倫理觀からなる剽竊という概念がないことはくり返すまでもないことである。

むすび

以上、まとめると左のごとくなる。

（1）李賢注は劉昭注や顏師古注をはじめとして裴松之注・裴駰注などに共通する正史注釋法が用いられているが、それは李賢が明確な意志によって先行注釋書を參照し、そこから繼承したものであると考えられる。

（2）李賢注には注釋者の能力的限界を問われかねぬ「未知」や「不詳」とする注記が多く見られるが、それは知らざることを強いて判斷する「穿鑿」の排除をめざす李賢の注釋觀をあらわすもので、その意圖および具體的な用例は劉昭のそれに一致することから、李賢注の基幹部分における劉昭注の影響を確認することができる。

（3）李賢注は顏師古注および李善注から極めて多くの注記を引用しているが、李賢は劉昭注のばあいと同じく、自己の注釋の獨自性と他注との峻別とを際立たせるために顏師古および李善の名を削ったと考えられる。

（4）李賢注は顏師古や李善の注記をそのまま轉寫する箇所が多く見られ、そこには現今の倫理觀からすると剽竊と斷ぜざるを得ない事例も確認される。ただし當代にあってはそのような概念はなかったと考えられる。

（5）李賢は雍王および皇太子として高宗の敕許を得て祕閣所藏の劉昭『集注後漢』（劉昭注）・顏師古『漢書注』（顏師古注）・李善『文選注』（李善注）などを活用して編纂作業を進めることができたため、ほぼ一年半という短期聞で高宗の御覧にたえる『後漢書注』を完成させることができたと考えられる。

注

（1）裴松之『三國志注』については、崔凡芝著・小林岳譯「裴松之『三國志』注の史學的意義について」（『研究年誌』第四〇號、早稻田大學高等學院、一九九六年）、張孟倫著・小林岳譯「裴松之の『三國注志』」（同第四一號、一九九七年）、楊翼驤著・小林岳譯「裴松之と『三國志注』」（同第四二號、一九九八年）、李曉明著・小林岳譯「裴松之の史學初論」（同第四三號、一九九九年）、崔曙庭著・小林岳譯「『三國志』本文と裴松之注の字數比――本文は注文より確實に多いことについて――」（『研究年誌』第四四號、早稻田大學高等學院、二〇〇〇年）、張子俠著・小林岳譯「『三國志』裴松之注研究三題」（同第四五號、二〇〇一年）を參照。なお裴松之について吉川忠夫「裴松之のこと」（同氏『讀書雜感』所收、岩波書店、二〇一〇年）がある。

（2）吉川忠夫「『後漢書』解題」（同氏訓注『後漢書』第一册本紀一所收、岩波書店、二〇〇一年。のちに同氏『讀書雜感』所收、岩波書店、二〇一〇年）。なお管見のかぎりでは、顏師古注には裴駰および裴松之の名は見られない。

（3）『漢書辯惑』については『舊唐書』卷四六經籍志上に「漢書辯惑三十卷、李善撰」とあり、『新唐書』卷五八藝文志二に「李善漢書辯惑二十卷」とあるが、『顏氏漢書指瑕』については兩志ともに記さない。

（4）趙翼『二十二史劄記』卷二〇「唐初三禮漢書文選之學」を參照。

（5）顏師古注が『漢書』の最高權威と目されたことは、吉川忠夫「顏師古の『漢書』注」（同氏『六朝精神史研究』所收、同朋舍出版、一九八四年）三四四～三四六頁を參照。

（6）蔡謨『漢書集解』については、富永一登「『文選』李善注の特質」（『文選李賢注の研究』所收、研文出版、一九九九年）、洲脇武志「『後漢書』李賢注所引「前書音義」考」（『大東文化大學漢學會誌』第四五號、二〇〇六年）を參照。

（7）吉川忠夫前掲書注（2）、渡邉義浩「解題『後漢書』とその時代」（『全譯後漢書』本紀（一）所收、汲古書院、二〇〇一年）および州脇武志前掲論文注（6）を參照。

（8）渡邉義浩・池田雅典・州脇武志「『後漢書』李賢注に引く『前書音義』について」（『人文科學』第九號、大東文化大學人文科學研究所、二〇〇四年）は、本紀部分の李賢注に引く『前書音義』六十四例のうち顔師古注に無關係なものは一例のみとし、さらに洲脇武志前揭論文注（6）は、列傳部分の李賢注には百四十一例の『前書音義』が引用され、そのうち十六例が顔師古注と無關係とする。なお『漢書音義』については、遠藤由里子「顔師古注『漢書』に採り入れられた『漢書音義』」（『慶谷壽信教授記念中國語學論集』所載、好文出版、二〇〇二年）もある。

（9）洲脇武志前揭論文注（6）。

（10）吉川忠夫前揭書注（5）三五八頁。

（11）李善の傳記については、富永一登「李善の傳記と「文選學」の成立」（同氏前揭書注（6）所收）を參照。

（12）富永一登「『後漢書』李賢注」（同氏前揭書注（6）所收）。

（13）南朝注釋學については、吉川忠夫「江南における『漢書』研究」（同氏前揭書注（5）所收）三二六～三三七頁。

（14）『後漢書注』の執筆期間は、周曉瑜「李賢注『後漢書』起訖時間考」（『文史哲』一九九一年第五期）を參照。

第十章　章懐太子李賢の二墓誌について

はじめに

一九七一年七月から翌七二年二月にかけて、陝西省西安市の西北郊に位置する唐の高宗と則天武后の同穴合葬陵である乾陵に附随する十七座の陪葬墓の一つに数えられる章懐太子李賢墓（以下、章懐太子墓とも稱す）が發掘され、多くの貴重な文物および資料が出土した。(1) 私は、そのなかで章懐太子李賢の爲人が記された「大唐故雍王墓誌」（以下「雍王墓誌」とも稱す）および「大唐故章懐太子幷妃清河房氏墓誌」（以下「章懐墓誌」とも稱す）に注目し、その史料化をめざして補篇一・二に掲げる譯注を施した。(2) 本章はその前段に配するものとして李賢墓の概要および各墓誌の出土情況とその解題、さらには誌序銘の史料的價値について論ずるものである。

第一節　李賢と房氏の合葬と章懐太子墓

章懐太子李賢は、高宗の八子のうち李忠（追封燕王、六四三～六六四）、李孝（追贈原王、?～六六四）、李上金（追封澤王、?〜六九〇）、李素節（追封許王、六四八〜六九〇）につぐ、則天武后所生の四子である李弘（贈孝敬皇帝、六五二〜六七五）、李賢（贈章懐太子、六五四〜六八四）、李顯（中宗、六五六〜七一〇）、李旦（睿宗、六六二〜七一六）の第二子として高宗の永徽五年（六五四）十二月に誕生した。翌六年に潞王に封ぜられたのち岐州刺史、雍州牧、幽州都督などを加授され、さらに沛王および雍王に改封されたのち上元二年（六七五）、二十二歳で皇太子に冊立された。しかし五年後の永隆元年（六八〇）八月、かねてより対立を深めていた則天武后によって廢詘されて長安に幽閉され、さらに永淳二年（六八三）十一月には巴州に謫徙、ついで文明元年（六八四）二月に則天武后の命を奉じた丘神勣によって自殺に追いこまれた。享年三十一。翌垂拱元年（六八五）三月、雍王を追贈されて巴州の化城縣境に葬られた。李賢の喪柩は二十年餘にわたってかの地に置かれたが、神龍元年（七〇五）正月に中宗が重祚し、同十一月に則天武后が崩ずると、神龍二年その歸葬が決定して、同年七月一日に王禮をもって乾陵に陪葬された。

章懐太子妃房氏は清河を本貫とする左領軍大將軍房仁裕の孫、贈左金吾衞大將軍房先忠の女として高宗の顯慶三年（六五八）に生まれ、上元二年（六七五）二月に雍王李賢に嫁した。時に李賢二十二歳、房氏十八歳である。その五年にわたる皇太子妃の生活はおおむね平穩に過ぎたが、二十三歳の折に李賢が廢され、その長安幽閉および巴州謫徙にしたがった。そして李賢の巴州化城縣境埋葬後は長安にもどり、二十年餘にわたって遺兒の養育に辛苦し、隱忍自重の生活に甘んじたが、重祚した中宗の神龍二年（七〇六）七月、敕命によって李賢の第二子李守禮（生母は章懐太子良娣張氏）が李賢の喪柩を巴州から奉還して乾陵に陪葬することが叶い、また睿宗の景雲二年（七一一）四月十九日には正式に章懐太子の稱號が追贈されるなどの慶事に恵まれた。しかし、そののち幾許なくして房氏は、同年六月十六日、長安城興化里の私邸で病沒した。享年五十四。その喪柩は同年十月十九日に皇太子妃の禮をもって李賢がねむる舊塋に同穴合葬された。

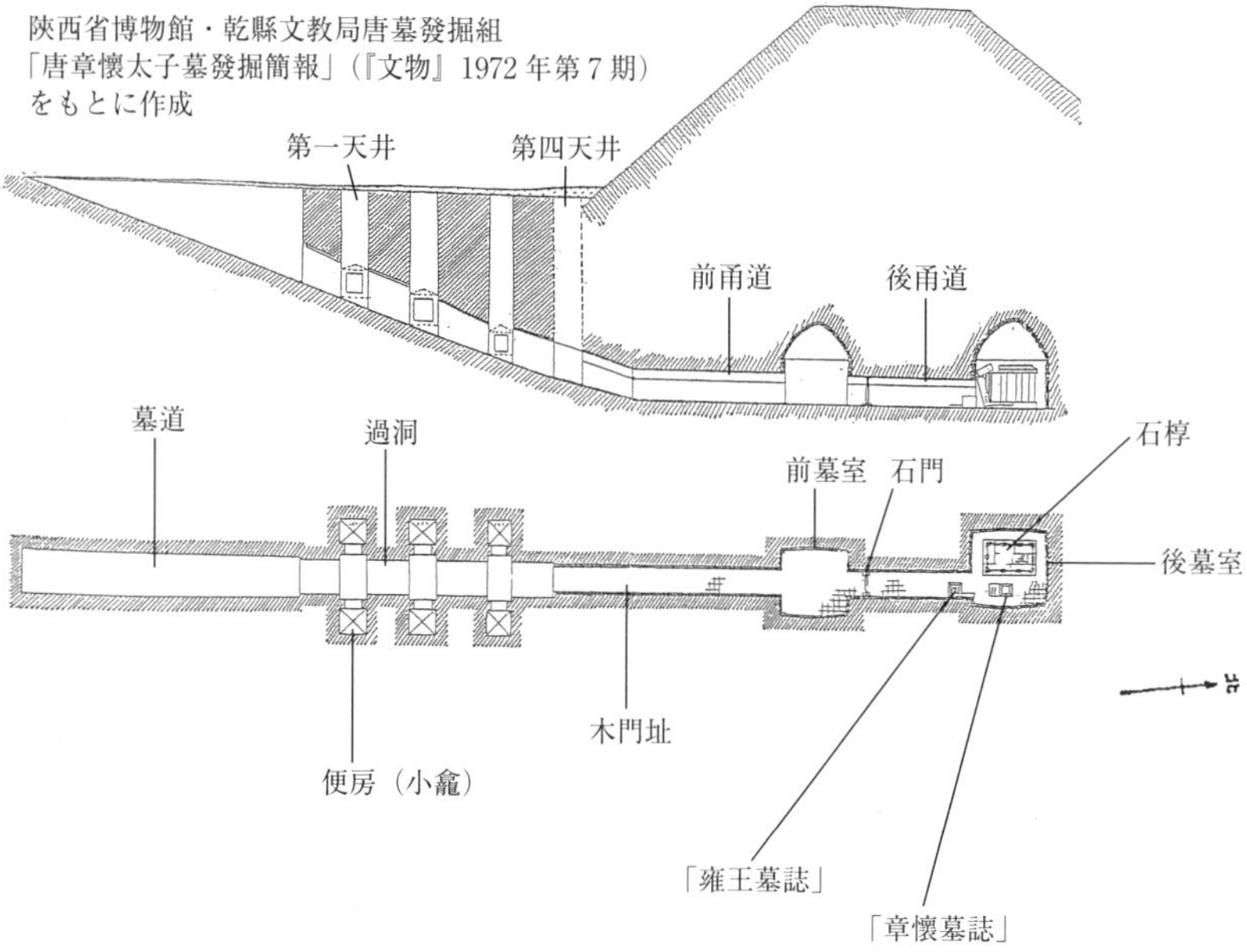

陝西省博物館・乾縣文教局唐墓發掘組
「唐章懷太子墓發掘簡報」（『文物』1972 年第 7 期）
をもとに作成

章懷太子墓略圖

つづいて李賢墓に關する唯一の發掘報告書である「唐章懷太子墓發掘簡報」（以下「發掘簡報」とも稱す）にもとづいて章懷太子墓の概述をおこなう。(3)

章懷太子李賢墓は、陝西省乾縣の西北にある高宗と則天武后の同穴合葬陵である乾陵の東南約三キロメートルに位置する。前述のごとく、これは中宗の神龍二年七月に雍王李賢の亡骸を乾陵に陪葬するために新造されたものであるが、のちに景雲二年十月に章懷太子妃房氏を同穴合葬するために開扉し、改修が加えられた。ただし、その規模と墓葬の內容については同じく乾陵の陪葬墓ではあるが、陵として造營された懿德太子墓および永泰公主墓におよばぬ部分があることに注意しなければならない。(4)

つづいて李賢墓の構造を述べると、その墳丘は版築によって築かれた角錐臺の形狀をなし、その基底部は四十三メートル四方、頂部は十一メートル四方で、その高さは十八メートルである。墳丘の四圍には南北百八十メートル、東西百四十三メートルの墻壁が設けられていたが、今日ではその西、東、東北部分における基底部の一部が確認できるのみである。その墓内は、①南端部の入口から最奥・最深部（墳丘下の北端部）に位置する後墓室に向かって直伸・傾斜する幅二・五～三・三メートル、長さ二十メートルの墓道。②幅二・二～二・四メートル、高さ二・八～三メートル、長さ二・七～三・四メートルで傾斜する過洞四か所。③幅三メートル、深さ九～十二メートル、長さ一・八～二メートルの天井四か所がある。なお第四天井は前甬道上にあるため未發掘であるが、第一天井から第三天井までの基底部には東西に各二箇所づつ都合六箇所の便房（小龕）が設置されており、そこには三彩の鎭墓獸、立俑、騎馬俑、彩繪器皿、綠釉花盆など多くの隨葬品が收められていた。さて、ここから奥には⑤幅一・七メートル、高さ二・一メートル、長さ十四メートルの前甬道が伸び、その中間よりやや南寄りの位置に木門址があり、その附近からは一對の鍍金鋪首および多數の鍍金門釘が出土した。また前甬道の北端部には瑞獸銘文鏡が一枚が發見されている。前甬道の奥には、⑥四・五メートル四方の正方形の壁面に高さ六メートルの穹窿型の天井を設えた前墓室があり、さらにその奥には⑦盜掘者に破壞された石門址が置かれた⑧幅一・七メートル、高さ二・一メートル、長さ九メートルの後甬道がつづき、そのさきに⑨五メートル四方の正方形の壁面に高さ六・五メートルの穹窿型の天井をもつ後墓室が置かれる。なお前後甬道および前後墓室の床面には磚が敷かれている。①墓道最南端の入口から⑨後墓室北壁までの總延長は七十一メートルである。[5]

なお章懷太子墓の出土文物中で最も知られている五十四幅、總面積四百平方メートルにおよぶ壁畫については、その作製時期が神龍二年（七〇六）と景雲二年（七一一）に二分され、前者は雍王墓として造營された時のもので、墓道入口から第三天井をへて第四過洞までの部分が該當し、その東西壁面に畫かれた畫像は「狩獵出行圖」・「打馬球圖」・「客使圖」・「儀衛圖」など鬚髯を蓄えた男性の群像を中心とするものである。後者は章懷太子妃房氏を合葬するため章懷太子墓に改造する時のもので、前甬道から後墓室北壁までの部分が該當し、雍王墓の壁畫を塗りつぶして作製された

「托盆景侍女圖」・「觀鳥捕蟬圖」・「小憩圖」・「游園圖」などいずれも妃嬪および侍女や内侍からなる群像である。(6)

後墓室の西半分に置かれた石椁は一座で、三十三枚の石板によって組み立てられている。その大きさは縦四メートル、横三メートル、高さ二メートルで、渡殿を模した石椁の側面には蓮華、唐草などの植物紋様、朱雀、飛鳥などの動物紋様のほかに幞頭をかぶり丸襟の長袍を着た男侍像、高髻に短衫長裙を着用した女侍像など多くの装飾が線刻されている。(7) なお頂蓋として置かれた五枚の石板のうち最南部（墓室東壁側から見て左側）の一枚は動かされており、また南東角の柱が傾いて墓室南壁に倒れかかる狀態であるため、盜掘者はここから石椁内に侵入したと推定される。發掘時の石椁内は一・五メートル餘の泥土で埋もれた狀態で、木棺はすでに朽ちはて、金銀の裝飾品や隨葬品は一片も殘存していなかったが、その東北角から二本の大腿骨と頭骨の破片が發見された。また石椁と後墓室西壁との三十センチほどの空隙に堆積した泥土中からは大腿骨一本が發見されたが、それは房氏のものである可能性が高いとされる。また肋骨、脊椎骨、肩胛骨などの破片が前後墓室、前後甬道、過洞、天井などで發見されたが、それらは出水によって後墓室から押し出されたものと推測されている。

最後に「發掘簡報」に記述はないが、章懷太子墓からは哀冊の殘片が出土したとされる。ただし、その詳細については不明である。(8)

第二節　二墓誌の解題

Ⅰ　「大唐故雍王墓誌」

①墓蓋は底邊が九十×九十センチ、厚さ二十センチの平板な角錐臺狀で、蓋上には三行、行三字で「大唐故／雍王

墓／誌之銘」の九字が陽刻で篆題されるとともに四方の斜面には唐草文様、また四周には唐草文様と十二支像が彫刻されている。②墓誌は九十×九十センチ、厚さは二十センチ、誌序銘は肥厚體の楷書を基調とするが時に行書がまじり、四十行、滿行四十一字、總字數は千四百十六字である。またその四周には唐草文様が彫刻されている。③誌序銘の撰者および書者はともに刻まれていない。④作製と埋納年次は、誌序に「神龍二年又加制命册贈雍王。（中略）、仍令陪葬乾陵。以神龍二年七月一日遷窆」とあることから、中宗の神龍二年（七〇六）に李賢の歸葬が決定し、改めて雍王に册贈されて祔葬が完了した同七月一日までと考えられる。⑤誌序銘の改刻は後述するごとく一例である。⑥出土情況について述べると、墓誌蓋は後甬道最奥部の磚床上で誌蓋石と墓誌石とに分けられて、それぞれ東壁に密着させる狀態で發見された。具體的に記すと、誌蓋石は「大唐故雍王墓誌之銘」を上にして南側に置かれ、その北側に置く墓誌石は誌序銘を東壁面に貼り附けるようにして立てた狀態で發見されたのである。墓誌蓋の本來の位置は不明であるが、神龍二年の葬儀では、「章懷墓誌」が置かれていた後墓室內の前端附近に置かれたのではあるまいか。さて、この觀點から右の處置を顧みると、それは景雲二年十月の房氏合葬時のものか、あるいは盜掘時のものかは判然としない。しかし敢えて誌面を東壁に向けて誌序銘を讀めぬようにする、その整然たる置き方からすると前者の蓋然性が高いと見るべきではあるまいか。

最後に、誌序銘の改刻を明らかにして「雍王墓誌」に刻まれた反唐勢力の影響について一言する。すなわちこの墓誌は中宗の神龍二年（七〇六）に作製・埋納されたが、それは中宗が則天武后を幽閉して重祚した神龍元年正月から一年半、同年十一月の武后崩御からするとわずか半年後で、その誌序銘にはいまだに權勢を失わぬ武氏派の影響が見られるのである。以下それを論ずると、墓誌冒頭の「大唐故雍王墓志銘幷序」の十字は「故雍王墓志銘□□幷序」（□□は二字分の空格）の八字を原刻とするが、その「故」の字に「大」の字を重ねて刻し、以下同様に「雍」に「唐」、「王」

に「故」、「墓」に「雍」、「志」に「王」、「銘」に「墓」を重刻し、さらに□□の部分に新たに「誌銘」の二字を刻して原刻の「幷序」につなげるのである。要するに、この改刻は原刻の八字に「大唐」の二字を補うものであるが、それは睿宗の景雲二年（七一一）十月に執行された章懷太子妃房氏の合葬に際してなされたものと考えられる。ここで問題となるのは「雍王墓誌」の作製時には何ゆえ「大唐」の二字を刻さなかったかということである。この問題は李賢の皇太子廢位や巴州謫徙および自殺の顚末などについて、誌序は駢儷文に寓意を滲ませるのみで詳細な記述を回避する事實と通底するもので、その撰者や書者を匿名にするとともに當時の朝廷には李賢の悲劇を糊塗し、その復權を歡迎せぬ風潮が存在したことを伺わせるものであろう。換言すれば大周の繼續を願い、唐朝の復活を阻もうとする一派の威勢が「大唐」の文字を刻ませなかったのである[9]。その中心人物として考えられるのは則天武后の甥武三思を措いてほかになかろう。すなわちこの人物は次子武崇訓が中宗と韋后の女安樂公主の附馬となったことから韋后と連帶して國政を左右したことが知られている。景龍元年（七〇七）七月に武三思父子は皇太子李重俊（贈節愍太子）に誅殺されたが、重俊が敗死して騷擾が收まると、中宗は武三思を太尉・梁王に、崇訓に開府儀同三司・魯王に追封したことから、その浸潤ぶりが知られるのである[10]。以上のことから、李賢の雍王册贈と乾陵陪葬が執行された神龍二年（七〇六）當時は、武氏と韋氏とが同盟する新たな反唐勢力が形成された時代であったことに注意しなければならない。「雍王墓誌」はまさにそのような情況下で作製されたのである。管見のかぎり傳世史料中に李賢の名譽回復に異論を唱えるものは確認できないが、「雍王墓誌」はその存在を示唆するものと考えるべきである。この觀點からすると、誌序銘の撰述にもさまざまな壓力が加えられたことであろう。その內容から判斷すると撰者は李賢の親與者に相違なく、その撰述には意に染まぬ改編が迫られたと想像されるが、「雍王墓誌」には所與の條件內で可能なかぎりの贊辭が込められていると解すべきであろう。ただしながら、睿宗の重祚によって反唐勢力の一掃なった景雲二年（七一一）の時點からすると、その内容に問題とされる部分が認められたのではなかろうか。すなわち前述のごとく敢えて誌面を東壁に向けて誌序銘を讀めぬようにする處置が施されたのは「雍王墓誌」に對する抗議の表象ではあるまいか。

最後に、墓蓋に刻まれた「大唐故雍王墓誌之銘」とする蓋題中の「大唐」についても言及すると、それは墓蓋石と墓誌石の石材の色彩が異なることから、この墓蓋は誌題が改刻された景雲二年時に新たに作製されたものであると指摘されている。私は、その考察にしたがうべきであると考える(11)。

Ⅱ　「大唐故章懷太子幷妃清河房氏墓誌」

①墓蓋は底邊が八十七×八十七センチで、厚さ十七センチの角錐臺狀で、蓋上には四行、行四字で「大唐故章／懷太子幷／妃清河房／氏墓誌銘」の十六字が陰刻で篆題されるとともに四方の斜面には唐草文様が彫刻されている。②墓誌は八十七×八十七センチ、厚さは十七センチ、誌序銘は行書の筆意を加味した肥厚體の楷書で記され、三十四行、滿行三十四字、總字數は九百八十九字である。またその四周には唐草文樣が彫刻されている。③誌序銘の撰者は盧粲、書者は李範である。盧粲は叔父の盧行嘉が記室として雍王李賢に仕え、また自身も李守禮の師傅となったことから、叔甥二代にわたって章懷太子家に仕えた人物と見なすことができる。盧粲は反武韋派の旗幟を鮮明にした硬骨漢として知られ、武崇訓の死後に安樂公主は崇訓のために陵墓を造營すべしと懇請したが、盧粲はこれを駁して阻止したのである。書者の李範は睿宗の第四子で李隆基（玄宗）の異母弟にあたる。本名は隆範であるがのちに兄の諱を避けて範と稱した。李範は武周時代に兄弟や從兄弟の李守禮らとともに十餘年閒にわたって宮中に幽閉されたことから兄隆基はもとより守禮とも血盟の絆でむすばれており、また韋氏派の擾亂では兄隆基の擧兵にしたがって大功を立てた。ここで「章懷墓誌」に立ち返ると、このような經歷に彩られた二人が作製の根幹を占めることに時代の激變が象徵さ

れているのである。④作製と埋納年次は、誌序に「妃清河房氏、（中略）、景雲二年龍集荒落六月十六日、遘疾薨於京興化里之私第。春秋五十有四。即以其年十月壬寅朔十九日庚申、窆于太子之舊塋」とあることから睿宗の景雲二年（七一一）六月十六日の房氏薨去より十月十九日の祔葬までの間に作製・埋納されたと考えられる。⑤誌序銘の改刻は一例である。それは「高宗天皇大帝之第六子」とする「六」の字に「二」の字を重ねて刻して「第二子」に改めるものである。この「第六子」は高宗を主體とする表記で、その八子（忠・孝・上金・素節・弘・賢・顯・旦）のうちの第六子の意である。「第二子」とは則天武后を主體とするもので、その所生子中の第二子の謂である。すなわち原刻は生母を問わず兄弟順に記すもので、そこには則天武后を特別視せぬ方針が貫かれているが、改刻はそれを否定して則天武后の所生子のみが唐朝の正系たることを宣するものである。私は、この改刻を睿宗に進言した人物に太平公主を比定するが、その詳細については第七章を參照されたい。⑥出土情況について述べると、この墓誌蓋は後墓室入口の東側にあたる磚床上に、石椁の南半部分に正對するような形で置かれていたが、墓蓋石は南側に置かれた墓誌石から北側に移動させた狀態で發見された。この移動は景雲二年十月の葬儀以降になされたはずで、後世の盜掘時のものと見るべきであろう。

　最後に「章懷墓誌」の特徴について一言する。前述のごとく、七一一年に作られたこの墓誌蓋は七〇六年作製の「雍王墓誌」に後れること五年であるが、この間に復位した睿宗のもとで武韋一黨が一掃され、則天武后に對する畏敬の念が薄れて、睿宗朝をあげて李唐の復活を天下に示さんとする姿勢が汪溢した時代であることに注意する必要がある。その情況下で反武韋派の盧粲が撰述した「章懷墓誌」は、蓋題と誌題に「大唐」の文字を刻して唐朝を讚え、さらに誌序においては則天武后を「皇太后」と明記して唐朝（李家）の皇太后（皇帝の母）と規定し、その大周皇帝即位を認めぬ姿勢を貫くとともに、憚ることなく章懷太子を顯彰するのみならず房氏の婦徳を絶贊し、さらには義母の葬列に扈從する李守禮の孝德にまで言及しているのである。これは章懷太子家に仕えた盧粲の眞情を表したものに相違なく、その筆致には太子の悲劇に憤り、復權までの四半世紀におよぶ房氏母子の苦惱を熟知するがゆえの溫情が汲み取れるのである。ただし「皇太后」の表記は盧粲の一存ではあり得ず、睿宗の裁可を得た公式見解と見なすべきであろう。この觀點からすると、憚ることなく筆を進めたように見える盧粲にもおのずと自制すべき部分があったようである。すなわち「章懷墓誌」は李賢が廢された理由や自殺の詳細は記さず、また歷朝の太子失脚の事例を列擧して章懷太子のそれは冤罪であることを諷するものの、その明言は控えているのである。何となれば、廢黜と自殺の眞相を詳述すれば今上の生母である則天武后の殘忍な仕打ちに言及せねばならぬからである。その惡業は天下に隱れなきものであろうが、傳統的な儒教世界の規範からすると、そのような記述は許されず、盧粲には故事と駢儷文からなる微妙な表現が求められたのである。

第三節　二墓誌の內容に關する考察

ここでは二墓誌の注目點、從來の定說に訂正をせまる內容について列記・檢討する。

（Ⅰ）　李賢の生前における雍王冊拜について、「雍王墓誌」に「咸亨三年八月、改封雍王、食邑萬戶」、「章懷墓誌」に「咸亨二年、徙封雍王」とする。これについて『舊唐書』本傳は「咸亨三年、改名德、徙封雍王」につくり、『舊唐書』卷五高宗本紀は「（咸亨三年九月）壬寅、沛王賢徙封雍王」、『資治通鑑』卷二〇二唐紀一八は「（咸亨三年九月）癸卯、徙沛王賢爲雍王」につくることから先行研究は「章懷墓誌」の「咸亨二年」は「咸亨三年」の誤りである可能性を示唆する。(12)

（Ⅱ）　李賢の死後における雍王追贈について、一度目は「雍王墓誌」に「垂拱元年三月廿九日、恩制追贈雍王、謚曰悼。葬於巴州化城縣境」、「章懷墓誌」に「垂拱元年四月廿二日、皇太后使司膳卿李知十持節册命、追封爲雍王」とあり、二墓誌の月日には二十日餘の懸隔がある。これについて兩本傳ともに月日を記さず、『資治通鑑』巻二〇三唐紀一九は「（文明元年三月）己亥、追封賢爲雍王」につくる。二度目は「雍王墓誌」に「神龍二年、又加制命册贈雍王、（中略）、册贈司徒仍令陪葬」とあるも、「章懷墓誌」は「神龍元年、（中略）、恩制追贈司徒公」とするのみで雍王追贈の記事はない。また新舊本傳も司徒追贈のみを記す。

さて、ここで「雍王墓誌」が「神龍二年、又加制命册贈雍王」として李賢沒後に二度目の雍王册贈がなされたことを特記することに注意しなければならない。何となれば、これは大唐の雍王に册贈することを宣言するものだからである。前述のごとく、この誌題は「故雍王墓志銘□□幷序」を原刻とし、それにしたがって撰者は誌序銘を撰述するのであるが、その意に反してこの「雍王」は大周のそれと認識されるものではなかろうか。少なくともそのように解釋できる餘地が入れられたことは疑いない。そこで右の「垂拱元年三月廿九日、恩制もて雍王に追贈し、謚は悼と曰う」とする一文を顧みると、それを命じた則天武后は李賢を大周の雍王と認識していたとして閒違いないのではなかろうか。したがって撰者がここで「神龍二年」と重祚した中宗の年號を明記し、ついで「又た制命を加えて雍王に册贈す」とする二度目の雍王追贈を記さなければ、誌題の雍王は則天武后の臨朝稱制期の「垂拱元年三月廿九日」に追贈された大周のそれを意味するものと解されるであろう。武周革命は五年後の天授元年（六九〇）まで待たねばならぬが、李賢の死を聞いて追贈をおこなった則天武后は自身を唐の皇太后に卑下する意識は微塵もなかったと考えるべきである。誌序銘の內容から判斷すると撰者は李賢の親與者と見られることから、それは斷じて容認できぬとして神龍二年の册贈を明記し、反唐勢力の思惑を否定したのではなかろうか。詳細は第七章を參照されたい。

(Ⅲ)　歴史書の補缺について、「章懷墓誌」は「麟德二年、加右衛大將軍。其年從駕東封、攝兗州都督」につくる。これは『舊唐書』・『新唐書』・『資治通鑑』などの歴史書が記さぬもので、その缺を補うものである。

(Ⅳ)　立太子について、「雍王墓誌」に「上元二年、册拜皇太子」、「章懷墓誌」に「上元二年、高宗臨軒、册命爲皇太子」とあるのみでともに月日を記さない。これについて『舊唐書』本傳は「上元二年、孝敬皇帝薨。其年六月、立爲皇太子、大赦天下。尋令監國」、『新唐書』本傳は「上元年、(中略)、是時、皇太子薨、其六月、立賢爲皇太子」、『資治通鑑』唐紀一八は「(上元二年)六月戊寅、立雍王賢爲皇太子、赦天下」につくる。

(Ⅴ)　廢太子について、兩墓誌ともに駢儷文によってそれを寓するのみであるが、『舊唐書』本傳は「調露中、(中略)、乃廢爲庶人」、『新唐書』本傳は「調露二年、(中略)、乃廢賢爲庶人、幽于別所」、『舊唐書』高宗本紀に「(調露二年八月)、甲子、廢皇太子賢爲庶人、幽於別所」につくる。

(Ⅵ)　巴州謫徙について、「雍王墓誌」は言及せず、「章懷墓誌」に「以永淳二年、奉敕徙於巴州安置」とする。これについて『舊唐書』本傳は「永淳二年、遷於巴州」、『新唐書』本傳は「開耀元年、徙賢巴州」、兩『唐書』高宗本紀は「(開耀元年)、十一月癸卯、徙庶人賢于巴州」、『資治通鑑』唐紀一八は「(開耀元年)、十一月癸卯、徙故太子賢於巴州」につくる。「章懷墓誌」の年次は『舊唐書』本傳のそれと一致する。永淳二年(六八三)と開耀元年(六八一)は二年のズレがあるが、私は李賢の名譽が完全に恢復された時代に作製された「章懷墓誌」は執筆上の禁忌が少なかったとする觀點からその所説を重視し、李賢の巴州謫徙は永淳二年になされたと考える。詳細は第六章を參照されたい。

(Ⅶ)　李賢の卒年について、「雍王墓誌」は「文明元年二月廿日、薨於巴州之別館。春秋卅有一」、「章懷墓誌」は「以文明元年二月廿七日、終于巴州之公館。春秋卅有一」につくりいずれも三十一歳とする。また『舊唐書』本傳は「文明元年、則天臨朝、令左金吾將軍丘神勣往巴州檢校賢宅、以備外虞。神勣遂閉於別室、逼令自殺、年三十二」につくり三十二歳、『新唐書』本傳は「武后得政、詔左金吾將軍丘神勣檢衞賢第、迫令自殺、年三十四」につくり三十四歳とする。ここで李賢の生年を確認すると『舊唐書』巻四高宗本紀に「（永徽五年）十二月、（中略）、戊午、發京師謁昭陵、在路生皇子賢」とあり、その死亡年は『舊唐書』巻六則天皇后本紀は「（文明元年）三月、庶人賢死于巴州」、『新唐書』巻四則天皇后本紀は「（文明元年二月）庚申、（中略）殺庶人賢于巴州」とあって二墓誌のそれに一致する。この永徽五年（六五四）十二月より文明元年（六八四）二月までの年數は三十一年となり、二墓誌の卒年に合致する。これによって諸説あった李賢の卒年は三十一歳をもって定説とされるにいたった。ここで一言すれば、李賢の死亡月は上記の『舊唐書』則天皇后本紀および『資治通鑑』唐紀一九は三月とするが、ここでは二墓誌にしたがって二月と考えるべきであろう。ただし「廿日」と「廿七日」とする七日の差異についてては不明であるが、強いてそのいずれかとするならば（Ⅵ）と同じ理由によって「章懷墓誌」のそれをとるべきであろう。詳細は第六章を參照されたい。

（Ⅷ）乾陵陪葬の年次について、「雍王墓誌」に「仍令陪葬乾陵、以神龍二年七月一日遷窆」とあり、「章懷墓誌」に「神龍元年、（中略）、令胤子守禮往巴州迎柩環京、仍許陪葬乾陵柏城之內、自京給鼓吹儀仗、送至墓所」とある。『舊唐書』本傳は「神龍初、追贈司徒、仍遣使迎其喪柩、陪葬於乾陵」、『新唐書』本傳は「神龍初、贈司徒、遣使迎喪、陪葬乾陵」につくる。ここでは「雍王墓誌」にしたがってその年月日を神龍二年（七〇六）七月一日とすべきである。

（Ⅸ）章懷太子追贈について、「章懷墓誌」に「景雲二年四月十九日、又奉敕、追贈册命爲章懷太子」につくる。『舊唐書』本傳は「睿宗踐祚、又追贈皇太子、謚曰章懷」、『新唐書』本傳は「睿宗立、追贈皇太子及謚」につくり、年月日を記さない。ただし『舊唐書』巻七睿宗本紀は「(景雲元年秋七月)、追謚雍王賢爲章懷太子」、『資治通鑑』巻二〇九唐紀二五は「(景雲元年六月丁未)、追謚雍王賢曰章懷太子」と記し、ここでは景雲元年(七一〇)六月または七月とする。しかしいずれにもせよ、その追謚は中宗の鴆殺および凄慘な掃討戰の腥臭おさまらぬなかで慌ただしく宣せられたものとして間違いない。よって追謚にともなう宮中の諸儀禮や尊位に相應する儀禮品の下賜などは、さまざまな混亂がおさまったのちに個々の良日を選んで擧行されたと考えるべきであろう。この觀點からすると「章懷墓誌」の「景雲二年四月十九日」は、その一連の儀式が完了した日と解すべきではあるまいか。詳細は第七章を參照されたい。

(X)　章懷太子李賢の『後漢書注』について、二墓誌はいずれも記述しない。それは『舊唐書』本傳は「賢又招集當時學者太子左庶子張大安、洗馬劉訥言、洛州司戶格希元、學士許叔牙、成玄一、史藏諸、周寶寧等、注范曄後漢書、表上之。賜物三萬段、仍以其書附祕閣」とあり、『新唐書』本傳もほぼ同文につくるごとく、皇太子李賢が多くの學者を招聘して撰述したもので、奉呈を受けた高宗は稱贊とともにそれを祕閣に附したとされる。周知のごとく、その注釋は完成より一千三百年餘にわたって後漢王朝とその前後の時代の考究に缺くべからざるものと評價される。ここで問題となるのは、太子畢生の業績である『後漢書注』について、二墓誌はその存在を仄めかすこともなく、何ゆえ沈默を貫くのかということである。それは極めて難解な問であるが、ここで敢えて一言するならば、私は編纂グループに對して誌序銘の撰者が共通して懷く悲憤の表明にほかならぬと考える。何となれば李賢の廢詘が決まると高宗は劉訥言、張大安ら編纂幹部を詰問し、劉訥言は庶民に下して振州に配流、張大安は普州刺史に左遷した。それは長年にわたって李賢に仕えながら良導せず、則天武后と武氏一派を無用に刺激する注釋を撰述させた責任を問い質した結果であろう。李賢失脚の原因をことごとく編纂者に負わせることはできぬが、劉訥言らに對する高宗の不信は當然である。ここで李賢に親與する兩墓誌の撰者を顧みると、いたずらに李賢を廢太子とした編纂者たちに向けた失望と憤怒の念は高宗のそれに優るとも劣らぬものであったに相違ない。すなわち撰者は『後漢書注』の評價は別として、編纂グループは世間を知らぬ學者集團に過ぎず、『後漢書注』の完成後も東宮に居座り、李賢を破滅に追いこんだものとして痛棒を浴びせたかったのではなかろうか。ただし、それを公にし、誌序銘に込めることには無理があり、その觀點から沈默せざるを得なかったのではあるまいか。また假に誌序銘において『後漢書注』に言及すれば李賢の功績に附隨してかの編者らの名も想起されることとなろう。撰者は何よりもそれを忌避し、割愛やむなしとの判斷を下したと考えるのである。詳細は第六章、第八章を參照されたい。

むすび

以上、私は「發掘簡報」にもとづいて章懷太子李賢墓の內部構造と發掘情況を確認するとともに、「大唐故雍王墓誌」と「大唐故章懷太子幷妃淸河房氏墓誌」の解題を記し、さらに誌序銘の檢討や改刻の事例および『後漢書注』に對する沈默などについて考察をおこなった。これを通じて、この二つの墓誌は兩『唐書』や『資治通鑑』などの歷史書から拔け落ちた李賢と房氏の人物像やそれをめぐる微妙な歷史文樣を傳えるものとして、唐代史の理解に新たな視點を提供するに足る貴重な新資料となることを明らかにした。

注

（1）乾陵の陪葬者は『唐會要』巻二一陪陵名位は「乾陵陪葬名氏。章懷太子賢、懿德太子重潤、澤王上金、許王素節、邠王守禮、義陽公主、新都公主、永泰公主、安興公主、特進王及善、中書令薛元超、特進劉審禮、禮部尙書左僕射豆盧欽望、右僕射劉仁軌、左衞將軍李謹行、左武衞將軍高侃」として十六名をあげるが、現今ではこれに楊再思を加えて陪葬墓は十七座とされる。唐代の皇帝陵と陪葬墓については、來村多加史『唐代皇帝陵の研究』（學生社、二〇〇一年）、劉向陽『唐代帝王陵墓』（三秦出版社、二〇〇三年）などを參照。

（2）兩墓誌の拓本と釋文および解說については、中田勇次郎編『中國書道全集』第三卷隋・唐Ⅰ（平凡社、一九八六年）、周紹良主編『唐代墓誌彙編』（上海古籍出版社、一九九二年）、王友懷主編『咸陽碑刻』（三秦出版社、二〇〇三年）などを參照。

（3）陝西省博物館乾縣文教局唐墓發掘組「唐章懷太子墓發掘簡報」（『文物』一九七二年第七期）。章懷太子墓および二墓誌の計測値はすべてこの報告書に依據する。なお、二〇一二年現在にいたるまで章懷太子李賢墓の總合的な發掘報告書は未刊で、研究上支障をきたしている。その公刊が待たれる次第である。また「發掘簡報」は墓室（北）から墓道入口（南）方向に天井を數えて第一から第四の順次とするが、李求是「談章懷、懿德兩墓的形制等問題」（『文物』一九七二年第七期）以下の諸論文は墓道入口から墓室に向かって數えるために混亂が生じている。ここでは後者にしたがって墓道入口から起算することとする。

（4）章懷太子・懿德太子・永泰公主の墓葬の比較については、陝西省文物管理委員會「唐永泰公主墓發掘簡報」（『文物』一九六四年第一期）、陝西省博物館・乾縣文教局唐墓發掘組「唐懿德太子墓發掘簡報」（『文物』一九七二年第七期）、「唐章懷太子墓發掘簡報」および李求是前掲論文注（3）、孫新科「試論唐代皇室埋葬制度問題」（『中原文物』一九九五年、第四期）を參照。

（5）章懷太子墓の盜掘については第二天井の東南角に縱七十センチ橫六十センチの盜掘口が確認されている。盜掘者はここから墓內に侵入し、前甬道の木門、後甬道の石門を破壞して前後墓室に侵入し、星辰圖の金箔などを剝がすとともに石椁頂蓋の石板を動かして內部の隨葬品を持ち去ったと考えられる。ただし六箇所の便房（小龕）などに收められた三彩鎭墓獸、三彩立俑、騎馬俑、綠釉花盆など六百餘の隨葬品は倒され、破壞されながらも殘存していたため、盜掘はそれらが希少價値をもたぬ比較的早期になされたと推測される。

（6）章懐太子墓壁畫については、陝西省博物館編『唐李賢墓李重潤墓壁畫』（文物出版社、一九七四年）、周天游主編『章懐太子墓壁畫』（文物出版社、二〇〇二年）、冀東山主編『神韵與輝煌』（三秦出版社、二〇〇六年）を參照。その考察については、宿白「西安地區唐墓壁畫的佈局與內容」（『考古學報』一九八二年第二期。のちに周天游主編『唐墓壁畫研究文集』所載、三秦出版社、二〇〇一年）。李星明「唐墓壁畫考識」（『朶雲』第四二期、一九九四年。のちに『唐墓壁畫研究文集』所載）、楊效俊「影作木構間的樹石――懿德太子墓與章懐太子墓壁畫的比較研究――」（『陝西歷史博物館館刊』第六輯、一九九九年。のちに『唐墓壁畫研究文集』所載）、李星明『唐代墓室壁畫研究』（陝西人民美術出版社、二〇〇五年）などを參照。

（7）唐代における石槨など石葬具の規制については、王靜「唐墓石室規制及相關喪葬制度研究――復原舊『喪葬令』第25條令文釋證――」（『唐研究』第一四號、二〇〇八年）を參照。

（8）沈睿文「唐章懐太子墓壁畫與李守禮」（『藝術史研究』第六輯、二〇〇四年）は「在章懐墓中既發現哀冊、也發現有章懐誌」と記し、また附表一に「哀冊殘」とするが、その出土箇所や內容については言及しない。懿德太子墓の場合は陰刻塡金された大理石制の「哀冊」十一片が出土したことが確認されている。なお、唐代の喪葬儀禮と哀冊については、江川式部「唐朝の喪葬儀禮における哀冊と謚冊――出土例を中心に――」（『古代學研究所紀要』第五號、二〇〇七年）に詳述される。

（9）賢の字は兩書本傳とも「明允」につくり、「章懐墓誌」は「仁」につくる。ただし「雍王墓誌」は「王諱賢字□□」（□□は二字分の空格）として「字」の下に未刻の空格を置くが、そこは兩本傳からすると「明允」、「章懐墓誌」からすると「仁」を刻むはずではなかったか。しかし李賢の復權を歡迎せぬ風潮のもとで何かしら憚る事情があって未刻とした可能性も考えられよう。

（10）李求是前揭論文注（3）、孫英剛「唐代前期宮廷革命研究」（『唐研究』第七號、二〇〇一年）、張萍『長安宮廷政變』（西安出版社、二〇〇七年）、杜文玉『唐代宮廷史』（百花文藝出版社、二〇一〇年）などを參照。

（11）劉向陽「唐章懐太子李賢兩合墓誌及有關問題」（『碑林集刊』第五集、一九九八年）および樊英峰・劉向陽『唐乾陵』、三秦出版社、二〇〇五年）。

（12）「發掘簡報」による。

補篇一　「大唐故雍王墓誌」譯注

はじめに

本篇は、一九七二年に陝西省乾縣の懷太子李賢墓から出土した「大唐故雍王墓誌」および「大唐故章懷太子幷妃清河房氏墓誌」のうち前者について譯注を施すものである。テキストは中田勇次郎編『中國書道全集』第三卷隋・唐Ⅰ（平凡社、一九八六年）、周紹良主編『唐代墓誌彙編』（上海古籍出版社、一九九二年）、王友懷主編『咸陽碑刻』（三秦出版社、二〇〇三年）所載の拓本寫眞および釋文を用いたが、全體の構成および細部は「雍王墓誌」の原拓（一九九二年四月採拓）によって確認した。なお釋文には便宜的に行數を示すアラビア數字を附した。

その誌蓋石（蓋）は底邊が九十×九十センチ、厚さ二十センチの角錐臺狀で蓋上に三行、行三字で「大唐故／雍王墓／誌之銘」の九字が陽刻で篆題される。墓誌石（身）は九十×九十センチ、厚さは二十センチで誌序銘は肥厚體の楷書を基調として時に行書がまじり、四十行、滿行四十一字で總字數は一千四百十六字である。その作製は中宗の神龍二年（七〇六）七月一日に執行された贈雍王李賢の乾陵陪葬時とされる。誌序銘の撰者と書者は未刻である。

《釋　文》

1大唐故雍王墓誌銘并序

2王諱賢字　　隴西狄道人也

3太宗文武聖皇帝之孫

4高宗天皇大帝之第二子

5今上之兄迯夫神源長發聖構遐遠白雲垂祉虞臣所以邁德紫氣凝禎周史由其敷道至哉衛尉播雄烈

6於隴西赫矣武昭定霸功於河右自茲以降厥緒尤繁克茂本枝逾徽後大故得神祇叶贊天地會昌彈壓

7八荒牢籠萬古梯山航海局疆寓於羲軒茅社桐珪陋車服於梁楚王稟靈　宸極有縱自天直置而高

8自然斯遠早標岐嶷夙挺珪璋孝友基身非得之於外弊溫恭植性固不待於傍勗重以冲情峻舉雅量宏

9通落落千尋汪汪萬頃枝格上竦波瀾長邁邈與瓊峴等列鬱將瑤碣齊高梁棟乾坤舟輿宇宙公卿籍甚

10遐邇謳歌既而傍該流略博綜墳典詩析齊韓洞嚴扃於楚囿易分殷夏啓祕鍵於沛場曹國有託論之聲

11丁廙致假詞之潤分鑣並鶩重在茲辰故以冠冕庶邦羽儀列辟爲五宗之領袖當百代之規模

12高宗御玉牀握金鏡分司列職右戚左賢式固邦家用隆藩屏頒昭敍穆峻以寵章礪岳紳河延其代載發

13天渙叶良辰廼命秩宗搜古今之令典爰徵掌固草封拜之嘉儀於是勾龍率職分色土於宗社司空畫界

14裂奧壤於方輿當宁昌言徐申利建之義揚庭在位敬承永錫之休廼宅附庸奄荒晉甸粤以永徽六年封

15潞王食邑一萬戶紅蘭被坂朱荷冒池東閣西園枚鄒列客一吟一詠金石叶諧聲高宗國譽表侯甸若乃

16八水朝市五方交合實稱天府是曰國樞都鄙混并衣冠雜襲辛家黑白之里甲第王之居輕軒動而川流

17長袂擧而帷合寔資良懿雅望鎭之明慶元年拜岐州刺史其年加授雍州牧振綱理目寬猛相權曾不浹

18 旬政平頌擧龍朔元年改封沛王加授使持節都督揚和滁潤常宣歙七州諸軍事揚州刺史兼左武候大
19 將軍雍州牧如故外連旬服內兼周衛遠近悅豫朝野肅寧麟德二年加右衛大將軍其年從　　駕東封
20 攝兗州都督遞參心膂兼揔股肱翊欄錡以星陳建旌麾而岳列曁乎登封降禪刋玉泥金大禮聿脩能事
21 斯畢巡警克著統攝攸宜咸亨三年八月改封雍王食邑萬戶出入雲霄負揭日月君王邈矣度越前修遐
22 哉敻乎固無得而稱也夫前星著象式標元子之尊重震凝規載列長男之位儲副斯在冢嫡攸歸上元二
23 年册拜皇太子光膺守器克嗣丕基而二疏不追四友孤絕箴規有闕調護匪宜監撫虧良宗祧弛盛搖山
24 落構望菀摧基一墜夘精永託辰尾文明元年二月廿日薨於巴州之別館春秋卅有一至垂拱元年三月
25 廿九日　　　恩制追贈雍王謚曰悼葬於巴州化城縣境　　　主上端旒黃屋正位紫宸負扆長懷
26 陟崗永歎痛飛鴒之遽絕切斷鴈之逾孤廼命司存緬追休烈神龍二年又加　　　制命册贈雍王禮盛
27 漢蒼恩踰晉獻乃　　　勑金紫光祿大夫行衛尉卿上柱國西河郡開國公楊元琰正議大夫行太子率
28 更令騎都尉韓國公賀蘭琬監護喪事册贈司徒仍令陪葬　　　乾陵以神龍二年七月一日遷窆禮也
29 惟王調函律呂質蘊珪璋荆山之下瑜瑾挺其溫潤軒丘之上鸞鳳炤其輝光包柱石於胷襟動風飇於懷
30 袖孤挺天爵高擅人龍排閶闔而上征凌扶搖而獨運光前絕後莫之與京倚伏糺紛屈申舛互藏山易負
31 去日難維九原不追百身奚贖雖天長而地久諒海變而舟移敬緝遺塵紀盛烈於黃絹庶垂來代勒不朽
32 於玄房其詞曰
33 兩儀交合五運遞遷綠圖沿渚赤字浮川握符括地受命承天本枝繁衍茂緒蟬聯天地降祥山川納祉乃
34 資人傑實縱英峙瓊萼躋跗皇孫帝子曾嶠迴立崇峯崫起赫矣飇擧悠哉海運蘭桂異芬琳琅奇韻暉映
35 萬古磊落千刄鳳穴驪川含輝吐潤康叔君衛公旦封魯於穆我王重規沓矩茂實綿宙英聲溢寓服義佩

36仁廼文廼武秦邦楚甸繼稱藩國惟王戾止人倫之則寛猛靡乖弛張不忒　帝室楨幹
37天朝羽翼儲副攸繁冢嫡斯俟師表列辟津梁多士鳴玉鏘金旌旃猗狔令問令望優哉美矣匡弼
38玄猷翼宣王度慶弔紛紜吉凶舛互遽迫夜舟奄零朝露撤樂興感罷市纏慕乃筮圖史言占塋壙丹旐透
39迤素帷飄揚悲笳夜咽殲歌曉唱去我桂巖來茲松帳長天運節短日摧年冥冥萬古杳杳三泉墓欑衰木
40塋聚寒煙生靈共此無聖無賢

《訓　讀》

大唐故雍王墓誌銘幷びに序。

王諱は賢、字は□□。隴西狄道の人なり。太宗文武聖皇帝の孫、高宗天皇大帝の第二子にして、今上の兄なり。逑ぶるに、夫れ神源は長《ひさ》しく發し、聖構は遐《はる》かに遠し。白雲祉に垂るるは、虞臣の德を邁《はげ》ます所以なり。紫氣禎を凝《こ》らすは、周史の其れ道を敷くに由《よ》る。至なるかな衛尉、雄烈を隴西に播《し》き、赫たるかな武昭、霸功を河右に定む。茲《これ》より以降、厥《そ》れ尤繁を緒《おこ》して、克《よ》く本枝を茂し、逾いよ後大を徵《あき》らかにす。故に神祇の叶贊を得、天地會昌して、八荒を彈壓し、萬古を牢籠《りゅうろう》す。梯山航海して、局疆もて羲軒に寓し、茅社桐珪して、陋車もて梁楚を服す。王は靈を宸極に稟《う》け、天より縱《うま》るる有り。直置《ただもつ》而て高く、自然《おのずからすなわ》斯ち遠し。早《つと》に岐嶷《ぎぎ》を標《あらわ》し、夙《つと》に珪璋を挺《いだ》す。孝友は身に基づき、之を外弊に得るに非ず。溫恭は性に植《よ》り、固より傍勗《きょく》に待たず。重ぬるに冲情峻擧を以てす。雅量宏く通じ、落落たること千尋、汪汪たること萬頃たり。枝格上竦《しょう》して、波瀾長邁《まい》し、邈かに瓊崐《けいこん》と列を等しくして、鬱《さかん》なること將に瑤碣《ようけつ》と高きを齊《ひと》しくす。乾坤を梁棟とし、宇宙を舟輿とす。公卿籍甚して、遐邇謳歌す。既にして流略を傍該し、墳典を博綜し、詩は齊韓を析して、嚴扃《けい》を楚囿に洞《とお》し、易は殷夏を分ちて、祕鍵を沛場に啓く。曹國は託論の聲有り、丁廙《い》は假詞の潤《うるおい》を致す。分鑣《ひょう》するも並鶩《ぶ》するは、重《ふたた》び茲の辰《とき》に在り。故に庶邦に冠冕するを以て、列辟を羽儀して、五宗の領袖と爲りて、百代の規模に當る。

高宗玉牀に御し、金鏡を握りて、分司列職す。右戚左賢、式《もっ》て邦家を固め、用《もっ》て藩屏を隆《さかん》にす。昭を頒かち穆を敍《つい》で、峻《りょう》するに寵章を以てし、礪《れい》岳紳河まで、其の代載を延ばさんとし、天渙を發して、良辰に叶わしむ。廼ち秩宗に命じ、古今の令典を捜して、爰に掌固に徴し、封拜の嘉儀を草す。是に於いて勾龍職に率《したが》い、色土を宗社に分かち、司空界を畫して、奧壤を方輿に裂く。當に昌言を宁《あらわ》して、徐《とも》に利建の義を申べ、揚げて位に在るを庭《ただ》し、敬みて永錫の休を承《うけ》る。廼ち附庸に宅《やす》んじ、奄《ひさ》しく晉甸を荒《おさ》めしむ。粤《ここ》に永徽六年を以て、潞王に封ぜられる。食邑一萬戸なり。紅蘭は坂を被《おお》い、朱荷は池を冒《おお》う。東閤西園に、枚鄒《ばいすう》して客は列し、一吟一詠に、金石は叶諧す。聲は宗國に高く、譽は侯甸に表《あらわ》る。乃ち八水の朝市に、五方交合するが若きは、實に天府に稱《かな》い、是れをば國樞と曰うべし。都鄙混幷し、衣冠雜襲す。辛家は黑白の里、甲第は王の居、輕軒動きて川流る。長袂《べい》擧りて帷合す。寔《まこと》に資、良《まこと》に懿、雅望之を鎭む。明慶元年、岐州刺史に拜せらる。其の年、雍州牧を加授せらる。綱を振《ただ》して目を理《おさ》め、寬猛相い權《たいらか》になれば、曾《すなわ》ち浹旬《しょうじゅん》ならずして、政《まつりごと》平らかに頌擧がる。龍朔元年、改めて沛王に封ぜられ、使持節都督、揚、和、滁、潤、常、宣、歙七州諸軍事、揚州刺史を加授せらる。左武候大將軍を兼ね、雍州牧は故《もと》の如し。外は甸服に連なり、內は周衞を兼ね、遠近悅豫し、朝野肅寧す。麟德二年、右衞大將軍を加えらる。其の年、駕に從いて東に封ぜられ、兗州都督を攝す。心膂《りょ》を遞參《ていさん》し、股肱を兼摠し、欄錡《らんき》を翊《たす》け以て星陳し、旌麾《せいき》を建て而《もっ》て岳列して、登封降禪に曁《およ》ぶ。刋玉金泥もて、大禮聿脩《いっ》され、能事斯《ここ》に畢る。巡警克《よ》く著われ、統攝宜《よろし》きを攸む。咸亨三年八月、改めて雍王に封ぜらる。食邑萬戸あり。雲霄に出入し、日月を負揭し、君王邈《はる》かなり矣。前修を越えんことを度り、遐《はる》かなるかな、敻《とお》いかな、固より得て稱《はか》ること無し。夫れ前星は象を著わし、式《もっ》て元子の尊を標《あら》わし、震を重んじて規を凝《さだ》め、長男の位に載列す。儲副斯《ここ》に在りて、冢嫡攸《もっ》て歸す。上元二年、皇太子に册拜され、守器を光膺《よう》して、克《よ》く丕基《ひき》を嗣がんとす。而れども二疏追《したが》わず、四友孤《そむ》き絶《はな》るれば、箴規に闕くること有りて、調護は宜しきに匪《あら》ず。監撫に良《よろ》しきを虧《か》き、宗祧は盛を弛《ゆる》む。山は搖れ構は落ち、苑《えん》を望みて基《はかりごと》を摧《はば》まんとするも、一《ひと》たび墜つる夘《ほう》精は、永く辰尾に託さるるのみ。文明元年二月廿日、巴州の別館に薨ず。春秋卅有一なり。垂拱元年三月廿九日に至り、恩制もて雍王を追贈され、謚して悼と曰う。巴州化城縣の境に葬むらる。

主上端旒《たんりゅう》の黄屋もて、位を紫宸に正し、扆《い》を負いて長懷し、崗《おか》に陟《のぼ》りて永歎すらく、飛鴒《ひれい》の遽《にわ》かに絶ゆるを痛み、斷鴈の逾《いよ》いよ孤なるを切《なげ》く、と。廼ち司存に命じて、緬《はる》かに休烈を追す。神龍二年、又た制命を加えて雍王に册贈す。禮は漢蒼より盛《さかん》にして、恩は晉獻を踰《こ》ゆるなり。乃ち金紫光祿大夫、行衛尉卿、上柱國、西河郡開國公楊元琰、正議大夫、行太子率更令、騎都尉、韓國公賀蘭琬に勅して、喪事を監護せしむ。司徒に册贈して、仍ち乾陵に陪葬せしむ。神龍二年七月一日を以て窆《へん》に遷す。禮なり。惟だ王調は律呂を函し、質《み》は珪璋を蘊《つつ》む。荊山の下《もと》に、瑜瑾《ゆきん》は其の溫潤を挺し、軒丘の上に、鸞鳳は其の輝光を炤《てら》す。柱石を胷《きょう》襟に包み、風飇《ひょう》を懷袖に動《かん》じて、孤《ひとり》天爵を挺す。高く人龍を擅《ほしいまま》にし、閶闔《しょうこう》を排《おしひら》きて上《きみ》は征き、扶搖に淩《の》りて獨り運《はこ》ぶ。前に光《てら》し後に絶すごとく、之を京に與《かぞ》えること莫し。倚伏は糺紛し、屈申は舛互す。山に藏《かく》れて負《うれい》を易《やわ》らぐも、去《うしな》いし日は維《おも》い難し。九原には追《およ》ばざるも、百身奚くんぞ贖《あがな》わん。天長く地久しと雖も、諒《まこと》に海變りて舟移る。敬んで遺塵を緝《あつ》め、盛烈を黄絹に紀《しる》して、來代に垂るるを庶《ねが》い、不朽を玄房に勒《きざ》む。

其の詞に曰く。兩儀交合して、五運遞《てい》遷す。綠圖渚に沿い、赤字川に浮く。符を握りて地を括《たば》ね、命を受けて天を承《う》く。本枝繁衍して、茂緒蟬聯《ぜんれん》す。天地祥を降し、山川祉《し》を納む。乃ち人傑を資《たす》けて、實《まこと》に英峙を縱《ほしいまま》にす。瓊蕚《けいがく》躋跗するは、皇孫帝子なり。曾嶠迴立して、崇峯崫起す。赫たるかな飇《ひょう》は擧がるも、悠なるかな海は運《めぐ》る。蘭桂は芬《かおり》を異にし、琳琅は韻を奇とす。萬古を暉映し、千刄を磊落す。鳳穴驪川は、輝《かがやき》を含みて潤《うるおい》を吐く。康叔は衞に君たりて、公旦は魯に封ぜらる。於穆《うるわし》きかな我が王、規を重んじて矩を沓《かさ》ぬ。茂實は宙《とき》を綿《つら》ね、英聲溢ます寓《よ》す。義に服して仁を佩《お》ぶれば、廼《すなわ》ち文廼ち武。秦邦と楚甸は、繼いで藩國を稱す。惟《こ》れ王の戻止は、人倫の則なり。寬猛と靡乖《ひかい》、弛張は忒《たがわ》ず。帝室の楨幹は、天朝の羽翼なり。儲副攸繫すれば、冢嫡は斯《こ》れ俟つなり。列辟を師表とし、津梁は多士なり。鳴玉鏘《しょう》金して、旌旃《せいせん》は猗狔《いじ》す。令問令望ありて、優なるかな美なるかな。玄猷を匡弼して、王度を翼宣す。慶弔紛糺《きょう》して、吉凶舛互す。遽《にわ》かに夜舟を迫《いそ》ぎ、奄《にわ》かに朝露を零《くだ》す。樂を撤《のぞ》いて感を興こし、市を罷めて慕を纏《まと》う。乃ち圖史に筮し、言《ここ》に塋壙を占う。丹旐《ちょう》逶迤《いい》として、素帷《い》飄揚す。悲笳夜に咽《むせ》び、薤《かい》歌曉に唱う。我が桂巖を去りて、茲の松帳に來る。長天は節を運ぶも、短日は年を摧《かな》しむ。冥冥たるかな萬古、杳《よう》杳たるかな三泉。墓に衰木欑《むらが》り、塋《はか》に寒煙聚《あつ》まる。生靈此を共にすれば、聖も無く賢も無し。

《語　釋》

○**大唐故雍王墓誌銘幷序**　原刻は「故雍王墓志銘□□幷序」（□□は二字分の空格）につくる。のち「故」の字に「大」の字を重ねて刻し、以下同様に「雍」に「唐」、「王」に「故」、「墓」に「雍」、「志」に「王」、「銘」に「墓」を重刻し、さらに□□の部分に新たに「誌銘」の二字を刻して原刻の「幷序」に接續させる。この改刻は「故雍王墓志銘幷序」に「大唐」の二字を補うもので、睿宗景雲二年（七一一）十月の贈章懷太子妃房氏の葬儀時になされたと考えられる。

○**王諱賢字□□**　誌面は字の下に二字分の空格を置く。「大唐故章懷太子幷妃淸河房氏墓誌」は字を仁と刻し、兩『唐書』李賢傳は字を明允とすることから、そのいずれかが刻されるべきであろうが、ここで未刻とする理由は不明である。

○**隴西狄道**　隴西は『元和郡縣圖志』隴右道上に「渭州、隴西。下。開元戶五千二百三十二。鄉一十四。禹貢雍州之域。古西戎地。戰國時羌、戎雜居其地。秦昭王伐得義渠戎、始置隴西郡。按天水有大坂名曰隴坻、郡處坻西、故曰隴西。（中略）、後魏莊帝永安三年、於郡置渭州、因渭水爲名。（中略）、隋大業三年罷州、復置隴西郡。隋亂陷賊、武德元年、西土底平。復置渭州。寶應二年陷於西蕃」とあり、狄道は同書に「狄道縣。本漢縣、屬隴西郡。晉改爲武軺縣。隋復爲狄道、屬蘭州。天寶初改屬臨州」とある。

○**太宗文武聖皇帝**　唐の第二代皇帝太宗（李世民）、在位六二六～六四九年。『舊唐書』太宗本紀下に「（貞觀二十三年）八月丙子、百僚上謚曰文皇帝、廟號太宗。庚寅、葬昭陵。上元元年八月、改上尊號曰文武聖皇帝。天寶十三載二月、改上尊號爲文武大聖大廣孝皇帝」とある。

○**高宗天皇大帝**　唐の第三代皇帝高宗（李治）、在位六四九～六八三年。『舊唐書』高宗本紀下に「（弘道元年十二月）帝崩於眞觀殿。（中略）、羣臣上謚曰天皇大帝、廟號高宗。文明元年八月庚寅、葬於乾陵。天寶十三載、改謚曰天皇大弘孝皇帝」とある。

○**第二子**　高宗と則天武后の間に生まれた李弘（贈孝敬皇帝、六五二～六七五）・李賢（贈章懷太子、六五四～六八四）・李顯（中宗、六五六～七一〇）・李旦（睿宗、六六二～七一六）の第二子をいう。なお異母兄に李忠（生母劉氏、六四三～六六四）・李孝（生母鄭氏、?～六六四）・李上金（生母楊氏、?～六九〇）・李素節（生母蕭淑妃、六四八～六九〇）があり、高宗八子の順次では第六子となる。

○**今上之兄**　今上は第四代皇帝中宗（在位六八三～六八四年および七〇五～七一〇年）。

○**神源長發**　神源は神妙で奥深い源。王嘉『拾遺記』二に「若夫茫茫禹跡杳漠神源非末俗所能推辨矣」とある。長發ははるか昔にはじまること。なお長發は『詩經』商頌の篇名。商頌は殷末の廟歌で、宗廟の祭（大禘）でうたう殷の開國神話や遠祖の功業を讃えるもの。『詩經』商頌長發に「濬哲維商、長發其祥。洪水芒芒、禹敷下土方」とある。

○**聖構遐遠**　聖構は德治すぐれた天子の治世。遐遠ははるかに遠いこと。

○**白雲垂祉**　白雲は瑞兆のしらくも。『詩經』小雅白華に「英英白雲、露彼菅茅。天歩艱難、之子不猶」とある。垂祉は幸いを垂れること。幸いを傳えあたえること。

○**虞臣所以邁德**　虞臣は帝舜を天子とする王朝（虞舜）の家臣。邁德は德をはげます。『晉書』天文志上に「三皇邁德、七曜順軌、日月無薄蝕之變、星辰靡錯亂之妖」とある。

○**紫氣凝禎**　紫氣は瑞祥をあらわす紫色の雲氣。凝禎はめでたいしるしが集まりむすぶこと。

○**周史由其敷道**　周史は周のふひと、天子の言行を筆記する史官。敷道は道義を敷き廣めること。

○**至哉衞尉**　至は至高の意。衞尉は天子の門衞および屯兵を掌る武官。ここでは唐の高祖（李淵）の七代の祖である李暠のさらに十六代の祖とされる前漢の將軍李廣が武帝から未央宮の衞尉に拔擢された故事を踏む。『史記』李將軍列傳に「孝景帝崩、武帝立、左右以爲廣名將也。於是廣以上郡太守爲未央衞尉」とあり、『漢書』百官公卿表上に「衞尉、秦官。掌宮門衞屯兵、有丞。景帝初更名中大夫令、後元年復爲衞尉。屬官有公車司馬、衞士、旅賁三令丞。衞士三丞。又諸屯衞候、司馬二十二官皆屬焉」とある。

○**播雄烈於隴西**　雄烈は勇敢で雄々しく猛々しいこと。ここでは匈奴から飛將軍と恐れられた李廣が隴西に勇名を轟かせたことをいう。

○**赫矣武昭**　赫は輝くこと。武昭は唐高祖の七代の祖にあたる李暠（字は玄盛）をいう。李暠は敦煌で自立して五胡十六國の一つである西涼を建國した。武昭王はその諡である。『舊唐書』高祖本紀に「高祖神堯大聖大光孝皇帝姓李氏、諱淵。其先隴西狄道人、涼武昭王暠七代孫也」とある。

○**定霸功於河右**　霸功は覇者の功業、諸侯のはたがしらとなる事業。河右は黃河以西の地をいう。『晉書』涼武昭王李玄盛傳に「玄盛以安帝隆安四年立、至宋少帝景平元年滅、據河右凡二十四年」とある。

○**自茲以降**　これよりのち。

○**厥緒尤繁**　厥はそれ、これ。緒は始め起こすこと。尤繁はこの上なく繁榮すること。

○**克茂本枝**　本枝は本支に同じ、本宗と支庶。茂は草木の茂るさま、轉じて隆盛なること。ここでは五胡十六國時代から北魏、西魏、北周を通じて本宗・支庶ともに繁榮を重ね、やがて本宗は唐の皇帝として支庶は諸侯として隆盛を極めたことをいうか。

○**逾徽後大**　逾徽はいよいよ盛んになること。後大は後の世に繁榮すること。

○**神祇叶贊**　神祇は天神地祇、天の神と地の神をいう。叶贊は力を合わせてたすける。協贊に同じ。

○**天地會昌**　天と地、あめつち。『書經』秦誓上に「惟天地萬物父母、惟人萬物之靈」とある。會昌は會して昌《さかん》になること。合一して隆盛となること。

○**彈壓八荒**　彈壓は糺し抑えること。權力で抑え込むこと。『淮南子』本經訓に「帝者體太一、王者法陰陽、霸者則四時、君者用六律、秉太一者、牢籠天地、彈壓山川」とある。八荒は八方のはて。八方は四方と四隅。東・西・南・北・乾・坤・艮・巽をいい轉じて全世界をいう。『史記』秦始皇本紀に「囊括四海之志、幷呑八荒之心」とある。

○**牢籠萬古**　牢籠はすべてを一つにまとめる。一切を包括する。萬古は永遠に、未來永劫にわたること。

○**梯山航海**　梯山はしごをかけて山に登ること。航海は船に乗って海を渡ること。併せて海山を越えて遠方におもむくことをいう。梁簡文帝「大法頌幷序」に「航海梯山、白環之使、載日載斗、靡不來王、太平大蒙、無思不服」とある。

○**局疆寓於羲軒**　局疆は行政區畫を區切り、分けること。寓はよせる、かこつける。羲軒は伏羲氏と軒轅氏。伏羲は上古の帝王の名。その聖德は日月に象るから太昊という。民に田獵牧畜を教え、犧牲を養って包廚に充てたので包犧ともいう。初めて八卦を畫し、書契をつくる。軒轅は上古の帝王の名。黃帝と號す。六書・陣法・律呂・醫藥・宮室・貨幣などを定めたとされる。

○**茅社桐珪**　茅社は天子が皇子を封じて王とする時、大社から封ずる地所の方色の土を割いて白茅に包み、これを賜與して歸國させ、封國に社を立てさせたもの。『獨斷』に「天子大社以五色土爲壇。皇子封爲王者、受天子之土、以所封之方色。東方受青、南方受赤、他如其方色。苴以白茅、授之各以其所封方之色、歸國以立社、故謂之茅土」とある。桐珪は桐の葉で圭の形をつくること。周の成王が戯れに桐葉で圭の形をつくり、弟の虞に與えて汝を封ぜんと言うを周公が聞き、天子に戯言なしとして虞を封建させた故事をいう。『呂子春秋』審應覽に「成王與唐叔虞燕居、援梧葉以爲珪。而授唐叔虞曰、余以此封女。叔虞喜以告周公。周公以請曰、天子其封虞邪。成王曰、余一人與虞戲也。周公對曰、臣聞之、天子無戲言。天子言則史書之、工誦之、士稱之。於是遂封叔虞於晉」とある。

○**陋車服於梁楚**　陋車は小さく粗末な車。梁は隋末に蕭銑が巴陵に據って建てた國の名。唐初に滅ぼされた。楚は隋末に朱粲が冠軍に據って建國した國の名。また同時期に林士弘が豫章に據って建國した國の名。いずれも唐によって滅ぼされた。

○**王稟靈宸極**　王は雍王をいう。稟靈は天の命である靈命を稟《う》けること。宸極は天子の位、皇位。また天子の居所、皇居をいう。

○**有縱自天**　縱は生に同じ。生まれること。自天は天よりの意。

○**直置而高**　直置は六朝の詩人が助辭のごとく用いた語で、ただの意。而は以と同じ。高は至高の意。

○**自然斯遠**　自然は人爲の加わらぬこと。本來のまま、自ずからなるもの、天與の才。

○**早標岐嶷**　早標は早《つと》に目立つこと、幼少時に目立ち抜きん出ること。岐嶷は幼少時より知慧づき、その才知が衆に優れること。『詩經』大雅生民に「誕實匍匐、克岐克嶷、以就口食」とある。

○**夙挺珪璋**　夙《つと》に抜きん出ること、幼少時に傑出すること。珪璋は儀式の時に用いる飾りの玉。轉じて人格が優れ、品位の高い君子をいう。『詩經』大雅卷阿に「顒顒卬卬、如圭如璋、令聞令望」とある。

○**孝友基身**　孝友はよく父母につかえ、兄弟に親しむ性質、持って生まれた性《さが》。『詩經』小雅六月に「侯誰在矣。張中孝友」とあり、鄭玄箋に「善父母爲孝、善兄弟爲友」とある。基身は身に基づくもの、生來のもの。『國語』晉語に「基於其身、以克復其所」とあり、韋昭注に「基始也。始更修之於身、以能復其先」とある。

○**非得之於外弊**　弊は獎に同じ。外獎は外（他者）を飾らせること。美を成さしむること。

○**溫恭植性**　溫恭は顏色おだやかで、愼みふかいこと。『詩經』商頌那に「自古在昔、先民有作、溫恭朝夕執事有恪」とある。植は倚に同じ。ちなみ因緣となる。性は生まれつきのさが。生來そなわる天賦の才。

○**固不待於傍勗**　傍はかたわら、左右に附きしたがい、侍ること。勗は勖の僞字。勖はつとめ、はげまし、強いること。傍勗は近侍の者がつとめて成さしむること。

○**冲情峻擧**　冲は沖の俗字。沖情は奧深く廣いこころ。峻擧は美しく立派なおこない。この上なく氣高い行動。

○**雅量宏通**　雅量はゆったりとした度量、正しく寛大な心をもつこと。宏通はあまねく通ずること。

○**落落千尋**　落落は志が高大で、高く抜き出るさま。千尋は一尋八尺で八千尺。轉じて極めて高く、また深い形容。

○**汪汪萬頃**　汪汪は水のゆったりと廣いさま。萬頃は地面や水面の極めて廣い樣子。轉じて廣い度量を喩える。

○**枝格上竦**　枝格は長く突き出た枝。上竦は上に向かって伸び上がること。

○**波瀾長邁**　波瀾は大波と小波。長邁ははるかに遠くどこまでも行くこと。

○**邈與瓊崐等列**　邈は遠くはるかなこと。瓊は美玉、同じく美玉をいう瑤と熟して瓊瑤は美しい佩玉をいい、轉じてよい贈物をいう。ここでは李賢の天賦の才を喩える。崐は昆に同じ。美玉を產する崑崙山をいう。等列は同じ位に居ること。

○**欝將瑤碣齊高**　欝は群がりしげり、さかんなこと。將は與と同じ。瑤は美玉。碣は碣石山。齊高は齊《ひとし》く高いこと。

○**梁棟乾坤**　梁棟ははりとむなぎ。轉じて主要の位置にある人をいう。乾坤は天と地。『易經』說卦に「乾天也。故稱乎父。坤地也。故稱乎母。震一索而得男故謂之長男」とある。
○**舟輿宇宙**　舟輿はふねとくるま。宇は空間、宙は時間をいう。宇宙は天地四方上下と古今往來をいい、轉じて世界またはあらゆる物を包括する空間をいう。
○**公卿籍甚**　公卿は三公九卿の謂、轉じて高位高官をいう。籍甚は名譽や評判の盛んなこと。
○**遐邇謳歌**　遐邇は遠いところと近いところ。謳歌は天子の功德を慕い讃えて衆人がうたうこと。
○**旣而傍該流略**　旣而はやがての意。傍該はかたわらに備えること、身近に配備すること。流略は九流七略の略。九流は九種の學派で儒家・道家・陰陽家・法家・名家・墨家・縱橫家・雜家・農家をいう。七略は前漢の劉向『別錄』にもとづいて劉歆が編んだ書籍の分類目錄で輯略・六藝略・諸子略・詩賦略・兵書略・術數略・方技略に分けられる。ここではあらゆる古典籍をさす。
○**博綜墳典**　博綜は廣くすべて修める。墳典は三墳五典の略で、その內容には諸說がある。轉じて古の聖人、賢人が述べ記した書物をいう。李賢が墳典や古詩賦に精通したことは『舊唐書』李賢傳に高宗の李賢評として「此兒已讀得尙書、禮記、論語、誦古詩賦復十餘篇、暫經領覽、遂卽不忘」と記す。
○**詩析齊韓**　漢代の詩經の傳に齊・魯・韓の三家があり、齊詩は齊人轅固生、魯詩は魯人申培、韓詩は燕人韓嬰が傳えた。これに魯人毛亨が傳えた毛詩を加えて四家という。三家詩は前漢景帝が學官に立て、後漢光武帝が詩經三家博士を設置した。のち毛詩の盛況によって齊詩は魏に亡び、魯詩は西晉に亡んだとされる。ここでは唐代に傳存した韓詩の一部と齊詩の系統とされる毛詩を研鑽したの意か。
○**洞嚴扃於楚囿**　洞は貫通すること、達すること。嚴扃は嚴重なかんぬき、嚴しく閉ざすもの。楚囿は楚のにわ、領域のこと。ここでは楚辭をさすか。
○**易分殷夏**　易は易學のこと。陰陽二氣を根源として萬象の變化を考え、これに基づいて宇宙を統觀し、人治を窮める學問。殷夏は易の三類（連山・歸藏・周易）のうち、鄭玄は夏に連山、殷に歸藏、周に周易をあてる。ここでは易學に精通して、その三類を區別したことをいう。

○**啓祕鍵於沛場**　啓はひらき、明らかにすること。祕鍵はひそめ隠すかんぬき、鍵。沛場は沛のにわ、場所をいい、ここでは後漢の沛獻王輔が傳えた易學をいう。『後漢書』光武十王傳に「（沛獻王）輔矜嚴有法度、好經書、善說京氏易孝經、論語傳及圖讖、作五經論、時號之曰沛王通論」とある。

○**曹國有託論之聲**　曹國は後漢の丞相となった曹操。託論は曹操が後嗣を決しかねて曹丕と曹植の評を臣下から得たことをいう。

○**丁廙致假詞之潤**　丁廙は三國魏の人、博學で知られる。曹操が曹植を後嗣にしようとした時、兄の丁儀とともに翼贊したため、文帝の即位後に兄ともども誅殺された。假詞は褒めたたえる言葉。ここでは丁兄弟が曹植の才能を稱揚したこと。

○**分鑣並騖**　分鑣は馬の鑣《くつわ》を分かつことで、道を異にすること。並騖は並んで馳せること。

○**重在茲辰**　重は重ねて、ふたたび。茲辰はこの時。辰は天子に配する。

○**冠冕庶邦**　冠冕は首位、第一等の地位をいう。庶邦は多くの國々。

○**羽儀列辟**　羽儀は鴻の進退擧動が優美であることからその羽ぶりを儀表とすること。轉じて人の模範、一代の師表をいう。列辟は歴代の天子、辟は天子、君のこと。

○**五宗之領袖**　五宗は高祖・曾祖・祖・父・己を上の五宗、己・子・孫・曾孫・玄孫を下の五宗といい、ここでは上の五宗をいう。領袖は多人數の頭、儀表となって多くの人を率いるもの、指揮者。

○**百代之規模**　百代は百世、のちのちの世。規模は手本、規範となるもの。

○**玉牀**　玉で飾った美しい床、ここでは天子が腰掛ける玉座をいう。

○**金鏡**　金鏡は黃金で飾った鏡、ここでは聖人の道を喩える。『文選』劉孝標「廣絕交論」に「蓋聖人握金鏡、闡風烈、龍驤蠖屈、從道汙隆」とある。

○**分司列職**　分司は仕事を分けて司どらせること。列職は職掌を列《わ》けること。

○**右戚左賢**　左右にあって助けとなるべき親族、賢者。

○**式固邦家**　式は以と同じ。邦家は國家、ここでは唐王朝をさす。

○**用隆藩屏**　用は以と同じ。藩屏は唐朝の守りとなるべき諸侯の稱。

○**頒昭敍穆**　頒は區分し、分けること。敍は順序を定め、列べること。昭穆は廟の順位。宗廟の制では太祖廟を中央に置き、左に二世、四世、六世の廟を列してこれを昭といい、右に三世、五世、七世を列してこれを穆とした。
○**峻以寵章**　峻は山の高く重なるさま。寵章は寵愛するしるし。威儀・官位・封侯などによって慈しみを表したもの。
○**礪岳紳河**　礪岳は五岳（泰山・衡山・嵩山・華山・恆山）が砥石のごとくなること、紳河は黄河が帶のごとく小細になること。封國が永遠無窮に榮えることを喩えるもので、封爵儀禮の常用句。『漢書』高惠高后文功臣表に「封爵之誓曰、使黃河如帶、泰山若厲、國以永存、爰及苗裔」とある。
○**延其代載**　代は世と同じ。王朝をいう。ここでは太宗（李世民）の諱を避ける。載は盟約の締結時に交わす言葉、またその盟辭を記した文書。
○**發天渙**　天渙は天のきらめき、天の明示。
○**叶良辰**　叶は協に同じ。合わせる、合致させる。良辰はよい日、吉日、佳時。
○**悉命秩宗**　秩宗は禮樂・郊廟・社稷を掌る禮官。『舊唐書』職官志に「太常寺、古曰秩宗。秦曰奉常。漢高改爲太常。（中略）、太常之職、掌邦國禮樂、郊廟、社稷之事、以八署分而理之。一曰郊社、二曰太廟、三曰諸陵、四曰太樂、五曰鼓吹、六曰太醫、七曰太卜、八曰廩犧。總其官屬、行其政令」とある。
○**捜古今之令典**　令典は古の良いおきて、法令。
○**爰徵掌固**　固は故に通ず。掌故は國家の故實慣例、典章制度。
○**封拜之嘉儀**　封は土地と人民を授けて諸侯にすること、拜は官に任ずること。嘉儀は祝儀、めでたい儀式。
○**勾龍率職**　勾龍は炎帝の十一世の孫で水土を司る后土の官につき、死して土地の神に祀られた。『獨斷』に「社神蓋共工氏之子勾龍也。能平水土、帝顓頊之世、擧以爲土正、天下賴其功。堯祠以爲社」とある。率職は職責を遵奉する、職務にしたがう。
○**分色土於宗社**　色土は土地の方色で東方（青）・南方（赤）・西（白）・北（黑）・中央（黃）をいう。宗社は宗廟社稷をいう。『周禮』小宗伯に「小宗伯之職、掌建國之神位、右社稷、左宗廟」とある。
○**司空畫界**　司空は三公の一。『舊唐書』職官志二に「太尉、司徒、司空各一員。謂之三公、並正一品。魏、晉至北齊、三公置府僚。

隋初亦置府僚、尋省府僚。初拜於尚書省上。唐因之。武德初、太宗爲之。其後親王拜三公、皆不視事、祭祀則攝者行也。三公、論道之官也。蓋以左天子理陰陽、平邦國、無所不統、故不以一職名其官。大祭祀、則太尉亞獻、司徒奉俎、司空掃除」とある。晝界は境界を畫し、區分すること。

○**奥壤方輿**　奥壤は要となる肥沃の土地。方は四角、輿は物を載せるものの意、方輿は萬物を載せる大地をいう。

○**當宁昌言**　昌言は理にかなった善いことば、誠となるべき語。『書經』皐陶謨に「禹拜昌言曰、兪」とある。

○**徐申利建之義**　利建は「侯に達《たつ》るに利《よろ》し」の意。『易經』に「豫利建侯行師」とある。

○**揚庭在位**　庭は正すこと。在位は官職に在ること。

○**永錫之休**　錫は賜に同じ。永錫は永く天子の辭令書を賜與すること。休は幸い、喜び、福錄。

○**廼宅附庸**　宅は安んずること。附庸は古にあっては天子に直屬せず、有力諸侯に附屬する小國をいう。ここでは皇子を王に冊立すること。

○**奄荒晉甸**　荒は治に同じ。治めること。晉甸は春秋晉の田土をいい、ここでは李賢が封ぜられた潞王の領域をいう。

○**永徽六年**　永徽は高宗の年號、六年は西暦六五五年。

○**封潞王**　潞は『元和郡縣圖志』河東道四に「潞州、上黨。大都督府。開元戸六萬四千二百七十六、鄉一百三十三。元和戸一萬七千八百、鄉一百二十。今爲澤潞節度使理所。（中略）、禹貢冀州之域。殷時爲黎國。春秋時屬晉、又兼有潞子之國。潞子嬰兒、爲晉所滅。戰國時屬韓。別爲都。（中略）、復爲趙地。秦爲上黨郡地。後漢末、董卓作亂、移理壺關城、卽今州理是也。（中略）、武德元年、又於襄垣縣置韓州、貞觀十七年廢。開元十七年、以玄宗歷試嘗在此州、置大都督府」とある。

○**食邑**　食邑は諸王・諸臣の勳功位階に應じて賜與する俸祿。

○**紅蘭被坂**　紅い蘭の花が池の坂（つつみ）を被《おお》って咲くこと。

○**朱荷冒池**　朱い荷《はす》の花が池を冒《おお》って咲くこと。

○**東閤西園**　東閤は宮殿の東の小門。漢の丞相公孫弘が東閤を開いて賢人を招いた故事から賢人を招致する所をいう。『漢書』公孫弘傳に「於是起客館、開東閤以延賢人」とある。西園は西の庭園。魏の文帝が月夜に賓客を招致した故事から賓客を招く庭園をいう。『文選』曹植「公讌詩」に「公子敬愛客、終宴不知疲、清夜遊西園、飛蓋相追隨」とある。

○枚邹列客　枚邹は枚乘と鄒陽（邹は鄒に同じ）。景帝の時ともに吳王濞に仕えてその逆謀を諫めたが納れられず、梁に去って孝王に仕えた。漢を代表する文章家として知られる。列客は多くの客人が集い、居並ぶこと。

○一吟一詠　詩賦を吟詠すること。

○金石叶諧　金石は鐘や磬などの樂器の奏でる音律。叶は協に同じ。叶諧は音聲などを合わせて和らげる。轉じて人心などを合わせること。

○聲高宗國　聲はほまれ、名譽。宗國は宗主として仰ぐ國。ここでは唐朝をさす。

○譽表侯甸　譽はほまれ、名聲。侯甸は侯服と甸服。禹貢五服では、王城の周圍から四方に去ること五百里までの領域を甸服といい、五百里から一千里までの領域を侯服という。

○八水朝市　八水は關中八川に同じ。灞・滻・涇・渭・酆（灃）・鎬（滈）・潦（澇）・潏をいう。『關中記』に「涇與渭洛爲關中三川、與渭灞滻澇潏灃滈爲關中八川」とある。朝市は早朝に開かれる市場、あさいち。

○五方交合　五方は中國と東（夷）・南（蠻）・西（戎）・北（狄）をいう。交合はよしみを交わす。交誼をむすぶ。

○實稱天府　天府は天然の要害を以て守られ、地味が肥沃で財物が多い、天產の豐かな土地。

○是曰國樞　國樞は國の中央にあって大事を司るところ。

○都鄙混幷　都鄙は都雅と卑陋、姿や振る舞いの雅なことと田舍くさいこと。混幷は混じり、亂れること。

○衣冠雜襲　衣冠は衣冠をつけた官吏、また衣冠をつける貴い家柄のもの。雜襲は多くの人が入り亂れて來ること、參集すること。

○辛家黑白之里　辛家は新しい邸宅。黑白は正邪を正すこと。

○甲第王之居　甲第は長安城內の里のうちで第一級の邸宅地區をいう。王之居は王の邸宅。

○輕軒動而川流　輕軒は輕快な車、輕やかにすすむ駕車。川流は川の流れが流域を潤すごとく、恩澤がおよぶこと。

○長袂擧而帷合　長袂擧は長いたもとを擧げて合圖を送ること。帷合は帷《とばり》を閉じ合わせて客人を留めること。蕭統「錦帶書」に「命長袂而留客、施大被以招賢」とある。

○**寔資良懿**　資はもちまえ、生まれつきの資質。懿は、よい、うるわしい。

○**雅望鎭之**　雅望は奥ゆかしく、人望があること。

○**明慶元年**　ここでは明慶につくるが高宗の年號は顯慶で、中宗（李顯）の諱を避けたもの。元年は西曆六五六年。

○**岐州刺史**　岐州は『元和郡縣圖志』關內道二に「鳳翔府、岐州、四輔。開元戶四萬四千五百三十三、鄕九十二。元和戶七千五百八十、鄕八十八。今爲鳳翔節度使理所。（中略）、禹貢雍州之域。春秋及戰國時爲秦都、（中略）、始皇幷天下屬內史。項羽封章邯雍王亦此地也。（中略）、武帝太初元年更名右扶風、所以扶助京師行風化也。與京兆尹、左馮翊謂之三輔。（中略）、後魏太武帝於今州理東五里築雍城鎭、文帝改鎭爲岐州。隋開皇元年於州城內置岐陽宮、岐州移於今理。大業三年罷州爲扶風郡。武德元年復爲岐州。至德元年改爲鳳翔郡。乾元元年改爲鳳翔府」とある。刺史は『舊唐書』職官志三に「上州、（中略）、刺史一員。從三品。（中略）、漢武元光五年、分天下置十三州、分統諸郡。每州遣使者一人、督察官吏淸濁、謂之十三州刺史。後漢遂以名臣爲刺史、專州郡之政、仍置別駕、治中、諸曹掾屬、號曰外臺。魏晉已後因之不改。而郡置太守、丞尉、諸曹。隋初罷郡、並爲州。煬帝罷州爲郡、郡置通守。武德改郡爲州、州置刺史。天寶改州爲郡置太守。乾元元年改郡爲州、州置刺史」とある。

○**雍州牧**　雍州は『元和郡縣圖志』（現行本）に記事なし。『讀史方輿紀要』陝西二西安府に「禹貢雍州地。周爲王畿。東遷後屬秦。始皇置內史郡。漢初爲渭南郡。尋復爲內史。景帝二年分置左右內史。此爲右內史。武帝太初元年改京兆尹。與左馮翊、右扶風、爲三輔。後漢因之。（中略）、隋初置雍州。大業三年改爲京兆郡。唐初復曰雍州。天授初亦曰京兆郡。是年復故。開元三年改曰京兆府。天祐初廢爲佑國軍」とある。牧は『舊唐書』職官志三に「京兆河南太原等府。自秦漢已來爲雍、洛、幷州。周、隋或置總管都督、通名爲府。開元初乃爲京兆府、河南府、太原府。三府牧各一員、從二品。牧古官、舜置十二牧是也。秦以京城守爲內史、漢武改爲尹。後魏、北齊、周、隋又以京守爲牧。武德初因隋置牧、以親王爲之。或不出閤、長史知府事」とある。

○**振綱理目**　振綱は綱紀を肅正する。おおづなを引き締める。理目は要目を正整し、整える。

○**寬猛相權**　寬猛はゆるやかさときびしさ。相權はともに平均する、平らかにする。

○**曾不浹旬**　浹旬は一旬をめぐること、十日間をいう。

○**政平頌擧**　政平は治世が行きわたること。頌擧は功德を褒めたたえる言葉があがる。

○**龍朔元年**　龍朔は高宗の年號、元年は西暦六六一年。

○**沛王**　沛は『元和郡縣圖志』河南道五に「徐州、（中略）、開元戶四萬九千七百二、鄉九十二。元和戶三千八百五十八、鄉八十九。今爲徐泗節度使理所。（中略）、本禹貢徐州之域。（中略）、沛縣、（中略）、本秦舊縣、泗水郡理於此、蓋取沛澤爲縣名。漢興四年改名沛郡、領三十七縣。理相城、以此爲小沛。魏分立譙郡復以沛爲王國、晉不改。宋爲沛縣、改屬徐州。隋文帝罷郡、縣屬仍舊」とある。

○**使持節都督**　使持節は『舊唐書』職官志三に「初、漢代奉使者皆持節、故刺史臨部皆持節。至魏晉刺史任重者爲使持節都督、輕者爲持節。後魏、北齊、總管刺史則加使持節諸軍事、以此爲常。隋開皇三年罷郡、以州統縣刺史之名存而職廢。而於刺史太守官位中、不落持節之名、至今不改、有名無實也」とある。都督は『舊唐書』職官志三に「大都督府、魏黃初二年、始置都督諸州軍事之名、後代因之。至隋改爲總管府。武德四年又改爲都督、貞觀中分爲上中下都督府也。都督一員從二品」とある。

○**揚和滁潤常宣歙**　揚は『元和郡縣圖志』缺卷逸文淮南道の條に「揚州、禹貢淮海惟揚州。唐虞淮海之閒、皆周域也。春秋時屬吳、七國屬楚。秦滅楚爲廣陵、倂天下屬九江郡。漢爲江都國、建武元年復曰揚州。江南之氣燥勁、故曰揚州」とあり、和は同じく「和州、禹貢揚州之域。春秋及戰國時爲楚地。秦爲歷陽縣、屬九江郡。漢爲淮南國。後漢揚州移理於此。吳魏交爭之所。晉平吳立淮南郡、後改歷陽郡。後齊立和州」とあり、滁は同じく「滁州、春秋時楚地。在漢爲全椒縣。晉瑯琊王伷出滁中、卽此地」とあり、潤は同書江南道一に「潤州、（中略）、開元戶九萬一千六百三十五、鄉一百。元和戶五萬五千四百、鄉八十。墾田六千七百二十七頃。今爲浙西觀察使理所。（中略）、本春秋吳之朱方邑。始皇改爲丹徒。漢初爲荊國、（中略）、後漢獻帝建安十四年、孫權自吳理丹徒、號曰京城、今州是也。十六年遷都建業、以此爲京口鎭」とあり、常は同じく「常州、（中略）、開元戶九萬六千四百七十五、鄉一百八十七。元和戶五萬四千七百六十七。禹貢揚州之地。春秋時屬吳、（中略）、漢改曰毗陵。晉東海王越謫於毗陵。元帝以避諱改爲晉陵郡、宋齊因之。（中略）、隋亂陷於寇境、武德七年平、仍舊置常州」とあり、宣は同書江南道四に「宣州、（中略）、開元戶八萬七千二百三十一、鄉一百六十七。元和戶五萬七千三百五十、鄉一百九十五。今爲宣歙觀察使理所。（中略）、禹貢揚州之域。春秋時屬楚。秦爲鄣郡。漢武帝改爲丹徒郡。（中略）、隋開皇九年平陳、改郡爲宣州、移於今理。武德三年置總管府、七年改爲宣城郡、乾元元年復爲宣州」とあり、歙は同じく「歙州、（中略）、開元戶三萬一千九百六十一、鄉七十二。元和戶一萬六千七百五十四。鄉五十。

禹貢揚州之域。春秋時屬越。秦時爲丹陽郡歙縣之地、其後或屬新郡、或隷新安郡、或立新寧郡。隋開皇十二年置歙州、武德中置都督、貞觀廢」とある。

○**揚州刺史**　揚州は前項參照。なお牧・都督・刺史の職掌は『舊唐書』職官志三に「京兆河南太原牧及都督、刺史掌淸肅邦畿、考覈官吏、宣布德化、撫和齊人、勸課農桑、敦敷五教。每歲一巡屬縣觀風俗、問百年、錄囚徒、恤鰥寡、閱丁口、務知百姓之疾苦」とある。

○**左武候大將軍**　唐の十二衞大將軍の一。『舊唐書』職官志三に「左右衞。周制、軍屬萬二千五百人。天子六軍、大國三軍、次國二軍、小國一軍。軍將皆命卿。至秦漢始置衞將軍。後漢魏因之。晉武帝始置左右中衞將軍。至隋始置左右衞、左右武衞、左右候、左右領軍、左右率府。各有大將軍一人、謂十二衞大將軍也。國家因之。大將軍各一員、正三品。將軍各二員。從三品。左右衞將軍之職、掌統領宮廷警衞之法、以督其屬之隊仗、而總諸曹之職務。凡親勳翊五中郎將府及折衝府所隷、皆總制之」とある。

○**外連甸服**　甸服は禹貢五服では王城の周圍から四方に去ること五百里までの領域をいい、周禮九服では王畿から四方に去ること五百里から千里までの領域をいう。

○**內兼周衞**　周衞は周密な儀衞、廻らし守るもの。

○**遠近悅豫**　悅豫はよろこび、たのしむこと。

○**朝野肅寧**　朝野は朝廷と民閒、官人と人民。肅寧はつつしみ、やすらかなこと。

○**麟德二年**　麟德は高宗の年號、二年は西曆六六五年。

○**右衞大將軍**　唐の十二衞大將軍の一。

○**從駕東封**　從駕は天子の行幸に扈從すること。東封は東方の地に封建されること。

○**攝兗州都督**　攝は兼ねる、兼職すること。兗州は『元和郡縣圖志』河南道六に「兗州、（中略）、中都督府。開元戶六萬七千三百九十七。元和戶、鄉一百三十三。禹貢兗州之域、兼得徐州之地。春秋時爲魯國。（中略）、六國時地屬楚、秦滅楚以魯爲薛郡。漢高后時、更名魯國。後漢仍爲魯國。（中略）、隋大業元年、於兗州置都督府、二年改爲魯州。三年改爲魯郡。（中略）、武德五年討平圓朗、改魯郡爲置兗州、貞觀十四年改置都督府」とある。

○**遞參心膂**　遞參はかわるがわる參上參與する、政事に參與する。心膂は人體の心と背骨、轉じて親しく賴みとなる補佐の臣。
○**兼揔股肱**　兼揔はあわせすべる。股肱は手足となって働く補佐の臣。
○**翊欄錡以星陳**　欄錡は兵架。弓弩を格納するを錡といい、その他の武器を格納するを欄という。星陳は群臣が星のように陳列すること。
○**建旌麾而岳列**　旌麾は統帥官の旗じるし、指揮旗。岳は五岳（泰山・衡山・嵩山・華山・恆山）などの總稱、轉じて大臣をいう。列は隊伍を組んで整列すること。
○**登封降禪**　封は泰山に登って天を祭る儀式。禪は泰山を降ってふもとの梁父で地を祭る儀式。『舊唐書』高宗本紀下に「麟德三年春正月戊辰朔、車駕至泰山頓。是日親祀昊天上帝於封祀壇、以高宗、太宗配饗。己巳、帝升山行封禪之禮。庚午禪於社首」とある。
○**刋玉泥金**　刋玉は天を祭る祭文を記した玉牒をいう。泥金は金粉を水銀で練ったもので玉牒およびその題書である玉檢の封印に用いる。
○**大禮聿脩**　大禮は天地を祭る儀式、ここでは封禪をいう。聿脩は先人の德禮を述べ修めること、書き留めること。
○**能事斯畢**　能事畢は爲すべきことを爲しつくすこと。ことごとく儀式を執行し、終了すること。
○**巡警克著**　巡警は地方を巡回して秩序を保持すること、またその兵士。ここでは封禪の警固にあたること。克著はめざましい働きをすること。
○**統攝攸宜**　統攝は統轄下の官司・官員を統括すること。攸宜は宜しき結果を攸めること。
○**咸亨三年**　咸亨は高宗の年號、三年は西曆六七二年。『舊唐書』高宗本紀・『舊唐書』李賢傳・『資治通鑑』唐紀は同じく二年とする。なお「大唐故章懷太子幷妃淸河房氏墓誌」は咸亨二年につくるが、「咸亨三年」の誤りであろう。
○**改封雍王**　雍は西周以來の要地で、長安に近在するため皇子が封ぜられる王號のなかでも格が高いものであった。
○**出入雲霄**　出入は出入り、往來すること。雲霄は高い地位を喩える。
○**負揭日月**　負揭は負い揭げること。日月は日月の相をいい、天子となる相をいう。
○**君王邈矣**　君王は君主、國君ここでは雍王をさす。邈矣は遠くはるかなることをいう。

○**度越前修**　度越は器量が人を越え、優ること。前修は徳を治めた古の聖人、君主。
○**遐哉敻乎**　遐哉、敻乎はともに遠くはるかなことを慨嘆する言葉。
○**無得稱也**　得はむさぼり手に入れること。稱は釣合がとれ、宜しきにかなうこと。
○**前星著象**　前星は皇太子の異稱。心星を天王にかたどり、その前にある星を皇太子になぞらえる。著象は象《かたち》を著わすこと。
○**元子之尊**　元子は天子の嫡子、第一の皇子をいう。尊は尊位。
○**重震凝規**　重震は易八卦の一つで長男をあらわす震を重んずること。凝規はのり、掟をむすび、定めること。
○**載列長男之位**　載列は列べて書き記すこと。
○**儲副斯在**　儲副はもうけのきみ。皇太子、東宮。斯在はここに在ること。
○**冢嫡攸歸**　冢嫡は本妻の生んだ長子、嫡子。ここでは皇后（則天武后）が生んだ嫡男の意。攸歸はあるべき所におさまること、歸着すること。
○**上元二年**　上元は高宗の年號、二年は西暦六七五年。
○**册拜皇太子**　册拜は敕書を下して皇后・皇太子などを立てること、册封の命令。『舊唐書』高宗本紀下に「(上元二年）六月戊寅、以雍王賢爲皇太子、大赦」とある。
○**光膺守器**　光膺は立派に奉持すること。守器は宗廟の祭器を掌り、守護する皇太子をいう。
○**克嗣丕基**　克は能と同じ。丕基は王者の大事業の基。鴻基、洪基。
○**二疏不追**　二疏は疏廣とその兄の子疏受をいう。この二人は前漢宣帝の皇太子（のちの元帝）の師傅（廣は太傅、受は少傅）として太子を良導し、時人の稱讃をえた。追は隨と同じ。したがい補弼すること。不追は、それが得られぬことをいう。
○**四友孤絶**　四友は四人の友で、周文王の四友（閎夭・太公望・南宮适・散宜生）、三國吳の太子登の四友（諸葛恪・張休・顧譚・陳表）など。孤絶はそむき離れること。交誼を棄てて離れること。
○**箴規有闕**　箴規は戒め正すおきて、規範。有闕は闕けるところが有ること。
○**調護匪宜**　調護は保護、守り安んずること。匪は非に同じ。宜に匪ざること。

○監撫虧良　監撫は監護、取り締まり安んずること。虧良は良を虧《そこな》うこと。
○宗祧弛盛　宗祧は宗廟をいう。弛盛は盛んなることが弛むこと。盛強が廢れ、毀れること。
○搖山落構　搖山は先帝の山稜を搖らすこと。落構は東宮の宮殿を崩し破ること。
○望菀摧基　望菀は菀（隆盛）を望むこと、願うこと。摧基は基《はかりごと》や謀略を摧《はば》み、退けること。
○一墜夘精　一墜はひとたび墜落すること。夘は卯に同じ。卯は十二支の第四位で月は二月、方位は東を表して東宮を象徴する。精は星をいう。
○永託辰尾　永託は永くゆだね任せること。永遠に託寄すること。辰は北極星をいい、天子に配する。尾はしりえ、うしろをいう。ここでは皇太子の位を追われ、天子の後方に隠れてその庇護下に置かれることか。
○文明元年　文明は則天武后臨朝稱制期における睿宗の年號、元年は西暦六八四年。
○二月廿日薨　「大唐故章懷太子并妃清河房氏墓誌」は「二月廿七日終」につくる。
○巴州之別館　巴州は『新唐書』地理志四に「巴州清化郡、中。土貢麩金、綿、紬、貲布、花油、橙、石蜜。戸三萬二百一十、口九萬一千五十七。縣九。化城、上。盤道、中下。寶曆元年省入恩陽、長慶中復置。清花、上。武德元年置靜州又置大牟、狄平二縣。曾口、中。歸仁、中。始寧、中。其章、中。寶曆元年省、大中元年復置。恩陽、中。貞觀十七年省、萬歲通天元年復置。七盤、上。久視元年置」とある。化城縣に置かれた州治の別館または地方官の官舍。
○春秋　春秋は歳月をいい轉じて年齢、享年をいう。
○垂拱元年　垂拱は則天武后臨朝稱制期における睿宗の年號。元年は西暦六八五年。
○恩制追贈　恩制は特別の寵愛による詔、敕命。追贈は死後に王號や官位を贈ること。
○謚曰悼　謚は死者の生前の行迹によって死後におくる名。悼は『逸周書』謚法解に「年中早夭曰悼」とある。
○化城縣　化城縣は巴州の州治が置かれた縣名、化成につくるばあいがある。
○主上端旒黄屋　主上は天子、ここでは重祚した中宗をいう。端旒は正しいはたあし。黄屋は車蓋の内張に黄繒を用いた天子の御車。
○正位紫宸　正位は天子の位を正す。紫宸は天子の御殿、紫宸殿をいう。ここでは則天武后の病衰によって武周が滅び、皇位が正統

（李唐）にもどったことをいう。

○**負扆長懷**　負扆は斧型の文様を畫いた屛風や衝立である扆を背に天子が南面すること。長懷は長く思いに耽ること、哀れみいたむこと。

○**陟崗永歎**　崗は岡の俗字。陟崗は崗にのぼること。永歎は永く歎息すること、長息して歎くこと。

○**痛飛鴒之遽絶**　飛鴒は大空を飛翔する鶺鴒をいうが、鶺鴒には兄弟の相求める意、骨肉の情愛の深きことが込められている。『詩經』小雅常棣に「脊令在原、兄弟急難。每有良朋、況也永歎」とある。遽は遽《にわ》かに、慌ただしく。絶は切り離し、交際を斷つこと。痛はいたむ、心痛すること。

○**切斷鴈之逾孤**　斷鴈は群れからはぐれ、離れた鴈。逾は逾《いよ》いよ、いや增しに。孤はみなしご、身寄りのない者、孤立無援の狀態に追いやられること。切はなげく、慨歎すること。

○**廼命司存**　司存は役人、官吏。

○**緬追休烈**　緬ははるかに、とおいさま。追は追贈する。休烈はすぐれた功績、りっぱな勳績。

○**神龍二年**　神龍は重祚した中宗の年號。二年は西暦七〇六年。

○**加制命册贈雍王**　詔を下して雍王に册立すること。この神龍二年の雍王册贈は李賢の薨去後に追贈された雍王が大周のものである可能性が高いことから、敢えて大唐の雍王に册贈しなおすことを宣するもので、政治的に極めて重要である。

○**禮盛漢蒼**　漢蒼は漢の盛んなる時、全盛期。『宋書』武二王傳に「世無亹錯、仍襲轍於七藩。棄漢蒼之令範、遵齊冏之敗跡」とある。

○**恩踰晉獻**　晉獻は晉の獻文子の略。獻文子は春秋晉の卿趙武の諡號、親族を慈しみ善く父母に仕えた。『禮記』檀弓下に「晉獻文子成室。晉大夫發焉。（中略）、文子曰、武也、得歌於斯、哭於斯、聚國族於斯、是全要領以從先大夫於九原也」とある。

○**金紫光祿大夫**　文散官。『通典』職官十六文散官に「光祿大夫以下、秦時光祿勳屬官有中大夫。漢武帝太初元年更名光祿大夫。（中略）、魏晉以來無員以左右光祿大夫、光祿三大夫皆銀章青綬。其重者詔加金章紫綬則謂之金紫光祿大夫。其重者既有金紫之號。故謂本光祿爲銀靑光祿大夫。（中略）、隋有光祿大夫、左右光祿大夫皆爲散官不理事。大唐初猶有左右之名。貞觀以後唯曰光祿大夫、金紫光祿、銀靑光祿並爲文散官」とある。

○**行衛尉卿**　行は兼官の意。唐制では大官が小官を兼ねるばあいに用いる。衛尉卿は職事官。『舊唐書』職官志三に「衛尉寺、秦置衛尉、掌宮門衛屯兵、屬官有公車司馬、衛士、旅賁三令。（中略）、龍朔改爲司衛寺、咸亨復也。卿一員、從三品。少卿二人。從四品上。卿之職、掌邦國器械文物之事、總武庫、武器、守宮三署之官屬」とある。

○**上柱國**　勳官。『通典』職官十六勳官に「上柱國、國皆楚之寵官。楚懷王使柱國昭陽將兵攻齊。陳軫問楚國之法、破軍殺將者、何以貴之。昭陽曰、其官爲上柱國是也。歷代無聞。至後魏孝莊以爾朱榮有翊戴之功拜爲柱國大將軍位在丞相上、又拜大丞相天柱大將軍增佐吏。及榮敗後、天柱及柱國將軍官遂廢。（中略）、隋置上柱國、柱國以酬勳勞並爲散官實不理事。大唐改爲上柱國及柱國」とある。

○**西河郡**　西河郡は『元和郡縣圖志』河東道に「汾州、禹貢冀州之域。（中略）、春秋時爲晉地、後屬魏、謂之西河。子夏居西河、吳起爲西河守、皆謂此也。秦屬太原郡。漢武帝元朔四年置西河郡、領縣三十六、理富昌縣是也。（中略）、皇朝初改爲浩州、武德三年又改浩州爲汾州。（中略）、西河縣、（中略）、開元戸一萬二千三百七十五、鄉二十五。本漢茲氏縣也。曹魏於此置西河郡、晉改爲國、仍改茲氏縣爲隰城縣、上元元年改爲西河縣、今城內有晉西河王斌碑、文字殘缺」とある。

○**開國公**　功臣にあたえられる封爵。『事物起源』官爵封建部に「開國。由二代至漢魏、諸侯無以國爲號、第曰某侯耳。晉令始有開國之稱、故五等皆郡縣開國。陳亦有開國郡公、縣侯伯子男。侯已降無郡封。由唐迄今因而不改。蓋開國之號、自晉始也」とある。

○**楊元琰**　虢州閿鄉の人。刺史、都護などを歴任し、武周末に張柬之によって右羽林將軍に抜擢され、柬之とともに則天武后の寵臣張易之兄弟を除いて武后を退位させ、中宗の復位を實現させた。『舊唐書』良吏傳下に小傳がある。

○**正議大夫**　文散官。『通典』職官十六文散官に「正議大夫、通義大夫皆隋置散官。蓋取秦大夫掌論議之義。大唐並因之」とある。

○**太子率更令**　東宮の文官。『舊唐書』職官志三に「太子率更寺。令一人、從四品上。（中略）、率更令掌宗族次序、禮樂、刑罰及漏刻之政令」とある。

○**騎都尉**　勳官。『通典』職官十六勳官に「騎都尉、漢武帝置以李陵爲之。更始初亦有故時謠云、爛羊胃騎都尉。晉以後歷代皆有之。大唐採舊名置上騎都尉、騎都尉、驍騎尉、飛騎尉、雲騎尉、武騎尉並隋置爲武散官。大唐採置自上柱國以下並爲勳官」とある。

○**韓國公**　封爵。韓國は『元和郡縣圖志』關內道二に「同州。（中略）、禹貢雍州之域。（中略）、韓城縣、（中略）、古韓國及梁國。漢為夏陽縣之地。韓國故城在今縣理南十八里。梁國在今縣理南二十二里、有少梁故城。隋文帝分郃陽　於此置韓城縣、春秋秦晉戰於韓原、即此地也」とある。

○賀蘭琬　未詳。賀蘭氏は鮮卑系の名族、賀蘭山一帯に居住して族名にしたとされる。李賢の生母と噂された則天武后の姉武氏ははじめ賀蘭越石に嫁し、越石の卒後に宮中に入って韓國夫人の稱號を得た。またその女賀蘭氏は乾封年間（六六六～六六七）に高宗の恩寵を受けて魏國夫人の稱號を贈られたが、則天武后のために母娘ともども毒殺された。琬が韓國公を封爵とすることからすると、その一族に連なるものと考えられる。

○監護喪事　監護は見守る、監督し保護する。喪事は葬式、葬儀。ここでは贈雍王李賢の乾陵陪葬を監護すること。

○册贈司徒　司徒は三公の一。『舊唐書』職官志二に「太尉、司徒、司空各一員。謂之三公、並正一品。魏、晉至北齊、三公置府僚。隋初亦置府僚、尋省府僚。初拜於尚書省上。唐因之。武德初、太宗爲之。其後親王拜三公、皆不視事、祭祀則攝者行也。三公、論道之官也。蓋以左天子理陰陽、平邦國、無所不統、故不以一職名其官。大祭祀、則太尉亞獻、司徒奉俎、司空掃除」とある。

○陪葬乾陵　陪葬は天子の陵墓の側らに葬ること。乾陵の陪葬者について『唐會要』陪陵名位は「乾陵陪葬名氏。章懷太子賢、懿德太子重潤、澤王上金、許王素節、邠王守禮、義陽公主、新都公主、永泰公主、安興公主、特進王及善、中書令薛元超、特進劉審禮、禮部尚書左僕射豆盧欽望、右僕射劉仁軌、左衛將軍李謹行、左武衛將軍高侃」と記す。乾陵は高宗と則天武后の同穴合葬陵。『新唐書』則天武后本紀に「光宅元年。（中略）、八月庚寅、葬天皇　大帝于乾陵」とあり、同書中宗本紀に「神龍二年、（中略）、五月庚申、葬則天大聖皇后」とあり、『舊唐書』中宗本紀に「（神龍）三年、（正月）己巳、遣武攸曁、武三思往乾陵祈雨于則天皇后、既而雨降、上大感悦」とある。

○遷窆　墓地に遷して窆《ほう》むる、棺を墓穴に下ろして埋めること。

○禮也　禮にかなう。禮にしたがって葬儀を執行すること。『春秋左氏傳』隱公八年の條に「八月丙戌、鄭伯以齊人朝王、禮也」とある。ここでは王禮をもって李賢を葬ることをいう。

○惟王調函律呂　惟は以と同じ。王調は王の調べ。王を葬儀に奏でられる音樂。函は大きな音の形容。律呂は六律（黃鐘・大族・姑洗・蕤賓・夷則・無射）と六呂（大呂・夾鐘・仲呂・林鐘・南呂・應鐘）の十二律をいい、轉じて音樂をいう。

○質蘊珪璋　質はからだ、身體。蘊は包む。包容する。珪璋は禮式の時に用いる飾りの玉。李賢の遺體を珪璋で飾ることを喩える。
○荊山之下　荊山は名玉を產する山。
○瑜瑾挺其溫潤　瑜瑾は美しい玉。溫潤は溫かく潤いがあること。
○軒丘之上　軒丘は高い丘をいう。
○鸞鳳炤其輝光　鸞鳳は至德の瑞兆として現れるといわれる神鳥。轉じて有德の君子を喩える。炤は照らす、明らかにする。輝光は輝く、輝く光。
○包柱石於胷襟　柱石は國家の柱礎として重任を負う人。胷は胸に同じ。胷襟は着物の衣紋、襟。胸の上で合わせる部分。轉じて心の中、胸の內。
○動風飇於懷袖　動は感じること。飇は飆の俗字。風飇はつむじかぜ、暴風、狂風。懷袖はふところとたもと。
○孤挺天爵　天爵は天から受ける爵位。成德があって自然に尊いこと。
○高擅人龍　擅はほしいままにする。人龍は人君、王者の喩え。
○排閶闔而上征　排は押し開くこと。閶闔は天上にある紫微宮の門。轉じて王宮の門をいう。上は君、高位者の稱。
○凌扶搖而獨運　凌は乘る、昇ること。扶搖は旋風、また旋風によって動くこと。運は行くこと。
○光前絕後　往古に比するものなく、後世にも事例がないこと。『大唐創業起居注』に「私相謂曰、相王格論、絕後光前、發明典謨、申理誓誥」とある。
○莫之與京　與は數える。京は君主の都城のある土地、京師。
○倚伏糺紛　倚伏は禍福が互いに相因りて生じ相潛まりて伏すること。糺紛は亂れ縺れること。
○屈申舛互　屈申は屈むことと伸びること。困窮と榮達、窮達。舛互は互いに入り交じること。
○藏山易負　藏山は山に隱れること。易負は憂いを和らげ、安らかにすること。負は憂の意。
○去日難維　去日は日を過ごし、失うこと。また過ぎ去った日。維は思う、思いをいたす。
○九原不追　九原は晉の卿大夫の墓地の名。轉じて墓域、黃泉をいう。不追は人智や是非の及ばざること。

○**百身奚贖**　一身を百度殺しても身代わりとなって助けることができぬ喩え。人の死を惜しみ、いかんともしがたいことを歎ずる語。
○**雖天長而地久**　天長地久は天地の永久に盡きず、極めて長久なことをいう。
○**諒海變而舟移**　諒はまことに、疑いないこと。海變は天下の百川を入れる海も變ること。舟移は舟の移り行くこと。
○**敬緝遺塵**　緝は緝《あつ》め納める。遺塵は後世に遺った塵、前哲の遺蹟、先人の遺業。
○**紀盛烈於黃絹**　盛烈は盛んないさおし。功業、德政。黃絹は天子の用いる黃色い絹布。
○**庶垂來代**　垂は後世に傳布する、世に廣める。來代は來世、後の世、ここでは太宗（李世民）の諱を避けた表記。
○**勒不朽於玄房**　勒は刻に同ず、刻むこと。不朽は永久に朽ちず、永く傳わること。玄房は萬物を生ずる道をいい、玄は微妙で奥深いこと。『淮南子』主術訓に「天氣爲魂、地氣爲魄。反之玄房、各處其宅、守而勿失、上通太一」とある。ここでは墓室をいう。
○**其詞曰**　詞は墓誌の銘文をいう。
○**兩儀交合**　兩儀は天地、陰陽をいう。交合は男女、雌雄が交わること。
○**五運遞遷**　五運は五行の運行、王朝はその順序にしたがって位を得るとされた。唐は相生說（木・火・土・金・水）をとり、土德の王朝を稱した。遞遷は互いに廻り、順行すること。
○**綠圖沿渚**　綠圖は河圖をいう。伏羲の世に黃河から出た龍馬の背に書いてあったという圖で、その文字が綠色であったことにちなむ。『墨子』非攻篇下に「河出綠圖、地出乘黃」とある。沿渚は河圖が出たという黃河の渚をいう。
○**赤字浮川**　赤字は赤い紋様。『河圖』に「黃帝遊於洛見鯉魚長三丈、奇身無鱗、赤文成字」とある。浮川は河水に浮かぶこと。
○**握符括地**　握符は帝王の印として天が授ける符瑞を握り、天子の位に卽くこと。括地は地を括り、たばねること。
○**受命承天**　受命は天命を受けて天子となること。承天は天命を奉承すること。
○**本枝繁衍**　本枝は本支に同じ。本宗と支庶をいう。繁衍は草木の盛んにしげるさま、轉じて隆盛となること。ここでは唐室一門が本宗を天子に、支庶を諸侯として榮えることをいう。
○**茂緒蟬聯**　茂緒は盛んなる事業。蟬聯は蟬の聲が聯續して絕えないように、連なり續くこと。
○**天地降祥**　天地は天と地、あめつち。降祥は吉祥をくだすこと。

○**山川納祉**　山川は山と川、やまかわ。納祉は祉《さいわい》を納《おく》ること、幸運を致すこと。
○**乃資人傑**　資は助けること、あたえ贈ること。人傑は衆にすぐれた人物、傑物。
○**實縱英峙**　縱は自由に任せる、活かす。英峙はすぐれて高くそびえ立つ山、轉じて才德すぐれた人物をいう。
○**瓊萼蹟跗**　瓊は美しい玉、萼はがく、花のうてな。轉じて瓊萼は親王をいう。蹟は昇ること。跗は花のうてな。跗萼は兄弟の親情の篤いことをいう。
○**皇孫帝子**　天子の子や孫で唐朝の皇族をいう。
○**曾嶠迴立**　曾嶠は高く鋭い山。迴立は山が幾重にも重なり圍繞すること。
○**崇峯崫起**　崇峯は高く大きい峯。崫起は險しく立つこと。
○**赫矣飈擧**　赫矣は明かなさま、盛んなさま。飈擧は疾風が吹き上がること。
○**悠哉海運**　悠哉ははるかなさま、ゆったりとしたさま。海運は海水の干滿、波が動くこと。
○**蘭桂異芬**　蘭桂は蘭と桂、桂は香木の總稱で肉桂や木犀など。轉じて君子の美質を喩える。芬は香氣、匂いたつ香。
○**琳琅奇韻**　琳琅は玉の相ふれて鳴る音。奇韻はめずらしい韻律。
○**暉映萬古**　暉映は暉きを映す。光彩の照り映ること。萬古は永遠、永久、いつの世までもの意。
○**磊落千刄**　磊落は山が高く大きいさま。轉じて志が大きいこと。千刄ははなはだ高く、また深いこと。
○**鳳穴驪川**　鳳穴は詩文の才あるものが集う場處。驪は龍の一種の黑龍をいい、龍川は東海上の仙島で穆天子が八駿（八頭のすぐれた馬）を養った處という。
○**含輝吐潤**　含吐は含んだり吐いたりすること。輝潤は輝きと潤い。
○**康叔君衞**　康叔は西周時代の衞國の始祖。周の武王の末弟として康に封ぜられて康叔とよばれた。のち周公旦は成王の命によって殷の紂王の子武庚を誅し、康叔を衞君に封じて殷の故都周邊の地と遺民を治めさせた。
○**公旦封魯**　公旦は武王の弟周公旦。武王を輔けて殷を滅ぼし、魯公として曲阜に封ぜられたが就かず、武王を佐けてその死後、幼い成王の攝政として制度禮樂を定め、冠婚葬祭の儀を制して周の基盤を固めた。

○於穆我王　於穆は美わしいとする贊歎の辭。我王は雍王李賢をさす。
○重規沓矩　重規は規を重んずること。沓矩は矩を沓《かさ》ねること。沓は疊と同じ。重規沓矩は動靜、立ち居ふるまいが禮に合すること。
○茂實綿宙　茂實はりっぱな實質。茂り實ること。綿はつらなること。細く長く續くこと。宙はとき、過去、現在、未來につづく無限の時間をいう。
○英聲溢寓　英聲はほまれ、名聲、すばらしい評判。溢は滿ち溢れること。寓は寄せる、あたえること。
○服義佩仁　服義は正義にしたがうこと。正義をおこなうこと。佩仁は仁を身につけ、心にとどめること。
○廼文廼武　文は禮樂をもって人民を教化し、治める文德の治。武は武道をもって人民を威壓し、治める武德の治。
○秦邦楚甸　秦邦は春秋以來の秦の領域。楚甸は春秋以來の楚の領域。秦楚は戰國時代の二大強國で、秦は中國の西端、楚は南端に位置することから、中國の全領域をなぞらえる。
○繼稱藩國　藩國は唐朝の藩屏となる諸侯の國。
○惟王戾止　戾止は來り至ること、來臨すること。
○人倫之則　人倫は人の履むべき道、人たる道。則は規範、綱紀。
○寬猛靡乖　寬猛はゆるやかなこととときびしいこと。靡乖は服すること叛くこと。合することと離れること。
○弛張不忒　弛張は弛むことと張ること、ゆるやかときびしさ。不忒《とく》は疑い、違うことがないこと。
○帝室楨幹　帝室は天子の家、一門。楨幹は支え守る根幹となるもの。賴りとなる人。
○天朝羽翼　天朝は朝廷の尊稱、皇朝。羽翼は輔け、輔佐する人。補弼する人。
○儲副攸繫　儲副は世繼ぎの君、皇太子。攸繫はさかえること。
○冢嫡斯俟　冢嫡は皇后が生んだ長子、嫡嗣。斯はすなわち、ここにの意。俟は待つ、卽位を待つ。ここでは則天武后の所生子が皇位繼承權をもつとされることに注意したい。
○師表列辟　師表は模範、手本また模範、手本となる人。列辟は歷代の天子、君主。
○津梁多士　津梁は賴りとなる人、援助や案内をする人。多士は多數の人士、衆士。

○鳴玉鏘金　鳴玉は佩玉の觸れ合う音。鏘金は金鐘の響く音。
○旌旆猗柅　旌旆は五采の羽毛を竿頭に垂らす旗。天子が士氣を鼓舞する際に用いる。猗柅は嫋やかに下垂するさま。
○令問令望　令問は令聞に同じ、立派な評判。令望は善い評判、令問令望は高い德を慕われ、名聲を博すること。
○優哉美矣　優美は品よく麗しいこと、優しく美しいこと。
○匡弼玄猷　匡弼は正し弼けること。玄猷は奧深いはかりごと、遠い道。
○翼宣王度　翼宣はたすけ明らかにすること。王度は王の法度、帝王の定めた規範または帝王の守り行うべき規範。
○慶弔紛紜　慶弔は慶事と弔事、慶びごとと弔いごと。紛紜は亂れもつれること。
○吉凶舛互　吉凶は吉事と凶事。舛互は互いに入り交じること、交じり亂れること。
○遽迫夜舟　遽迫は遽かにせまること、慌ただしく急ぐこと。夜舟は夜行く舟、人目を避ける夜の舟旅、運命がかわり死にいたることを喩える。
○奄零朝露　奄零は奄《にわ》かに、慌ただしいこと。零は露が下りること。朝露は儚いことの喩え。人命の短促をいう。
○撤樂興感　撤樂は服喪の爲に樂器を除くこと。興感は感慨を催すこと。
○罷市緟慕　罷市は市場を休止すること。緟慕は慕情をまといむすぶこと、心にむすぶこと。
○乃筮圖史　筮はめどきで占うこと。圖史は圖書と史書をいう。
○言占塋壙　言は發語の辭、ここにの意。占は占うこと。塋は墓の區域、墓地。壙はつかあな、墓穴。
○丹旐逶迤《いい》　丹旐は葬儀に用いる赤い旗、柩に先行する赤い旗。逶迤は長く練り續くさま。
○素帷飄揚　素帷は葬儀に用いる白絹の帷《とばり》。白絹の幕。飄揚は飄《つむじかぜ》に飜り、揚がること。
○悲笳夜咽　悲笳は悲しい胡笳の音。胡笳はあしぶえ。咽は咽の俗字。咽び泣くこと。
○韰歌曉唱　韰は薤と同じ。薤歌は挽歌の名。人命のはかなきことを薤《おおにら》の上の露に喩える。王侯貴族の葬儀に用いられる。曉唱はあかつきに唱うこと。
○去我桂巖　桂巖は桂の生えた巖。桂は香木の總稱をいい、君子の美質を喩える。ここでは君子の集う所をいう。

○來茲松帳　松帳は松かげの白い帳《まんまく》をいい、墓所を示す。
○長天運節　長天は廣い空、大空をいう。運節は時を廻らすこと。
○短日摧年　短日は短い日時。摧年は短命で終わることを悲しむこと。
○冥冥萬古　冥冥は暗く遙かなさま。萬古は永久に、いつまでもの意。
○杳杳三泉　杳杳は深く暗いさま。三泉は深い地下の水脈。
○墓欑衰木　墓は墓地、乾陵の陪葬區をいう。欑は樹木が群がり生うこと。衰木は老木。
○塋聚寒煙　塋は墓の區域。寒煙は空にたなびく煙。寂しさを催させる霧。
○生靈共此　生は生きている人。靈は亡き人の御靈。
○無聖無賢　聖賢は聖人と賢人。

《通　釋》

大唐の故雍王の墓誌銘ならびに序。

王は諱を賢、字を□□という。隴西郡狄道縣の人である。太宗文武聖皇帝の孫、高宗天皇大帝の第二子にして、今上陛下（中宗）の兄にあたる。

述べるに、そもそも神妙で奧深い源は遠い昔にはじまり、德治すぐれた天子の治世ははるかに遠い事柄である。白雲が幸祉を垂れるのは、虞の臣下が帝舜の德につとめた所以であり、紫氣が禎祥をむすぶのは、周の史官が周王の道義を敷き廣めたことによる。至高なる漢の衞尉李廣將軍は勇名を隴西に轟かし、威名かがやく西涼の武昭王は霸功を黄河以西に打ち立てた。これより本宗と支庶ともに繁榮を極め、いよいよ後世の隆盛が徵《あき》らかとなった。それがゆえに天の神や地の神の協贊を得て、天と地とが會して昌《さかん》になり、八荒の果てなる世界までも征壓し、萬世つづく一統をものにしたのである。山をよじり海をわたって遠方まで征服し、その國土を區畫することは伏羲氏と軒轅氏に準據し、桐珪をもって皇子を封じ、白茅をもって分社を建立させて、なお粗末な車で歸順せぬ梁と楚とを征服したのである。

雍王は、天の靈命を皇居において稟受し、天より降って誕生した御方である。ただただ至高で、遙かに見上げるばかり。幼少の折より抜きん出た聰明は隱れなく、その人格と品位は若年より傑出するものである。よく父母につかえ、兄弟に親しむ心根は天與のもので、外から飾りつけたものではない。溫和で恭しい性《さが》もまた生來のもの、もとより近侍の教化ではあり得ぬのである。これに重ねて、奥深く廣い心や氣高く美しい振舞いがあげられよう。王の心は正しく寛大で、あらゆる事柄に通じている。その志は高く大きく、どこまでも廣い。天賦の才は、長い枝が空に伸び、大波小波の行くがごとく極まりなく、その秀抜は、美玉をだす崑崙山に等しく、碣石山の高みに比するほどである。それはまさに天地を梁《はり》棟で支え、世界の古今を舟と輿で往來するがごとくである。公卿は王を褒め讃え、遠くも近くもその功德を慕い讚える。王はかたわらに九流七略の古典を備え、三墳五典の古籍を脩して、詩は齊韓の傳を解し、また楚辭の難解を開き、易は殷と夏の學統を區分して、後漢の沛獻王の易學の祕傳を啓くにおよんだ。かつて曹操は後嗣を決めかねて臣下の評に託し、丁廙は潤《うるおい》ある贊辭で應えた。道は異なるも車馬の並馳するがごとき事例は、ふたたび今に再現された。ゆえに王は諸國の首位に居り、歷代の天子を師表として、五宗の親族の領袖となって、百代後世に手本となるのである。

高宗が玉牀に出御し、金鏡たる聖人の道にしたがって百官を振り分け、職掌を正した。左右に侍する一門や賢者は皇朝の固めとなって、藩屛は隆盛を極めた。宗廟に昭穆の次序を定めて、仰ぐばかりの寵愛によって、五岳の峯が砥石のごとく、黄河の流れが帶のごとくなるまで、この盟約を永遠《とわ》にと願う。天は燦めきを發して、この良き御代に叶うようにするのである。そこで高宗は、宗廟の長たる秩宗に命じ、古今の令典に捜して、皇朝の故實に徵し、封拜の嘉儀を執行した。勾龍は職にしたがい、王を封ずる方土を宗社に分かち、司空は境界を區畫して、領國の要たる肥沃の地を方輿に裂き分けたのである。まことの言葉を明らかに、利建の義をのべ、御位に在ることを正して、謹んで天子の賜命の歡喜を繼ぐ。そこで王を附庸に封じ、晉の地を治めさせる。すなわち永徽六年（六五五）、潞王に封ぜられた。その食邑は一萬戶。紅い蘭の花は池の坂《つつみ》をおおい、朱い荷《はす》の花は池一面をおおって咲き亂れる。賢人を招く東門や賓客をもてなす西園には、漢の枚乘と鄒陽のごとき賓客が列なり、詩を吟じ賦を詠じ、それに鐘や磬の音が調和する。王の名聲は宗國に高く、その譽《ほまれ》ははるか侯甸の域にも明らかである。その治下なる關中八水の朝市は、五方の夷《えびす》が交誼を結び、その領國はまさに天府として、國の樞要を占めるのである。そこには都雅と鄙陋の者がこもごも歩み、衣冠の者の往來も盛んである。新王の家は正邪を正す里に在り、第一の邸《やしき》を王居に定める。その門前には車駕が連なり、川の潤すごとく恩惠は廣がる。王は長袂《べい》を擧げて合圖を送り、帷《とばり》を閉じて客を留める。寔《まこと》に天賦の資質うるわしく、淸らかな人望は世を鎭め、安んずるのである。

明慶（顯）元年（六五六）、岐州刺史に拜された。その年、雍州牧を加授された。綱紀を正し、要目を整え、寬と嚴と相い半ばして治世に勵み、旬日を經ずして、政《まつりごと》は治まり王の功德を讃える聲が擧がったのである。

龍朔元年（六六一）、改めて沛王に封ぜられ、使持節、都督に加えて揚、和、滁、潤、常、宣、歙の七州諸軍事および揚州刺史を加授された。さらに左武候大將軍を兼任し、雍州牧は從前のまま。外は甸服に連なり、內は天子を守護する儀衞を兼ねて、遠近《おちこち》ともに悅び、朝野の人士もたがいに敬い安んじた。

麟德二年（六六五）、右衞大將軍を加授された。その年、高宗の行幸に扈從して東方の地に封ぜられ、兗州都督を兼攝した。高宗は補弼の臣を參與させ、股肱の臣をあわせ統べて、武器を納めて群臣を星のごとく陳《なら》べ、旌麾のもとに諸大臣を整列させせて、泰山で封禪の儀式を擧行した。そこでは玉牒に金泥を用いて先人の德禮を記して納め、この大いなる儀禮を締めくくった。その折の沛王の巡察はめざましく、その統率は宜しきを収めた。

咸亨三年（六七二）八月、改めて雍王に封ぜられた。その食邑は萬戸。王は宮中に昇って大官と交わり、天子の御相たる日月を負い、君王としての器量は仰ぎ見るほどである。前代の聖賢や君王にせまり、それを越えんとする努力は、はるかに遠い途《みち》ではあるが、貪ることなく叶えられた。ここに皇太子をいう前星が現われて、天子の嫡子たる尊位を示し、易の震卦の規《のり》が定まり、長子の位に記されたのである。ここに儲君《もうけのきみ》が誕生し、嫡嗣は歸すべきところにおさまった。

上元二年（六七五）、皇太子に冊拜され、宗廟の祭器を奉持して、天子の鴻業を繼承せんとした。しかるに漢の宣帝の皇太子を良導した疏受と疏廣のごとき師傅が隨從せず、また四友のごとき友垣も離反して孤立が深まり、戒め正す規範も闕けて、補弼に宜しからざる事態が招來した。かくして監察・巡撫に安定を失い、宗廟の隆盛は少しく弛み廢れたのである。先帝の山稜は搖れ動き、東宮の宮殿は崩れ落ちて、彌榮《いやさか》を望《ねが》って陷謀を阻み、挫かんとするも、ひとたび墜ちた太子の卯星は、天子の星のうしろに置かれ、永遠に隱されるのみであった。かくして王は、文明元年（六八四）二月二十日、巴州の別館で薨去した。享年三十一。ついで垂拱元年（六八五）三月二十九日、則天武后の恩制によって雍王に追册され、悼と謚されて巴州化城縣の縣境に葬られたのである。

今上陛下（中宗）には、天子の御旗を建てた黃屋の乘輿を召し、紫宸殿において皇統を正して、斧を畫いた屛風を背に長く懷《おも》し、また崗に陟《のぼ》って永く歎じ、大空を飛翔する鶺鴒《せきれい》の遽《にわ》かに死滅することに心痛し、群からはぐれた鴈《かりがね》のいよいよ孤立することを慨歎した。そこで有司に命じ、はるかに遡って王のすぐれた德功を追褒し、神龍二年（七〇六）、改めて册命して雍王の位を贈ったのである。その禮制は漢の盛時よりも盛大で、その恩愛は晉の獻文子を凌ぐほどであった。すなわち金紫光祿大夫、行衛尉卿、上柱國、西河郡開國公の楊元琰および正議大夫、行太子率更令、騎都尉、韓國公賀蘭琬に勅して、葬儀を監護させたのである。そこで改めて雍王に司徒を贈り、乾陵に陪葬した。その葬儀は神龍二年七月一日、王禮にしたがって執行された。そこでは王侯に許される調《しらべ》が流れ、雍王の身は珪璋の玉で包まれた。荆山の下の、美しい瑜瑾の玉は温かく潤いのある輝きを増し、高い丘の上に、至徳の鸞鳳がまばゆい光を照らす。國家の柱石たる人を胸中に収め、つむじ風を懷袖に感ずるように、天與の爵位を示したのである。かくして人君としての名聲をほしいままにし、天上界の門を推し開いて上《きみ》は征き、つむじ風を凌いで獨り歩むのである。かかることは前代に例《ためし》が無く、將來もまた絶するごとく、京師に數える事例は無い。禍福は亂れもつれ、窮達は相互に入り交じる。山に隱れて憂いを和らげようにも、過ぎ去りし日は思い返すことさえ難しい。黄泉路のことには及ぶもないが、我が身を百度殺しても、どうして雍王の身代わりになど、なり得よう。天地は長久といえども、まことに海は變り、舟は移ろうものである。謹んで雍王の遺蹟を拾い緝《あつ》めて、その盛んなる徳業を黄絹に書し、後世に傳えることを庶幾《こいねが》って、その不朽を玄房に刻むのである。

その詞にかく曰う。

天地陰陽が交合して、五運は廻り遷る。綠字の河圖は渚に現われ、赤字の鯉魚は川に浮く。符瑞を握って大地を括《たば》ね、命を受けて天下を承ける。本宗と支庶ともに繁榮し、盛んな事業は連なり續く。天地は吉祥を降し、山川は幸をもたらす。すなわち人傑を資《たす》けて、その才徳をほしいままにさせる。皇子たちの交情篤きことは、この皇孫帝子なればこそ。高く大きな山が圍繞し、その峯は險しく高い。さかんな疾風が吹き上がるも、悠然と海はめぐる。君子の美質に喩える蘭と桂は香りを異に、琳琅の玉音は絶妙な韻律をなす。暉《ひかり》は永遠に照り輝き、その志の高さは千双ほど。才徳の人の集う鳳穴や驪川は、輝《かがやき》を含んで潤《うるおい》を吐く。康叔は衞に君となり、公旦は魯に封ぜらる。美わしきかなわが雍王は、規矩を重んじて禮にかなう。そのおこないは永遠に、その英聲は世に充ち滿ちる。義にしたがって仁を佩びれば、文にしてなお武たり。遠く秦や楚の國までも、相いつらなって藩國となる。雍王の來臨は、人倫の規範となるべきもの。寛にして嚴しく、從うところ離れるところ、弛めることと張ることに過誤はない。これはまさに帝室の根幹たる人、皇朝の護衛者にほかならぬのである。儲君《もうけのきみ》の彌榮は、皇后の生む嫡嗣にこそ俟たれるもの。歴代の天子を模範にして、事を爲すに賴りとするは多士濟濟。それは金玉觸れあって妙なる音色を奏で、五彩の羽毛を垂らす天子の御旗はたおやかにさがるがごとし。譽れの名聲と德ある行爲は、優なるかな、美なるかな。深く遠い道のりを正し弼けて、雍王の法度を翼贊するのである。

しかるに、慶事と弔事は亂れ縺れ、吉福と凶禍は入り交じる。慌ただしくも夜舟を促され、にわかに朝露がくだるがごとく雍王は薨去した。音樂を退けて感慨を催し、市場を罷めて慕情を結ぶ。そこで圖史に卜筮し、ここに塋壙を占う。柩を先導する赤い旗は長く練り續き、白絹の帷《とばり》は旋風に吹き上がる。悲しい胡笳の音は夜に咽び、雍王の喪柩を挽く薤《かい》歌は曉に唱われる。わが方の桂木おおう巖を去って、この松かげの帳《とばり》に着く。長空は時節を運ぶも、短日におわる年齢《よわい》を悲しむ。冥《くら》く遠い永遠《とわ》の時、杳《くら》く深い三泉の水。墓陵に老木しげり、塋域に寒煙たなびく。生ける人と亡き人の御靈はここに集い、もはや聖人もなく賢人もない。

補篇二　「大唐故章懷太子幷妃清河房氏墓誌」譯注

はじめに

本篇は、一九七二年に章懷太子李賢墓から出土した「大唐故章懷太子幷妃清河房氏墓誌」に譯注を施すものである。テキストは中田勇次郎編『中國書道全集』第三巻隋・唐Ⅰ（平凡社、一九八六年）、周紹良主編『唐代墓誌彙編』（上海古籍出版社、一九九二年）、王友懷主編『咸陽碑刻』（三秦出版社、二〇〇三年）所載の拓本寫眞および釋文を用いたが、全體の構成および細部は「章懷墓誌」の原拓（一九九二年四月採拓）によって確認した。なお釋文には、便宜的に行數を示すアラビア數字を附した。

その誌蓋石（蓋）は底邊が八十七×八十七センチ、厚さ十七センチの角錐臺狀で、蓋上には四行、行四字で「大唐故章／懷太子幷／妃清河房／氏墓誌銘」の十六字が陰刻で篆題される。墓誌石（身）は八十七×八十七センチ、厚さは十七センチで、誌序銘は行書の筆意を加味した肥厚體の楷書で記され、三十四行、滿行三十四字、總字數は九百八十九字である。その作製は睿宗の景雲二年（七一一）十月に執行された贈章懷太子妃房氏の葬儀時とされる。誌序銘の撰者は盧粲、書者は李範である。

《釋　文》

1大唐故雍王贈章懷太子墓誌銘幷序
2　太常卿兼左衛率岐王範書
3太子諱賢字仁隴西狄道人也　太宗文武聖皇帝之孫　高宗天皇大帝之
4第二子今　皇上之兄也立極補天之業濟代光宅之功煥圖史而昭然仰化成而
5可見謏聞短識不足以談天　太子降　宸極之精靈含淳和之粹氣克岐
6克嶷始於匍匐之年惟聰惟明表自覃訏之歲孝友之性因心以載揚仁愛之德自誠
7而克著以永徽六年　制封潞王明慶元年加雍州牧龍朔元年徙封沛王雍州牧
8如故麟德二年加右衛大將軍咸亨二年徙封雍王餘如故別食實封一千戶若華分
9秀延十景之暉桐葉疏圭派五潢之潤加以韶音勝氣逸裁英規萬頃汪汪包叔度之
10宏量千尋落落凛和嶠之高風屬笙歌上賓震宮虛位於是當明兩之寄膺主鬯之尊
11上元二年　高宗臨軒冊命爲皇太子馳道肅恭萬國之貞斯在宮闈視膳三朝
12之禮不虧豈謂禍構江充釁生伊戾愍懷貽謗竟不自明申生遇讒寧期取雪以永淳
13二年奉　敕徙於巴州安置土船餘俗遙然巴宕之鄉竹節遺黎邈矣蠻賨之戎
14賈生賦鵩雖坦懷於化物孝章愁疾竟延悲於促齡以文明元年二月廿七日終于巴
15州之公館春秋卅有一垂拱元年四月廿二日　皇太后使司膳卿李知十持節
16冊命追封爲雍王神龍元年　寶曆中興　宸居反正　恩制追贈司徒公

17令胤子守禮往巴州迎柩還京仍許陪葬　乾陵栢城之內自京給鼓吹儀仗送
18至墓所景雲二年四月十九日又奉　勅追贈册命爲章懷太子重海之潤更流
19於夜臺繼明之暉復明於泉戶妃清河房氏　皇朝左領軍大將軍衞尉卿贈兵部
20尙書仁裕之孫銀青光祿大夫宋州刺史贈左金吾衞大將軍先忠之女也公侯將相
21之門鍾鼎旗裳之盛或象河疏秩望隆於樞斗或銜珠表貴寄重於兵鈐妃稟柔明之
22姿包和淑之性十年不出四德允修而黃鳥于飛振喈喈之響翠葛爰茂盛萋萋之容
23穠桃當納吉之期摽梅屬繫纓之歲以上元年中　制命爲雍王妃三星在戶芳
24春仲月之辰百兩遵途雙鳳和鳴之兆媞媞左辟敬行於舅姑肅肅霄征惠流於閨閫
25而天未悔禍朝哭纏哀訓棘心而擇隣採蘋藻而恭事以景雲二年龍集荒落六月十
26六日遘疾薨於京興化里之私第春秋五十有四卽以其年十月壬寅朔十九日庚申
27窆於太子之舊塋禮也嗣子光祿卿邠王守禮履霜露而攀宰樹擗厚地而訴高天紀
28遺烈於貞琬稱柏質於幽埏嗚呼哀哉式爲銘曰
29昭哉靈命赫矣　皇唐玄圭錫瑞綠錯開祥荷茲百祿君臨萬方本枝繁茂家室君
30王其一川瀆效靈挺生英睿白茅胙土黃離以繼忽遘讒言奄移遐裔座鵂來止隙駒行
31逝其二　宸居反正在物咸亨恩隆棣蕚澤被維城儲貳貽贈泉路增榮魂歸舊宇櫬
32卜新塋其三南望神京西瞻畢陌瑞雲浮紫祥烟凝白霧慘松埏燈淪幽穸俾英聲與茂
33範長不朽於金石其四
34　銀青光祿大夫邠王師上柱國固安縣開國男盧粲撰

《訓　讀》

大唐故雍王、贈章懷太子墓誌銘、幷びに序。

太常卿、兼左衛率、岐王範書。

太子諱は賢、字は仁。隴西狄道の人なり。太宗文武聖皇帝の孫、高宗天皇大帝の第二子にして、今皇上の兄なり。立極補天の業、濟代光宅の功は、圖史に煥らかにして昭然、化成は仰ぎて見る可《べ》し。謏聞短識にして、以て天を談ずるに足らざるなり。太子は宸極に降るの精靈、淳和の粹氣を含みたり。克岐克嶷は、匍匐《ほふく》の年に始まり、惟聰《いそう》惟明は、覃訏《たんく》の歳より表わる。孝友の性は、心に因りて以て載《はじ》めて揚がり、仁愛の德は、誠に自ずから克く著る。永徽六年を以て、制して潞王に封ぜらる。明慶元年、雍州牧を加えらる。龍朔元年、徙りて沛王に封ぜらる。雍州牧は故の如し。麟德二年、右衛大將軍を加えらる。咸亨二年、徙りて雍王に封ぜらる。餘は故の如し。別に實封一千戸を食む。若華の分秀は、十景の暉《かがやき》を延べ、桐葉の疏圭は、五潢の潤《うるお》いを派《つかわ》す。加うるに韶音《しょうおん》の勝氣を以てし、英規を逸裁す。萬頃は汪汪として、叔度の宏量を包み、千尋は落落として、和嶠の高風を凛《つつ》しむ。笙歌は上賓に屬《よ》せ、震宮は位を虛しうし、是に於いて明兩の寄に當たり、主鬯《しゅちょう》の尊を膺《う》く。上元二年、高宗臨軒し、册命して皇太子と爲す。馳道肅恭して、萬國の貞《まこと》斯に在り。宮闈《い》の視膳、三朝の禮は虧《か》かざるなり。豈に謂わんや、禍《わざわい》は江充に構え、釁《すき》は伊戻《いれい》に生じ、愍懷は謗《そしり》を貽《のこ》して、竟に自から明らかにせず、申生は讒《そしり》に遇いて、寧《すなわ》ち雪《すす》ぐを取るを期《ねが》う、と。永淳二年を以て、敕を奉じて巴州に徙り、安置せらる。土船の餘俗、遙然たるかな巴宕《はとう》の鄉。竹節の遺黎、逿《とおざ》けられたり蠻賨《ばんそう》の戍。賈生は鵩を賦し、化物に坦懷なりと雖も、孝章は愁疾し、竟に延《あまね》く促齡《そくれい》を悲しみたり。文明元年二月廿七日を以て、巴州の公館に終《みまか》る。春秋卅有一なり。垂拱元年四月廿二日、皇太后、司膳卿李知十をして節を持して册命し、追封して雍王と爲す。神龍元年、寶曆中興し、宸居正に反る。恩制もて司徒公を追贈す。胤子守禮をして巴州に往きて柩を迎えて京に還り、仍ち乾陵栢城の內に陪葬するを許す。京より鼓吹儀仗を給し、送りて墓所に至らしむ。景雲二年四月十九日、又た敕を奉じて追贈册命して章懷太子と爲す。重海の潤《うるおい》は、更《あらた》めて夜臺に流れ、繼明の暉《かがやき》は、復た泉戸に明らかなり。

妃の清河の房氏は、皇朝の左領軍大將軍、衞尉卿、贈兵部尙書仁裕の孫にして、銀靑光祿大夫、宋州刺史、贈左金吾衞大將軍先忠の女なり。公侯將相の門、鍾鼎旗裳の盛んなるは、河の疏《おおき》く秩《なが》るるに象《かた》どり、隆《たか》く樞斗《すうと》を望む或り。珠を銜《くわ》えて貴を表し、重く兵鈐に寄する或り。妃は柔明の姿を稟《そな》え、和淑の性を包む。十年出でずして、四德允《まこと》に修めたり。而して黃鳥ここに飛びて、喈喈の響を振う。翠葛爰《ここ》に茂りて、萋萋の容を盛んにす。穠《じょう》桃の納吉の期に當たり、摽梅《ひょうばい》の繫纓の歲に屬《およ》ぶ。上元年中を以て、制命して雍王の妃と爲す。三星戶に在り、芳春仲月の辰《とき》、百兩途に遵《したが》い、雙鳳和鳴の兆あり。媞媞《ていてい》として左《さ》に辟《ひら》き、舅姑《きゅうこ》に敬行す。肅肅として胥征し、閨閫《けいこん》に惠流す。而れども天は未だ禍を悔いざるや、朝に纏哀に哭し、棘心を訓《いまし》めて擇隣し、蘋藻《ひんそう》を採りて事に恭《そな》うる、を。景雲二年龍集荒落六月十六日を以て、疾《やまい》に溝いて京の興化里の私第に薨ず。春秋五十有四なり。卽ち其の年の十月壬寅朔十九日庚申、太子の舊塋に窆《ほうむ》る。禮なり。嗣子の光祿卿、邠王《ひんおう》守禮、霜露を履みて宰樹に攀《よ》じり、厚地に擗《むねう》ちて高天に訴う。遺烈を貞琬に紀《しる》し、柏質を幽埏に稱《たた》う、と。嗚呼哀しい哉。

式《もっ》て銘を爲りて曰う。

昭《あきら》かなるかな靈命、赫たるかな皇唐。玄圭《げんけい》もて瑞を錫わり、緑錯もて祥を開く。茲《ここ》に百祿を荷《にな》いて、萬方に君臨す。本枝繁茂し、家室君王たり。其一。川瀆《せんとく》の效靈、英睿を挺生す。白茅土を胙《むく》い、黃離以て繼ぐも、忽ち讒言に溝《あ》い、奄《にわか》に遐裔《かえい》に移る。座鵩《ふく》來りて止まり、隙駒のごとく行逝す。其二。宸居正に反り、在物咸な享《すす》む。恩は棣萼《ていがく》に隆《さかん》にして、澤《うるおい》は維城《いじょう》より被《こうむ》る。儲貳《ちょじ》は貽贈され、泉路は榮を增す。魂は舊宇に歸り、櫬《ひつぎ》は新塋を卜う。其三。南に神京を望み、西に畢陌《ひつはく》を瞻《み》る。瑞雲は紫を浮かべ、祥烟は凝白す。霧は松埏に慘《くら》く、燈は幽穸《ゆうせき》に淪《しず》む。英聲と茂範とをして、長く金石に不朽たらしむ。其四。

銀青光祿大夫、邠王の師、上柱國、固安縣開國男、盧粲撰。

《語　釋》

○**太常卿**　『舊唐書』職官志三に「太常寺、古曰秩宗。秦曰奉常。漢高改爲太常。梁加寺字、後代因之。卿一員、正三品。梁置十二卿、太常卿爲一。周、隋品第三。龍朔二年改爲奉常、光宅改爲司禮卿、神龍復爲太常卿也。少卿二人。正四品。（中略）、太常卿之職、掌邦國禮樂、郊廟、社稷之事、以八署分而理之。一曰郊社、二曰太廟、三曰諸陵、四曰太樂、五曰鼓吹、六曰太醫、七曰太卜、八曰廩犧。總其官屬、行其政令」とある。

○**左衞率**　『舊唐書』職官志三に「東宮武官。太子左右衞率府。秦漢有太子衞率、主門衞。（中略）、隋初始分置左右衞率府、左右宗衞率、左右虞候、左右内率、左右監門率十府、以備儲闈武衞之職。煬帝改爲左右侍率。國家復爲衞率。龍朔改爲左右典戎衞、咸亨復。率各一員、正四品上。副率各一員、從四品上。左右衞率掌東宮兵仗羽衞之政令、總諸曹之事。凡親勳翊府及廣濟等五府屬焉。凡正、至太子朝、宦臣率其屬儀仗、爲左右廂之周衞、出入如鹵簿之法」とある。

○**岐王範**　李範。睿宗の第四子で李隆基（玄宗）の異母弟、本名は隆範。のちに兄の諱を避けて範と稱した。武周時代に兄弟や從兄弟李守禮とともに十餘年にわたって宮中に幽閉されたことから兄隆基はもとより守禮とも反武氏派の血盟でむすばれ、また韋后の政變では隆基にしたがって大功を立てた。學を好み書に工《たくみ》であり、多くの書畫や古跡を聚めた文人としても知られる。

○**隴西狄道**　隴西は『元和郡縣圖志』隴右道上に「渭州、隴西。下。開元戸五千二百三十二。鄉一十四。禹貢雍州之域。古西戎地。（中略）、武德元年、西土底平。復置渭州。寶應二年陷於西蕃」とあり、狄道は同書に「狄道縣。本漢縣、屬隴西郡。晉改爲武軺縣。隋復爲狄道、屬蘭州。天寶初改屬臨州」とある。

○**太宗文武聖皇帝**　唐の第二代皇帝太宗（李世民）、在位六二六～六四九年。

○**高宗天皇大帝**　唐の第三代皇帝高宗（李治）、在位六四九～六八三年。

○**第二子**　原刻は「第六子」につくる。のち「六」の字に「二」の字を重刻して「第二子」と改刻された。「第六子」は高宗を主體とする八子（李忠・李孝・李上金・李素節・李弘・李賢・李顯・李旦）中の第六子の謂で出生順に記すもの、「第二子」は則天武后を主體とするもので、その所生となる李弘以下四子中の第二子をいう。その改刻は景雲二年（七一一）十月に執行された贈章懷太子妃房氏の葬儀時に太平公主の意向によってなされたと考えられる。

○**今皇上**　唐の第五代および第七代皇帝睿宗（李旦）、在位六八四～六九〇年、七一〇～七一二年。

○**立極補天**　大唐の皇位を定めて世の足らざる所を補うこと。

○**濟代光宅**　濟代は濟世に同じ。世の弊害を正して民を救うこと。「代」は太宗の諱（世）を避けたもの。光宅は聖德が遠く四方に及ぶこと。

○**圖史**　圖書と史書。書史をいう。

○**化成**　化して立派になること。『周易』恆下に「日月得天而能久照。四時變化而能久成。聖人久於其道、而天下化成」とある。

○**謏聞短識**　謏聞は少しばかりの評判。僅かな聞知。『禮記』學記に「發慮憲求善良、足以謏聞不足以動衆」とある。短識は淺はかで、未熟な知識。これは誌序銘の撰者盧粲の謙讓的表現と考えられる。

○**宸極之精靈**　宸極は天子の位、天帝の居所で唐朝をさす。精靈は神鬼、神仙の類。ここで太子は唐朝に降誕した神仙とする認識が示される。

○**淳和之粹氣**　淳和は素直で穩やかなさま。粹氣は淸く美しい心氣をいう。

○**克岐克嶷**　幼少時よりその才知が衆に優れることをいう。

○**匍匐之年**　赤子が這い、手行する年齡。『詩經』大雅生民に「誕實匍匐、克岐克嶷、以就口食」とある。

○**惟聰惟明**　惟は唯に同じ。ただ、もっぱらの意。もっぱら聰明にして明晰なることをいう。

○**覃訏之歲**　覃訏は手助けなく着席できて、大聲を出す年。幼兒の年齡をいう。『詩經』大雅生民に「實覃實訏、厥聲載路」とあり、鄭玄箋に「覃謂始能坐也。訏謂張口嗚呼也」とある。

○**孝友之性**　よく父母につかえ、兄弟に親しむ性質、持って生まれた性《さが》。『詩經』小雅六月に「侯誰在矣。張中孝友」とあり、鄭玄箋に「善父母爲孝、善兄弟爲友」とある。
○**因心以載揚**　因心は親愛の心。因は親なり。『詩經』大雅皇矣に「維此王季、因心則友、則友則兄、則篤其慶、載錫之光」とあり、鄭玄箋に「載、始也。」とある。載ははじめて。揚は名高くする、盛んにする。
○**仁愛之德**　他者を慈しみ親しむ德行。『漢書』董仲舒傳に「仲舒對曰、（中略）、以此見天心之仁愛人君而欲止其亂也」とある。
○**自誠而克著**　自誠はみずからの誠、生得の誠。克は刻と同じ、しるす。著はあらわれる、あらわす。
○**永徽六年**　永徽は高宗の年號、六年は西曆六五五年。
○**封潞王**　潞は『元和郡縣圖志』河東道四に「潞州、上黨。大都督府。開元戶六萬四千二百七十六、鄕一百三十三。元和戶一萬七千八百、鄕一百二十。今爲澤潞節度使理所。（中略）、禹貢冀州之域。殷時爲黎國。春秋時屬晉、又兼有潞子之國。潞子嬰兒、爲晉所滅。戰國時屬韓。別爲都。（中略）、復爲趙地。秦爲上黨郡地。後漢末、董卓作亂、移理壺關城、卽今州理是也。（中略）、武德元年、又於襄垣縣置韓州、貞觀十七年廢。開元十七年、以玄宗歷試嘗在此州、置大都督府」とある。
○**明慶元年**　ここでは明慶につくるが高宗の年號は顯慶で、中宗（李顯）の諱を避けたもの。元年は西曆六五六年。
○**雍州牧**　雍州は『元和郡縣圖志』（現行本）に記事なし。『讀史方輿紀要』陝西西安府に「禹貢雍州地。周爲王畿。（中略）、唐初復曰雍州。天授初亦曰京兆郡。是年復故。開元三年改曰京兆府」とある。牧は州の長官。
○**龍朔元年**　龍朔は高宗の年號、元年は西曆六六一年。
○**麟德二年**　麟德は高宗の年號、二年は西曆六六五年。
○**右衛大將軍**　『舊唐書』職官志三に「左右衛。周制、軍屬萬二千五百人。天子六軍、大國三軍、次國二軍、小國一軍。軍將皆命。至秦、漢、始置衛將軍。後漢、魏因之。（中略）、至隋始置左右衛、左右武衛、左右候、左右領軍、左右率府。各有大將軍一人、謂十二衛大將軍也。國家因之。大將軍各一員、正三品。將軍各二員。從三品。左右衛將軍之職、掌統領宮廷警衛之法、以督其屬之隊仗、而總諸曹之職務。凡親勳翊五中郎將府及折衝府所隸、皆總制之」とある。
○**咸亨二年**　咸亨は高宗の年號、二年は西曆六七一年。ここは雍王徙封時を咸亨二年とするが、『舊唐書』高宗本紀・『舊唐書』李賢傳・『資治通鑑』唐紀および「雍王墓誌」はいずれも「咸亨三年」につくることから「咸亨二年」は誤りと考えられる。
○**別食**　勳功や位階によってあたえられた俸給に加えて特別に賜與された食邑。
○**若華分秀**　若華は日の入る所にある若木の花。『楚辭』天問に「羲和之未揚、若華何光」とあり、王逸注に「羲和、日御也。言、日未出之時、若木何能有明赤之光華乎」とある。分は花散り、秀は花咲くこと。
○**十景之暉**　十は十全、まったい。景は慶に同じ、めでたい。暉は輝に同じ、ひかり輝くこと。十全のめでたい輝き。
○**桐葉疏圭**　周の成王が戯れに桐葉で圭の形を作り、弟の虞に與えて汝を封ぜんと言うを周公が聞き、天子に戯言なしとして虞を封建させた故事をいう。『呂子春秋』審應覽に「成王與唐叔虞燕居、援梧葉以爲珪。而授唐叔虞曰、余以此封女。叔虞喜以告周公。周公以請曰、天子其封虞邪。成王曰、余一人與虞戲也。周公對曰、臣聞之、天子無戲言。天子言則史書之、工誦之、士稱之。於是遂封叔虞於晉」とある。
○**五潢之潤**　五潢は五帝の兵車のある所で、火星がこの星座に入ると天下は旱魃となり、金星が入ると兵亂がおこり、水星が入れば洪水となる。『史記』天官書に「西宮咸池、曰天五潢。五潢、五帝車舍。火入、旱。金兵。水、水」とある。ここでは五潢が潤うことによって天下太平となることを喩える。
○**韶音勝氣**　韶音は虞舜の作った音樂。韶は紹で堯の德をつぐ意。『論語』述而篇に「子在齊聞韶、三月不知肉味」とある。勝氣はすぐれた氣質。梁昭明太子「與晉安王令」に「陸生高情勝氣、逌然直上」とある。
○**逸裁英規**　逸裁はすぐれた裁き、裁可をくだすこと。英規はすぐれて立派な規則。江淹の「讓九錫表」に「遠牽雄範、近覽英規」とある。
○**萬頃汪汪**　地面や水面の極めて廣い様子。『文選』謝靈運「雪賦」に「眄隰則萬頃同縞、瞻山則千巖俱白」とある。汪汪は水のゆったりと廣いさま。轉じて度量の廣いこと。
○**叔度之宏量**　叔度は後漢の黄憲の字。その度量は千頃の池の如く廣量であると評された。『後漢書』黄憲傳に「黄憲字叔度、汝南愼陽人也。(中略)、郭林宗少游汝南、先過袁閎、不宿而退。進往從憲、累日方遠。或以問林宗。林宗曰、奉高之器、譬諸氿濫。雖清而易把。叔度汪汪若千頃陂。澄之不清、淆之不濁、不可量也」とある。

○**千尋落落**　一尋は八尺で、千尋は八千尺。轉じて極めて高く、また深い形容。

○**和嶠之高風**　和嶠は西晉の人、字は長輿。武帝および惠帝に仕えて重きをなし、太子少傅、光祿大夫などを歴任した。その高風については『晉書』和嶠傳に「嶠少有風格、慕舅夏侯玄之爲人。厚自崇重。有盛名于世、朝野許其能整風俗、理人倫。（中略）、庾顗見而歎曰、嶠森森如千丈松。雖磥砢多節目、施之大廈、有棟梁之用」とある。

○**笙歌上賓**　笙歌は笙の音に合わせて歌うこと。上賓は飛んで天に昇る。轉じて天子の死をいう。ここでは母則天武后に鴆殺された皇太子李弘（孝敬皇帝）の薨去をいう。

○**震宮虛位**　震宮は皇太子の御殿、東宮をいう。虛位はその地位が空しくなること。李弘の薨去によって皇太子が空位になったこと。

○**明兩之寄**　明兩は二人の賢明な人物で父高宗と子李賢をいう。『周易』三離に「象曰、明兩作離、大人以繼明照于四方」とある。寄はたがいに心をまかせ、信頼して支えあうこと。

○**主鬯之尊**　主鬯は宗廟を祀る鬯《ちょう》（香り酒）や匕《ひ》（さじ）を主《つかさ》どることから長子をいう。ここでは長子として尊重されること。

○**上元二年**　上元は高宗の年號、二年は西暦六七五年。

○**臨軒册命**　臨軒は天子が正座に御せずに、平臺に御することをいう。『續漢書』禮儀志中に「乘輿親御、臨軒安禮。靜居以聽之」とある。册命は敕書を下して皇后・皇太子などを立てること。册封の命令。『尙書』八顧命に「太史秉書、由賓階隮、御王册命」とあり、孔穎達疏に「鄭玄云、（中略）、太史東面於殯西南而讀策書、以命王嗣位之事」とある。唐朝の「臨軒册皇太子」の禮は『新唐書』禮樂志九に詳述される。

○**馳道肅恭**　馳道は天子や貴人の通る道筋。御成道。肅恭は謹み敬う。『尙書』微子之命に「恪愼克孝、肅恭神人」とある

○**萬國之貞**　あらゆる國々の貞《まこと》。ここでは唐に朝貢する諸外國の貞信をさすと考えられる。

○**宮闈視膳**　宮闈は宮中の奥殿、內殿。視膳は子が親を養う禮。ここでは皇太子が皇帝の宮殿に伺候して朝夕の食膳に疎漏がないよう官人を督勵すること。『春秋左氏傳』閔公二年の條に「太子奉冢祀社稷之粢盛、以朝夕視君膳者也、故曰冢子」とある。

○**三朝之禮**　世子が一日に三たび天子の御殿に參內してご機嫌を伺うこと。『禮記』文王世子に「文王之爲世子、朝於王季日三。鷄初鳴而衣服、至於寢門外、問內竪之御者曰、今日安否如何。內竪曰安。文王乃喜。及日中又至。亦如之。及莫又至。亦如之」とあ

る。

○**豈謂**　これ以下、李賢の廢太子に關する說明は記されず衞太子・太子痤・愍懷太子・太子申生の事例をもって寓言する。「豈謂」は李賢の廢詘に納得せず、今もって憤る撰者盧粲の心魂を發露したものであろう。

○**禍構江充**　江充は前漢、邯鄲の人。武帝の近臣。皇太子（衞太子）と不和になって保身のため太子が巫蠱によって武帝を呪詛すると彈劾し、太子の反擊にあって殺された。この巫蠱の亂によって太子は自殺し、その母衞皇后も處刑されたが、のちに冤罪が明らかになり、江充の一族は族滅された（『漢書』江充傳）。

○**釁生伊戾**　釁は不和、仲違い。伊戾は春秋宋の平公の逆臣。太子の宮內を司る內師となったが、太子（痤）と隙を生じたため、太子が楚の客と結盟して謀叛をはかったと平公に讒言して太子を自殺させた。のち平公は太子の無罪を知り、伊戾を釜ゆでの刑に處した（『春秋左氏傳』襄公二十六年七月の條）。

○**愍懷貽謗**　愍懷は西晉惠帝の長子司馬遹《いつ》の諡。母は謝才人。幼少より聰明で祖父武帝に寵愛され、惠帝の皇太子に立てられたが、成人してより學を好まず、宮中で遊戲にふけった。婚姻問題で惠帝の賈皇后と不和になるとその謀計によって皇太子を廢され、ついで賈皇后の意を受けた孫虜に椎殺された（『晉書』愍懷太子傳）。貽謗は謗《そし》りを後世に貽《のこ》すこと。

○**申生遇讒**　申生は春秋晉の獻公の太子。母は齊羌。幼少より賢明であったが、のち獻公が驪姫を寵愛して夫人に立てると驪姫は所生の奚齊を太子にすべく策謀をめぐらし、申生の奉じた祭祀の供物に毒を仕込んで獻公に進め、太子の仕業であると讒言した。身の危險を感じた申生は曲沃（晉の舊都）に逃亡したが、助からぬことを知って自殺した（『春秋左氏傳』莊公二十八年・閔公二年の條）。遇讒は讒言に遇うこと。

○**永淳二年**　永淳は高宗の年號、二年は西曆六八三年。

○**安置**　貴人を僻遠の地に貶謫すること。遠國に配流して監視下に置くことをいう。

○**土船餘俗**　土船はその土地特有の形態をした船。餘俗は前代から傳わった風習、習わし。ここでは巴州特有の船とその操船技術などをいうか。

○**遙然**　はるかなさま、遠く離れるさま。

○**巴宕之郷**　巴宕は巴州の宕渠縣。『漢書』王莽傳の「（始建國元年）秋、（中略）、成命於巴宕」の顔師古注に「晉灼曰、巴郡宕渠縣也」とあり、『讀史方輿紀要』四川順慶府渠縣の條に「宕渠城、縣東北七十里。漢置縣、屬巴郡。後漢因之。應劭曰、石過水爲宕、水所蓄爲渠、故縣是名。（中略）、隋開皇初、廢縣屬渠州。唐武德初、縣改屬逢州。（中略）、長安三年、移治羅穫水是也。寶曆初、省入蓬山縣。大中初、復置仍屬蓬州」とある。

○**竹節遺黎**　竹節は粗末な竹の割符、手形。遺黎は亡國の民、遺民。前朝の民で義を守り、新朝に仕えない者。ここでは粗末な竹の割符をまつろわぬ前朝の遺民に示し、忠誠を誓わせることか。『晉書』祖逖傳に「晉室之亂、非上無道而下怨叛也。（中略）、今遺黎既被殘酷、人有奮激之志」とある。

○**逷矣**　逷《てき》は逖の古字。はるかに遠ざかること。矣は句末の助字。ここでは長安よりはるかに遠ざかることへの詠嘆をあらわす。

○**蠻賨之戍**　蠻は南方の夷。『說文解字』一三上に「蠻、南蠻它種。從蟲从聲」とあり、賨《そう》は巴夷、巴州の異民族。『文選』「蜀都賦」李善注引『風俗通義』に「巴有賨人、剽勇。高祖爲漢王時、閬中人范目說高祖募取賨人、定三秦、封目爲閬中慈鳧鄉侯。（中略）、閬中有渝水、賨人左右居、銳氣喜舞踊」とある。戍は邊境のまもり、國境の守備。ここでは形式的に南夷の賨族への備えを指揮することをいう。

○**賈生賦鵩**　賈生は前漢文帝につかえた賈誼。年少にして詩書を誦し、文章に秀でたため文帝に召されて博士となった。のち太中大夫に拔擢されて正朔、服色、法度、官名などを改革したことから舊臣の反發を受けて長沙王太傅に左遷された。そこで賈誼は自室に飛來して室隅に止まった不吉の鳥とされる服《ふくろう》を見て「鵩鳥賦」をつくり、卑濕の土地に流謫された身は長生きできぬと傷み悲しんだ（『史記』賈生列傳）。

○**坦懷於化物**　坦懷は好惡の情にとらわれぬ平らかな心。化物は富貴、名利などの外物（自己の心身以外のもの）に心が亂されること。

○**孝章**　孝章は三國吳の盛憲の字。盛憲は若年より器量博偉をもって孝廉に推擧されて尙書郎となり、ついで吳郡太守となったが疾により辭した。のち吳郡一帶を平定した孫策によって殺害された（『三國志』吳書宗室傳裴松之注引『會稽典錄』）。

○**愁疾**　愁《うれ》い疾《にく》む。杜甫の「公孫大娘舞劍器行」に「老夫不知其所往、足繭荒山轉愁疾」とある。

○**促齡**　促は短、齡は年をいい、短命をあらわす。
○**文明元年**　文明は則天武后臨朝稱制期における睿宗の年號、元年は西暦六八四年。
○**二月廿七日**　「大唐故雍王墓誌」は「二月廿日薨」につくる。
○**公館**　地方の役所また地方官の官舍をいう。
○**垂拱元年**　垂拱は則天武后の臨朝稱制期における睿宗の年號。元年は西暦六八五年。
○**皇太后**　ここでは則天武后を唐朝（李家）の皇太后（皇帝の母）として、その大周皇帝卽位を認めぬことに注意すべきである。則天武后の名は武曌。幷州文水（現山西省文水）の人。十四歲で太宗に召されて才人となり、崩御後に出家したが、高宗に再召されて永徽六年（六五五）皇后に册立された。顯慶年閒（六五六～六六〇）初より病弱な高宗に代わって國政に參與し、實權を掌握した。上元元年（六七四）高宗を天皇、皇后を天后と號すると時人は「二聖」と稱した。弘道元年（六八三）高宗が崩じて中宗が卽位すると臨朝稱制し、翌二年には中宗を廢して睿宗を卽位させて臨朝稱制を堅持した。載初元年（六九〇）睿宗を廢して國號を周として聖神皇帝と稱した。神龍元年（七〇五）重病に陷ると中宗を重祚させて唐にもどし、崩御した。諡は大聖則天武后、同二年高宗の乾陵に同穴合葬された（『舊唐書』則天皇后本紀）。
○**司膳卿**　膳羞のことをつかさどる官名。龍朔元年（六六一）に光祿寺を改めて司膳寺とした。
○**李知十**　高宗朝の武人。則天武后の政權簒奪に憤り、李賢の名を揭げて擧兵した李敬業の亂（六八四）を平定した討伐軍の副將。ここで則天武后が李知十を巴州に派遣して李賢の雍王追贈と埋葬の敕許を傳えたことは理不盡な李賢の死に憤激し、その不死を願う輿論に終止符を打つためと考えられ、極めて政治性の高いものであった。
○**神龍元年**　神龍は重祚した中宗の年號。元年は西暦七〇五年。
○**寶曆中興**　寶曆は天子の年齡、皇位。中興は衰えた世がふたたび盛んになること。ここでは唐朝の復活をいう。
○**宸居反正**　宸居は天子の御所、天子の位。反正は正しい道に返すこと。ここでは神龍元年（七〇五）一月の中宗重祚、同十一月の則天武后の崩御を經て名實ともに武周が滅び、皇位が正統たる唐に返ったことをいう。
○**司徒公**　司徒は三公の一。『舊唐書』職官志二に「太尉、司徒、司空各一員。謂之三公、並正一品。魏、晉至北齊、三公置府僚。隋初亦置府僚、尋省府僚。初拜於尙書省上。唐因之。武德初、太宗爲之。其後親王拜三公、皆不視事、祭祀則攝者行也。三公、論道之官也。蓋以左天子理陰陽、平邦國、無所不統、故不以一職名其官。大祭祀、則太尉亞獻、司徒奉俎、司空掃除」とある。

○**胤子守禮**　嗣子の李守禮。李賢の第二子。生母は章懷太子良娣張氏。武周期には李隆基・李範らとともに宮中に幽閉されて反武氏派の血盟をむすび、睿宗・玄宗兩朝において重んぜられた。敕を奉じて李賢の喪柩を巴州から奉還して乾陵に陪葬し、また義母房氏の葬儀を執行した。なお章懷太子には三子があり、第一子は「光順、天授中封安樂郡王、尋被誅」、第三子は「守義、文明年封犍爲郡王。垂拱四年永安郡王、病卒」とあり、第二子守禮については「守禮本名光仁、垂拱初改名守禮、授太子洗馬、封嗣雍王。時中宗遷房陵、睿宗雖居帝位、絕人朝謁、諸武贊成革命之計、深嫉宗枝。守禮以父罪、與睿宗諸子同處於宮中、凡十余年不出庭院。（中略）、神龍元年、中宗簒位、授守禮光祿卿同正員。神龍中、遺詔進封邠王。（中略）、（睿宗）景雲二年、帶光祿卿、兼幽州刺史、轉左金吾衞大將軍、遙領單于大都護。（玄宗）先天二年、遷司空。開元初、歷虢、隴、襄、晉、滑六州刺史、非奏事及大事、並上佐知州。（中略）、二十九年薨、年七十餘、贈太尉」（『舊唐書』高宗中宗諸子傳）とある。

○**乾陵**　高宗と則天武后の同穴合葬陵。『新唐書』則天武后本紀に「光宅元年。（中略）、八月庚寅、葬天皇大帝于乾陵」とあり、同中宗本紀に「神龍二年、（中略）、五月庚申、葬則天大聖皇后」とある。

○**陪葬**　天子の陵墓の側らに葬ること。乾陵の陪葬者について『唐會要』陪陵名位は「乾陵陪葬名氏。章懷太子賢、懿德太子重潤、澤王上金、許王素節、邠王守禮、義陽公主、新都公主、永泰公主、安興公主、特進王及善、中書令薛元超、特進劉審禮、禮部尙書左僕射豆盧欽望、右僕射劉仁軌、左衞將軍李謹行、左武衞將軍高侃」と記す。

○**栢城**　御陵、陵墓。

○**鼓吹儀仗**　鼓吹は皇帝や皇族、將軍や大官などの出行、賜宴、葬儀などに際して太鼓、鐘鉦、笛などを打ち吹いて樂曲を奏すること。儀仗は儀式に用いる武器、仗は劍戟の總稱。ここでは儀仗を帶びて皇帝や皇族を護衞する兵隊をいう。

○**景雲二年**　重祚した睿宗の年號、二年は西曆七一一年。

○**册命**　皇后、皇太子などを立てる時に敕書を下して命ずること。册封の命令。

○**重海之潤**　重海は深く廣い海。潤はうるおい。

○**夜臺**　はかあな。壙墓の壙穴、墓穴。

○**繼明之暉**　明徳を繼いで輝くこと。『周易』三離に「象曰、明兩作離、大人以繼明照于四方」とある。李賢の明徳が引き繼がれ、その輝きが四方を照らすこと。

○**泉戸**　泉路、黄泉路の入口。このばあいは章懷太子李賢墓の墓道入口またはその最奥に位置する後墓室入口をいうか。

○**清河**　『元和郡縣圖志』河北道一に「貝州、清河。上望。開元戸八萬四千四百、郷一百七十七。元和戸二萬一百二、郷三十五。禹貢冀州之域。春秋時其地屬晉、七國時屬趙。秦兼天下、以爲鉅鹿郡。漢文帝又分鉅鹿置清河郡、以郡臨清河水、故號清河。後漢以爲清河國。周武帝建德六年平齊、於此置貝州、因邱以爲名。隋大業三年、又爲清河郡。隋末陷賊、武德四年討平竇建德、復置貝州」とある。

○**房氏**　『新唐書』宰相世系一に「房氏出自祁姓。舜封堯子丹朱於房、朱生陵、以國爲氏。（四十八世略）、漢常山太守雅、徙清河繹幕。十一世孫植、後漢司空。植八代孫諶、隨慕容德南遷、因居濟南。（中略）、熊字子明彪、本州主簿、生彥謙。彥謙司隸刺史、（子）玄齡字喬松、相太宗。（中略）、房氏宰相三人。玄齡、融、琯」とある。なお房仁裕・房先忠については同表に見えない。

○**皇朝**　當代の朝廷、本朝。

○**左領軍大將軍**　『舊唐書』職官志三に「漢建安中、魏武爲丞相、始置中領軍、後因之。（中略）、煬帝改爲屯衞、國家改爲領軍衞。龍朔改爲戎衞、光宅改爲玉鈐衞、神龍後爲領軍衞。大將軍各一員、正三品。將軍各二員。從三品。其職掌、大朝會則披青甲鎧、弓箭刀楯旗等、分爲左右廂儀仗、次立威衞之下」とある。

○**衞尉卿**　『舊唐書』職官志三に「衞尉寺、秦置衞尉、掌宮門衞屯兵、屬官有公車司馬、衞士、旅賁三令。（中略）、龍朔改爲司衞寺、咸亨復也。卿一員、從三品。少卿二人。從四品上。卿之職、掌邦國器械文物之事、總武庫、武器、守宮三署之官屬」とある。

○**兵部尙書**　『舊唐書』職官志二に「兵部尙書一員、正三品。南朝謂之五兵尙書、隋曰兵部尙書。龍朔改爲司戎太常伯、咸亨復也。（中略）、尙書、侍郎之職、掌天下武官選授及地圖與甲仗之政令」とある。

○**仁裕**　房氏の祖父房仁裕は『舊唐書』高宗本紀上に「（永徽四年冬十月）、婺州刺史崔義玄、揚州都督府長史房　仁裕各率衆討平之」、同禮儀志七に「龍朔二年、（中略）、依集文武官九品已上議。得司衞正房仁裕等七百三十六人議、請一依司禮狀、嗣業不解官」と記される。

○**宋州刺史**　宋州は『元和郡縣圖志』河南道三に「宋州。睢陽。望。開元戸十萬三千、郷一百九十三。元和戸五千二百、郷八十三。禹貢豫州之域。（中略）、周爲靑州之域。（中略）、爲齊、楚、魏所滅、三分其地。魏得其梁、陳留。齊得濟陰、東平。楚得沛。按梁卽今州地。秦幷天下、改爲碭郡。後改爲梁國。漢文帝封其子武爲梁王。自漢至晉爲梁國、屬豫州。宋改爲梁郡。隋於睢陽置宋州。大業三年又改爲梁郡。隋亂陷賊、武德四年討平王世充、又爲宋州」とある。

○**銀靑光祿大夫**　文散官。『通典』職官十六文散官に「光祿大夫以下、秦時光祿勳屬官有中大夫。漢武帝太初元年更名光祿大夫。銀章靑綬、掌議論。（中略）、隋有光祿大夫、左右光祿大夫皆爲散官不理事。大唐初猶有左右之名。貞觀以後唯曰光祿大夫、金紫光祿、銀靑光祿並爲文散官」とある。

○**左金吾衞大將軍**　『舊唐書』職官志三に「左右金吾衞。秦曰中尉、掌徼巡。武帝改名執金吾、魏復爲中尉。南朝不置。隋曰候衞。龍朔二年改爲左右金吾衞、采古名也。大將軍各一員、正三品。將軍各二員。從三品。左右金吾衞之職、掌宮中及京城晝夜巡警之法、以執禦非違。凡翊府及同軌等五十府皆屬之。凡車駕出入、則率其屬以淸遊隊、建白澤朱雀等旗隊先驅、如鹵簿之法。從巡狩畋獵、則執其左右營衞之禁」とある。

○**房先忠**　房先忠の墓誌として「大唐故左千牛將軍贈左金吾大將軍淸河郡開國公房公墓誌銘」（西安大唐西市博物館所藏）があり、「時高宗從禽上苑、有鹿騰出、高宗追之、因入公第。見公女在庭。進止都雅、姿容絶衆、踟蹰顧眄、稱歎久之、因爲子雍王納以爲妃。無何、雍王爲太子、遷左千牛衞將軍、兼判左驍將軍。逮長安年中、則天大聖皇后察公非罪、悉令追復本官。皇上嗣夏配天、不失舊物。國除之伍、咸悉追封。時冊公女爲嗣雍王太妃」とする誌序が知られる。

○**公侯將相之門**　公侯は國家が殊勳ある者に對して贈った最高の爵位をもつ諸侯。將相は將軍と宰相。ここでは公侯の爵位をもって將軍、宰相を輩出した名門をいう。

○**鍾鼎旗裳之盛**　鍾鼎之家は由緒ある家。旗は旗幟、裳は盛んな樣子。由緒ある家勢盛んな名家をいう。

○**象河疏秩**　河は黃河。疏は大と同じ、雄大の意。秩は河水の流れるさま。『詩經』小雅斯干に「秩秩斯干、幽幽南山」とあり、鄭玄箋に「宣王之德如澗水之源、秩秩流出無極已也」とある。ここでは、その德は黃河の流るるごとく大きいことをいう。

○**望隆於樞斗**　望は仰ぎ見る。隆は高に同じ、高いこと。樞斗は北斗七星の第一星の樞星をいう。『宋書』符瑞志上に「黄帝軒轅氏、母曰附寶、見大電光繞北斗樞星、照郊野、感而孕。二十五月而生黄帝於壽丘」とある。

○**銜珠表貴**　銜珠はたまを口に含む。『説文解字』一上に「珠、蚌中陰精也。從王朱聲。春秋國語曰、珠足以御火災是也」とあり、段注に「楚語左史倚相曰、珠足以禦火災則寶之。韋註珠水精故以禦火災」とある。珠は火災を禦ぐ象徴とされる。ここでは唐建國の戰功によって權貴の家となったことを寓するか。

○**重於兵鈐**　兵鈐は兵を率いる法、戰術、兵法の奥義。

○**稟**　生まれつき備わること、生來のもの。

○**柔明之姿**　柔明は妻としての徳。姿は素質、性質。『文選』顔延年「宋文皇帝元皇后哀策文」に「昌暉在陰、柔明將進」とあり、李善注に「周易曰坤陰物也。又曰坤妻道也。又曰順而麗乎大明、柔進而上行」とある。

○**和淑之性**　和淑は穏やかで清く美しいこと。

○**四徳允修**　婦人の四徳。徳（貞順）、言（辭令）、容（婉娩）、功（絲枲）をいう。『周禮』天官九嬪に「九嬪掌婦學之法、以教九御婦徳、婦言、婦容、婦功」とあり、鄭玄注に「婦徳謂貞順、婦言謂辭令、婦容謂婉娩、婦功謂絲枲」とある。允は信なり、まことに。修は修める、修得する。

○**黄鳥于飛**　黄鳥は鳥の名。うぐいす。于飛は仲良く飛ぶ様子で夫婦和合のたとえ。『詩經』周南葛覃に「黄鳥于飛、集于灌木、其鳴喈喈」とあり、鄭玄箋に「興女有嫁于君子之道、和聲之遠聞。興女有才美之稱、達於遠方」とある。

○**喈喈之響**　鳥の和やかな鳴き聲。后妃が實家でも婚家でも常にその名聲が遠方にまで届くことをいう。

○**翠葛爰茂**　父母の家の盛んなることをいう。『詩經』周南葛覃に「葛覃。后妃之本也。后妃在父母之家、則志在於女功之事、躬儉節用、服澣濯之衣、尊敬師傳、則可以歸安父母、化天下以婦道也」とある。

○**萋萋之容**　萋萋は草木が茂るさま。轉じて婦人の容色をたとえる。『詩經』周南葛覃に「葛之覃兮、施于中谷、維葉萋萋」とあり、孔穎達疏に「葛延蔓於谷中、喩女在父母之家形體浸浸日長大也。葉萋萋然、喩其容色美盛也」とある。

○**穠桃**　穠はしげる。花木の盛んにしげるさま。ここでは桃の花が咲き亂れること。

○**納吉之期**　周代の結婚六禮の一。問名ののち納徴の前に、男家の家廟でこの婚禮を龜卜にかけ、吉兆を得れば女家にその旨を傳えて初めて婚姻を定める禮をいう。『禮記』昏義に「昏禮者、將合二姓之好、上以事宗廟、而下以繼後世也。故君子重之。是以昏禮、納采、問名、納吉、納徵、請期、皆主人筵几於廟、而拜迎於門外。入揖讓而升、聽命於廟。所以敬愼重正昏禮也」とある。

○**摽梅**　梅の實が熟して落ちること、轉じて女子が婚期を迎えたたとえ。『詩經』召南摽有梅に「摽有梅。男女及時也。召南之國、被文王之化、男女得以及時也」とある。

○**繫纓之歲**　冠の纓を繫ぐ年齡、女子が婚姻に相應しい年齡になること。『儀禮』士昏禮に「主人入親、說婦之纓」とあり、鄭玄注に「婦人十五許嫁、笄而禮之。因著纓、明有繫也。蓋以五采爲之」とある。

○**上元年中**　上元は高宗の年號（六七四年八月～六七六年十一月）で二年で改暦されている。その元年は咸亨五年八月の改元であるため李賢の雍王在位時における二月は上元二年にのみ存在する。よって房氏は上元元年（六七四）五月末から六月半ばごろにはじまる婚禮の諸儀式を順次經過して翌上元二年二月に奉迎の車駕に座乘して雍王に嫁したと考えられる。時に李賢は二十二歲、房氏は十八歲である。

○**三星在戶**　三星は心星あるいは參星ともいう。からすき星。この星が傾いて戶の方向に在る時期。五月末から六月中ごろにかけてこの現象が現れる。『詩經』唐風綢繆に「綢繆束楚、三星在戶」とあり、鄭玄箋に「參星心星在戶、謂之五月之末六月之中」とある。ここでは「三星在戶」は敕命によって婚姻が決定した時期と考え、房氏が雍王家に嫁いだのはその翌春仲月と考える。

○**芳春**　百花の咲き匂う春の季節。

○**仲月之辰**　春の三か月（一月・二月・三月）における中の月。陰暦二月をいう。

○**百兩遵途**　嫁ぐ房氏を奉迎する車馬行列。百兩は婚姻の行列の盛んなるをいう。その供揃えをふくむ唐朝の「皇太子納妃」の儀禮については『新唐書』禮樂志八に詳述される。

○**雙鳳和鳴**　一つがいの鳳凰の仲のよい鳴き聲が美しく調和すること。『春秋左氏傳』莊公二十二年の條に「初、懿氏卜妻敬仲、其妻占之。曰、吉。是謂鳳皇于飛、和鳴鏘鏘」とある。

○**媞媞左辟**　媞媞は安らかに歩むさま。『爾雅』釋訓に「懕懕媞媞安也」とあり、邢昺疏に「孫炎曰、媞媞行步之安也」とある。左辟は左に身を避ける。人に道をゆずる時の身ごなし。『詩經』魏風葛屨に「好人媞媞、宛然左辟、佩其象揥」とある。

○**敬行舅姑**　敬行はつつしみ行う。つつしみ仕える。舅姑は妻から夫の父母、夫から妻の父母をいう。ここでは房氏からみて章懷太子の父母にあたる高宗と則天武后をいう。

○**肅肅霄征**　肅肅はうやまい、つつしむさま。『詩經』周南兔罝に「肅肅兔罝、施于中逵」とある。霄は雲、征はいく。めぐる。

○**惠流於閨闈**　惠はいつくしみ、おもいやり、仁愛。流はただよいながれる。ゆきわたる。閨闈は女子の居間、內室。『白虎通義』嫁娶に「婦事夫有四禮焉。鷄初鳴、咸盥漱櫛縰笄總而朝、君臣之道也。惻隱之恩、父子之道也。會計有無兄弟之道也。閨閫之內、衽席之上、朋友之道也。聞見異辭故設此也」とある。

○**天未悔禍**　悔禍は過ちを悔い、非を悟ること。ここでは「天は未だ禍を悔いざるや」と訓じて、あのような慘禍、苛酷な仕打ちを房氏に強いた天に對して憤慨する、盧粲の心情が吐露されていると考える。あるいは天后と稱した則天武后を暗喩するか。

○**朝哭纏哀**　朝哭は朝に哭する。『國語』魯語下に「公父文伯之母、朝哭穆伯、而暮哭文伯。仲尼聞之曰、季氏之婦、可謂知禮矣。愛而無私、上下有章」とある。纏哀は身にまといつく哀しみ。ここでは章懷太子の失脚と薨去に哭することをいう。

○**訓棘心而擇隣**　訓はおしえ、いましめる。棘心は棘の木が生長しがたいように、心が幼弱である幼兒の養育に父母が苦勞すること。ここでは太子亡きあと遺兒の育成に苦勞したことをいう。『詩經』邶風凱風に「凱風自南吹彼棘心、棘心夭夭母氏劬勞」とあり、孔穎達疏に「言棘難長養者、言母性寬仁似凱風、己難長養似棘。故箋云、凱風喩寬仁之母棘猶七子也」とある。擇隣は「孟母三遷」の故事から子のために近隣を選び居所を遷すこと。

○**採蘋藻而恭事**　採はつみ取ること。蘋は浮き草、藻は水草をいう。神にかしづく女性が祖先の祭祀にそなえる蘋藻を摘み取ること。恭事は恭しく事えること、奉事すること。ここでは未亡人となった房氏が亡夫李賢や亡兒および祖靈への祭祀につかえる齋女のごとき生活を送ったことを示唆する。

○**龍集荒落**　龍集は一年をいう。龍は星の名で歳星（木星）をいう。集はやどり。歳星は十二年で天空を一周し、一年で一次を移るとされることから歳次（としまわり）を龍集といい、轉じて歳（年）と季節をいう。何承天「天讃」（『初學記』天部上所引）に「軒轅改物、以經天人、容成造歷、大撓創辰、龍集有次、星紀乃分」とある。荒落は干支が辛亥に在ることをいう。

○**遘疾**　疾病にあう、病氣になる。

○**興化里之私第**　興化里は長安城の右街にある坊名で李守禮の邠王府と私邸が置かれていた。『兩京新記』三に「興化坊、西南隅空觀寺、隋開皇七年右衞大將軍駙馬都尉洵陽公元孝矩捨宅立。西門之北今邠王守禮宅。宅西隔街有邠王府」とあり、『長安志』九興化坊に「隋有成道寺、大業七年廢。西南隅空觀寺、隋駙馬都尉元孝恭捨宅所立。寺東尙書右僕射密國公徳彝宅、中宗時嗣虢王邕居之。西門之北邠王守禮宅。宅南隅街有邠王府。東門之南京兆尹孟溫禮宅。晉國公裴度池亭」とある。

○**窆于太子之舊塋**　窆は葬ること、埋葬すること。舊塋は舊墓地。ここでは李賢が埋葬されている舊雍王墓をいうが、房氏の埋葬時には章懷太子墓に改葬されていることに注意しなければならない。なお房氏の喪柩は墓道を開いて過洞および甬道を進み、後墓室の石椁內に納められたと考えられる。

○**禮也**　禮にしたがって執行する。ここでは皇太子妃の儀禮にしたがって房氏が埋葬されたことをいう。

○**光祿卿**　『舊唐書』職官志三に「光祿寺、秦曰郎中令、漢曰光祿勳。掌宮殿門戶。梁置十二卿、加寺字、除勳字、曰光祿卿。掌膳食、後因之。品第三。龍朔改爲司膳寺正卿、光宅改爲司膳寺卿、神龍復爲光祿寺也。卿一員、從三品。少卿二人。從四品上。卿之職、掌邦國酒醴、膳羞之事。總太官、珍羞、良醞、掌醢之屬。修其儲備、謹其出納」とある。

○**履霜露**　霜露を履《ふ》んで歩む。

○**攀宰樹**　攀《はん》はすがる、とりつく。宰樹は墓に植えた樹木。宰木、菩提樹をいう。

○**擗厚地**　擗《へき》は慟哭して胸を打つ。嘆き悲しむ。厚地は墳丘が厚くて大きな墓。

○**訴高天**　訴は告げる、訴えること。高天は澄んだ大空、高い空。

○**紀遺烈**　紀は記に同じ、書き記すこと。遺烈は先人の殘した立派なことがら。

○**貞琬**　貞琬は貞婉に同じ、女子が操をかたく守って淑やかなこと。

○**稱柏質**　稱はほめ稱える。柏は魄に同じ、たましい。質は實體、眞のすがた。ここでは魄の眞のすがたをいう。

○**幽埏**　幽は幽冥の世界、ここでは墓室をいう。埏はかみち、墓道で墓室內につづく通路をいう。

○**昭哉靈命**　昭はあきらか、著しく顯われる。靈命は天の命令。

○**赫矣皇唐**　赫は徳が明らかで勢いが盛んなさま。皇は美稱で偉大な、大きいの意。
○**玄圭錫瑞**　玄はくろ、黒い色。瑞圭は天子が諸侯を封建する際に下賜する玉の割符。天子に朝する際に諸侯が身に帯びて信印とした。錫は賜に同じ。『尙書』禹貢に「禹錫玄圭、告厥成功」とある。
○**綠錯開祥**　綠錯は石碑に記した漆黒の文字。石板に綠色の文字で記すばあいもある。いずれも符瑞を記す。『軒轅紀』に「黄龍負圖、而出於河其圖。五色畢紜、綠錯之論、殊趨辨析之爭、蓋由斯矣」とある。開祥は祥瑞を開くこと。
○**荷茲百祿**　荷は任に同じ、になうこと。茲は是《これ》に同じ。百祿は天が下す多くの福祿、幸福を受けること。
○**君臨萬方**　君臨は君主として國家、萬民に臨むこと。萬方は多くの國、よろずの國々。また萬民、百姓。
○**本枝繁茂**　本枝は本支に同じ。本宗（本家）と支庶（嫡子以外）。繁茂は草木の盛んにしげるさま、轉じて隆盛なること。ここでは唐室一門は、その本宗（本家）は代々天子として、支庶（嫡子以外）はそれぞれ王侯として榮えることをいう。『詩經』大雅文王に「文王孫子本支百世」に據るが、ここでは太宗の諱（世民）を避けて「繁茂」につくると考えられる。
○**家室君王**　家室は家族、一家のうち。君王は諸侯と天子。『詩經』小雅斯干に「室家君王」とあり、鄭玄箋に「室家、一家之內。宣王將生之子、或且爲諸侯、或爲天子」とある。
○**川瀆效靈**　川瀆はかわ、瀆は大河。長江と黄河をいう。效靈は靈驗、靈妙をあらわす。
○**挺生英睿**　挺生は生ずる、生み出すこと。英睿は賢く優れること。ここでは優れた傑人を生み出すこと。
○**白茅胙土**　白茅は草の名で白いちがやをいい、潔白や不臣を示す。胙土は領地として土地（國）をあたえること。ここでは、不臣を示す白い茅の上に起立して封王の儀式を行うこと。
○**黄離以繼**　黄は中央の色。離はあきらか。易の元吉（大吉）の一つ。黄離は中に居て位を得、文明の盛を履んで　その中を得ること。『周易』巻三離に「六二黄離元吉。象曰黄離元吉得中道也」とある。以繼は唐朝を繼承する皇太子となること。
○**忽遘讒言**　忽はたちまち、突然に。遘はあう、ゆきあう。讒言は悪し様に告げ口する、またその言葉。『詩經』小雅靑蠅に「營營靑蠅、止于樊、豈弟君子、無信讒言」とある。
○**奄移遐裔**　奄移はにわかに移る。遐裔は國の果て、僻遠の地、邊境。

○**座鴟來止**　不吉の鳥とされる鵩が賈誼の宿舍に飛び込んで部屋の隅に止まった故事。短命を寓する。

○**隙駒行逝**　隙駒は奔馬を隙閒から見るようにまたたく閒に過ぎ去ること。瞬時のたとえ。『莊子』外篇中知北遊に「人生天地之閒、若白駒之過郤。忽然而已」とある。行逝は行き逝ること。死ぬこと、逝去、薨去。

○**在物咸享**　在物は物故している者。咸享はあまねく祭祀すること。ここでは則天武后の臨朝稱制期や武周期に殺害された章懷太子をふくむ李氏一門、忠臣らの名譽が回復され、祭祀が營まれたことをいう。

○**恩隆棣蕚**　恩隆は恩顧の盛大なること。棣《てい》は木の名、にわうめ。蕚はその花。棣は蕚《はな》と柎《がく》とがあいまって美しい花を形成することから兄弟相恃むこと、美しい兄弟愛をたとえる。『詩經』小雅常棣に「常棣之華、鄂不韡韡、凡今之人莫如兄弟」とある。ここでは重祚した中宗が李賢の喪柩を巴州からもどして長安西郊の乾陵に陪葬したことや睿宗が章懷太子を追贈したことをさす。

○**澤被維城**　澤はうるおい、めぐみ、なさけ。被は受けること。維城は城のように衞る者をいう。『詩經』大雅板に「懷德維寧、宗子維城」とある。ここでは中宗と睿宗から情愛を受けること。

○**儲貳貽贈**　儲貳は世繼ぎの君、皇太子。貽は遺と同じ、おくる、のこす。贈は官位の追賜、死後に官位を贈ること。ここでは章懷太子の稱號が追贈されたこと。

○**泉路增榮**　泉路はよみじ、黃泉。增榮は榮譽を增す。

○**魂歸舊宇**　魂はたましい、人の生育を助ける陽氣で氣（精神）をつかさどるもの。形（肉體）をつかさどるものを魄という。『春秋左氏傳』昭公七年の條に「人生始化曰魄。既生魄。陽曰魂。用物精多、則魂魄強」とあり、孔穎達疏に「魂魄神靈之名。本從形氣而有形氣既殊魂魄亦異。附形之靈爲魄、附氣之神爲魂也」とある。

○**櫬卜新塋**　櫬はひつぎ、棺槨。『說文解字』六上に「櫬、棺也。從木官聲」とあり、段注に「玉篇曰、親身棺也。按天子之棺四重。諸公三重。諸侯再重。大夫一重。士不重。天子水兕革棺取內。諸侯杝棺取在內」とある。新塋は新たなる墳墓、墓の區域。『說文解字』一三下に「塋、墓地。從土營省、亦聲」とある。

○**南望神京**　南望は南方を遠望する。神京は首都、長安をさす。張大安（章懷太子のもとで『後漢書注』を撰述した編纂グループの一人）の詩に「麗日開芳甸、佳氣積神京」とある。ここでは章懷太子墓からほぼ東南の方角に長安を遠望する。

○**西瞻畢陌**　西瞻は章懷太子墓のある西から瞻《みおろ》す。西方から畢陌をはるかに見下ろすこと。畢陌は長安や咸陽の西北にある土地で周公が葬られ、また周の文王の子孫畢公高の封ぜられたところ。前漢の諸陵があることでも知られる。

○**瑞雲浮紫**　瑞雲はめでたい雲。浮はうかぶ、ただよう。紫は神仙または帝王の住居の色。ここでは盛德の君子の居所にたなびく紫雲をいう。

○**祥烟凝白**　祥烟はめでたいしるしの烟。烟は煙に同じ。『舊唐書』禮儀志五に「玄宗開元十七年十一月、(中略)、皇帝初至橋陵、質明、柏樹甘露降、曙後祥煙偏空」とある。凝白は結ばれて白く集まること。

○**霧慘松埏**　慘は暗く寒いこと。埏は陵墓に至る參道、墓道。『後漢書』陳蕃傳に「民有趙宣葬親而不閉埏隧」とあり、李賢注に「埏隧、今人墓道也。杜預注左傳云、掘地通路曰隧」とある。

○**燈淪幽穸**　淪は入と同じ、入ること、內側に屆くこと。幽穸は奧深く靜かな墓穴。

○**俾英聲與茂範**　俾は使と同じ、使役の助字。英聲はすぐれたほまれ、英名。茂範は大きなのり、すぐれた手本。

○**長不朽於金石**　長は永遠の意。不朽は永久に朽ちず、永く傳わること。金石は銘文などを刻む金材や石材。

○**上柱國**　『通典』職官十六勳官に「上柱國、國皆楚之寵官。楚懷王使柱國昭陽將兵攻齊。陳軫問楚國之法、破軍殺將者、何以貴之。昭陽曰、其官爲上柱國是也。歷代無聞。至後魏孝莊以爾朱榮有翊戴之功拜爲柱國大將軍位在丞相上、又拜大丞相天柱大將軍增佐吏。及榮敗後、天柱及柱國將軍官遂廢。(中略)、隋置上柱國、柱國以酬勳勞並爲散官實不理事。大唐改爲上柱國及柱國」とある。

○**固安縣**　固安縣は『元和郡縣圖志』(現行本)に記事なし。『讀史方輿紀要』直隸順天府に「固安縣、(中略)、漢置方城縣、屬廣陽國。後漢屬涿郡。(中略)、隋開皇八年改置固安縣於此、屬幽州。唐武德四年屬北義州。貞觀初復屬幽州。大歷《ママ》四年改爲涿州」とある。

○**開國男**　『事物起源』官爵封建部十八に「開國。由二代至漢魏、諸侯無以國爲號、第曰某侯耳。晉令始有開國之稱、故五等皆郡縣開國。陳亦有開國郡公、縣侯伯子男。侯已降無郡封。由唐迄今因而不改。蓋開國之號、自晉始也」とある。

○**盧粲**　盧粲は經史に博覽で弱冠にして進士に舉げられ、中宗の神龍年間（七〇五~七〇六）に給事中となった。反武韋派の硬骨漢として臆することなく專横に對抗した。李守禮の師傅となるが、叔父の盧行嘉も雍王李賢の記室となったことから叔甥二代にわたって章懐太子家に仕えた人物として知られる。玄宗の開元年間（七一三～七四一）初に祕書少監となり、卒した。

《通　釋》

大唐の故雍王、贈章懷太子の墓誌銘ならびに序。

太常卿兼左衞率、岐王李範これを書す。

太子は諱を賢、字を仁という。隴西郡狄道縣の人である。太宗文武聖皇帝の孫、高宗天皇大帝の第二子にして、今上陛下（睿宗）の兄にあたる。大唐の皇位を定めて天を支える業、世の弊害を正して民を救う功は、圖史に煥《かがや》き昭《あきら》かで、その德化のありさまは仰ぎ見るべきである。わずかな聞知、未熟な知識は、天を談ずるには足りぬが、以下のごとく太子の墓誌を認《したた》めるものである。

太子は大唐の皇室に降った精靈、素直で穩やかな心根の御方である。その才知の衆に優れることは、匍匐の年にはじまり、聰明で明晰なることは、幼年より明らかである。よく父母に仕えて兄弟に親しむ親愛の情に富み、他者を慈しむ仁愛の德はおのずと隱れなきものである。高宗の永徽六年（六五五）、制命あって潞王に封ぜられた。明慶（顯慶）元年（六五六）、雍州牧を加えられた。龍朔元年（六六一）移徙して沛王に封ぜられた。雍州牧は從前のままであった。麟德二年（六六五）、右衞大將軍を加官された。咸亨二年（六七一）移徙して雍王に封ぜられたが、他の官職は從前のまま、で別食一千戶が加給された。入り日の若木は花咲き散って、十全のめでたき輝きを延べ廣げ、桐葉の疏圭の故事にしたがい、五潢が潤い、天下は太平となる。これに韶音《しょうおん》の勝《すぐ》れた氣質を加えて、秀でた規則の裁可をくだす。それは、ゆったりと廣い後漢の包叔度の宏量をつつみ、千尋のごとき晉の和嶠の高風につつしむがごとくである。

笙歌とともに兄の皇太子（李弘）は昇天して東宮の位が虛しくなると、そこで明兩たる父高宗と子雍王はたがいに心を寄せて、主鬯《しゅちょう》（長子）たる尊位を膺《う》けたのである。

上元二年（六七五）、高宗が臨軒し、冊命して皇太子とした。馳道に居並ぶ儀仗兵は肅み敬い、萬國は朝貢して貞《まこと》をささげた。太子は內殿に伺候して天子の食膳に遺漏なきよう勤め、日に三たび參內して孝養の禮を盡くしたのである。嗚呼それなのに、どうしてこのようなことを謂わねばならぬのであろうか、漢の巫蠱の禍は江充によって仕組まれ、春秋宋の讒言は伊戻より生じ、西晉の愍懷太子は謗《そしり》を後世に貽《のこ》して釋明せず、春秋晉の申生は讒言に遇って、雪辱を願ったなど、と。

永淳二年（六八三）、太子は敕を奉じて巴州に徙り、貶謫の身として安置された。かの地の舟の習わしにしたがい、はるか巴宕《とう》の鄉まで下ったのである。粗末な竹の割符を遺民にさし示し、遠く離れた蠻賨の守備に思いをいたした。漢の賈生は鵩《ふくろう》を賦して富貴や名利に心を亂さず、また吳の孝章は愁《うれい》い疾《にく》むも、ともに深くその短命を悲しんだ。かくして太子は、文明元年（六八四）二月二十七日、巴州の公館で終《みまか》ったのである。享年三十一であった。

垂拱元年（六八五）四月二十二日、生母の皇太后（則天武后）は司膳卿の李知十に命じて節を持して冊命し、雍王に追封した。中宗の神龍元年（七〇五）、唐朝が中興し、天子の御位は正道にもどった。そこで恩制をもって故雍王に司徒公を追贈するとともに、胤子の李守禮に敕して巴州に往き、太子の喪柩を京師に奉還して乾陵に陪葬することを許したのである。その葬列には京師より鼓吹・儀仗を給い、墳墓まで奉送させた。

景雲二年（七一一）四月十九日、睿宗は改めて敕して冊命をおこない章懷太子の稱號を追贈した。深く廣い海のごとき潤いが改めて墳墓の壙穴に流れ、ここに太子の明德は引き繼がれて、その輝きはふたたび黃泉路を照らしたのである。

太子妃の清河房氏は、皇朝の左領軍大將軍、衞尉卿、贈兵部尚書房仁裕の孫にして、銀青光祿大夫、宋州刺史、贈左金吾衛大將軍房先忠の女である。公侯將相をいだす名門、家德の盛んなることは、はるかな黄河の流れのごとく、高々たる北斗を仰ぐがごとくで、銜珠の尊貴を表すのは、兵法の奥義を重んじたことによるのである。妃は生まれながらに婦德をそなえ、美しく穩やかな性格の方である。十年門外に出ることなく、婦人の四德（貞順・辭令・婉娩・絲枲）を修得した。黄鳥はここに飛んで、和やかな鳴き音でその名聲をたたえ、翠葛はここに茂って、その容色の美盛なることを祝福する。桃の花の咲きほこるころに納吉の期となり、冠の纓をむすんで婚姻の年齢となった。そこで上元年間（六七四〜六七五）、雍王の妃となるべく制命が降下した。三星の戶にある五月末から六月半ばに婚姻の儀式がはじまり、芳春二月の吉日、百輛からなる奉迎の車駕に座乘して、雍王のもとに嫁いだのである。沿道には鳳凰の鳴き聲が流れ、瑞兆に滿ちあふれた。入內した妃は輕やかに步んで左辟の禮をなし、謹んで舅姑《きゅうこ》にお仕えした。肅肅として慶雲は妃の閨房に流れたのである。しかしながら天は、いまだ、あのような慘禍を強いたことに悔いることはないのであろうか。妃はまといつく哀しみに朝哭したあと、太子の遺兒の養育に心苦し、居宅を選びながら、亡き夫と子の祭祀に奉ずる日々を過ごしたのである。

景雲二年（七一一）六月十六日、妃は疾《やまい》にあって長安城興化里の私邸で薨去した。享年五十四。その年の十月十九日、章懷太子の舊塋に同穴合葬された。それは皇太子妃の禮にしたがって執行されたのである。胤子の光祿卿邠王《ひんおう》守禮は、霜露を履んで葬列に扈從し、亡父の墳墓の菩提樹にすがり、その厚い墳丘に慟哭して胸を打ち叩き、澄みわたる高天に義母の婦德とその魂の誠を告げ、褒めたたえたのである。嗚呼、哀しいかな。

ここに銘を作ってかくいう。

昭《あきら》かなるかな靈命、赫たるかな皇唐。黑玉の瑞圭が下され、石碑に綠字を刻んで幸いを開く。天の福祿をここに荷《にな》って、よろずの國に君臨す。その本宗は天子に、支庶は王侯となって、一門の榮えは永遠である。其の一。大河は靈驗をあらわし、傑人たる皇子が生まれた。不臣をあらわす白茅に立ち、王となるべき田土が下され、皇太子となって大唐を繼承せんとした。しかるに讒言にあい、はるか僻地に流謫の身となり、凶鳥という鵩《ふくろう》が飛び來て、隙に奔馬を見るごとくたちまちのうちに薨去した。其の二。皇朝は正道にもどり、無辜なる罪人《つみびと》はあまねく祭られ、兄弟の情はいや增して、かの恩澤は陛下よりなされた。儲君《もうけのきみ》たる太子を贈られ、黄泉路の榮はこの上なし。御魂《みたま》は馴染みの故郷に歸り、櫬《ひつぎ》を前に新墓を卜す。其の三。南にはるか神京を望み、西に畢陌《ひつはく》を見下ろす彼方、紫うかべる瑞雲ながれ、白く結べる祥烟のもと。墓道の松に霧はただよい、燈《ともしび》は靜かに墓穴を照らす。太子の英聲と茂範を金石に刻み、永遠《とわ》に朽ちざるものとする。其の四。

銀青光祿大夫、邠王の師、上柱國、固安縣開國男盧粲これを撰す。

參考文獻

凡例

一、本欄は、本書各章で引用した文獻の書誌情報を列記したもので、《日本語文獻》覽と《外國語文獻》覽よりなる。
一、日本語文獻は著者の氏の五十音順、外國語文獻は著者の氏のアルファベット順とし、同一著者の文獻は年代順で配列した。
一、何度も再刊・改訂を經ている文獻は、最終校訂稿の見解を當該論文執筆者の最終意見と見なし、可能なかぎりそれを參照し、その書誌情報を掲載するようにつとめた。

《日本語文獻》

あ行

會谷　佳光「『新唐書』藝文志研究の現狀と課題」（同氏『宋代書籍聚散考——新唐書藝文志釋氏類の研究——』所收、汲古書院、二〇〇四年）
會田　大輔「日本における『帝王略論』の受容について——金澤文庫本を中心に」（『舊鈔本の世界　漢籍受容のタイムカプセル』所載、勉誠出版、二〇一一年）
會田　大輔「唐宋時期『帝王略論』的利用狀況」（『新材料・新方法・新視野　古代國家和社會變遷』所載、北京師範大學出版社、二〇一一年）
青山　定雄「六朝時代に於ける地方誌編纂の沿革」（『池内博士還暦記念東洋史論叢』所載、座右寶刊行會、一九四〇年）
安部聰一郎「後漢時代關係史料の再檢討——先行研究の檢討を中心に——」（『史料批判研究』第四號、二〇〇〇年）
安部聰一郎「袁宏『後漢紀』・范曄『後漢書』史料成立の過程について——劉平・趙孝の記事を中心に——」（『史料批判研究』第

五號、二〇〇〇年）
網 祐次「南齊竟陵王の八友に就いて」（『お茶の水女子大學人文科學紀要』第四號、一九五三年）
池田 溫譯「西安南郊何家村發見の唐代埋藏文化財」（『史學雜誌』第八一編第九號、一九七二年）
池田 溫「正史のできるまで」（『中國の歴史書』所載、尙學圖書、一九八二年）
池田 昌廣「『日本書紀』は「正史」か」（『鷹陵史學』第三三號、二〇〇七年）
池田 昌廣「范曄『後漢書』の傳來と『日本書紀』」（『日本漢文學研究』第三號、二〇〇八年）
石井 仁「梁の元帝集團と荊州政權――「隨府府佐」再論――」（『集刊東洋學』第五六號、一九八六年）
和泉 新「正史とは何か」（漢文研究シリーズ一二『中國の歴史書』所載、尙學圖書、一九八二年）
伊藤 宏明「『徐州刺史杜嗣先墓誌』雜感」（『鹿兒島大學法文學部紀要 人文科學論集』第六四號、二〇〇六年）
稻葉 一郎「『漢書』の成立」（『東洋史研究』第四八卷第三號、一九八九年）
石見 清裕「唐代墓誌史料の概觀――前半期の官撰墓誌・規格・行狀との關係――」（『唐代史研究』第一〇號、二〇〇七年）
石見 清裕「唐代墓誌の資料的可能性」（『史滴』第三〇號、二〇〇八年）
石見 清裕「唐代石刻の避諱と空格」（鈴木靖民編『圓仁と石刻の史料學』所載、高志書院、二〇一一年）
上田 雄『遣唐使全航海』（草思社、二〇〇六年）
宇都宮清吉「關中生活を送る顏之推」（『東洋史研究』第二五卷第四號、一九六七年。のちに同氏『中國古代中世史研究』所收、創文社、一九七七年）
宇都宮清吉「北齊書文苑傳內顏之推傳の一節について」（『名古屋大學文學部研究論集』第四一册、一九六六年。のちに同氏『中國古代中世史研究』所收）
江川 式部「唐朝の喪葬儀禮における哀册と謚册――出土例を中心に――」（『古代學研究所紀要』第五號、二〇〇七年）
榎本あゆち「梁の中書舍人と南朝賢才主義」（『名古屋大學東洋史研究報告』第一〇號、一九八五年）
榎本あゆち「姚察・姚思廉の『梁書』編纂について――臨川王宏傳を中心として――」（『名古屋大學東洋史研究報告』第一二號、

一九八七年）
榎本あゆち「北魏後期・東魏の中書舍人について」（『中國中世研究續編』所載、京都大學學術出版會、一九九五年）
榎本　淳一「遣唐使による漢籍將來」（同氏『唐王朝と古代日本』所收、吉川弘文館、二〇〇八年）
遠藤由里子「顏師古注『漢書』に採り入れられた『漢書音義』」（『慶谷壽信敎授記念中國語學論集』所載、好文出版、二〇〇二年）
大島　正二「後漢書音義音韻考」（北海道大學文學部紀要第三九號、一九七六年）
太田晶二郎『太田晶二郎著作集』（吉川弘文館、一九九二年）
大庭　脩『古代中世における日中關係史の研究』（同朋舍出版、一九九六年）
大淵　貴之「『藝文類聚』編纂考」（『日本中國學會報』第六二集、二〇一〇年）
岡本洋之介「士大夫にとっての科擧──唐代の散文に見える意識──」（『中國言語文化研究』第九號、二〇〇九年）
岡安　勇「中國古代史料に現われた席次と皇帝西面について」（『史學雜誌』第九二編第九號、一九八三年）
尾形　勇『中國古代の「家」と國家──皇帝支配下の秩序構造──』第二章「自稱形式より見たる君臣關係」、第三章「「臣某」の意義と君臣關係」（岩波書店、一九七九年）
小川　琢治「李唐本後漢書の考察」（『桑原博士還曆記念東洋史論叢』所載、弘文堂、一九三一年）
小川環樹編『唐代の詩人──その傳記』（大修館書店、一九七五年）
小倉　芳彥『逆流と順流──わたしの中國文化論──』（研文出版、一九七八年）
尾崎　康「虞世南の帝王略論について」（『斯道文庫論集』第五號、一九六七年）
尾崎　康「正史宋元版書誌解題三後漢書」（同氏『正史宋元版の研究』、汲古書院、一九八九年）
愛宕　元「唐代後半における社會變質の一考察」（『東方學報』京都第四二册、一九七一年）
越智　重明「南朝州鎭考」（『史學雜誌』六二編一二號、一九五三年）
小尾　孟夫「劉宋における都督と軍事」（『中國貴族制社會の研究』所載、京都大學人文科學研究所、一九八七年。のちに同氏『六朝都督制研究』所收、溪水社、二〇〇一年）

溫楨祥譯「唐永泰公主墓誌銘」(『中國書道全集』第三卷隋・唐I所載、平凡社、一九八六年)

か行

勝村哲也「目錄學」(『アジア歷史研究入門』第三卷所載、同朋舍出版、一九八三年)
金谷治編『唐抄本鄭氏注論語集成』(平凡社、一九七八年)
金子修一『古代中國と皇帝祭祀』(汲古書院、二〇〇一年)
金子修一『中國古代皇帝祭祀の研究』(岩波書店、二〇〇六年)
金子修一「則天武后と杜嗣先墓——粟田眞人の遣唐使と關連して——」(『國史學』第一九七號、二〇〇九年)
狩野直喜『支那學文藪(增補版)』(みすず書房、一九七三年)
神鷹德治「序論——舊鈔本と唐鈔本」『舊鈔本の世界　漢籍受容のタイムカプセル』所載、勉誠出版、二〇一一年)
川合安「唐寓之の亂と士大夫」(『東洋史研究』第五四卷第三號、一九九五年)
川合安「南朝官人の起家年齡」(『東北大學歷史資源アーカイヴの構築と社會的メディア化』所載、二〇〇五年)
川勝義雄「劉裕政權の成立と寒門武人——貴族制との關連において——」(『東方學報』京都三六冊、一九六四年。のちに同氏『六朝貴族制社會の研究』所收、岩波書店、一九八二年)
神田喜一郎「正史の話」(『東光』第二號、弘文堂、一九四七年)
北川俊昭「『通典』編纂始末考——とくにその上獻の時期をめぐって——」(『東洋史研究』第五七卷第一號、一九九八年)
北川俊昭「『通典』職官序試釋上下」(『富山商船高等專門學校研究集錄』第四一號、二〇〇八年・第四二號、二〇〇九年)
來村多加史『唐代皇帝陵の研究』(學生社、二〇〇一年)
工藤元男『中國古代文明の謎』(光文社、一九八八年)
窪添慶文「歷史評論」(『中國の歷史書』所載、尙學圖書、一九八二年)
氣賀澤保規『則天武后』(白帝社、一九九五年)

氣賀澤保規「唐代皇后の地位についての一考察――則天武后上臺の歷史的背景――」(『明大アジア史論集』第八號、二〇〇二年)
氣賀澤保規「則天武后『感業寺』出家をめぐる一考察」(『中國石刻資料とその社會――北朝隋唐期を中心に――』所載、明治大學東アジア石刻文物研究所、二〇〇七年)
興膳宏・川合康三『隋書經籍志詳攷』(汲古書院、一九九五年)
小嶋茂稔「范曄『後漢書』の史料的特質に關する考察――從來の諸說の檢討を中心に――」(『史料批判研究』第一號、一九九八年)
小林岳「孫恩・盧循の亂における海島の再檢討」(『史觀』第一〇九册、一九八三年)
小林岳「司馬遷祠墓訪問記」(『早稻田大學長江流域文化研究所年報』第三號、二〇〇五年)
小林岳「平原高唐劉氏與劉昭」(『魏晉南北朝史論文集』所載、中國魏晉南北朝史學會・四川大學歷史文化學院、二〇〇六年)
小林岳「唐代の正史注釋に關する總合的研究――「後漢書注」を中心とする――」(『平成二十年度研究報告(概要)集』、東京都私學財團、二〇〇九年)
小林岳「章懷太子李賢の『後漢書注』奉呈と編纂グループについて」(『平成二十二年度研究報告(概要)集』、東京都私學財團、二〇一一年)
小林岳「唐宋における『後漢書』の合綴と合刻について――李賢『後漢書注』に劉昭『集注後漢』八志を補うこと――」(榎本淳一編『古代中國・日本における學術と支配』所載、同成社、二〇一三年)
小林春樹「後漢時代の東觀について――『後漢書』研究序說――」(『史觀』第一一一册、一九八四年)
小林春樹「後漢時代の蘭臺令史について――『漢書』研究序說――」(『東方學』第六八輯、一九八四年)
小林春樹「蔡邕『獨斷』小考――とくにその版本について」(『史滴』第五號、一九八四年)
小林春樹「中國古代における「合理的」史學の成立――『漢書』から『東觀漢記』『續漢書』へ――」(『東洋文化』復刊七四號、一九九五年)
小林春樹・山下克明編『『天文要錄』の考察［一］』(大東文化大學東洋研究所、二〇一一年)

さ行

齋藤 實郎「東觀漢記・七家後漢書・後漢書の史料問題」(『中國正史の基礎的研究』所載、早稲田大學文學部東洋史研究室編、一九八四年)
佐伯 有清『最後の遣唐使』(講談社、一九七八年)
佐伯 雅宣「劉孝綽と梁代文學集團――湘東王集團との關係を中心に――」(『中國中世文學研究』第三九號、二〇〇一年)
坂上 康俊「書禁・禁書と法典の將來」(『九州史學』第一二九號、二〇〇一年)
櫻井 芳朗「漢書古今人表について」(『和田博士古稀記念東洋史論叢』所載、講談社、一九六〇年)
佐藤 一郎「顏之推傳研究」(『北海道大學文學部紀要』第一八號、一九七〇年)
佐藤 和彦「唐皇太子考――皇太子册立儀禮をてがかりに――」(『立正大學東洋史論集』第一八號、二〇〇八年)
佐藤 武敏『司馬遷の研究』(汲古書院、一九九七年)
佐藤利行・趙建紅「「六朝文人傳」――劉昭(『梁書』・『南史』)――」(『山本昭教授退休記念中國學論集』所載、白帝社、二〇〇〇年)
佐藤 文俊『李公子の謎――明の終末から現在まで――』(汲古書院、二〇一〇年)
澤田 瑞穗『中國の呪法』(平川出版社、一九八四年)
澤田 瑞穗『則天武后――女傑と惡女に生きて――』(集英社、一九八六年)
清水 洋子「占夢の功罪を問うもの――「感變」からの一考察」(『中國研究集刊』第五〇號、二〇一〇年)
鈴木 啓造「諸家後漢書列傳輯稿」(早稲田大學教育學部『學術研究』――地理學・歷史學・社會科學編――第一九號～、一九七〇年～)
鈴木 俊「新・舊唐書の藝文志・經籍志についての史料的一考察」(『中央大學九十周年記念論文集』所載、一九七五年)
鈴木 虎雄「王勃年譜」(『東方學報(京都)』第一四册第三分、一九四四年)
洲脇 武志「『後漢書』李賢注所引「前書音義」考」(『大東文化大學漢學會誌』第四五號、二〇〇六年)

洲脇　武志　「顏師古校注『漢書』と燉煌本『漢書集解』」（『中國學の新局面』所載、日本中國學會、二〇一二年）
妹尾　達彦　「唐長安の官人居留地」（『東洋史研究』第五五巻第二號、一九九六年）
妹尾　達彦　「韋述的《两京新記》與八世紀前葉的長安」（『唐研究』第九巻、二〇〇三年）

た行

高木　正一　「王勃傳」（『唐代の詩人――その傳記』所載、大修館書店、一九七五年）
高橋　和巳　「江淹の文學」（『吉川博士退休記念中國文學論集』所載、筑摩書房、一九六八年）
高橋　繼男　「最古の「日本」――「杜嗣先墓誌」の紹介」（『遣唐使の見た中國と日本』所載、朝日新聞社、二〇〇五年）
瀧川政次郎　「複都制と太子監國の制」（同氏『法制史論叢』第二冊所收、角川書店、一九六七年）
竹内　康浩　『正史はいかに書かれてきたか』（大修館、二〇〇二年）
竹添　光鴻　『左氏會箋』（冨山房、一九一二年）
谷川　道雄　「武后末年より玄宗朝初年にいたる政爭について――唐代貴族制研究への一視角――」（『東洋史研究』第一四巻第四號、一九五六年）
東野　治之　『日本古代木簡の研究』（塙書房、一九八三年）
東野　治之　『遣唐使と正倉院』（岩波書店、一九九二年）
戸川　芳郎　「四部分類と史籍」（『東方學』第八四輯、一九九二年）
富永　一登　『文選李善注の研究』（研文出版、一九九九年）
外山　軍治　『則天武后――女性と權力――』（中央公論社、一九六六年）

な行

中田勇次郎編　『中國書道全集』第三巻隋・唐Ⅰ（平凡社、一九八六年）

中林史朗・渡邉義浩『三國志研究要覽』（新人物往來社、一九九六年）
中林史朗・渡邉義浩『後漢紀』（明德出版社、一九九九年）
中村 圭爾「南朝政權と南徐州社會」（『東アジア史における國家と地域』所載、刀水書房、一九九九年。のちに同氏『六朝江南地域史研究』所收、汲古書院、二〇〇六年）
中村 圭爾「東晉南朝の碑・墓誌について」（同氏『六朝江南地域史研究』所收、汲古書院、二〇〇六年）
中村 裕一『唐代制敕研究』（汲古書院、一九九一年）
長島 健「唐の章懷太子李賢について」（『研究年誌』第一九號、早稻田大學高等學院、一九七五年。のちに同氏『長島たけし文集』所收、私家版、一九九二年）
西川 利文「胡廣傳覺書――黨錮事件理解の前提として――」（『佛敎大學文學部論集』第八二號、一九九八年）
西脇 常記「劉知幾――史評者の立場――」（『人文』第三〇集、京都大學敎養部、一九八四年。のちに同氏『唐代の思想と文化』所收、創文社、二〇〇〇年）
西脇 常記『史通內篇』（東海大學出版會、一九八九年）
西脇 常記「忘れられた唐初の護法家、玄範」（『ベルリン・トルファン・コレクション漢語文書研究』、一九九七年。のちに同氏『ドイツ將來のトルファン漢語文書』所收、京都大學學術出版會、二〇〇二年）
西脇 常記『史通外篇』（東海大學出版會、二〇〇二年）
丹羽 兌子「蔡邕傳おぼえがき」（『名古屋大學文學部研究論集（史學）』、第一九號、一九七二年）
布目 潮渢「唐代長安における王府・王宅について」（『中國聚落史の研究』所載、刀水書房、一九八〇年）

は行

畑 純正「中唐の選擧改革論――楊綰・賈至・沈既濟・趙匡の議論――」（『東洋史苑』第五四號、一九九九年）
濱口 重國「所謂、隋の鄉官廢止に就いて」（同氏『秦漢隋唐史の研究』下卷所收、東京大學出版會、一九六六年）

林　美希「唐代前期宮廷政變をめぐる北衙の動向」（『史觀』第一六四冊、二〇一一年）
林　美希「唐代前期における北衙禁軍の展開と宮廷政變」（『史學雜誌』第一二一編第七號、二〇一二年）
日吉盛幸・渡邉義浩共編『後漢紀人名索引』（大東文化大學文學部中國文學科渡邉義浩研究室、二〇〇〇年）
福井重雅「蔡邕と『獨斷』」（『史觀』第一〇七冊、一九八二年。のちに同氏『陸賈『新語』の研究』、汲古書院、二〇〇二年に「蔡邕『獨斷』の研究――『後漢書』編纂外史――」と改題所收）
福井重雅「『舊唐書』――その祖本の研究序說――」（『中國正史の基礎的研究』所載、早稻田大學文學部東洋史研究室編、一九八四年）
福井重雅「猶お史の闕文に及べり」（『史滴』第六號、一九八五年）
福井重雅「南北朝成立三注所引各種『後漢書』類索引・補考」（『アジア史における年代記の研究』所載、早稻田大學東洋史研究室編、一九八六年。のちに同氏『陸賈『新語』の研究』所收）
福井重雅『漢代官吏登用制度の研究』（創文社、一九八八年）
福井重雅「班彪『後傳』淺議」（『天臺思想と東アジア文化の研究』所載、山喜房佛書林、一九九一年。のちに同氏『陸賈『新語』の研究』に「班彪『後傳』の研究――『漢書』編纂前史――」と改題所收）
福井重雅編『譯注　西京雜記・獨斷』（東方書店、二〇〇〇年）
福井重雅「五經博士の研究」終章「疑問の所在」（同氏『漢代儒敎の史的研究』所收、汲古書院、二〇〇五年）
福井重雅編『中國古代の歷史家たち』（早稻田大學出版部、二〇〇六年）
福原啓郎「八王の亂の本質」（『東洋史研究』第四十一卷第三號、一九八二年。のちに同氏『魏晉政治社會史研究』所收、京都大學學術出版會、二〇一二年）
福原啓郎「西晉代宗室諸王の特質――八王の亂を手掛かりとして――」（『史林』六八卷二號、一九八五年。のちに同氏『魏晉政治社會史研究』所收）
福原啓郎「西晉における國子學の創立に關する研究ノート（上）・（下）」（『環日本研究』第四號、第五號、京都外國語大學環日本研究會、一九九七年、一九九八年。のちに同氏『魏晉政治社會史研究』に「西晉における國子學の創立に關する考察」と改題所收）
藤枝　晃　『文字の文化史』（岩波書店、一九七一年）
藤田　勝久　『史記戰國史料の研究』（東京大學出版會、一九九七年）
藤田　勝久　『司馬遷とその時代』（東京大學出版會、二〇〇一年）
藤田　勝久　『史記戰國列傳の研究』（汲古書院、二〇一一年）
邊土名朝邦　「班彪――その人となりと處世思想――」（『東方學』第六八輯、一九八四年）

ま行

增井經夫譯　『史通』（平凡社、一九六六年）
松井　秀一　「則天武后の擁立をめぐって」（『北大史學』第一一號、一九六六年）
松島才次郎　「則天武后の稱制と簒奪」（『研究論集』第一九號、信州大學教育學部、一九六七年）
宮川　尙志　「八王の亂について」（同氏『六朝史研究政治・社會篇』所收、平樂寺書店、一九六四年）
宮川　尙志　「南朝貴族制と寒人」（同氏『六朝史研究政治・社會篇』所收）
宮川　尙志　「孫恩・盧循の亂について」（『東洋史研究』第三〇卷第二・三號、一九七一年）
宮川　尙志　「孫恩・盧循の亂に關する補考」（『鈴木博士古稀記念東洋學論叢』所載、明德出版社、一九七二年）
宮川　尙志　「孫恩・盧循の亂と當時の民間信仰」（『道敎の總合的研究』所載、國書刊行會、一九七七年）
宮崎　市定　『九品官人法の研究――科擧前史――』（同朋舍出版、一九五六年）
宮崎　市定　「序文――シナ史からアジア史へ――」（『アジア歷史研究入門』第一卷所載、同朋舍出版、一九八三年）
宮崎　市定　『論語の新研究』（岩波書店、一九七四年。のちに同氏『宮崎市定全集』第四卷所收、岩波書店、一九九三年）
向島　成美　「李善論――その事跡と文選注の方法について――」（『文藝言語研究文藝篇』第二〇號、一九九一年）

桃　裕行『上代學制の研究（修訂版）』（思文閣出版、一九九四年）
森　博行「江淹の『雜體詩』三十首について」（『中國文學報』第二七冊、一九七七年）
森野　繁男「齊・梁の文學集團と中心人物」（同氏『六朝詩の研究』所收、第一學習社、一九七六年）

や行

矢島　玄亮『日本國見在書目錄――集證と研究――』（汲古書院、一九八四年）
安田　二郎「『晉安王子勛の叛亂』について――南朝門閥貴族體制と豪族土豪――」（『東洋史研究』第二五巻第四號、一九六七年。のちに同氏『六朝政治史の研究』、京都大學出版、二〇〇三年に「晉安王劉子勛の反亂と豪族・土豪層」と改題所收）
安田　二郎「南朝の皇帝と貴族と豪族・土豪層――梁武帝の革命を手がかりに――」（『中國中世史研究――六朝隋唐の社會と文化――』、東海大學出版會、一九七〇年。のちに同氏『六朝政治史の研究』に「梁武帝の革命と南朝門閥貴族體制」と改題所收）
安田　二郎「西晉初期政治史試論――齊王攸問題と賈充の伐呉反對を中心に――」（『東北大學東洋史論集』第六號、一九九五年。のちに同氏『六朝政治史の研究』に「西晉初期政治史試論」と改題所收）
柳瀬喜代志「野鳥入室の怪――世の人の忌むといひはべる鳥（紫式部日記）」（同氏『日中古典文學論考』所收、汲古書院、一九九九年）
山川　英彦「王勃傳記資料集」（『神戸外大論叢』題五五巻第一號、二〇〇四年）
湯淺　邦弘「中國古代の夢と占夢」（『島根大學教育學部紀要（人文・社會科學）』第二二巻二號、一九八八年）
横田　滋「武周政權成立の前提」（『東洋史研究』第一四巻第四號、一九五六年）
吉川幸次郎述（黑川洋一編）『中國文學史』（岩波書店、一九七四年）
吉川　忠夫「顏之推小論」（『東洋史研究』第二〇巻第四號、一九六二年。のちに同氏『六朝精神史研究』、同朋舍出版、一九八四年に「顏之推論」と改題所收）

吉川　忠夫「范曄と劉知幾」（『東海史學』第四號、一九六七年。のちに同氏『六朝精神史研究』所收）

吉川　忠夫「史家范曄の謀叛」（『歷史と人物』一九七一年十一月號、中央公論社）

吉川　忠夫「顏師古の『漢書』注」（『東方學報』京都五一冊、一九七九年。のちに同氏『六朝精神史研究』所收）

吉川　忠夫『劉裕』（人物往來社、一九六六年。のちに『劉裕　江南の英雄宋の武帝』と改題、中央公論社、一九八九年）

吉川　忠夫「『後漢書』解題」（同氏訓注『後漢書』第一册本紀一所收、岩波書店、二〇〇一年。のちに同氏『讀書雜誌』、岩波書店、二〇一〇年に「范曄と『後漢書』」と改題所收）

吉田　賢抗「史記解說」（新釋漢文大系『史記』一所收、明治書院　一九七三年）

わ行

渡邉　登紀「王勃集序」（京都大學中國文學研究室編『唐代の文論』所載、研文出版、二〇〇八年）

渡邉　義浩「解題『後漢書』とその時代」（『全譯後漢書』本紀（一）所載、汲古書院、二〇〇一年）

渡邉義浩・小林春樹「後漢書注補志序」（『全譯後漢書』志（一）所載、汲古書院、二〇〇四年）

渡邉　義浩「司馬彪の修史」（『大東文化大學漢學會誌』第四五號、二〇〇六年）

渡邉　義浩「西晉における國子學の成立」（『東洋研究』第一五九號、二〇〇六年）

渡邉義浩・池田雅典・州脇武志　「『後漢書』李賢注に引く『前書音義』について」（『人文科學』第九號、大東文化大學人文科學研究所、二〇〇四年）

渡部　武「『北齊書』顏之推傳の「觀我生賦」について」（『中國正史の基礎的研究』所載、早稻田大學文學部東洋史研究室編、一九八四年）

《外國語文獻》

B

B. J. Mansvelt Beck "The Treatises of Later Han" (Sinica Leidensia, Vol.21 1990)

《中國語文獻》

C

曹　永　年「試論東晉末年農民起義的變質」(『歷史研究』一九六五年第二期)

陳國慶（澤谷昭次譯）『漢籍版本入門』（研文出版、一九八四年。原書は陳國慶『古籍版本淺說』、遼寧人民出版社、一九五七年）

陳　寅　恪「天師道與濱海地域之關係」（『歷史語言研究所集刊』第三本四分、一九三三年。のちに『陳寅恪先生論集』所收、中央研究院歷史語言研究所編、一九七一年）

陳　　　垣『史諱擧例』（上海書店、一九二八年）

陳　志　謙「唐李承乾墓發掘簡報」（『文博』一九八九年第三期）

崔凡芝（小林岳譯）「裴松之『三國志』注の史學的意義について」（『研究年誌』第四〇號、早稻田大學高等學院、一九九六年。原書は崔凡之「裴注的史學意義」、『史學史研究』一九九四年第四期）

崔曙庭（小林岳譯）「『三國志』本文と裴松之注の字數比──本文は注文より確實に多いことについて──」（『研究年誌』第四四號、早稻田大學高等學院、二〇〇〇年。原書は崔曙庭「『三國志』本文確實多于裴注」、『華中師範大學學報』（哲學社會科學版）、一九九〇年第二期）

D

丁　福　林『江淹年譜』（鳳凰出版社、二〇〇七年）

杜　文　玉『唐代宮廷史』（百花文藝出版社、二〇一〇年）

杜希德（黃寶華譯）『唐代官修史籍考』（上海古籍出版社、二〇一〇年）

F

樊英峰・劉向陽「章懷太子李賢兩合墓誌銘及其死因」（『唐乾陵』所收、三秦出版社、二〇〇五年）
范　志　新『避諱學』（臺灣學生書局、二〇〇六年）
馮　君　實『晉書孫恩盧循傳箋證』（中華書局、一九六三年）

G

高　仲　達「唐嗣濮王李欣墓發掘簡報」（『江漢考古』一九八〇年第二期）
顧頡剛（小倉芳彥・小島晉治監譯）『中國史學入門』（研文出版、一九八七年。原書は顧頡剛口述・何啓君整理『中國史學入門——顧頡剛講史錄』、中國青年出版社、一九八三年）

H

韓　　昇「武則天的家世與生年」（『武則天與嵩山』所載、中華書局、二〇〇三年）
洪　海　安「章懷太子李賢事略」（『乾陵文化研究』（二）所載、三秦出版社、二〇〇六年）
黃　約　瑟「試論垂拱四年李唐宗室反武之役」（『唐代文化研討會論文集』所載、文史哲出版社（臺北）、一九九一年）
湖北省博物館　鄖縣博物館「湖北鄖縣唐李徽、閻婉墓發掘簡報」（『文物』一九八七年第八期）

J

冀東山主編『神韻與輝煌——陝西歷史博物館國寶鑑賞（唐墓壁畫卷）——』（三秦出版社、二〇〇六年）
姜　亮　夫『歷代人物年里碑傳綜表』（華世出版社、一九七六年）

L

賴　亮　郡「論唐代高、睿二朝的太子監國與皇位繼承」（『台東大學教育學報』第十四卷第二期、二〇〇三年）
李　健　超『增訂唐兩京城坊考』（三秦出版社、二〇〇六年）
李　求　是「談章懷、懿德兩墓的形制等問題」（『文物』一九七二年第七期）
李穎科（小林岳譯）「『世說新語注』試論」（『研究年誌』第三九號、早稻田大學高等學院、一九九五年。原書は李穎科「試論『世說新語注』」、『史學史研究』一九八五年第四期）
李　興　和『袁宏後漢紀集校』（雲南大學出版社、二〇〇八年）
李曉明（小林岳譯）「裴松之の史學初論」（『研究年誌』第四三號、早稻田大學高等學院、一九九九年。原書は李曉明「裴松之史學初論」、『華中師範大學學報』（哲學社會科學版）一九九〇年第四期所收）
李　星　明『唐代墓室壁畫研究』（陝西人民美術出版社、二〇〇五年）
廖　彩　梁「論章懷太子李賢之死」（『考古與文物』一九八四年第二期）
劉國鈞・鄭如斯（松見弘道譯）『中國書物物語』（創林社、一九八三年）
劉　汝　霖「王子安年譜」（『師大月刊』第一卷第二期、一九三三年）
劉文英（湯淺邦弘譯）『中國の夢判斷』（東方書店、一九九七年）
劉　向　陽「唐章懷太子李賢兩合墓誌及有關問題」（『碑林集刊』第五集、一九九八年）
劉　向　陽『唐代帝王陵墓』（三秦出版社、二〇〇三年）
盧　南　喬「從史學和史料來論述『漢書』編纂得點」（『山東大學學報』第四期、一九六一年。のちに『中國史學史論文集』（一）所載、上海人民出版社、一九八〇年）

M

孟　二　冬『登科記考補正』（北京燕山出版社、二〇〇三年）

N

牛　志平『唐代婚喪』（三秦出版社、二〇一一年）

齊　東方「何家村遺寶的埋藏地點和年代」（『考古與文物』二〇〇三年第二期）

Q

錢存訓（宇都木章・澤谷昭次・竹之内信子・廣瀬洋子譯）『中國古代書籍史——竹帛に書す——』（法政大學出版局、一九八〇年。原書は錢存訓 "Written on Bamboo and Silk. The Beginnings of Chinese Books and Inscriptions." The University of Chicago Press 1962）

瞿林東・李珍『范曄評傳』（南京大學出版社、二〇〇六年）

全　錦雲「試論鄖縣唐李泰家族墓地」（『江漢考古』一九八六年第三期）

S

陝西省博物館・文管會・革委會寫作小組「西安南郊何家村發現唐代窖藏文物」（『文物』一九七二年第一期）

陝西省博物館・乾縣文教局唐墓發掘組「唐章懷太子墓發掘簡報」（『文物』一九七二年第七期）

陝西省博物館編『西安碑林名碑』一七「唐雍王李賢墓誌銘」（陝西人民美術出版社）

陝西省博物館・乾縣文教局唐墓發掘組「唐懿德太子墓發掘簡報」（『文物』一九七二年第七期）

陝西省博物館編『唐李賢墓李重潤墓壁畫』（文物出版社、一九七四年）

陝西省乾縣乾陵文物保管所「對『談章懷・懿德兩墓的形制等問題』一文的幾點意見」（『文物』一九七三年第一二期）

陝西省文物管理委員會「唐永泰公主墓發掘簡報」（『文物』一九六四年第一期）

尚　民傑「長安城郊唐皇室墓及相關問題」（『唐研究』第九號、二〇〇三年）

申　秦雁「談談唐代帝王的狩獵活動——兼談章懷太子墓『狩獵出行圖』」（『陝西歷史博物館館刊』第五輯、西北出版社、一九九

八年）
沈睿文「唐章懷太子墓壁畫與李守禮」（『藝術史研究』第六輯、二〇〇四年）
沈睿文『唐陵的布局——空間與秩序——』（北京大學出版社、二〇〇九年）
施之勉『後漢書集解補』（中國文化大學出版部、一九八二年）
宿白「西安地區唐墓壁畫的佈局與內容」（『考古學報』一九八二年第二期。のちに周天游主編『唐墓壁畫研究文集』所載、三秦出版社、二〇〇一年）
孫楷第「唐章懷太子賢所生母稽疑」（『輔仁學誌』第一五卷第一期第二期合刊、一九四七年。のちに同氏『滄州後集』所收、中華書局、二〇〇九年）
孫英剛「唐代前期宮廷革命研究」（『唐研究』第七號、二〇〇一年）
孫英剛「隋唐長安的王府與王宅」（『唐研究』第九號、二〇〇三年）
孫新科「試論唐代皇室埋葬制度問題」（『中原文物』一九九五年第四期）

T

譚緒纘「范曄不敢作志辨——駁鄭樵說」（『中國歷史文獻研究』第四集、一九八三年）
陶敏・易淑瓊校注『沈佺期宋之問集校注』（中華書局、二〇〇一年）

W

王德權「李華政治社會論的素描——中唐士人自省風氣的轉折」（『國立政治大學歷史學報』第二六期、二〇〇六年）
王建『中國古代避諱史』（貴州人民出版社、二〇〇二年）
王靜「唐墓石室規制及相關喪葬制度研究——復原舊『喪葬令』第25條令文釋證——」（『唐研究』第一四號、二〇〇八年）
王靜・沈睿文「唐章懷太子的兩京宅邸」（『唐研究』第一七號、二〇一一年）

王　利　器『風俗通義校注』（中華書局、一九八一年）
王　利　器「『漢書』材料來源考」（『文史』第二一輯、一九八三年）
王　利　器『顏氏家訓集解（增補本）』（中華書局、一九九三年）
王仁波・何脩齡・單暐「陝西唐墓壁畫之研究」（周天游主編『唐墓壁畫研究文集』所載、三秦出版社、二〇〇一年）
王雙懷・樊英峰『乾陵文化研究』（三秦出版社、二〇〇五年）
王友懷主編『咸陽碑刻』（三秦出版社、二〇〇三年）
武　伯　倫「唐永泰公主墓誌銘」（『文物』一九六三年第一期）
吳　不　績『江淹年譜』（長沙商務印書館、一九三八年、文星書店再刊、一九六五年）
吳　光　興『蕭綱蕭繹年譜』（社會科學文獻出版社、二〇〇六年）
吳　麗　娛「太子册禮的演變與中古政治――從『大唐開元禮』的兩種太子册禮說起――」（『唐研究』第一三號、二〇〇七年）
吳　樹　平『東觀漢記校注』（中州古籍出版社、一九八七年）
吳　樹　平『秦漢文獻研究』（齊魯書社、一九八八年）

X

夏　　　鼐「無產階級文化大革命中的考古新發現」（『考古』一九七二年第一期）
辛德勇輯校『兩京新記輯校』（三秦出版社、二〇〇六年）
徐　寶　貴『石鼓文整理研究』上下（中華書局、二〇〇八年）
徐　朝　東『蔣藏本『唐韻』研究』（北京大學出版社、二〇一二年）

Y

楊華山・李峻「鄖縣唐濮王李泰家族墓研究」（『十堰職業技術學院學報』二〇〇六年第三期）

楊效俊「影作木構閒的樹石――懿德太子墓與章懷太子墓壁畫的比較研究――」(『陝西歷史博物館館刊』第六輯、一九九九年。のちに周天游主編『唐墓壁畫研究文集』所載、三秦出版社、二〇〇一年)
楊翼驤(小林岳譯)「裴松之と『三國志注』」(『研究年誌』第四二號、早稻田大學高等學院、一九九八年。原書は楊翼驤「裴松之與『三國志注』」、『歷史教學』第二期、一九六三年)
葉國良『石學續探』(大安出版社、一九九九年)
葉國良(高橋繼男譯)「唐「杜嗣先墓誌」著錄の經緯」(『東アジア世界史研究センター年報』第五號、二〇一一年)
余嘉錫「太史公書亡篇考」(同氏『余嘉錫論學雜著』上册所收、中華書局、一九六三年)

Z

張立志『正史概論』(臺灣商務印書館、一九六四年)
張烈點校『後漢紀』(中華書局、二〇〇二年)
張孟倫(小林岳譯)「裴松之の『三國注志』」(『研究年誌』第四一號、早稻田大學高等學院、一九九七年。原書は張孟倫「裴松之三國志注」、『中國歷史文獻研究集刊』第四集、一九八三年)
張銘洽「唐章懷太子墓壁畫概述」(周天游主編『章懷太子墓壁畫』、文物出版社、二〇〇二年。のちに『唐墓壁畫國際學術研討會論文集』、三秦出版社、二〇〇六年に「章懷太子墓壁畫題材分析」と改題所載)
張萍『長安宮廷政變』(西安出版社、二〇〇七年)
張一純「論孫恩・盧循領導的農民起義」(『中國農民起義論集』所載、三聯書店、一九五八年)
張澤咸・朱大渭編『魏晉南北朝農民戰爭史料彙編』(中華書局、一九八〇年)
張子俠(小林岳譯)「『三國志』裴松之注研究三題」(『研究年誌』第四五號、早稻田大學高等學院、二〇〇一年。原書は張子俠「『三國志』裴注研究三題」、『史學史研究』、二〇〇〇年第二期)
鄭鶴聲「各家後漢書綜述」(『史學與地學』第一期、中國史地學會、一九二六年)

周紹良主編　『唐代墓誌彙編上下』（上海古籍出版社、一九九二年）
周紹良・趙超主編　『唐代墓誌彙編續集』、上海古籍出版社、二〇〇一年）
周　天　游　『八家後漢書輯注』（上海古籍出版社、一九八六年）
周天游校注　『後漢紀』（天津古籍出版社、一九八七年）
周天游主編　『章懷太子墓壁畫』（文物出版社、二〇〇二年）
周天游主編　『新城、房陵、永泰公主墓壁畫』（文物出版社、二〇〇二年）
周　曉　瑜　「李賢注『後漢書』起訖時間考」（『文史哲』一九九一年第五期）
周　曉　瑜　「李賢『後漢書注』評議」（『吉林大學社會科學學報』一九九二年第四期）
周　一　良　『魏晉南北朝札記』（中華書局、一九八五年）
朱　大　渭　「孫恩徐道覆起義的性質及其歷史作用」（『歷史論叢』第一輯所載、中華書局、一九六四年）

あとがき

本書は、二〇一〇年六月に早稲田大學大學院文學研究科に提出し、同十月に博士（文學）を授與された學位請求論文「『後漢書』劉昭注・李賢注の研究」にもとづくものである。それは一九九二年にはじめて世に問うた「劉昭と『集注後漢』」と題する論文を起點として、章懷太子李賢と『後漢書注』に關する考察につづく一連の論文と譯注のなかから十一篇を選び、さらに書き下ろし論文を加えて構成したものであるが、そのなかには學位請求の時點ですでに執筆時より十八年を經過したものがあり、また一書として體裁をととのえる必要から舊稿に大幅な加筆や補正および再編を施したが、その論旨に大きな變更はない。このたび本書を公刊するにあたって、同九月になされた公開審査會において主査の工藤元男氏、副査の福井重雅先生ならびに石見清裕氏から受けた指摘に答えるべく、改めて修正と加筆とをなした部分がある。各論文および譯注の初出時の題目と原掲載誌・書を本書の構成にしたがって列記すると左のごとくなる。

序　言　　全文書き下ろし

第一部

第一章　「劉昭と『集注後漢』」（『史滴』第一三號、早稲田大學東洋史懇話會）　一九九二年

「平原高唐の劉氏と劉昭」（『研究年誌』第四九號、早稲田大學高等學院）　二〇〇五年

第二章　「劉昭と『集注後漢』」（『史滴』第一三號、早稲田大學東洋史懇話會）　一九九二年
第三章　「劉昭の『集注後漢』撰述と奉呈について」（福井重雅先生古稀・退職記念論集『古代東アジアの社會と文化』、汲古書院）　二〇〇七年
第四章　「劉昭の『後漢書』補志について――『後漢書』補成考――」（『研究年誌』第三八號、早稲田大學高等學院）　一九九四年
第五章　「劉昭の『後漢書』注について――『集注後漢』の内容をめぐって――」（『史學雜誌』第一〇六編第七號）　一九九七年
第六章　「劉昭の「後漢書注補志序」譯注」（『研究年誌』第三七號、早稲田大學高等學院）　一九九三年

第二部

第六章　「大唐の章懷太子李賢について」（『研究年誌』第五三號、早稲田大學高等學院）　二〇〇九年
第七章　「李賢の妃嬪・三子と章懷太子追謚について――主として「張氏神道碑」と「雍王」・「章懷」二墓誌による――」（『中國出土資料研究』第一三號、中國出土資料學會）　二〇〇九年
第八章　全文書き下ろし
第九章　全文書き下ろし
第十章　「章懷太子李賢の二墓誌について」（『研究年誌』第五二號、早稲田大學高等學院）　二〇〇八年
補篇一　「大唐故雍王墓誌」譯注（『研究年誌』第五一號、早稲田大學高等學院）　二〇〇七年
補篇二　「大唐故章懷太子幷妃清河房氏墓誌」譯注（『研究年誌』第五〇號、早稲田大學高等學院）　二〇〇六年

私が早稲田大學教育學部に入學したのは一九七五年である。そこでは恩師鈴木啓造先生に漢文史料解讀の手ほどきを受け、そのご指導のもとで秦漢時代の徴兵年齢に關する卒業論文を提出することができたが、さまざまな問題を感じて軍事史や制度史の分野に進むべきではないことを悟った。しかし鈴木先生には、學部卒業が間近に迫ったころに同期の岡田健氏と『史記』の講讀をしている旨申し上げたところ、先生の研究室でそれをつづけるようお言葉をいただいた。こうして發足した史記の會は先生が定年退職される二〇〇〇年三月まで二十年餘にわたって繼續し、月に一度の例會と毎夏の合宿において瀧川資言『史記會注考證』を讀み込む機會をあたえていただいた。私はそこで『史記』をはじめとする前四史には往古より現在にいたるまで實にさまざまな注釋が存在することを知るとともに、紀傳體の注釋について考えをめぐらす端緒を得た。鈴木先生には心から感謝を申し上げたい。また同學部では柳瀨喜代志先生が主宰される東洋文學研究會にも參加を許された。そこには寺村政男氏、堀誠氏、荒井亙氏、會田實氏らが在籍し、柳瀨先生のもとで唐代の文學作品にふれる機會を得たが、時移って大學院に進むころには『十一家注孫子』の會讀もおこなわれた。殘念でならないことは一九九七年十一月に柳瀨先生が急逝されたことである。ご健在であれば、ご專門である日中古典文學の視點から中宗睿宗朝の宮廷文學について、また『後漢書』の日本將來についてなどご指敎をいただきたいことが山のようにあるのである。

早稲田大學大學院文學研究科に進學を志した私を、恩師福井重雅先生にご紹介してくださったのは四年次の講義をご擔當されていた波多野太郎先生である。先生のご紹介のもと、大隈會館の書院入口で福井先生にご挨拶申し上げた場面を鮮明に記憶している。字義どおり有難いこと。今、思い返してみても幸運というほかはない。

大學院博士前期課程一年の福井ゼミ演習では蔡邕『獨斷』の講讀開始時にめぐりあった。その講筵には工藤元男氏、李成市氏、小林春樹氏、三﨑良章氏らが列なり、末席の私は諸氏の研究レヴェルにある史料の收集・批判・分析などに壓倒されながらしだいにそれを體得したが、そののち講讀を擔當するようになると、しばしば引用した劉昭注に不思議な魅力を感じ、その人と注釋とについて詳しく知りたいと思った。

劉昭に對する關心はさまざまな曲折を經て博士後期課程在學時に形をむすびはじめたが、それに關する最初の發表となった早稲田大學東洋史懇話會の例會において、福井先生から、

『隋書』經籍志に、

　後漢書九十七卷、宋太子詹事范曄撰。

　後漢書一百二十五卷、范曄本、梁剡令劉昭注。

　後漢書讃論四卷、范曄撰。

『舊唐書』經籍志に、

　又（後漢書）九十二卷、范曄撰。

　後漢書論贊五卷、范曄撰。

　後漢書五十八卷、劉昭補注。

　又一百卷、皇太子賢注。

『新唐書』藝文志に、

　范曄後漢書九十二卷。

　又論贊五卷。

　劉昭補注後漢書五十八卷。

　章懷太子賢注後漢書一百卷。賢命劉訥言、格希玄等注。

とある『後漢書』諸本と附篇の巻數について合理的に説明する必要を求められた。本書はそれにお答えをするものであるが、それに附隨する學位審査を福井先生にしていただいたことは望外のこと、心から感謝を申し上げたいと思う。また申請を引き受けてくださった工藤元男氏と石見淸裕氏に改めてお禮を申し上げたい。

さて、こうしてはじまった劉昭と『集注後漢』の研究は本書前半部を構成するものとなるのであるが、それに接續する後半部の李賢と『後漢書注』の研究には思わぬ時間がかかってしまった。それは一九七二年に發見された新出土資料である「大唐故雍王墓誌」と「大唐故章懷太子幷妃淸河房氏墓誌」を解讀し、史料とするまでに手間がかかったことと本屬の役職に時間を割かねばならぬ日常がつづいたからである。ただし顧みると、その主因は私の「才短と力微」にあるとしなければならない。そして結論からするならば、二〇〇四年に得た在外研究期間におこなった歐州および中國への長期研究出張によってその淀みは解消し、李賢に關する研究は徐々に進展しはじめたのである。とくに中國では北京大學勺園に據點を置いて各地の調査を積極的におこなったが、その一つとして訪れた陝西省韓城市では藤田勝久氏の紹介によって韓城市司馬遷學會の張天恩先生、高巨成先生、吉春先生、張勝發先生、劉宏偉氏に司馬遷祠墓ならびに司馬氏祖塋を案内していただいた。これは私にフィールド調査の重要性を再認識させるとともに研究上の轉機をもたらし、翌〇五年の韓城市・西安市の再訪にはじまる數次の調査行の「呼び水」となって李賢と『後漢書注』の研究を大きく前進させることとなった。その唐代壁畫の調査では陝西歴史博物館の王建岐先生ならびにご子息の王博氏（早稲田大學大學院文學研究科博士後期課程在學）に、また章懷太子墓と「雍王墓誌」・「章懷墓誌」の調査では乾陵博物館の樊英峰先生にさまざまな便宜やお世話をいただいた。とくに記して感謝の意を表したい。

一九九二年より勤務している早稲田大學高等學院は、早稲田大學における一つの教育研究機關で、私はここで教育面はもとより研究の面でもさまざまな恩恵を受け、快適な環境を提供していただいている。高等學院の各位とくに研究費のことでご面倒をお掛けしている事務所の方々に心からお禮を申し上げたい。また本書の出版に應じてくださった汲古書院社長の石坂叡志氏ならびに出版事務に疎い私に入稿や校正のことなどさまざまにお世話くださった編集部の柴田聰子氏に、この場をかりてあつくお禮を申し上げたい。なお本書の中文概要は閻瑜氏（早稲田大學高等學院中國語講師）に、また英文概要は王博氏の従弟である璀璨氏（西安健康博物館駐ニューヨーク事務所）にご協力いただいたが、いくつかの英文タイトルと英文概要の全般にわたる監修には畏友山西廣司氏の手をわずらわせた。各氏に心からの感謝をささげたい。

最後に、高校二・三年次に世界史を教えていただいた森澄雄先生のことを記したい。一九七二年夏、森先生はソ連領中央アジアのシルクロードを旅してタシケントやサマルカンドを訪れ、そこで「はるかなもの」を感じて悠久の思いに惹かれたことを、歸國後まもない秋の教室で話してくださった。森先生は俳人として著名な方で、その深々とした思いをさまざまな俳句によって表現されたが、私は世界史の授業よりもその話に興味をもち、「はるかなもの」にかぎりないあこがれを懐いた。今の私が外國史を専門とし、なかんづく一千五百年、一千三百年の時を超えて異國の官人である劉昭や皇太子の李賢に思いを馳せ、史料を介して彼らと會話をくり返すのも、少年の昔、森先生から受けた影響であるに相違ない。先生の句に、

億年のなかの今生實南天　（昭和六十年）

がある。森先生の自句自解をもとに私の鑑賞を述べると、地球とか宇宙とか、何萬年、何億年という大きな時間をもって計ることに比べると、人間にあたえられた時間は七十年とか八十年、まれに百年をこえる長壽もあるが、億年という時の流れからするとほんの一瞬、瞬きをするほどの時間かもしれない。けれど今、生を受けて、ここに居る。わが人生は、あの小さいけれど堅く實を結んで、赤く豔やかに輝いている南天の實のようでありたいと切に願う。今生の命を實南天に托し、かつそのような束の間の生を肯うのである。私もかくありたいと思う。

二〇一二年十月初旬

父の遺影を前にして

小林　岳

附記

本書の研究に對して早稻田大學より特定課題研究助成費一九九五A―一九一、一九九七A―二〇八、一九九八A―一七四、二〇〇七B―二九五、二〇一〇B―三五八ならびに獨立行政法人日本學術振興會より平成二十三年度科學研究費補助金（課題番號二三九〇四〇〇二）の助成を受け、また本書の出版に對して同會の平成二十四年度科學研究費補助金（研究成果公開促進費、課題番號二四五〇九五）が交附された。

著者紹介
小林　岳（こばやし　たかし）
1955年　東京生まれ
1988年　早稲田大學大學院文學研究科博士後期課程史學專攻（東洋史）
　　　　單位取得退學
現　在　早稲田大學高等學院教諭　博士（文學）

主要著作：本書のほかに「孫恩・盧循の亂における海島の再檢討」（『史觀』第109册、1983年）、「司馬遷祠墓訪問記」（『早稲田大學長江流域文化研究所年報』第3號、早稲田大學長江流域文化研究所、2005年）など。

後漢書劉昭注李賢注の研究

平成二十五年二月二十三日　發行

著　者　小　林　　岳
發行者　石　坂　叡　志
整版印刷　中台整版
　　　　日本フィニッシュ
　　　　モリモト印刷

發行所　汲　古　書　院
〒102-0072　東京都千代田區飯田橋二－五－四
電　話〇三（三二六五）九七六四
FAX〇三（三二二二）一八四五

ISBN978-4-7629-2993-9　C3022

A STUDY OF THE LIU ZHAO ZHU(劉昭注) AND LI XIAN ZHU(李賢注) IN HOU HAN SHU(後漢書)

KOBAYASHI TAKASHI

This article mainly discusses the Ji Zhu Hou Han (集注後漢) of Liu Zhao (劉昭), which is an interpretation of Hou Han Shu (後漢書) of Fan Ye (范曄), and the Hou Han Shu Zhu (後漢書注) of the Zhanghuai, the Crown-Prince Li Xian (章懷太子李賢). Through the ages these two books have been considered as important historical records for research on the periods of the Eastern Han Dynasty. Some relevant issues, however, such as the compilation of the book, the illustration of the content, and the background of the author, have not received adequate attention either in China or in Japan. Only a few scholars have conducted some partial research on these issues so far, and no one has conducted comprehensive research on them. Therefore, the purpose of this article is not only to explore the background of Liu Zhao and Li Xian and the content of the Ji Zhu Hou Han and Hou Han Shu Zhu, but also to analyze the relationship between the two interpretations of Li Xian and Liu Zhao, which fills a gap in the history of Chinese historiography.

The first part (Chapter 1- Chapter 5) discusses Liu Zhao (劉昭) and the 'Ji Zhu Hou Han. (集注後漢) ' as follows.

Chapter 1 'Liu Shi (劉氏) and Liu Zhao (劉昭) from Pinyuan Gao Tang (平原高唐) ' discussed Liu Zhao's unity of descendants in Pin Yuan Gao Tang Liu Shi (平原高唐劉氏) and his family, which shows the background of Liu Zhao. It

also illustrates the background of the two sons and the two grandsons of Liu Zhao. The above research ascertains the fact that the ancestor of Pin Yuan Gao Tang Liu Shi was the son of Emperor Zhang (章帝) in Eastern Han, and was also the descendent of Emperor Ji Bei Hui Wang Liu Shou (濟北惠王劉壽) – Jin Tai Wei Liu Shi (晉大尉劉寔). The sixth generation of Liu Shi, who was Liu Zhao's great-grandfather, together with Liu Zhao's grandfather, lived at Jing Kou (京口) as WandubeilaiHanmen (晩渡北來寒門) in the late Eastern Jin (東晉) Dynasty. Later, he became a general of Liu Yu (劉裕) and served notably in the establishment of the Song Dynasty. In addition, the research also explains the background of Liu Zhao's father Liu Biao (劉彪), who flourished in the Qi・Liang (齊梁) period. Finally, the chapter illustrates that Liu Zhao was put in an important position under Emperor Liang Wu Di (梁武帝) and Lin ChuanWang Xiao Hong (臨川王蕭宏) and discusses the background of the two sons (Liu Tao 劉縚 and Liu Yuan 劉緩) and the two grandsons (Liu MinYing 劉民英 and Liu MinYu 劉民譽) of Liu Zhao, who were famous for their literary talents.

Chapter 2 'The Presentation and Compilation of Liu Zhao's Ji Zhu Hou Han (集注後漢)' discusses the compilation process of the Ji Zhu Hou Han and the condition of its presentation to Emperor Liang Wu Di. Firstly, this chapter researches the name of Ji Zhu Hou Han, and from the contrast of Liu Zhao's official experience with the interpretation of the Ji Zhu Hou Han, we can speculate that this book was written around the Emperor Liang Wu Di era from 511 to 518. In addition, this chapter discusses the examples in the interpretation regarding the use of the word BiHui (避諱) for Emperor Liang Wu Di(Xiao Yan 蕭衍) and Prince Xiao Hong(蕭宏). The discussion leads to the conclusion that this book was written for Emperor Liang Wu Di, and was immediately presented to Emperor Liang Wu Di. No corrections were made

after that.

Chapter 3 'Liu Zhao Ji Zhu Hou Han Bu Zhi —— Hou Han Shu Bu Cheng Kao (後漢書補成考)'—— discusses Hou Han Bu Zhi Xu (後漢書注補志序), the ending article attached to the Ji Zhu Hou Han, which was written by Liu Zhao himself about Bu Zhi with a comprehensive description about Liu Zhao's Hou Han Shu. The book also considers Liu Zhao's view of history books and his recognition that Zhi Bu (志部) plays a central role in the official history. Liu Zhao realized the phenomenon that among all the books about the late Han Dynasty, the Hou Han Shu written by Fan Ye featured the best contents, which, unfortunately, were lacking in the Zhi Bu. In order to remedy this defect, Liu Zhao referred to two complementary books, Shi Ji (史記) and Han Shu (漢書), and then worked to supplement the Zhi Bu. Liu Zhao intended to write the Bu Zhu on his own, but was unable to finish it. He selected and referred to Xu Han Shu Ba Zhi (續漢書八志) by Si Ma Biao (司馬彪) among all the Bu Zhi of Hou Han Shu because it was highly recommended by Fan Ye. Liu Zhao added the Zhi Bu to the Ji Zhuan Bu (紀傳部) of the Hou Han Shu, and remedied the defects of the Hou Han Shu, which was lacking in the Zhi Bu, which thus makes this book the only comprehensive contemporary official history about the Eastern Han Dynasty in the present age. Detailed methods were used in the book about the Bu Zhi and the insertion interpretation - large characters were used for the main body of Hou Han Shu Ji Zhuan Bu and Xu Han Shu Ba Zhi, and small characters were used for annotation. Further, speculation can be made by the location of Ba Zhi that Liu Zhao thought Hou Han Shu should be fixed by its original format, therefore, it was arranged according to the order of Di Hou Ji, (帝后紀), Lie Zhuan (列傳), and Ba Zhi (八志).

Chapter 4 'A Few Remarks on the Hou Han shu (後漢書) by Liu Zhao (劉昭) —— A Discussion on Ji Zhu Hou Han (集注後漢) ——' discusses the interpretation part of Ji Zhu Hou Han. Liu Zhao Zhu was constructed by Ba Zhi Zhu (八志注), and it was discovered by the analysis of Ba Zhi Zhu. In Ji Zhu Hou Han, the Ji Zhuan Zhu of Hou Han Shu shared the same structure as the Ba Zhi Zhu of Xu Han Shu, therefore Ba Zhi Zbu should be absorbed by Hou Han Shu, and it was completely different and had no connection with Ji Zhuan Bu of Xu Han Shu. Also, the interpretation parts in Ji Zhuan Zhu and Ba Zhi Zhu were different in length, and Ba Zhi Zhu was more detailed than Ji Zhuan Zhu. In addition, the basic feature of Liu Zhao Zhu is the following : The anecdotes from the main body were widely selected, but the interpretation for sentences and affairs did not account for the main content. In addition, Liu Zhao Zhu (劉昭注) reflected the tradition of Jiang Nan Zhu Shi Xue (江南注釋學), but it did not brag about the author's abundant knowledge, which was one characteristic of the tradition. The author marked unknown things "unknown", leaving them to be judged by later scholars or readers. He simply introduced various interpretations when he could not reach certain conclusions. He placed no excessive confidence in himself, paying enough attention to the differences of eras. These features show Liu Zhao's thinking about annotation, and his genuine and matter-of-fact attitude remained the same when he wrote the annotation for Ba Zhi of Si Ma Biao (司馬彪). From the annotation to Ba Zhi of Fan Ye Shi Zhi (范曄十志), Liu Zhao made the Hou Han Shu by Fan Ye the prominent history book of the time. In addition, to avoid the loss of historical records, Liu Zhao made the historical data collection of Ji Zhu Hou Han, which also made a great contribution to later generations.

Chapter 5 'The Annotation and Commentary of Liu Zhao "Hou Han Shu Bu Zhi Xu" ' is taken from several sources including original articles,

kun-readings, translations, and Tong Shi (通釋) in order to comprehensively interpret the Hou Han Shu Bu Zhi Xu attached to Ji Zhu Hou Han while also discussing Liu Zhao's purpose of making this Xu. In conclusion, although Liu Zhao showed courtesy when making the annotation, he demonstrated the significance of writing annotation by introducing the compiling history of Bu Zhi from Shi Ji BaShu (史記八書) to Han Shu Shi Zhi (漢書十志), and we can see his confidence and his reserved manner towards the writing of Ji Zhu Hou Han.

The second part (Chapter 6 – Addition 2) discusses Tang Zhang (唐朝) the Crown Prince Li Xian(李賢) and Hou Han Shu Zhu (後漢書注) as follows:

Chapter 6 'The Eight Sons and Three Daughters of Tang Gao Zong (唐高宗) and Zhang Huai Prince Li Xian (章懐太子李賢)' discusses the character Tang Tai Zhang Huai Prince Li Xian, who was previously paid less attention to, together with the deeds of his brothers and sisters. First of all, the chapter introduces the strict emperor education that Li Xian received during his childhood, and compares Li Xian with his two brothers (Li Zhong 李忠 and Li Hong 李弘) based on the selection and abolishment of the crown prince. In addition, the chapter introduces Li Xian's entire life and his two concubines. From Hou Han Shu Zhu we can tell that the division between Li Xian and his mother Ze Tian Wu Hou (則天武后) was intensified due to his accusation against Ze Tian Wu Hou and Wu Shi (武氏) Group, which caused his abolishment from the position of the crown prince. He was demoted and moved to Ba Zhou, and finally committed suicide.

Chapter 7 'A Study of the Crown Prince Li Xian (李賢)'s Two Spouses and Three Sons, and His Posthumous Title of the Crown-Prince Zhang Huai (章懐) —— Mainly Based on the Gravestone of Zhang Shi Shen Dao Bei (張氏神道碑),

and on the Two Tomb Inscriptions of Yong Wang (雍王) and Zhang Huai (章懷)——' discusses the characters of the two concubines of Li Xian, Nan Yang Zhang Shi (南陽張氏) and Qing He Fang Shi (清河房氏), and the deeds of his three sons (Guang Shun 光順, Shou Li 守禮, Shou Yi 守義) based on the analysis of Tang Shu (唐書), Zi Zhi Tong Jian (資治通鑑), the Zhang Huai Prince Liang Di Zhang Shi Shen Dao Monument (章懷太子良娣張氏神道碑) of Wen Yuan Jing Hua (文苑精華), and the Da Tang Gu Yong Prince Epigraph unearthed from Zhang Huai Prince Li Xian's tomb. Especially the second son Li Shou Li (李守禮), together with Rui Zong's (睿宗) five sons, were trapped by Wu Ze Tian Wu Hou (則天武后) in Luo Yang Palace (洛陽宮) for up to ten years. Later on, by entering into an alliance with his cousin Li Long Ji (李隆基), Shou Li (守禮) received significant status in court and the Li Shi Family during the period from the late Zhong Zong (中宗) Dynasty to Rui Zong of the Xuan Zong (玄宗) Dynasty. In addition, with Wu Ze Tian Hou's growing age and worsening illness and Zhong Zong's return to power, Li Xian's honor was restored and he was buried in the Qian Ling (乾陵) tombs. The chapter also discusses the epitaph and rewrite of the Prince Yong Epigraph and describs the WuWei (武韋) Group's objection to the Rewrite represented by Wu San Si (武三思) and Wei Hou (韋后). In the same way, through the analysis of the Epigraph and Rewrite of the Zhang Huai Epigraph, the chapter discusses the great power of Princess Tai Pin (太平公主) that suppressed the imperial authority of his elder brother Rui Zong.

Chapter 8 'A Study of the Crown Prince Li Xian (李賢)'s "Hou Han Shu Zhu(後漢書注)," ' comprehensively discusses Li Xian's Hou Han Shu Zhu in order to ascertain the full view of the book. As a foundation, we first investigated how the writing group was selected by Li Xian to decide the structure of Hou Han Shu, and ascertained the reason why he did not continue

with Liu Zhao's Bu Zhi（八志）and excluded the Zhi Bu（志部）. Later on, we confirmed the annotation index and Bi Hui Zi（避諱字）of the Hou Han Shu, and then researched the instruction of reference to Bie Ji（别記）in the annotation, and fully studied the entire annotation of such notes as "Not Same" and "Not Same As This." Finally, we proved all of the critiques against Wu Ze Tian and Wai Qi（外戚）hidden in the annotation based on the clue of the character "Jin（今）", which showed up frequently in Li Xian Zhu（李賢注）.

Chapter 9 'Li Xian Zhu（李賢注）and Liu Zhao（劉昭）, Yan Shi Gu（顏師古）, Li Shan three Zhu（李善三注）—— The Influence of Annotation Book to Li Xian' mentioned above discusses the annotation methods of annotation books such as Liu Zhao's Ji Zhu Hou Han inherited by Li Xian's Hou Han Shu Zhu, Yan Shi Gu's Han Shu Zhu, and Li Shan's Wen Xuan Zhu（文選注）. The first part discusses the relationship between Li Xian Zhu and Liu Zhao Zhu, and Liu Zhao's opinion regarding annotation, which was inherited from Li Xian. The second part discusses the influence of Yan Shi Gu Zhu on Li Xian Zhu. The third part discusses the influence of Li Shan Zhu on Li Xian Zhu, and finally we conclude that Li Xian's quote of the two Zhus above was plagiarism.

Chapter 10 'The Two Epigraph of the Crown Prince Li Xian（李賢）' discusses the excavation, content, and value as a historic record of the Da Tang Prince Gu Yong Epigraph（大唐故雍王墓誌）and Da Tang Gu Zhang Huai Prince Bing Fei Qing He Fang Shi Epigraph（大唐故章懷太子幷妃淸河房氏墓誌）, which were discovered in Zhang Huai Prince Li Xian's tomb. There are multiple opinions about the age at death of Li Xian in such historic books as Tang Shu and Zi Zhi Tong Jian without a clear conclusion. The author did some analysis about the Zhi（志）, Xu（序）, Ming（銘）and Rewrite of the two epigraphs and was certain that Li Xian died at the age of 31. In addition, some

fresh material about the Tang Dynasty indicates the existence of Li Xian Fu Quan Pai (李賢復權派), the value of which was ascertained by the author as well.

Addition 1 The 'Da Tang Gu Yong Prince Epigraph' Annotation discusses the Da Tang Gu Yong Prince Epigraph unearthed from the tomb of Prince Zhang Huai in the early 1970s. The bottom of the lid of the epigraph is 90×90 centimeters, and 20 centimeters thick. There are three lines on the lid with three characters in each line. The nine characters 'Da Tang Gu/Yong Wang Mu/ Zhi Zhi Min' (大唐故/雍王墓/誌之銘) were engraved on the lid. There are forty lines on Zhi Xu Ming (誌序銘) with forty-one characters per line, 1,416 in total. The author and the calligrapher of Zhi Xu Ming were unknown, and it can be speculated that the author belonged to the Li Xian Goup. Based on this opinion, the article discusses that this Zhi Xu Ming should be used as new material for the Tang Dynasty historical records, and annotations from several aspects, such as Shi Wen (釋文), Xun Du (訓讀), Yu Shi (語釋), and Tong Shi (通釋) are made in Addition 1.

Addition 2 The 'Da Tang Gu Zhang Huai Prince Bing Fei Qing He Fang Shi Epigraph' Annotation discusses the Da Tang Gu Zhang Huai Prince Bing Fei Qing He Fang Shi Epigraph unearthed from the tomb of Prince Zhang Huai. The bottom of the lid of the epigraph is 87×87 centimeters, and 17 centimeters thick. There are four lines on the lid with four characters in each line. The sixteen characters 'Da Tang Gu Zhang/Huai Tai Zi Bing/Qing He Fang/Shi Mu Zhi Min' (大唐故章/懷太子并/妃清河房/氏墓誌銘) were engraved on the lid. There are thirty-four lines on Zhi Xu Ming (誌序銘) with thirty-four characters per line, 998 in total. The author of the Zhi Xu Ming is Lu Can (盧粲), and the calligrapher is Li Fan (李範). Based on this, the article discusses

that this Zhi Xu Ming should be made a historical record, and annotations from several aspects such as Shi Wen (釋文), Xun Du (訓讀), and Yu Shi (語釋), and Tong Shi (通釋) are made in Addition 2.

《後漢書》劉昭注與李賢注研究

序　言

中國歷代王朝持續編纂的包括私撰和官撰在內的、後被合稱爲二十四史的正史中，特別是關於前四史——司馬遷《史記》、班固《漢書》、范曄《後漢書》、陳壽《三國志》四書，自東漢時期的延篤《史記音義》一卷、服虔《漢書音訓》一卷、應劭《集解漢書》以來出現了諸多註釋書。其中，在唐玄宗時期以前撰述、沒有散逸而完整地流傳至今的僅有裴駰《史記集解》[南朝宋文帝元嘉年間（四二四～四五三）完成]、司馬貞《史記索隱》[唐玄宗開元年間（七一三～七四一）完成]、張守節《史記正義》[開元二十四年（七三六）完成]、顏師古《漢書注》[唐太宗貞觀十五年（六四一）完成]、劉昭『續漢書八志注』[南朝梁武帝天監年間（五〇二～五一九）完成]、章懷太子李賢《後漢書注》[唐高宗儀鳳元年（六七六）完成]、裴松之《三國志注》[元嘉六年（四二九）完成] 七篇而已。這些註釋不僅在解讀前四史這些中國古代史的基礎史料時必不可少，而且其註文本身也是了解中國古代社會各種情況的珍貴史料群。

而其中，對於《史記》、《漢書》、《三國志》的註釋至今有各種各樣的考察，但《後漢書》卻僅有劉昭與李賢兩名代表性的註釋者，而且關於其註釋書只有部分的、次要的、附屬的考察，對於其人物形象以及註釋內容從正面進行研究和全

面探明的著作，可以說不僅在日本，在中國也尙不存在。在此之前，我以梁劉昭撰述的范曄《後漢書》的註釋書《集注後漢》與唐李賢對同書的註釋書《後漢書註》爲研究對象發表了多篇論述，此次將其進行修改整理，對兩人的人物形象與註釋書進行了重新探討。與此同時，還對劉昭註等以往註釋書對李賢註的影響進行了重新論證。這在考察東漢王朝與其前後時代時是不可或缺的指針性資料，這一點已被廣爲認知。本書對以往未見整體且全面考察的撰著者劉昭與李賢以及其註釋內容進行了探討分析，尤其是明確了兩書中對“註釋觀”的繼承等問題，可以說塡補了中國史學史研究的一個空白。

本書由序言、第一部分全五章、第二部分全五章以及兩篇補篇構成。第一部對劉昭與《集注後漢》進行了論述。撰著者范曄由於被處刑而未完成的十志完全散失，因此《後漢書》僅有本紀與列傳流傳下來。梁劉昭截取《續漢書》的八志部分進行補著，在其補著而成的《後漢書》紀傳與八志部分全篇加入自己的註釋而完成了《集注後漢》。第一部試圖闡明撰著者劉昭的人物形象與《集注後漢》的全貌。以下按照本書的構成對各部分內容進行概述。

第一部第一章《平原高唐的劉氏與劉昭》論述了劉昭所屬的平原高唐劉氏的系譜、其家族以及通婚者的事蹟，從而探明了劉昭的人物形象，並進一步闡述了劉昭二子及二孫的事蹟。首先對以東漢章帝之子濟北惠王劉壽的後裔——晉大尉劉寔爲宗祖的平原高唐劉氏進行論述，可以確定劉寔的六世之孫——劉昭的曾祖父與其子劉伯龍(劉昭祖父)於東晉末年作爲晚渡北來的寒門居住在京口，後成爲劉裕手下的大將，爲建宋立下了汗馬功勞。而且，確認了活躍於齊梁時期的劉昭之父劉彪的事蹟，最後，明確了在梁武帝與臨川王蕭宏手下作爲干將得以重用的劉昭的眞實形象，以及從武帝末期到元帝時期以通儒、文人著稱的劉昭二子(劉縚、劉緩)及二孫(劉民英、劉民譽)的事蹟。

第二章《劉昭〈集注後漢〉的撰述與呈獻》論證了《集注後漢》的編纂過程，以及該書爲呈獻給梁武帝的著述。首先考察了《集注後漢》這一書名，其次通過將前一章中探明的劉昭的官歷與《集注後漢》的注釋內容進行對照，可以推測出此書成書於武帝天監十年(五一一)至十七年(五一八)前後。此外，還通過分析注釋中對於武帝(蕭衍)、臨川王(蕭宏)等避諱字的使用實例，得出結論認爲此書是

以武帝過目爲前提所編纂的，成書後即獻給武帝，此後未作修改。

第三章《劉昭〈集注後漢〉補志——〈後漢書〉補成考——》通過分析《後漢書注補志序》這一附在《集注後漢》後、由劉昭親自記述的有關補志始末一文，對劉昭《後漢書》補志進行總括性論述的同時，考察了劉昭的史書觀，明確了志部才是正史的關鍵這一劉昭的觀點。劉昭顧慮到諸家後漢書籍中最傑出的范曄《後漢書》缺少志部，於是參照《史記》與《漢書》均爲補成這一先例，補充了志部。劉昭本應自己親自補注志部，但因其沒有餘力而未能完成。他從諸家後漢書的志部中選定了范曄曾甚爲推崇、並且欲作爲編纂十志基準的司馬彪《續漢書》八志，將其補綴於《後漢書》紀傳部，在作爲斷代史編纂的同時，修正了《後漢書》缺乏志部這一構造上的缺陷，從而使該書成爲當時名副其實的唯一綜述東漢的史書。其補志與加入注釋的具體方法爲"大字"書寫《後漢書》紀傳部以及《續漢書》八志的正文，用"小字"寫入注釋。此外，關於八志的位置，可以推測出，劉昭認爲應將《後漢書》按照原來的形式進行修改，因此以帝後紀、列傳、八志爲序排列。

第四章《劉昭〈集注後漢〉——〈集注後漢〉的內容——》對《集注後漢》的注釋內容進行了綜合考察。通過對由紀傳注與八志注構成的劉昭注中現存的八志注進行分析後發現，《後漢書》紀傳部與《續漢書》八志部合成的《集注後漢》中，這兩部篇章結構對等，構成一書。判明了所補著的八志被《後漢書》吸收而成爲其一部分，與原來的《續漢書》紀傳部完全不同，爲毫不相關的其它書籍。其次，紀傳注與八志注的注釋內容有多寡之差，八志注與紀傳注相比注記詳細縝密。此外，劉昭注的基本方針爲廣收正文的異聞與異事，對正文的語句與事件的解釋並不佔據核心位置。還有，劉昭注反映出江南注釋學的傳統，其特點是並不誇耀自己學識之淵博，對由於時代不同或自己能力不足而無法下結論的事件不進行臆測，明確記述爲"未詳"或"不知"，專注於收集上述異聞與異事這些不同觀點，交由後學與讀者自行判斷。由此可見劉昭的注釋觀，其眞摯、求實的態度與補綴司馬彪八志時一致，即劉昭通過補充繼承范曄十志的八志，而使范曄《後漢書》脫胎換骨成爲當時唯一的正史。而且，論證了其由於全力收錄異聞異事對《後漢書》進行註釋補著，從而撰述了當時唯一綜述東漢王朝史的史書、一大史料集

成《集注後漢》，這旨在防止史料的散失，爲後世作出貢獻。

第五章《劉昭〈後漢書注補志序〉的譯注與解說》爲了對劉昭附於《集注後漢》之後的《後漢書注補志序》進行綜合全面的解釋，從“原文”、“訓讀”、“語釋”、“通釋”幾方面進行譯注，同時對劉昭創作此序的意圖進行了考察。即劉昭在注釋時採取謙遜的態度，但通過介紹從《史記》八書到《漢書》十志、以及由諸家後漢書籍的志部到范曄《後漢書》十志這一志部撰述的歷史，說明了自己編撰補志具有重要意義，應作爲後備軍加入歷代知名學者的行列，由此可見劉昭編著《集注後漢》的自信與矜持。

第二部對唐章懷太子李賢與《後漢書注》進行了考察，目的是把握李賢的人物形象和《後漢書註》的全貌，與此同時，明確李賢註中劉昭《集注後漢》等以往註釋的影響。

第二部第六章《唐高宗的八子三女與章懷太子李賢》與唐太子李賢的兄弟姊妹的事蹟相結合，考察了以往很少涉及的唐章懷太子李賢的人物形象。首先通過與李賢兩位兄長(李忠與李弘)進行比較，明確了李賢幼年時期所接受的嚴格至極的帝王教育的情況，以及李賢册立太子及廢除問題。還考察了李賢的履歷與其兩位嬪妃的情況，還有，從《後漢書注》可以看出，李賢因指責生母則天武后及武氏一派，而致使與武后的分歧激化，導致被廢太子、貶至巴州，最終無奈被迫自殺。

第七章《李賢的嬪妃、三子與追謚章懷太子——主要探討“張氏神道碑”與“雍王”、“章懷”兩墓誌——》通過對兩《唐書》《資治通鑑》等史書、收錄於《文苑精華》的《章懷太子良娣張氏神道碑》以及從章懷太子李賢墓出土的《大唐故雍王墓誌》(《雍王墓誌》)、《大唐故章懷太子並妃淸河房氏墓誌》(《章懷墓誌》)進行分析，探明了李賢的良娣南陽張氏以及正妃淸河房氏的人物形象，論述了李賢三子(光順、守禮、守義)的事蹟。特別是第二子守禮與睿宗的五子一同被則天武后幽禁於洛陽宮中達十余年之久，從而與堂弟李隆基(玄宗)等結盟，由此從中宗朝末期到睿宗、玄宗這兩朝期間，在朝廷及李氏一門中佔據了重要地位。此外，則天武后由於病重年邁而中宗再次繼位後，爲李賢恢復名譽並使其陪葬乾陵，通過分析《庸王墓誌》的墓誌銘與改刻的情況，指出以武三思與韋后等爲中心的武

韋派反對改刻。同時，通過分析《章懷墓誌》的墓誌銘與改刻的情況，論及了太平公主對其兄長睿宗的皇權進行壓制的強大勢力。

第八章《章懷太子李賢〈後漢書注〉》對李賢《後漢書注》進行了綜合探討，以求把握其全貌。作爲研究的基礎，首先考察了李賢召集的編纂小組的成員與如何確定《後漢書》文本這一問題，明確了未繼承劉昭補志而除去志部的理由，然後確認《後漢書》的注釋指數，同時明確了嚴格選用的避諱字的情況，接下來，考察注釋中參看別記的指示，以及對寫有“不同”、“與此不同”的注記等所有注釋內容進行了綜合考察，最後，以李賢注中出現頻率較高的“今”字爲線索論證了注釋中所隱藏的對則天武后及外戚的批判，並對《後漢書註》權威的確立與《集注後漢》的亡佚進行了論述。

第九章《李賢注與劉昭、顏師古、李善三注——以往注釋書對李賢注的影響——》的目的是爲了探明以李賢《後漢書注》所繼承的劉昭《集注後漢》爲首的歷代後漢書注、顏師古《漢書注》、李善《文選注》等以往注釋書的注記及注釋方法。第一部分對李賢注與劉昭注的關係，特別是對李賢所繼承的劉昭的注釋觀進行了考察，第二部分探討了顏師古注對李賢注的影響，第三部分討論了李善注對李賢注的影響，最後斷定李賢對以上兩注的引用不能不說是一種剽竊，論證了李賢注與顏師古、李善兩注中注記轉寫的情況。

第十章《章懷太子李賢的兩墓誌》分析論述了從合葬高宗與則天武后的乾陵的陪葬墓之一——章懷太子李賢墓中發現的《大唐故庸王墓誌》與《大唐故章懷太子並妃清河房氏墓誌》的出土情況、內容及其史料價值。通過分析兩墓誌的誌序銘與改刻的情況，確定了李賢享年爲三十一歲這一在兩《唐書》《資治通鑑》等傳世文獻中有諸多觀點而尚無定論的問題，還明確了表明存在有反對李賢復權派等，這些作爲唐代史的新資料具有相當高的價值。

補篇一《〈大唐故庸王墓誌〉譯注》論述內容如下：墓誌蓋底邊爲九〇×九〇公分、厚二〇公分，呈平板角錐台狀。蓋上分三行、每行三字、刻有“大唐故／庸王墓／誌之銘”陽刻九字篆文。墓誌石爲九〇×九〇公分、厚二〇公分。誌序銘共四〇行，滿行四一字，共一四一六字。誌序銘的撰寫者與書寫者不明，撰寫者可推測爲李賢一派，並從“釋文”、“訓讀”、“語釋”、“通釋”幾方面進行了譯注。

補篇二《〈大唐故章懷太子並妃清河房氏墓誌〉譯注》論述內容如下：墓誌蓋底邊爲八七×八七公分、厚一七公分，呈角錐台狀。蓋上分四行、每行四字、刻有“大唐故章／懷太子並／妃淸河房／氏墓誌銘”陰刻十六字篆文。墓誌石爲八七×八七公分、厚一七公分。誌序銘共三四行，滿行三四字，共九八九字。誌序銘的撰寫者爲盧粲，書寫者爲李范，幷從“釋文”、“訓讀”、“語釋”、“通釋”幾方面進行了譯注。

索　引

凡例

一. 本索引は、撰著者書名・史料索引、事項索引、日本人研究者名索引、外國人研究者名索引の四項目よりなる。

二. 撰著者書名・史料索引、事項索引、日本人研究者名索引は五十音順、外國人研究者名索引はアルファベット順に配列する。

三. 撰著者書名・史料索引において衆手編纂の書籍や經典類および撰著者不詳等については書名のみを表記する。

四. 事項索引は網羅的ではなく、また事項によって適宜標記を補った箇所がある。

撰著者書名・史料索引

さ行

た行

な行

は行

ま行

事項索引

日本人研究者名索引

外國人研究者名索引